GUIDO KNOPP

Unser Jahrhundert

Der Beginn des Ersten Weltkriegs am 1. August 1914, das Attentat vom 20. Juli 1944, die »Geburt« der Bundesrepublik am 23. Mai 1949, das »Fußballwunder von Bern« am 4. Juli 1954, der Mauerfall am 9. November 1989 – zwanzig ausgewählte Daten stehen im Mittelpunkt von »Unser Jahrhundert«. Zwanzig Tage, die den Lauf der Geschichte veränderten, die Einschnitte in der deutschen wie in der Weltgeschichte markieren und symbolisch für ganze Epochen stehen. Guido Knopp und sein Team beschreiben und analysieren die Zusammenhänge und Entwicklungslinien, in die diese dramatischen Wendepunkte eingebettet sind. Aus der Perspektive von Augenzeugen und maßgeblichen Akteuren wird die Vergangenheit lebendig und anschaulich. Bislang zum Teil unbekanntes Archivmaterial sorgt für Zeitkolorit und verdeutlicht die historische Bedeutung dieser symbolträchtigen Daten. Die Geschichte lebt in Bildern wieder auf und Gefühle werden wach in der Erinnerung an die einschneidenden, bewegenden, freudigen, häufig aber auch katastrophalen Ereignisse.

Autor

Prof. Dr. Guido Knopp, geboren 1948, war Redakteur der Frankfurter Allgemeinen Zeitung und Auslandschef der Welt am Sonntag. Seit 1984 leitet er die ZDF-Redaktion Zeitgeschichte und lehrt Journalistik. Er ist Autor zahlreicher, zum Teil preisgekrönter TV-Dokumentationen, zu denen er eine Reihe von ebenso erfolgreichen Büchern veröffentlicht hat.

Im Goldmann Verlag ist von Guido Knopp bereits erschienen:

Hitler – Eine Bilanz (12742)
Hitlers Helfer I (12762)
Hitlers Helfer II (15017)
Hitlers Krieger (15045)
Top-Spione (12725)
Vatikan (15007)

Guido Knopp

Unser Jahrhundert

Deutsche Schicksalstage

In Zusammenarbeit mit Alexander Berkel,
Barbara Bichler, Stefan Brauburger, Rudolf Gültner,
Annette von der Heyde, Theo Pischke,
Mahnas Rassapur, Ricarda Schlosshan,
Alexander Simon, Susanne Stenner

Dokumentation:
Christine Kisler, Heike Rossel,
Silke Schläfer

GOLDMANN

Umwelthinweis:
Alle bedruckten Materialien dieses Taschenbuches
sind chlorfrei und umweltschonend.

Der Goldmann Verlag
ist ein Unternehmen der Verlagsgruppe Bertelsmann

Vollständige Taschenbuchausgabe Mai 2000
Wilhelm Goldmann Verlag, München,
in der Verlagsgruppe Bertelsmann GmbH

Umschlaggestaltung: Design Team München
Umschlagabbildungen: Design Team München (Collage)
Satz: Uhl + Massopust, Aalen
Druck: GGP Media, Pößneck
Verlagsnummer: 15044
KF · Herstellung: Sebastian Strohmaier
Made in Germany
ISBN 3-442-15044-2

3 5 7 9 10 8 6 4 2

Inhalt

Unser Jahrhundert

Wir stehen am Ende eines faszinierenden und furchtbaren Jahrhunderts, das den Menschen mehr vom Guten und vom Bösen auferlegt hat als jedes Jahrhundert zuvor: mehr Leid und Tod, mehr Wohlstand und mehr Fortschritt. Es war das Jahrhundert von Einstein und Hitler, von Majdanek und der Mondlandung, von Kriegen und Verbrechen, Augenblicken großen Glücks und Tagen der Verzweiflung. Es war das Jahrhundert von Ideologien, die die Welt beglücken wollten, ob sie es wollte oder nicht, und die sie nur ins Unglück stürzten: unmenschliche Utopien, die am Ende jämmerlich gescheitert sind – vom Faschismus bis zum Kommunismus.

Es war das Jahrhundert zweier Menetekel. *Hiroshima* – seit dem atomaren Urknall über Japan wissen wir: Die Menschheit ist *imstande*, sich selbst auszulöschen. *Auschwitz* hat gezeigt: *Moralisch* ist sie dazu fähig.

Numerisch zählt das 20. Jahrhundert 100 Jahre. Doch politisch sind es nur 75. Es begann im Jahre 1914, als die Lichter in Europa jäh erloschen, und es endete im Jahre 1989 mit dem Abschied von der zweigeteilten Welt. Ein kurzes 20. Jahrhundert also: Die Geschichte war in Eile – nach dem überlangen 19. Jahrhundert, das im Jahre 1789 mit dem Sturm auf die Bastille begann und 1914 endete.

Nur 75 Jahre also: 1914 bis 1989. Aber was für Jahre! Es sind zwei komplette Zeitalter. Zuerst die Zeit der Katastrophen, 1914 bis 1945. Je mehr Abstand wir von dieser Ära haben, desto mehr erkennen wir, daß es ein *Weltbürgerkrieg* gewesen ist – 31 Jahre lang, der Dreißigjährige Krieg des 20. Jahrhunderts. Denn der Zweite Weltkrieg speiste sich aus dem Ersten, und dazwischen gab es keinen Frieden, sondern nur die Zwischenkriegszeit.

Dann, von 1945 bis 1989, das Zeitalter des Kalten Krieges, die Ära der dualen Weltherrschaft: Zwei atomare Supermächte, Sieger des Weltbürgerkrieges, halten sich in Schach – in viereinhalb Jahrzehnten Nichtkrieg. Frieden nicht durch menschliche Vernunft. Nur eine Art von Frieden durch die Angst vor der Atombombe.

Nach der schlimmen ersten Hälfte des Jahrhunderts, die uns Krieg und Tod gebracht hat, erlebten wir eine Ära wie keine zuvor: Frieden, Freiheit, Wohlstand, aber in der Regel nur im Norden unserer Erde und dort fast allein im Westen. Diese Ära endete auch deshalb, weil der Osten dieses Nordens seinen Anteil haben wollte – Anteil an der Freiheit, die von vielen als identisch mit dem Wohlstand angesehen wurde, eine Fehleinschätzung, wie wir heute wissen. Mit dem Fall der Mauer von Berlin begann das Ende dieser Ära. Mit dem Ende der Sowjetunion im Dezember 1991 war sie abgeschlossen.

Rein historisch sind wir heute, 1998, also schon im 21. Jahrhundert. Was für ein Jahrhundert wird das werden? Eine Zeit der Unordnung, der Auflösung bestehender Strukturen, vieler *kleiner* Kriege, die zuvor verhindert wurden durch die *Angst* vor einem großen? Sicher eine Zeit, die uns *mehr* abverlangt als die Jahrzehnte vorher. Die Herausforderung durch die islamische Welt; das Ende atomarer Monopole; Nuklearwaffen nach der Jahrtausendwende für Tyrannen wie Gaddafi und Saddam Hussein. Die Welt ist nicht mehr schwarz und weiß wie in der Zeit des Kalten Krieges – sie schimmert grau in vielerlei Nuancen.

Henry Kissinger vergleicht die Weltordnung des 21. mit der des 19. Jahrhunderts – und die Parallelen sind verblüffend. *Damals* waren in Europa Preußen, Österreich, Rußland, Frankreich, England die großen, prägenden Mächte. Diese Konstellation hat ziemlich lange ganz gut funktioniert. *Heute* sehen wir auf dem Globus Japan, China, Indien, Rußland, USA und nicht zuletzt Europa. Aber damals gab es etwa einen Metternich, der das System in der Balance hielt. *Wo* ist der moderne Metternich? Die UNO ist es sicher nicht. Etwa der Weltgendarm aus Washington?

1914, 1918, 1933, 1939, 1945, 1989: Wendejahre in der Weltgeschichte des Jahrhunderts. Und es ist kein Zufall, daß dies auch die Wendejahre Deutschlands sind. Das 20. Jahrhundert war im guten wie im bösen auch ein deutsches 20. Jahrhundert.

Es begann im Jahre 1914 mit dem Krieg, von dem noch niemand ahnte, wie mörderisch er werden würde. In Wien, Berlin, Paris und anderswo begrüßten die naiven Massen jubelnd einen Weltenbrand als Ausbruch aus den Zwängen der Epoche, die als lähmend, langweilig empfunden wurde. Der Krieg sollte die Erlösung bringen. Die Politik hatte ausgespielt. Jetzt übernahm das Militär die Macht – für Deutschland mit fatalen Folgen.

Wer war *schuld*? Der Krieg galt damals noch als legitimes *Endmittel* der Politik. Das Säbelrasseln zählte im Konzert der Großmächte zum guten Ton. Und jede Macht hatte *jederzeit* mit einem großen Krieg gerechnet. Aber keine wußte nach jahrzehntelangem Frieden, was moderner Krieg bedeuten würde. Die schwache deutsche Politik nach Bismarck war nicht in der Lage, sich die *wirklich mächtigen Verbündeten* zu schaffen. Weder Reich noch Kaiser waren reif genug für den Umgang mit der Macht. Es war ein Reich, das eigentlich zufrieden in sich hätte ruhen können. Doch es neigte zu Extremen, und es kannte weder Maß noch Mitte. Dank der Mittel*lage* hatte es, noch ohne England, mindestens mit zwei potenten Kriegsgegnern zu rechnen: Frankreich und Rußland. Schon seit Jahren spielten deutsche Militärs mit der Idee, Frankreich präventiv zu schlagen – ganz egal, ob das *politisch* weise oder dumm war: das Primat des Militärs vor dem Primat der Politik. Der verhängnisvolle Schlieffen-Plan sah apodiktisch vor, zuerst den Feind im Westen und dann Rußland zu besiegen – Illusionen eines pubertären Nationalstaats, der sich schlicht und einfach überschätzte. Denn er war zu groß für das harmonische Konzert der Mächte und zu klein, um über sie zu herrschen.

Deutschland, die verspätete Nation, fühlte sich von seinen Nachbarn *eingekreist*. In Wirklichkeit hatte es sich selbst *ausgekreist*. In diesen unheilvollen Tagen während der sogenannten Julikrise 1914 glaubten die Akteure, lediglich auf andere zu reagieren. Doch in Wahrheit waren sie Getriebene aus Angst: nicht vor dem Krieg an sich, nur aus der Furcht, zu spät zu kommen. Die Folgen sind bekannt. Der Sturmlauf gegen Westen endete bald in einem mörderischen Grabenkrieg. Er übertraf an Grausamkeit, an menschlicher Verrohung selbst die schlimmsten Ahnungen. Hier wurde die Saat gelegt für eine Zeit, in der der Mensch als Material galt, nicht als Individuum. Der Erste Weltkrieg ist das Schlangenei des Zweiten.

Bis zum Sommer 1918 hielt sich an der Heimatfront die Illusion des Sieges. Doch in Wahrheit war das deutsche Heer am Ende, und die Generäle wußten es. Eingestehen wollten sie es freilich nicht – zumindest nicht vor der getäuschten Nation. Der Feldherr Ludendorff, im Feld besiegt, verlangte am grünen Tisch verzweifelt jenen Frieden, den er den Politikern, die in die Pflicht genommen wurden, später vorwarf. *Er* ist der Urheber der heimtückischen »Dolchstoßlegende« – jenes Märchens von den roten Strolchen, die das tapfere, im Felde unbesiegte Heer angeblich hinterrücks gemeuchelt hätten.

Deutschlands neue Republik trug *schwer* an diesem bösen Erbe, denn der »Friede von Versailles« gab den Besiegten die Alleinschuld an fast allem. So geriet Versailles zum Sinnbild für das nationale Trauma, und es barg den *Todeskeim* der Republik.

Die Weimarer Verfassung war ein gutgemeintes Werk von Idealisten. Denn sie ging von der Prämisse aus, der Mensch sei gut. Das ist er aber nicht. Er möchte es zwar gerne sein, doch selten nur gelingt es ihm. Dem Staat obliegt es da, wie schon die ersten Demokraten, die Athener, wußten, die Bestie im Menschen zu zähmen. Daran ist die Weimarer Verfassung gescheitert.

Unser Grundgesetz ist skeptischer – aus gutem Grund. *Seine* Eltern mußten ja zum Teil am eigenen *Leib* erfahren, wie es sein kann, wenn der Mensch des Menschen Wolf wird.

Doch die Ursachen der Katastrophe sollten wir nicht in den Paragraphen suchen, denn es waren Menschen, die die sogenannte Machtergreifung im Jahre 1933 möglich machten.

Der Mann, von dem jetzt die Rede sein soll, war kein zwingendes, kein logisches Produkt der deutschen Zeitgeschichte. Denn von Luther über Bismarck führt kein gerader Weg zu Hitler, höchstens eine Zickzacklinie. Hitler steht in keiner deutschen Tradition. Er hat sie nur mißbraucht.

Der Preuße Ludwig Beck, der ihn nicht stürzen konnte, meinte: »Dieser Mensch hat gar kein Vaterland.« Der Bayer Golo Mann, von Hitler aus dem Vaterland getrieben, hat vermutet, der Diktator sei aus einem »Niemandsland« gekommen. Und Sebastian Haffner formulierte unnachahmlich: »Für die Deutschen kam er immer von weit her. Erst eine Weile vom Himmel, dann aus den tiefsten Schlünden der Hölle.«

Hitler aber *kam* aus Österreich. Sein Reich war keine zwangsläufige Folge eines deutschen Sonderweges. Einen schicksalhaft vorherbestimmten Todespfad von Potsdam über Langemarck nach Auschwitz gibt es nicht. So automatisch funktioniert in der Geschichte gar nichts. Das gilt auch für Hitlers Machtergreifung, die in Wahrheit eine Machterschleichung war. Obwohl es immer eher möglich war, daß es so kommen konnte, hat es nicht so kommen müssen.

Weimar mußte nicht zwangsläufig scheitern. Eine andere internationale Lage, eine andere ökonomische Entwicklung hätte es der Republik erleichtert, ihre Bürde zu ertragen und sie nach und nach ganz abzuwerfen. Auch Versailles war objektiv nicht jenes Schanddiktat, als das es im geschlagenen Deutschen Reich empfunden wurde. Seine Fesseln hatten schon die Weimarer Politiker gelockert, Stresemann voran. Es hätte durchaus schlimmer kommen können angesichts der radikalen kaiserlichen Kriegszielpläne und des rabiaten Zwangsfriedens von Brest-Litowsk mit Sowjetrußland.

Jetzt, am Ende des Jahrhunderts, sagt sich das natürlich leicht. Doch für die Deutschen damals waren die Bedingungen der Sieger wie ein Schock. Sie maßen Versailles an den moderaten Friedensschlüssen des 19. Jahrhunderts und an den 14 Punkten des amerikanischen Präsidenten Wilson – und empfanden diesen Frieden als Verrat. Es war wohl weniger die materielle Last, die den Zorn entfacht hatte, sondern eher die *moralische* Verdammung. Keiner hat das *so* genutzt wie Hitler.

Doch es waren *nicht* die Arbeitslosen, die ihm mit ihren Wählerstimmen zum Sieg verhalfen. Diese Stimmen gingen eher an die Linksparteien, nicht zuletzt auch an die KPD. Es war vor allem die von Arbeitslosigkeit geprägte depressive Grundstimmung der Zeit, die Hitler nutzte.

Hätte er verhindert werden können? Jene, die ihn 1933 möglich machten, trieben keine »sozioökonomischen Strukturen« oder irgendwelche dunklen Mächte, sondern nur die eigene Schwäche, eigener Ehrgeiz, eigene Illusionen.

Als er an die Macht kam, schien sein Stern bereits im Sinken begriffen. Im November 1932 hatte seine NSDAP bei Wahlen über zwei Millionen Stimmen eingebüßt. Zu Silvester waren sich die politischen Orakel einig: Die Gefahr sei nun vorüber. Doch dann wurde Hitler Kanzler. Und es war wahrhaftig seine letzte Chance.

Alle Aufpeitschung der Massen, aller rednerischer Aufruhr hätten Hitler nicht zur Macht verhelfen können. Die erhielt er erst durch das Intrigenspiel um einen altersmüden Präsidenten und durch das Versagen jener Kräfte, die die kranke Republik beschützen sollten.

Denn trotz aller inneren Verzagtheit wären Weimars Machteliten stark genug gewesen, die Diktatur zu stoppen. Die geschrumpften, aber noch vitalen demokratischen Parteien durch ein »Nein« zum Ermächtigungsgesetz; die Gewerkschaften durch eine Neuauflage jenes triumphalen Generalstreiks, der den Kapp-Putsch 1920 rasch im Keim erstickte; die Industrie durch finanzielle Renitenz; die Reichswehr durch die Drohung, ihr Potential auch anzuwenden. Doch kaum einer wollte mehr so richtig. Man nahm Hitler hin wie ein Verhängnis.

Hitler täuschte alle, und sie täuschten sich in ihm. Papen, Hugenberg, Papen und Gleichgesinnte hielten ihn noch immer für den Trommler, den sie vor den Karren ihrer Machenschaften spannen konnten – bis er sie entmachtete. Die Kommunisten sahen in ihm den Popanz der Konzerne, und an seiner Statt bekämpften sie mit Inbrunst die »Sozialfaschisten« von der SPD. Diese wiederum dachten, wer die Sozialistenhetze unter Bismarck überstanden habe, brauche Hitler nicht zu fürchten. Katholiken waren dankbar für das Konkordat, die Protestanten für die Wiedereinführung des Schulgebets, und die Nostalgiker des alten Preußen wähnten nach dem »Tag von Potsdam«, daß der Glockenklang der Garnisonskirche naturgemäß des neuen Kanzlers Wahlspruch sei: »Üb immer Treu und Redlichkeit!« Der aber dachte überhaupt nicht daran. Mit Preußen hatte Hitler nichts im Sinn.

Kaum einer hat sein Buch gelesen, in dem alles stand. Wir kennen keinen Deutschen, der es damals wirklich ernst nahm. Die Geschichte Hitlers ist auch die Geschichte seiner Unterschätzung. Das Pamphlet *»Mein Kampf«* blieb bis zu Hitlers Ende der ungelesenste Bestseller der deutschen Geschichte. Während die als Feindbild ausgemachten Opfer starben, verstaubte die verräterische Schrift in den Regalen der Nation.

1939 hat ein britischer Historiker aus Oxford sich intensiv mit jenem autobiographischen Pamphlet beschäftigt. Das Ergebnis seiner Analyse legte er in einem dünnen Bändchen dar, das sieben Wochen vor Beginn des Zweiten Weltkriegs erschien. Zitat: »Herr Hitler wird versuchen, die Juden in ihrer Gesamtheit loszuwerden und einen Eroberungskrieg gegen Rußland zu führen.« Zwei Jahre später war es soweit. Der Mann hieß E. C. Ensor und hatte nichts anderes getan, als *»Mein Kampf«* gründlich zu lesen.

Heute kommt es vielen nahezu unfaßbar vor, daß dieser Hitler *Massen* faszinieren konnte. Denn auf uns wirkt etliches exaltiert, ja komisch. Aber diese expressive Form entsprach dem Zeitgeist, dem Bedürfnis jener Jahre. Keiner schrie wie dieser Mensch heraus, was zahlreiche andere nur vage fühlten. *Er* konnte mit *Worten Luftschlösser* bauen, konnte den Menschen das geben, was sie am meisten vermißten: den Glauben daran, daß ihre eigenen *Gefühle, Ängste, Zweifel* überhaupt nicht klein und spießig waren, sondern groß und wichtig. So war *er* imstande, willfährige Massen erst in Trance zu versetzen, dann in kollektiven Rausch. Sich dem zu entziehen oder gar zu widersetzen, schafften nur wenige. Lediglich eine Minderheit durchschaute ihn, den Massen schien er regelrecht zu suggerieren, jedes seiner Worte sei authentisch, echt und wahr. Was ihn so glaubhaft machte, waren weniger die Inhalte. Es war vielmehr die inbrünstige Energie, die von ihm ausging. Er vermittelte für allzu viele allzu oft den Eindruck, daß er an das glaubte, was er sagte.

Zwischen Hitler und den Deutschen gab es lange eine Teilidentität der Ziele. Der Einmarsch ins Rheinland, die Einverleibung Österreichs, die Besetzung des Sudetenlandes wurden von den meisten Zeitgenossen enthusiastisch akklamiert. Solche Blumenkriege waren populär. Die Deutschen außerhalb der Grenzen »heim ins Reich« zu holen, ohne Anwendung von Gewalt, das »Unrecht von Versailles« zu tilgen – sollte man sich dem widersetzen? Mehr wollte man ja nicht. Und viele dachten, daß auch Hitler nicht mehr wollte. Aber *das* war ein enormes Mißverständnis. Hitler verließ sich darauf, daß die Deutschen ihm durch dick und dünn schon folgen würden, wohin immer er sie führte. Und das taten sie zwar auch, doch die Begeisterung war eher lau. Denn weder während der Sudetenkrise 1938 noch bei Kriegsbeginn 1939 jubelten die Massen, als der Kriegsherr eine Division der Wehrmacht feldmarschmäßig durch Berlin marschieren ließ. Da gab es *kein* »Augusterlebnis« mehr – im Gegenteil: Die Menschen kehrten dem Geschehen schweigend und bedrückt den Rücken.

Hitler verschwieg den Deutschen lange, was er wirklich wollte: die Eroberung von Osteuropa und die Ausrottung der Juden. Er belog sie, nicht nur darin. Niemals hat er es gewagt, die beiden bösen Ziele seines Lebens wirklich öffentlich vor der Nation zu proklamieren. Er erging sich allenfalls in düsteren Drohungen. So täuschte er die Deutschen, und die ließen sich nur allzu gerne von ihm täuschen.

Denn sie wollten ihm so *gerne* glauben – und selbst wenn die Schattenseiten des Regimes, die kleinen Widrigkeiten und die großen Schrecken, einmal überwogen, wähnten viele, Hitler habe nichts davon gewußt. Er habe sich ja schließlich nicht um alles kümmern können. Es gab Deutsche, die die Diktatur zwar fürchteten, doch den Diktator liebten. Nichts beschrieb das Mißverständnis zwischen Hitler und den Deutschen besser als der populärste Spruch der Nazizeit: »Wenn das der Führer wüßte!«

Als der Krieg kam, *brauchte* Hitler keinen Jubel mehr. Die erste Hälfte seiner Herrschaft hatte er sich seinem Volk verabreicht wie ein Aufputschmittel. In der zweiten Hälfte setzte er die Deutschen auf *Entzug* und tauchte in die karge Welt der »Führer«-Hauptquartiere ab. Er führte Krieg. Erst mit dem Überfall auf die Sowjetunion im Sommer 1941 aber war es wirklich *sein* Krieg. Jetzt erst konnte er ihn führen, wie er wollte, frei von jeder Rücksichtnahme auf die Bindungen der Zivilisation. Vernichtungsfeldzug im Osten für die alten Ziele: Ausrottung des Kommunismus, Auslöschung des Judentums, Eroberung von »Lebensraum«. Rußlandkrieg und Judenmord gehören untrennbar zusammen.

Seit der Niederlage vor den Toren Moskaus, im Dezember 1941, ahnte Hitler, daß sein Krieg vielleicht verlorengehen würde. Gegenüber wenigen Vertrauten, etwa Jodl, sprach er es auch aus. Aber wenn schon seine erste Wahnidee nicht mehr zu realisieren war, so wollte er doch wenigstens die zweite noch vollenden: die Auslöschung der Juden. Erst Jahrzehnte später dämmerte den Nachgeborenen, daß das eigentliche Menetekel dieser Ära nicht der Krieg war, sondern Auschwitz – Synonym für ein unfaßbares Verbrechen. Massenmord nach Plan: mechanisch, systematisch, gründlich.

Nehmen wir ein Beispiel: Hitler ließ im Frühjahr 1944 seine Truppen noch in Ungarn einmarschieren. Für den weiteren Kriegsverlauf war das ganz unerheblich, ja, eigentlich eine weitere Zersplitterung der deutschen Kräfte. Aber Hitler hatte seinen Grund: Er wollte an die 750000 ungarischen Juden kommen, gegen deren Abtransport in die Vernichtungslager sich der ungarische Staatschef Horthy bis zu diesem Zeitpunkt mit Erfolg gewehrt hatte.

Und so erreichte der Holocaust im Sommer 1944 seinen Gipfelpunkt. Die Schornsteine von Auschwitz rauchten Tag und Nacht. Die Kapazität der Krematorien reichte nicht mehr aus, jene Hunderttausende von ungarischen Juden zu verbrennen, die von den Schergen der SS ins Gas getrieben wurden – kurz vor Toresschluß. Die letzten Opfer Eichmanns hörten schon das Grollen der nahenden Front.

Zwar war der Judenmord »geheime Reichssache«. Das Volk

sollte glauben, die deportierten Juden seien noch am Leben – irgendwo im Osten. Doch da ahnten, sahen, wußten Hunderttausende von Deutschen an der Front und in der Heimat schon oft genug, um ganz genau zu wissen, daß sie nicht *mehr* wissen wollten. Vieles sickerte in Deutschland durch, zumindest von den Mordtaten der Einsatzgruppen. Drei Millionen Landser standen ständig an der Ostfront. Manche wurden Augenzeugen von Erschießungen. *Darüber zu schweigen, gebot ihnen niemand.*

Als die Kardinäle Faulhaber und Galen Hitlers Mordaktion T4 (Tarnname: Euthanasie) von ihren Kanzeln öffentlich als Mord anprangerten, wurde sie eingestellt. Als Anfang 1943 in Berlin nichtjüdische Gatten von Juden, die zum Abtransport in die Vernichtungslager vorgesehen waren, vor der Sammelstelle in der Rosenstraße öffentlich dagegen protestierten, wurden viele Registrierte wieder freigelassen. Zumindest in Deutschland wollte das Regime jedes öffentliche Aufsehen vermeiden. Alles sollte ordentlich und ruhig verlaufen – bis zur Gaskammer. Hätten ähnliche Proteste – in geballter Form, im Inland und im Ausland – auch den Holocaust verhindern oder vorzeitig beenden können? Der Versuch ist nie gewagt worden.

Wofür kämpften die Soldaten Hitlers 1944 überhaupt noch? Subjektiv gewiß für »Volk und Vaterland«. Tatsächlich aber – und das war die Tragik der mißbrauchten Wehrmacht – dafür, daß im Rücken der von ihr gehaltenen Front der Holocaust vollzogen werden konnte.

Die sich dagegen wehrten, waren wenige. Es waren tragische, verkannte Helden ohne Anhang, die nicht von der Volksstimmung getragen wurden, sondern lediglich von ihrem eigenen Pflichtgefühl. Es waren einsame Verschwörer, die nicht nur die eigene Ehre retten wollten, sondern auch die Ehre eines Volkes von Mitläufern. Die meisten dieser Patrioten strebten einen Frieden an, der »das Reich«, ihr Heiligtum, noch halbwegs heil gelassen hätte. Aber dieses Reich war mittlerweile weder heil noch heilig. Denn zu tief war auch die Wehrmacht in den Holocaust verstrickt, zu viele Morde lasteten auf Deutschlands Namen. Es komme nicht mehr darauf an, ob man erfolgreich sei, erklärte Henning von Tresckow, Kopf der Verschwörung, sondern nur noch darauf, daß der deutsche Widerstand den Schritt zur Tat wagte, um vor der Geschichte zu bestehen.

Oft ist gefragt worden, ob es denn überhaupt etwas genutzt hätte, wenn die bewußte Bombe unterm Kartentisch ihr Zielobjekt zerrissen hätte. Stand nicht die bedingungslose Kapitulation längst fest, genauso wie die Aufspaltung des Reiches in Besatzungszonen, die brutale Amputierung Ostdeutschlands und die Vertreibung seiner Menschen? All das war längst beschlossene Sache, gewiß. Und dennoch wäre, ob durch eine provisorische Regierung Goerdeler oder durch ein Militärregime, der Krieg beendet worden. Dann hätten Millionen von Soldaten an den Fronten in Europa nicht mehr sterben müssen; wären Hunderttausende von Juden nicht mehr in die Gaskammern getrieben worden; wären schöne alte Städte – Würzburg, Dresden, Mainz – nicht mehr vernichtet worden. Ein gelungener Tyrannenmord, er hätte seinen Sinn gehabt.

So aber ging das Morden weiter – alles oder nichts... Für Deutschland hieß das: Weltmacht oder Untergang. Dazwischen gab es nichts, schon gar keinen Frieden. »Friede« hieß für Hitler »Vorkrieg« oder »Nachkrieg«. Seine kranke Seele brauchte die Bewegung, Unruhe, den Kampf. Mit ihm, dem Usurpator würde niemand Frieden schließen wollen. Wenn die Sieger ihn denn hätten, würden sie ihn totschlagen wie einen tollen Hund. Und weil ja Deutschland, wie er meinte, »seine Braut« war, sollte es zusammen mit ihm untergehen. Hitler hielt das nur für angemessen.

Mitgegangen, mitgehangen, suggerierte Goebbels' Propaganda den verstörten Landsleuten, die sich auch deshalb an das Nazi-Reich gefesselt fühlten, weil man sowieso mit dran sei. Denn die Alliierten wollten *noch* kein »anderes Deutschland«. Zunächst einmal wollten sie das mitten in Europa wuchernde Geschwür vernichten – tilgen ein für allemal. Seit Casablanca gab es keinen Zweifel, daß der Tag der Kapitulation auch der Tag des großen Strafgerichts über alle Deutschen werden würde.

Dem entzog sich der Verantwortliche »fünf nach zwölf« durch Selbstmord – wie er angekündigt hatte. Und mit einem Schlag versank das ganze Nazi-Reich. Sein mörderisches Dasein hing von ihm ab. Ohne ihn war es ein Totenschiff...

Zeitenwende 1945. Im zerstörten und besiegten, besetzten und geteilten Deutschland hieß das: Ende des totalen Sterbens, des brutalen Bombenkriegs, des Massenmordens in den Lagern, Ende auch der letzten Illusionen – von den »Wunderwaffen« etwa, die den »Endsieg« bringen sollten, und der Redlichkeit des Reiches, das sich als ein furchtbares Gehäuse für die schlimmste Mörderbrut entpuppte, die in Deutschland je gewütet hat.

Es war dennoch nicht das *Ende* Deutschlands. Denn es gab genügend Kontinuität, um den scheinbar absoluten Stillstand des Geschehens einzubetten in das Vorher und das Nachher.

Mehr als vier Jahrzehnte war die zweigeteilte Welt Europas auch so etwas wie die späte Rache Adolf Hitlers. Beide deutschen Staaten, seine Erben, mußten an der Nahtstelle der Blöcke atomare Geiseln ihrer jeweiligen Vormacht sein. Ihr Territorium war das potentielle Schlachtfeld eines nuklearen Holocaust, in dem die zweigeteilten Deutschen sich vereint gefunden hätten – aber erst im Massengrab. Die Teilung ist von gar nicht wenigen als Strafe der Geschichte für die Untaten des Nazi-Reichs angesehen worden. Eine solche Meinung wurde selten ausgesprochen, aber oft gedacht, auch wenn die offizielle Politik des Westens die Teilung Deutschlands vorgeblich überwinden wollte. Doch die Spaltung war in erster Linie nicht das Resultat der verbrecherischen Politik des Hitler-Reichs, sondern die Folge des dualen Weltsystems – wie in Vietnam, wie in Korea.

Daß der Kalte Krieg am Ende überwunden wurde und daß Deutschland 1989/90 neu vereint und frei geworden ist, das ist ein *Glück* und eine *Gnade* der Geschichte. Ob wir sie verdienen, muß sich zeigen. Denn es ist ja immerhin die zweite Chance der Geschichte für uns Deutsche. Eine solche kriegt nicht jeder. Unsere erste Chance wurde leichtfertig verspielt. Vielleicht auch deshalb, weil es damals, 1871, nur um Einheit ging und nicht um Freiheit. Außerdem ist Bismarcks Einigung durch Krieg vollendet worden.

1989/90 aber waren es die Menschen in der DDR, die friedlich jenen Stein ins Rollen brachten, den ein Russe freigelegt hat. Damals, 1871, kam die Einigung durch einen waffenstarrenden Gewaltakt, eine Staatsaktion von oben, gegen den erklärten Willen mancher Nachbarn. 1989 aber kam sie im Gefolge eines waffenlosen Umsturzes von unten und am Ende auch *mit* Zustimmung der Nachbarn, wenngleich diese etwas zögerlich erfolgte.

Das läßt hoffen, daß das Schicksal dieses neuen Deutschland sich günstiger entwickelt als das Los des alten.

War das eine Revolution? Ich meine schon. Es war die erste deutsche Revolution, die glücklich endete – und ohne Blutvergießen, Gott sei Dank. Der heiße Herbst des Jahres 1989 hatte keine Märtyrer – nur Wendehälse. Die gelenkigsten von ihnen stammen aus dem Westen. Jene, die noch im November 1989 bremsen wollten, sind im Frühjahr 1990 auf den Zug der Einheit aufgesprungen und haben sich später gern als Lokführer gebärdet oder wenigstens als Schaffner.

Was sie überrollte, war das Volk. Die Demonstrierenden der ersten Stunde, die »Wir sind *das* Volk« gerufen haben, wollten freilich erst einmal nicht die Einheit, sondern eine bessere DDR. Die Kräfte aber, die durch ihren Mut entfesselt wurden, waren am Ende stärker als sie selbst. Das gilt vor allem für die 70 000, die am 9. Oktober 1989 auf dem Ring von Leipzig für die Freiheit demonstrierten. In den Seitenstraßen stand einsatzbereit die Staatsmacht, schwer bewaffnet, und die Demonstranten – auch Frauen waren dabei, die Kinderwagen schoben – mußten damit rechnen, daß es ebenso zu einem Blutbad kommen konnte wie ein paar Monate zuvor auf dem Platz des Himmlischen Friedens von Peking. Daß sie trotzdem auf die Straße gingen, voller Angst und Mut, darauf beruht ihr Heldentum. Es bedeutete den Durchbruch. Dieser 9. Oktober von Leipzig war der Tag der Entscheidung.

Von Einheit aber war noch nicht die Rede, denn zum allerersten Mal erklang der Ruf »Wir sind *ein* Volk« am 20. November ebenfalls in Leipzig. Und es waren nicht dieselben Menschen, die sechs Wochen vorher noch »Wir sind *das* Volk« skandiert hatten. Denn jetzt waren es die Stillen, die aus ihren Nischen kamen und die schwarz-rot-goldenen Fahnen schwenkten. Ja, es war die zweite Reihe, die den Einheitsruf ertönen ließ – oft zum Verdruß der ersten. Eine Ironie der Zeitgeschichte.

Wir wissen heute, welche Widerstände es gegeben hat – vor allem seitens der britischen Regierung. Margaret Thatcher hat erst kürzlich öffentlich bekräftigt, daß von ihr damals alles mögliche versucht worden ist, um die deutsche Einheit zu verhindern, weil, so wörtlich, »wir den Deutschen nach wie vor nicht trauen können«. Nun, Frau Thatcher mag sich irren – aber nicht nur sie. Denn auch in der Bundesrepublik gab es im Jahre 1989 viele, die den Traum von der Einheit als Schimäre auf den Kehrichthaufen der Geschichte werfen wollten.

Heute wird ja oft der Vorwurf geäußert, der ganze Einigungsprozeß sei viel zu schnell vonstatten gegangen, viel zu überstürzt, er hätte erheblich mehr Zeit gebraucht. Das ist ökonomisch richtig und politisch falsch. Wir leben nun mal leider nicht auf einer ruhigen Insel, ausschließlich vom blauen Meer umgeben, sondern mitten in Europa. Die bewußte Tür zur Einheit stand lediglich einen Spaltbreit offen – und das auch nur kurze Zeit. Schon im November 1990, nach dem Rücktritt des damaligen UdSSR-Außenministers Eduard Schewardnadse, wäre manches schwieriger geworden; nach dem Sturz von Gorbatschow im Jahre 1991 sowieso.

Der vielzitierte Mantel der Geschichte wehte nur ein Weilchen. Und so konnte der bewußte Königsweg zur Einheit wohl nur so aussehen, erst einmal die äußeren Aspekte unter Dach und Fach zu bringen – eingedenk des Bildes vom Bauern, der bei Blitz und Donner seine Pferde mit der Peitsche antreibt, um die Fuhre Ernte fünf vor zwölf noch in die Scheuer zu bringen. Wie die Ernte gelagert wird, welche Mühlen weiter mahlen, steht auf einem anderen Blatt.

Ich halte es da gern mit Helmut Schmidt, der mahnte: »Wenn es uns Deutschen nicht gelingt, die *inneren* Aspekte der Vereinigung zu schaffen, dann soll uns der Teufel holen.«

Wenn wir diese zweite Chance »schaffen« wollen, für uns selbst und für Europa, brauchen wir ein Stück *Versöhnung* mit der eigenen Geschichte – gegen Nostalgie und Masochismus, für Vernunft, Maß, Mitte. Denn »Versöhnung« heißt ja gerade nicht, den Mantel des Vergessens über die Verbrechen decken zu wollen, die geschehen sind. Im Gegenteil: Versöhnung heißt, das, was geschehen ist, zu akzeptieren für uns selbst, für unser eigenes historisches Bewußtsein. Doch Versöhnung heißt auch, zu erkennen, daß die deutsche Geschichte des 20. Jahrhunderts mehr ist als nur Vorspiel für die Nazi-Zeit und auch mehr als lediglich deren Nachspiel. Hitler war nicht zwangsläufig. Es hätte anders kommen können.

Wir, die nach dem Krieg geborenen Deutschen, sind für Hitler nicht verantwortlich zu machen. Aber wir sind um so mehr verantwortlich für das Erinnern, gegen das Vergessen und Verdrängen. Das bedeutet: keine Kollektivschuld, aber Kollektivverantwortung – Verantwortung für das Erinnern.

Wir können und wir sollen uns das leisten. Denn wenn *wir*, die Deutschen, heute sagen können: Einheit, Freiheit, Friede – diese lange unerfüllten Hoffnungen und Ziele unserer Geschichte sind zum ersten Mal erreicht, dann verdanken wir das nicht zuletzt auch dem gewachsenen Vertrauen unserer Nachbarn in Europa. Im Verlauf des deutschen Einigungsprozesses wurde letzten Endes allen klar: Europa funktioniert nicht ohne Deutschland. Und genausowenig ist Deutschland ohne das Bekenntnis zu Europa heute überlebensfähig.

Wir, die Europäer, sind am Ende dieses furchtbaren Jahrhunderts aufeinander angewiesen – mehr denn je. Wir sitzen allesamt in einem Boot. Das ist die Botschaft unseres Jahrhunderts.

1. AUGUST 1914

Der Sündenfall

Der europäische Krieg bedeutet eine gewaltige historische Krise, den Beginn einer neuen Epoche.
Wladimir Iljitsch Lenin, Dezember 1914

Seit Stunden schon hatten sich die Menschen im Lustgarten des Berliner Stadtschlosses versammelt. Selbst auf den Stufen des Domes und um das alte Museum herum warteten sie auf die ersehnte Nachricht. Die Glocke des Berliner Domes schlug gerade fünf Uhr, als sich ein kaiserlicher Generalstabsoffizier im offenen Wagen auf der Prachtstraße Unter den Linden näherte. Er fuhr an der wogenden Menschenmenge vorbei, schwang sein Taschentuch und verkündete die Mobilmachung. Als Kaiser Wilhelm II. sich mit seinen Ministern und Generälen auf dem Balkon des Berliner Stadtschlosses zeigte, war die Atmosphäre des gespannten Wartens schon der Euphorie gewichen. Das tiefergriffene Volk stimmte unter den Klängen der Domglocken den Choral »Nun danket alle Gott!« an.

Ein Taumel nationaler Kriegsbegeisterung erfaßte die Menschen. In Berlin, in Wien, Paris und andernorts bejubelten sie die Aussicht auf einen Kampf, von dem noch niemand ahnte, wie mörderisch er werden würde. Die Völker Europas zogen in jenen Augusttagen 1914 mit einer fast schon religiösen Begeisterung in den Krieg. Alle fühlten sich als Angegriffene, keiner als Angreifer. Auf den Straßen Europas feierten die Menschen die Aussicht auf den Weltenbrand als Ausbruch aus den Zwängen der Epoche, die als lähmend, ja als langweilig empfunden wurde. »Aufgewachsen in einem Zeitalter der Sicherheit, fühlten wir alle die Sehnsucht nach dem Ungewöhnlichen, nach der großen Gefahr. Da hatte uns der Krieg gepackt wie ein Rausch«, erinnerte sich der Schriftsteller Ernst Jünger. Der 1. August 1914 besiegelte die Todeskrise des alten bürgerlichen Europa. Er war das Ende einer Ära – und das Ende eines überlangen 19. Jahrhunderts.

Nur wenige sahen in diesen Tagen die Konsequenzen eines Krieges voraus, der die ersten industriellen Massenvernichtungswaffen hervorbringen würde. Der Rausch der ersten Augusttage fegte jene Stimmen hinweg, die sich warnend gegen den Krieg erhoben hatten. Überall in Europa bekundete die Bevölkerung Solidarität mit ihrer Regierung, gleich welcher sozialen Schicht oder Partei sie auch angehörte. Die Reihen der Nationen waren fest geschlossen, auf der Strecke blieb die internationale Solidarität. Der Sog der nationalen Kriegsbegeisterung riß auch die Arbeiter mit sich, wie sich der Zeitzeuge Theodor Eschenburg 84 Jahre später erinnert: »Begeistert war nicht nur die Oberschicht, sondern weitgehend auch die Arbeiterschaft. Alle waren im Rausch.«

An das Deutsche Volk.

Seit der Reichsgründung ist es durch 43 Jahre Mein und Meiner Vorfahren heißes Bemühen gewesen, der Welt den Frieden zu erhalten und im Frieden unsere kraftvolle Entwickelung zu fördern. Aber die Gegner neiden uns den Erfolg unserer Arbeit.

Alle offenkundige und heimliche Feindschaft von Ost und West, von jenseits der See haben wir bisher ertragen im Bewußtsein unserer Verantwortung und Kraft. Nun aber will man uns demütigen. Man verlangt, daß wir mit verschränkten Armen zusehen, wie unsere Feinde sich zu tückischem Überfall rüsten, man will nicht dulden, daß wir in entschlossener Treue zu unserem Bundesgenossen stehen, der um sein Ansehen als Großmacht kämpft und mit dessen Erniedrigung auch unsere Macht und Ehre verloren ist.

So muß denn das Schwert entscheiden. Mitten im Frieden überfällt uns der Feind. Darum auf! zu den Waffen! Jedes Schwanken, jedes Zögern wäre Verrat am Vaterlande.

Um Sein oder Nichtsein unseres Reiches handelt es sich, das unsere Väter neu sich gründeten. Um Sein oder Nichtsein deutscher Macht und deutschen Wesens.

Wir werden uns wehren bis zum letzten Hauch von Mann und Roß. Und wir werden diesen Kampf bestehen auch gegen eine Welt von Feinden. Noch nie ward Deutschland überwunden, wenn es einig war.

Vorwärts mit Gott, der mit uns sein wird, wie er mit den Vätern war.

Berlin, den 6. August 1914.

Wilhelm.

Kaiserliches Pathos: Aufruf Wilhelms II. an das deutsche Volk vom 6. August 1914.

Ein Schuß zerstört den Frieden Europas: Der Attentäter Gavrilo Princip bei seiner Verhaftung.

In den am Krieg beteiligten Ländern bewilligten die Parlamente ohne Zögern die notwendigen Kriegsmittel, traten dann ins zweite Glied zurück und überließen den Exekutiven das Feld. Als Kaiser Wilhelm II. am 4. August die erste Kriegssitzung des Deutschen Reichstags eröffnete, war auch er sich allgemeiner Unterstützung gewiß. »Ich kenne keine Parteien mehr. Ich kenne nur Deutsche«, rief der Monarch den Abgeordneten zu. Dann forderte er die Parteivorstände zu einer symbolischen Geste auf: »... und zum Zeugen dessen, daß sie fest entschlossen sind, ohne Parteiunterschiede, ohne Standes- und Konfessionsunterschiede zusammenzuhalten, mit mir durch dick und dünn, durch Not und Tod zu gehen, fordere ich die Vorstände der Parteien auf, vorzutreten und mir dies in die Hand zu geloben«. Der Spruch war für Wilhelm typisch, doch an diesem Tag kam Pathos an. Nachdem sich alle Parteivorstände erhoben hatten, schüttelte der Kaiser jedem die Hand. Es blieb nicht nur bei symbolischen Gesten. Der Reichstag bewilligte in der feierlichen Sitzung einstimmig die Kriegskredite und verzichtete für die Dauer des Krieges freiwillig in weiten Bereichen auf die Ausübung seiner parlamentarischen

Dieser Friede ist so faul und ölig und schmierig wie eine Leimpolitur auf alten Möbeln. Es ist immer das gleiche, so langweilig, langweilig, langweilig. Es geschieht nichts, nichts, nichts. Würden einmal wieder Barrikaden gebaut. Oder sei es auch nur, daß man einen Krieg begänne, er kann ungerecht sein.
Georg Heym, Dichtungen und Schriften

Auf den Straßen Berlins. Strahlend ging heute die Sonne über dem zweiten Mobilmachungstag auf und beschien mit milder Wärme das jagende und treibende Leben, das in allen Adern der Reichshauptstadt mit fieberndem Puls hämmerte und klopfte.
Berliner Tageblatt, 3. August 1914

Pflichten. Man einigte sich zunächst auf die Vertagung des Reichstags bis zum 2. Dezember.

Staatliche Zensur sollte von nun an über den »Burgfrieden« wachen. Offene oder versteckte Kritik an der Regierung oblag ab diesem Zeitpunkt nicht mehr der politischen Leitung, sondern ausschließlich dem stellvertretenden Generalkommando. Die Worte Wilhelms II. an die Reichstagsabgeordneten: »Mit reinem Gewissen und reiner Hand ergreifen wir das Schwert«, bewegte das deutsche Volk nicht nur in Berlin. Das Gefühl, das sich allenthalben ausbreitete, erhielt bald einen Namen: das »Augusterlebnis«. So einig, so geschlossen war das deutsche Volk noch nie gewesen wie in diesen Tagen. Doch bekanntermaßen halten Emotionen nicht sehr lange an.

Vorerst aber wurde Deutschland von einer Woge des Patriotismus erfaßt. Der Enthusiasmus überwältigte auch den späteren Verleger Gottfried Bermann Fischer: »Zunächst war ich fasziniert von der Erfüllung meines Wunschtraumes, die Uniform zu tragen und für das Vaterland kämpfen zu können. Von der Leichtfertigkeit, mit der die deutsche Regierung, ja ganz Europa, in diesen Krieg hineingeschlittert war, konnten wir uns natürlich keine Vorstellungen machen.« Spontan meldeten sich Hunderttausende freiwillig zu den Waffen, um für ihr Vaterland zu kämpfen. Allerorts quollen die Bahnhöfe über von jungen Männern in Uniformen, bejubelt von ihren Müttern, Schwestern und Frauen. »Jeder war begeistert und dachte, das sei wohl ein Spaziergang, einmal Paris hin und zurück«, erinnert sich Käthe Rodde, die damals die Mobilisierung als Kind erlebte. »Die Soldaten marschierten durch die Stadt, Sträußchen am Helm, Sträußchen auf dem Bajonett. Begleitet von der Musik und getragen von der großen Begeisterung der Bevölkerung zogen sie durch die Straßen.«

Aufgewachsen in einem Zeitalter der Sicherheit, fühlten wir alle die Sehnsucht nach dem Ungewöhnlichen, nach der großen Gefahr. Da hatte uns der Krieg gepackt wie ein Rausch. In einem Regen von Blumen waren wir hinausgezogen, in einer trunkenen Stimmung von Rosen und Blut.
Ernst Jünger, »Stahlgewitter«

Auch in Münchens Straßen begrüßten die Menschen den Kriegsbeginn voll Euphorie. Der Schriftsteller Johannes R. Becher erinnerte sich später: »Schon vom Odeonsplatz an stand alles dicht gedrängt. An der Feldherrnhalle baute sich, die Stufen empor, eine Menschenmauer auf.« Unter den Tausenden, die vor der Feldherrnhalle voller Jubel die Kriegsproklamation begrüßten, stand auch ein unscheinbarer österreichischer Postkartenmaler, der an der gleichen Stelle rund neun Jahre später die Bühne der Weltgeschichte betreten sollte: Adolf Hitler.

Nicht nur die Deutschen zogen voller Inbrunst in den Krieg. Auch in England meldeten sich im ersten Kriegsmonat 500 000

Oben: Euphorie für den Kampf der Völker: Kriegsproklamation in Berlin, 1. August 1914. – Unten: Extrablatt! Die Zeitungen der beteiligten Nationen schüren den Kriegstaumel.

Freiwillige, die sich der Berufsarmee anschließen wollten. Insgesamt sollte Großbritannien mehr als drei Millionen Freiwillige auf den europäischen Kontinent entsenden. 5,4 Millionen Soldaten der alliierten Streitkräfte sollten aus dem Krieg nicht wiederkehren, vier Millionen auf seiten der Mittelmächte fallen. Doch das Blutopfer einer ganzen Generation blühender Jugend sah in jenen strahlenden Augusttagen 1914 niemand voraus.

Als mein Großvater damals von der Ermordung Franz Ferdinands hörte, sagte er besonnen, daß dies Krieg bedeute. Mein Vater schüttelte den Kopf und sagte: Warten wir mal ab.
Theodor Eschenburg, 1998

Begonnen hatte der Countdown zum Ersten Weltkrieg auf dem Balkan – von dem Bismarck noch gesagt hatte, er sei nicht die Knochen eines einzigen pommerschen Grenadiers wert. Als der österreichische Thronfolger Franz Ferdinand sich entschloß, am 28. Juni 1914, seinem Hochzeitstag, in Sarajewo die dort stationierten Truppen zu inspizieren, hatte er damit auch seinen Todestag bestimmt. Kaum war der Besuch offiziell angekündigt, plante ein halbes Dutzend junger Männer die Ermordung des Thronfolgers. Bosnien und die Herzegowina waren wenige Jahre zuvor dem Machtbereich Österreich-Ungarns zugefallen. Ehemals türkisch, wurde das Gebiet seit 1878 von Österreich-Ungarn zunächst verwaltet, dann 1908 annektiert – sehr zum Unwillen der Serben, die ein großserbisches Reich anstrebten. Durch seine militärischen Erfolge in den beiden Balkankriegen 1912 und 1913 ermutigt, fühlte sich Serbien stark genug, auf eine Vereinigung aller zum südslawischen Kulturkreis zählenden Völker zu pochen – einschließlich Bosnien-Herzegowinas.

Franz Ferdinand hatte andere Vorstellungen. Er wollte die Neugliederung der österreichisch-ungarischen Monarchie. Eine Gesamtregierung unter dem Kaiser sollte die 15 Einzelstaaten zentral verwalten, Deutsch die offizielle Amtssprache werden. Der eigensinnige Thronfolger, unduldsam gegenüber oppositionellem Gedankengut, schien wie geschaffen als Opfer einer gezielten Aktion. Als Franz Ferdinand am 28. Juni in einem offenen Automobil durch Sarajewo fuhr, standen vier junge Männer bereit, die Bluttat zu begehen. Zwei Versuche scheiterten im Vorfeld. Der Schriftsetzer Nedeljiko Cabrinovic warf eine Bombe auf den Wagen des Erzherzogs – doch er traf nur ein Begleitfahrzeug. Unverletzt, doch aufs höchste empört, entschloß sich Franz Ferdinand, die Stadt sofort zu verlassen. Sein Chauffeur wurde freilich nicht von der geänderten Route unterrichtet. Er nahm die falsche Abkürzung, wendete das Automobil und fuhr es direkt vor die Pistole eines anderen Verschwörers. Unter den Zuschauern, die der heranrollenden Kolonne applaudierten, befand sich

Propagandistischer Mythos: Die Skagerrakschlacht.

ein schmächtiger siebzehnjähriger Schüler serbischer Herkunft, Gavrilo Princip. »Ich ging zum Geschäft Schiller, weil ich aus der Zeitung wußte, daß der Thronfolger dort vorbeikommen würde«, gab der Attentäter später zu Protokoll. »Plötzlich hörte ich die Leute ›Hoch‹ rufen. Gleich darauf sah ich das erste Automobil. Als das zweite Automobil näher kam, erkannte ich darin den Thronfolger. Ich sah auch eine Dame darin sitzen und überlegte, ob ich schießen sollte oder nicht. Im selben Augenblick überkam mich ein eigenartiges Gefühl, und ich zielte vom Trottoir aus auf den Thronfolger.« Gavrilo Princip tötete den Erzherzog mit einem Schuß – und traf mit dem zweiten dessen Frau, die sofort ihrer Verletzung erlag.

Die Götterdämmerung der bürgerlichen Welt ist im Anzuge.
August Bebel am 11. November 1911 im Reichstag

Das Attentat von Sarajewo, letztes Glied in einer Kette terroristischer Aktionen in den südslawischen Gebieten der k. u. k. Monarchie, war der Zündfunke einer ohnehin schon aufgeladenen politischen Atmosphäre. In Wien betrachtete man den Mord als einen Angriff auf Souveränität und Ansehen der eigenen Nation. Serbien, davon waren die Wiener überzeugt, sei schuldig oder zumindest indirekt verantwortlich für das Komplott. Die Waffen der Attentäter stammten in der Tat aus dem serbischen Heeresdepot, serbische Beamte hatten den Mördern die Überschreitung der Grenzen ermöglicht. Überdies wurde die Geheimorganisation »Vereinigung oder Tod«, auch »Schwarze Hand« genannt, in deren Auftrag Gavrilo Princip tötete, von Dragutin Dimitrijevic geleitet, einem Oberst im serbischen Generalstab. Dieser wiederum stand in Opposition zur Regierung des Ministerpräsidenten Nikola Pasic, der seinerseits Konflikte mit Österreich eher zu meiden versuchte. Die k. u. k. Monarchie mußte handeln, wollte sie ihren Status als Großmacht demonstrieren und das sinkende Prestige bei den Balkanvölkern wieder herstellen.

In zwei bis drei Jahren wird Rußland seine Aufrüstung abschließen. Jetzt wären wir ihnen noch einigermaßen gewachsen. Es bleibt meines Erachtens nichts übrig, als den Gegner zu schlagen, solange wir den Kampf noch einigermaßen bestehen können.
Helmuth von Moltke, Generalstabschef

Die Welt zeigte sich indessen bestürzt über die Todesschüsse von Sarajewo. Pariser Tageszeitungen bedauerten das »tiefe Leid, das den greisen Kaiser« getroffen habe, und äußerten die Befürchtung, daß der Tod des Thronfolgers das »Geschick der Monarchie und dadurch das von ganz Europa ändern kann«. Niemand ahnte zu diesem Zeitpunkt, daß es ausgerechnet die Schüsse von Sarajewo sein sollten, die den schwachen Balancezustand zerbrechen würden, mit dem sich Europa seit Jahren am Rande des Krieges entlanghangelte.

Der Zweibundvertrag, geschlossen im Jahr 1879, verpflichtete Deutschland im Falle eines russischen Angriffs zur Waffenhilfe für Österreich. In den Entente-Verträgen von 1904 und 1907 war das politische Zusammenwirken Englands mit Frankreich und Rußland festgelegt. Doch kein Kräftemessen mit Serbien ohne die Unterstützung Deutschlands! In Wien und Berlin erwartete man im Falle einer militärischen Aktion gegen Serbien schärfste Gegenmaßnahmen von russischer Seite. Man war sich zwar bewußt, daß die bestehenden Abkommen einen allgemeinen europäischen Krieg provozieren könnten, hoffte jedoch auf eine Begrenzung des Konflikts. Obwohl Rußland sich als Schutzmacht der slawischen Staaten auf dem Balkan verstand, würde es sich im Falle einer bewaffneten Auseinandersetzung mit Säbelrasseln begnügen, so die vorherrschende Meinung. Deutschland müsse nur entschlossen genug hinter Österreich stehen. Es war eine Politik des äußersten Risikos.

Die Frage, wie sich Österreichs Bündnispartner Deutschland im Kriegsfall verhielt, wurde im Politpoker zum Dreh- und Angelpunkt. Als Kaiser Wilhelm II. den österreichisch-ungarischen Gesandten in Berlin, Graf Szögyény, zum Frühstück in das Neue Palais nach Potsdam lud, überreichte dieser ihm zwei Schriftstücke aus Wien: ein Handschreiben des Kaisers Franz Joseph I. sowie eine Denkschrift des österreichischen Außenministeriums. Von Wien zu einer eindeutigen Stellungnahme gedrängt, antwortete der Monarch, er müsse von einer endgültigen Antwort vorerst absehen. Die »ernsten europäischen Komplikationen« seien mit seinem Kanzler Bethmann Hollweg zu besprechen. Jedoch, so versicherte er seinem Frühstücksgast, könne Österreich-Ungarn auch im Falle einer »ernsten europäischen Komplikation« mit der vollen Unterstützung Deutschlands rechnen. Deutschland, so wiederholte der Kaiser, werde in gewohnter Bündnistreue an der Seite Österreichs stehen.

Ein Fatum, größer als Menschenmacht, liegt über Europa und unserem Volk.
Theobald von Bethmann Hollweg

Am Nachmittag desselben Tages empfing Kaiser Wilhelm II. seinen Reichskanzler sowie den Unterstaatssekretär Arthur Zimmermann. Er sehe den Ernst der Lage, erklärte Wilhelm seinen Beratern. Kaiser Franz Joseph I. müsse jedoch wissen, daß Deutschland auch in ernster Stunde Österreich-Ungarn nicht verlassen werde. Das hieß Schulterschluß gegen Serbien! Deutschland stellte seinem Bündnispartner den berühmten »Blankoscheck« aus. Zwar war man sich auch in Berlin über die Gefahr eines allgemeinen europäischen Krieges im klaren, doch hoffte man auf eine Eingrenzung des Konflikts und nahm die Risiken auf sich. Die deutsche Zwangslage umriß Reichskanzler Bethmann Hollweg seinem Sekretär Kurt Riezler in kurzer, aber prägnanter Weise: »Unser altes Dilemma bei jeder österreichischen Balkanaktion: Reden wir ihnen zu, so sagen sie, wir hätten sie hineingestoßen. Reden wir ab, so heißt es, wir hätten sie im Stich gelassen. Dann nähern sie sich den Westmächten, deren Arme offenstehen, und wir verlieren den letzten mäßigen Bundesgenossen.« Ergäbe sich aus einem lokalen österreichisch-serbischen Krieg nicht außerdem auch die Gelegenheit, das erstarrte europäische Koalitionssystem zu durchbrechen, den Ring der Gegner zu sprengen? Den Bündnispartner Österreich-Ungarn erachtete Berlin im Inneren als akut gefährdet, die Verläßlichkeit des Verbündeten Italien wurde angezweifelt. Serbien wiederum schien aufgrund militärischer Erfolge und territorialer Gewinne enorm gefestigt. Hinzu kam die Furcht vor einem erstarkenden Rußland, dessen machtpolitische Ambitionen sich in Südeuropa immer deutlicher abzeichneten. Rußland habe sein Rüstungsprogramm in zwei bis drei Jahren abgeschlossen, warnten deutsche Militärs und rieten zum Präventivschlag.

Diplomatie und Säbelrasseln: Reichskanzler Theobald von Bethmann Hollweg und Generalstabschef Helmuth von Moltke.

In Europa gehen die Lichter aus. Wir werden es nicht mehr erleben, wenn sie wieder angehen.
Sir Edward Grey, britischer Außenminister

In Sankt Petersburg versicherte man sich derweil der Bündnistreue Frankreichs. In einer Atmosphäre, erfüllt vom Geist erneuerter Waffenbrüderschaft, erklärte der französische Präsident Raymond Poincaré bei seinem Staatsbesuch feierlich, Frankreich werde »alle Verpflichtungen des Bündnisses erfüllen«. War das nicht auch eine Art von Blankoscheck? Rußland beurteilte die durch das Attentat ausgelöste Krise als ernst und zeigte sich als Schutzmacht Serbiens entschlossen, etwaige österreichische

Maßnahmen, die sich auf die Integrität und Souveränität Serbiens als schädlich auswirken würden, keinesfalls zuzulassen. Immerhin waren hier auch eigene Belange im Spiel. Auf keinen Fall wollte die russische Regierung tatenlos mit ansehen, wie Deutschland und Österreich die Geschicke auf dem Balkan bestimmten. Vitales Interesse hatte Rußland außerdem an der Kontrolle der strategisch wichtigen Meerengen Bosporus und Dardanellen. Teilmobilisierung war nun die Antwort auf Österreich-Ungarns Drohungen.

Eine Kaste, tüchtig, selbstbewußt, aber der Initiative unfähig, regiert uns. Nun wollte sie modern sein, zerrüttete das Alte, gewann das Neue nicht, verfeindete uns der Welt, schwächte uns nach außen, und schlug los, in dem Moment, den wir nicht gewählt haben. Nun muß das Volk die Fehler seiner Herren mit seinem Blute abwaschen.
Walther Rathenau, Brief an Fanny Künstler, November 1914

Als am 23. Juli die Donaumonarchie ein überaus scharfes, auf 48 Stunden befristetes Ultimatum an Serbien stellte, befand sich Kaiser Wilhelm II. noch auf einer Nordlandreise. Das Ultimatum verlangte ein Einschreiten gegen die rechtsradikale Bewegung in Serbien unter Beteiligung österreichisch-ungarischer Staatsorgane. Die Devise hieß: Volle Genugtuung für das Attentat von Sarajewo! Die Forderung Österreichs war so formuliert, daß ihre Annahme so gut wie ausgeschlossen war, wollte Serbien die eigene Souveränität nicht preisgeben. 48 Stunden später antworteten die Serben. Auf das eigene Souveränitätsrecht pochend, gaben sie den Forderungen bezüglich der Bekämpfung der österreichfeindlichen Umtriebe nach. »Eine brillante Leistung für eine Frist von bloß 48 Stunden! Das ist mehr, als man erwarten konnte«, kommentierte der deutsche Kaiser auf seiner Yacht in nordischen Fjorden die Entwicklung und befahl die Heimfahrt. »Ein großer moralischer Erfolg für Wien, aber damit fällt jeder Kriegsgrund fort«, meinte der Kaiser. Er sollte sich irren, denn Wien gab sich mit der geschickt formulierten Antwort nicht zufrieden. Die Donaumonarchie reagierte mit dem Abbruch der diplomatischen Beziehungen und der Teilmobilmachung.

Als Österreich-Ungarn am 28. Juli Serbien den Krieg erklärte, schien eine Lokalisierung des Konflikts nur noch durch Verhandlungen möglich. Bis zu diesem Punkt hatte die deutsche Regierung Österreich volle Unterstützung zugesichert. Nun versuchte sie – auch unter dem Einfluß Englands – mäßigend auf den Bundesgenossen einzuwirken. Bethmann Hollweg schrieb am 28. Juli an den Botschafter in Wien »Wir sind bereit, unsere Bündnispflicht zu erfüllen, müssen es aber ablehnen, uns von Wien leichtfertig und ohne Beachtung unserer Ratschläge in einen Weltbrand hineinziehen zu lassen.« Der Kanzler versuchte, zwischen Wien und Sankt Petersburg zu vermitteln. Österreich solle Rußlands Außenminister Sergej Sasonow versichern, daß man keine Territorialansprüche an Serbien stelle. Teilgebiete würden nur bis zur Erfüllung der serbischen Zusagen besetzt. Die Initiative, durch bilaterale Verhandlungen die brisante Lage zu entspannen, ging von London aus. Sir Edward Grey, Großbritanniens Außenminister, hatte bereits einige Tage zuvor eine Viermächtekonferenz vorgeschlagen. Militärische Bewegungen sollten in diesem Zeitraum ebenso unterbleiben wie die Berührung serbischen Territoriums. Aber es war zu spät! Die Kriegsmaschinerie ließ sich nicht mehr aufhalten. Die Staatsmänner vertrauten dem Mittel der Einschüchterung auf höchster Ebene, der Mobilmachung. Doch die Kombination von Bluff und martialischen Drohgebärden, die sich bis dahin des öfteren als wirkungsvoll erwiesen hatte, sollte diesmal auf schreckliche Weise realisiert werden.

Am Nachmittag des 29. Juli nahm in Sankt Petersburg der Außenminister Sasonow eine deutsche Demarche entgegen, die die unverzügliche Einstellung der russischen Mobilmachungsvorbereitungen verlangte. Die Zeichen standen auf Sturm. Dessen waren sich auch Zar Nikolaus II. (»Lieber Niki«) und sein Vetter Wilhelm II. (»Lieber Willi«) bewußt. Sie hofften, den großen Krieg durch die Beschwörung monarchischer Familienbande verhüten zu können. Zar Nikolaus II. bat seinen Vetter in Berlin per Telegramm um dessen Vermittlung in Wien. Die warnende Antwort Wilhelms ließ nicht lange auf sich warten. Wenn nun Rußland gegen Österreich mobilisiere, werde »meine Vermittlerrolle, mit der Du mich gütigerweise betraut hast und die ich auf Deine ausdrückliche Bitte übernommen habe, gefährdet, wenn nicht unmöglich gemacht. Das ganze Gewicht der Entscheidung ruht jetzt ausschließlich auf Deinen Schultern. Sie haben die Verantwortung für Krieg oder Frieden zu tragen.«

Am Nachmittag des 30. Juli gab der Zar dem Drängen seines Außenministers Sasonow nach und ordnete die Generalmobilmachung an. Die Furcht, eine Blamage auf dem Balkan könnte das Ende des russischen Imperiums bedeuten, das bereits im Inneren durch nationale und revolutionäre Aktivitäten bedroht war, saß tief. Die Aussicht auf einen siegreichen Krieg, mit dem sich das Zarenreich stabilisieren ließ, schien zu verlockend. Die verwandtschaftlichen Beziehungen konnten diese Dynamik nicht aufhalten. Zar Nikolaus II. schrieb an seinen Vetter Wilhelm II. nach Berlin, es sei »technisch unmöglich, unsere militärischen Vorbereitungen einzustellen, die infolge der Mobilmachung gegen Österreich notwendig waren«. Weiterhin versicherte er: »Es

Oben: Auf nach Paris! Tausende junger Männer melden sich freiwillig an die Front. – Unten: Europa in Bewegung: Auch auf Pariser Bahnhöfen zieht man jubelnd in den Krieg.

Oben: Krieg der Worte: Deutsche Propagandaplakate sollen in der Heimat nationale Begeisterung und Kriegseuphorie aufrechterhalten.
Unten: Helden der Stunde: Deutsche Kriegsfreiwillige werden von der Bevölkerung bejubelt.

liegt uns fern, einen Krieg zu wünschen. Solange die Verhandlungen mit Österreich wegen Serbien andauern, werden meine Truppen keinerlei herausfordernde Handlungen unternehmen. Ich gebe Dir mein feierliches Ehrenwort darauf.«

Eine Atmosphäre politischer Gegensätze herrschte unterdessen in Berlin. Während Kanzler Bethmann Hollweg Österreich zu einer Strategie des Innehaltens zu bewegen suchte, um dadurch Handlungsfreiheit zurückzugewinnen, versprach der Chef des Generalstabs, Helmuth von Moltke, seinem österreichischen Kollegen Conrad von Hötzendorf deutsche Unterstützung als Antwort auf die russische Mobilmachung. Militärische und politische Führung arbeiteten nun nicht mehr Hand in Hand, sondern gegeneinander. Nur ein Machtwort des Kaisers hätte den Gordischen Knoten noch lösen können. Doch das Primat des Militärs siegte über das Primat der Politik.

Am 31. Juli verkündete Österreich-Ungarn die allgemeine Mobilmachung. Europa taumelte dem Weltenbrand entgegen. Als in Berlin die Kunde von der russischen Generalmobilmachung eintraf, fragte Bethmann Hollweg von Moltke: »Ist das Vaterland in Gefahr?« Dieser bejahte natürlich. Deutschland verkündete den Zustand drohender Kriegsgefahr und entsandte Ultimaten: Von Rußland forderte das Reich innerhalb von zwölf Stunden die sofortige Demobilisierung, und Frankreich sollte sich im Falle eines deutsch-russischen Konflikts neutral verhalten. Doch Rußland schwieg, während die Telegraphendrähte in Europa glühten. König Georg V. schickte von London aus Telegramme nach Paris und Sankt Petersburg. Der britische Monarch bot seine Vermittlung an, um »das Mißverständnis zu beseitigen« und »um für Unterhandlungen und Friedensmöglichkeiten noch freien Raum zu lassen«. Doch mit dem fünften Glockenschlag des Berliner Domes endete nicht nur das Ultimatum an Rußland, sondern auch der Friede in Europa. Während sich die Menschen um Stadtschloß und Lustgarten versammelten, unterschrieb und verkündete Kaiser Wilhelm II. die allgemeine Mobilmachung. Um 20 Uhr telegraphierte der deutsche Botschafter Graf von Pourtalès aus Sankt Petersburg an das Auswärtige Amt, er habe den Außenminister Sasanow dreimal hintereinander gefragt, ob er die verlangte Erklärung betreffs Einstellung der Kriegsmaßnahmen gegen Deutschland und Österreich geben könne. Nach dreimaliger Verneinung der Frage habe er die befohlene Note überreicht. »Seine Majestät der Kaiser, mein erhabener Herrscher, nimmt im

Was man angreift, das sind die Freiheiten Europas, und Frankreich, seine Verbündeten und seine Freunde sind stolz, deren Verteidiger zu sein. Frankreich, ungerechterweise herausgefordert, hat den Krieg nicht gewollt. Es hat alles getan, um ihn abzuwenden. Da er ihm aufgedrängt wurde, wird es sich gegen Deutschland verteidigen.
Raymond Poincaré, französischer Ministerpräsident, 4. August 1914

Namen des Reiches die Herausforderung an und betrachtet sich als im Kriegszustand mit Rußland befindlich.« Deutschland hatte Rußland den Krieg erklärt.

Europa schien wie von Sinnen. Während auf den Bahnhöfen des Kontinents junge Männer Abschied von der Heimat nahmen, überreichte der deutsche Botschafter in Paris, Feiherr von Schoen, im Auftrag Bethmann Hollwegs der französischen Regierung die Kriegserklärung. Berlin fürchtete den Zweifrontenkrieg. Die bestehenden Bündnisverpflichtungen, so schätzte man realistisch ein, würden Deutschlands Truppen in Ost und West binden. Man wollte Frankreich zuvorkommen und seine Armee binnen kürzester Frist außer Gefecht setzen, noch ehe der vermeintlich schwerfälligere russische Aufmarsch beendet sei. In einer gewaltigen Umfassungsschlacht sollte Frankreich überfallartig geschlagen werden, so die Strategie, die im Jahr 1905 vom damaligen Generalstabschef Alfred von Schlieffen ausgearbeitet worden war. Auf den Schlieffen-Plan vertrauend, rechnete auch Helmuth von Moltke fest damit, daß Deutschland dank seiner leistungsfähigen militärischen Organisation den Gegner im Westen vernichten konnte, noch ehe die Mobilisierung der russischen Armeen abgeschlossen war.

Siegesgewißheit dank des Schlieffen-Plans: Deutsche Truppen auf ihrem Vormarsch nach Frankreich.

Berlin im Freudentaumel: Die Presse feiert begeistert die deutschen Anfangserfolge.

Der »Reichsanzeiger« veröffentlicht folgenden Erlaß des Kaisers: Ich bestimme hiermit: Das Deutsche Heer und die Kaiserliche Marine kriegsbereit aufzustellen. Der 2. August 1914 wird als erster Mobilmachungstag festgesetzt.
Berlin, den 1. August 1914
Vossische Zeitung, 2. August 1914

Die deutsche Kriegsmaschinerie setzte sich in Bewegung. In den frühen Morgenstunden des 2. August überschritten deutsche Truppen die luxemburgische Grenze. Als am Morgen des 3. August Generalstabschef von Moltke Reichskanzler Bethmann Hollweg über den Einmarsch in Belgien informierte, waren in London bereits die Würfel gefallen. Premierminister Herbert Asquith, Außenminister Grey und Kriegsminister Lord Richard Haldane beschlossen die Entsendung eines britischen Expeditionskorps nach Frankreich. Die Extrablätter in Londons Straßen verkündeten den deutschen Einmarsch in Belgien. Nun versagte selbst die Labourpartei der Regierung nicht die Unterstützung. Die Verletzung der belgischen Neutralität zwang das Vereinigte Königreich zum Handeln. Immerhin hatte Großbritannien selbst einst die Souveränität Belgiens garantiert. Überdies stellte ein besetztes Belgien eine akute Gefahr für Sicherheit und Unabhängigkeit der Seemacht England dar. Der britische Gesandte George Goschen überreichte am 4. August Kanzler Bethmann Hollweg ein auf Mitternacht befristetes Ultimatum, das eigentlich einer Kriegserklärung gleichkam, denn der Forderung, die belgische Neutralität zu achten, konnte Deutschland nicht mehr entsprechen. Seine Truppen standen bereits auf dem Territorium des

Krieg! Es war Reinigung, Befreiung, was wir empfanden, und eine ungeheure Hoffnung.
Thomas Mann, »Gedanken im Krieg«

Nachbarlandes. Daraufhin erklärte Großbritannien Deutschland den Krieg. Die folgenden Kriegserklärungen Serbiens an Deutschland, Österreich-Ungarns an Rußland, Frankreichs an Österreich-Ungarn, Großbritanniens an Österreich-Ungarn waren nur noch Formsache. Nun regierte in Europa des Gesetz des Tötens.

Grausame Wirklichkeit: Schon nach dem ersten Kriegsjahr wird die Anzahl schwerversehrter deutscher Soldaten auf 30 000 geschätzt.

Nationaler Rausch und Kriegsbegeisterung fanden in den ersten Kriegswochen auf deutscher Seite Nahrung in militärischen Erfolgen. Der Generalstab unter Moltke hatte den alten Schlieffen-Plan modifiziert. Die kurze Grenze zwischen Frankreich und Deutschland war zu stark befestigt, als daß man auf einen schnellen Sieg hoffen konnte. Im hügeligen, schwer passierbaren Gelände der Ardennen aber hätte der deutsche Aufmarsch steckenbleiben können. Den Ausweg bot das neutrale Belgien. Wie durch eine Schleuse wollte die deutsche Führung auf dem rechten Flügel ihre Armeen hinter die französischen Linien treiben. Nach einem raschen Vormarsch bis zur Somme und zur Oise sollten sie in einem großen Bogen, der Paris von Westen umschloß, nach Südosten einschwenken, den Feind in das Festungsdreieck Verdun, Metz, Belfort abdrängen und dort vernichtend schlagen. Die Verletzung der Neutralität Belgiens wurde dabei als notwendiges Übel in Kauf genommen.

Doch der deutsche Vormarsch wurde Anfang September an der Marne gestoppt. Die Fronten erstarrten zum Grabenkrieg. Er wurde zum Fanal eines Kampfes, der grauenvolle neue Maßstäbe setzte: Stellungskrieg, Giftgas, Materialschlachten. Die Soldaten lagen einander in Schützengräben gegenüber, aus denen sie immer wieder herausstürmen mußten – über das Niemandsland, durch Granaten- und Kugelhagel, oft in den Tod. »Ich glaube«, meint der Veteran Gustav Adolph von Halem heute, »das war der Wendepunkt. Um eines kleinen Geländegewinns willen wurden dort wahnwitzige Opfer gebracht. Von da ab war der Krieg etwas Entsetzliches.« Pflichtbewußtsein und Durchhaltewille ersetzten nun nationale Begeisterung und Kriegseuphorie, erinnert sich der ehemalige Leutnant von Halem: »Die Menschen, die beispielsweise auf Urlaub aus dem Krieg kamen, waren nicht mehr die gefeierten Helden. Das waren arme Teufel, die jeden Tag dem Tod ins Auge sehen mußten. Ohne Dank. Und ohne die unerhörte Begeisterung, die sie bei Beginn des Krieges gehabt hatten. Im Anblick all dieser Opfer konnte man nicht mehr begeistert sein. Nur noch gehorsam. Und das war man.« Der Krieg zeigte seine häßlichste Fratze. Trotz immenser Anstrengungen und Opfer auf allen Seiten blieb der Kampf stecken – in aufgewühlter Erde, Blut und Schlamm.

Soll ein jeder von uns sein mea culpa sprechen! Diese geistige Elite, diese Kirchen, diese Arbeiterparteien haben den Krieg nicht gewollt. Mag sein! – Was haben sie getan, um ihn zu verhindern? Was tun sie, um ihn zu mildern? Sie schüren den Brand. Jeder trägt sein Bündel Reisig dazu herbei.
Romain Rolland, »Über dem Getümmel«, 1915

Die Wirklichkeit des Krieges, bestimmt durch Kämpfe, Leid und Tod, erschütterte die blutjungen Menschen. »Wir hatten keinerlei Erfahrung über die Wirkung dieser ganzen Ereignisse und Bilder auf unser eigenes Inneres«, so reflektiert der ehemalige Kriegsteilnehmer von Halem heute. Der Schriftsteller Ernst Jünger versuchte, durch Tagebücher sein Erleben zu verarbeiten. »Von allen Seiten strebten Verwundete aus dem beschossenen Gehölz. Der Durchgang war entsetzlich, von Schwerverwundeten und Sterbenden versperrt. Eine bis zum Gürtel entblößte Gestalt mit aufgerissenem Rücken lehnte an der Grabenwand. Ein anderer, dem ein dreieckiger Lappen vom Hinterschädel herabhing, stieß fortwährend schrille, erschütternde Schreie aus. Hier herrschte der große Schmerz, und zum ersten Mal blickte ich wie durch einen dämonischen Spalt in die Tiefe seines Bereichs.«

Die Kranken, die Gefangenen, das ist nicht Krieg mehr, das ist nur das Elend, das unendlich tragische menschliche Elend.
Stefan Zweig, Brief an Romain Rolland, 6. Oktober 1914

Die Feldpostbriefe aus den Schützengräben veranschaulichen Angst, Resignation und völlige Ohnmacht angesichts eines Krieges, der immer mörderischer wurde. »Ich habe manchen Kameraden mit zur letzten Ruhe gebettet. Man stumpft aber auch da-

Oben: Mörderischer Kriegsalltag: Verwundete nach einem Gasangriff.
Unten: Verwundet und verzagt: Geste der Menschlichkeit auf dem Schlachtfeld.

Die unsichtbare Waffe: Frontsoldaten mit Gasmasken.

All dieser Wahnsinn, all diese Wut, dieser flammende Tod unserer Zivilisation und unserer Hoffnungen sind über uns gekommen, weil eine Anzahl Herren in Amt und Würden, ...beschlossen hat, daß lieber das eintreten solle, als daß einer von ihnen auch nur die geringste Beeinträchtigung seines nationalen Stolzes erlitte.
Bertrand Russell, An die Londoner »Nation« zum 15. August 1914

gegen allmählich ab – man ist ja froh, daß es einen noch nicht selber getroffen hat, und man kann heilfroh sein! Denn was haben die armen Verwundeten oftmals zu erdulden; wenn sie tagelang hilflos liegen, ohne Essen und Trinken, der Gefahr des Verblutens ausgesetzt«, schreibt ein siebzehnjähriger Schüler am 18. November 1914 aus Dixmuiden seiner Mutter nach Hause. Als der Brief ankommt, sitzt die Frau allein am Küchentisch. Um sie herum ist es dunkel, die Hände liegen gefaltet im Schoß, der Kopf ist auf die Brust gesunken. Die Nachricht vom Tod ihres Sohnes – sie ist bereits vor seinem letzten Lebenszeichen eingetroffen. Er ist einer von über zehn Millionen Toten und Vermißten, die die Welt bis zum Kriegsende 1918 betrauern sollte. »Das Blutopfer einer ganzen Generation blühender Jugend konnte niemals wiedergutgemacht werden«, resümiert der ehemalige Frontsoldat und spätere Verleger Gottfried Bermann Fischer. »Die herrlichen Begabungen, die in den gefeierten Schlachten der ersten Kriegswochen vernichtet worden sind, konnten niemals wieder ersetzt werden. Der Gedanke, wie sich wohl die spätere Geschichte Deutschlands entwickelt hätte, wenn diese zu Männern herangereifte Jugend an ihr mitgewirkt hätte, hat mich später niemals verlassen.«

9. NOVEMBER 1918

Der Zusammenbruch

»Das deutsche Volk hat auf der ganzen Linie gesiegt. Das Alte und Morsche, die Monarchie, ist zusammengebrochen. Es lebe das Neue! Es lebe die deutsche Republik!« Die riesige Menschenmasse, das unüberschaubare Heer revolutionärer Arbeiter, die sich an diesem Samstag um die Mittagszeit vor dem Berliner Reichstag versammelt hatten, trauten ihren Ohren nicht: Der SPD-Reichstagsabgeordnete Philipp Scheidemann, der dort, in einem Fenster des Reichstags stehend, zu ihnen sprach, hatte ihnen soeben erklärt, daß ihre Hauptforderungen erfüllt waren! Der Überraschung folgte tosender Jubel. Die Begeisterung über

Deutschland muß frei werden oder untergehen.
Friedrich Ebert, 1918

Es lebe das Neue! Der Proklamator der deutschen Republik und spätere SPD-Regierungschef Philipp Scheidemann hier vor dem Reichstag, Mai 1919.

Die ganze Schuld für den 9. November fällt auf die, die allen Warnungen zum Trotz innen- und außenpolitisch in tragischer Blindheit verharrten, bis es endgültig zu spät war.
Philipp Scheidemann, Memoiren

den Triumph der Arbeiterklasse in Deutschland mischte sich mit einem befreienden Gefühl der Erleichterung – schließlich hatten die Männer an diesem 9. November 1918 schon mit dem Schlimmsten gerechnet. »Generalstreik« lautete die Parole an diesem Samstag, der eigentlich ein Arbeitstag wie jeder andere war. Die Forderung der Arbeiter: Kaiser Wilhelm II. solle abdanken, ein Waffenstillstandsabkommen endlich unterzeichnet werden. Aber wie würden die Offiziere und Soldaten der kaiserlichen Armee darauf reagieren? Würden sie die Souveränität ihres obersten Dienstherrn, des Kaisers, mit Maschinengewehren, Karabinern und Handgranaten blutig verteidigen?

Auf dem Brandenburger Tor wehte schon die rote Fahne. Soldaten, Gewehre im Anschlag, patrouillierten in offenen Fahrzeugen durch die Stadt. Die kaiserliche Residenz, das Stadtschloß, war belagert von revolutionären Spartakisten. Im benachbarten Marstall verbarrikadierten sich kaisertreue Offiziere.

Teile den Soldaten mit, daß es nicht wahr ist, daß ich als König von Preußen abgedankt habe. Ich habe als König von Preußen nicht abgedankt.
Wilhelm II. am 9. November 1918 zu seinem Sohn

Es war eine Ironie der Geschichte, daß in dem Moment, als sich der Kaiser im fernen Spa endlich zur Abdankung durchgerungen hatte, die Ereignisse des Tages schon über ihn hinweggegangen waren. »Herrliche Zeiten« hatte Wilhelm II. den Deutschen versprochen. In der Stunde des Zusammenbruchs rührte sich keine Hand zur Verteidigung der Monarchie.

»Brüder – nicht schießen!« stand auf Plakaten, die den Demonstrationszügen der Berliner Arbeiterschaft vorangetragen wurden. An diesem Samstagmorgen hatten in allen Berliner Fabriken und Werkstätten Betriebsversammlungen stattgefunden. Gegen neun Uhr, sonst die Zeit für eine Frühstückspause, formierten sich die Belegschaften zu Marschkolonnen. Sie folgten dem Aufruf zum Generalstreik, den am Donnerstag abend die Berliner USPD, die linksgerichtete »Unabhängige Sozialdemokratie«, formuliert hatte. Man streikte, weil ein Ultimatum der USPD abgelaufen war: Bis zum Freitag nachmittag hätte der Kaiser seine Abdankung erklären sollen. Aber dieser Schritt war nicht erfolgt. Die Konsequenz: Generalstreik am Samstag, dem 9. November. Die Arbeiter, die an diesem Tag auf die Straßen gingen, hatten keine leichte Entscheidung gefällt – viele fürchteten, daß ihre Demonstration in einem Blutbad enden würde. Doch das änderte wenig an der Entschlossenheit der Männer – sie waren nach vier Jahren Krieg und Entbehrungen bereit, für die Revolution Opfer zu bringen.

Aber das befürchtete Massaker blieb aus – die Soldaten der Berliner Garnison schossen nicht, obwohl sie noch am Vorabend

Mit der Abdankung von ein paar Hohenzollern ist es nicht getan.
Rosa Luxemburg in der »Roten Fahne«

2. Extraausgabe Sonnabend, den 9. November 1918.

Vorwärts

Berliner Volksblatt.

Zentralorgan der sozialdemokratischen Partei Deutschlands.

Der Kaiser hat abgedankt!

Der Reichskanzler hat folgenden Erlaß herausgegeben:

Seine Majestät der Kaiser und König haben sich entschlossen, dem Throne zu entsagen.

Der Reichskanzler bleibt noch so lange im Amte, bis die mit der Abdankung Seiner Majestät, dem Thronverzichte Seiner Kaiserlichen und Königlichen Hoheit des Kronprinzen des Deutschen Reichs und von Preußen und der Einsetzung der Regentschaft verbundenen Fragen geregelt sind. Er beabsichtigt, dem Regenten die Ernennung des Abgeordneten Ebert zum Reichskanzler und die Vorlage eines Gesetzentwurfs wegen der Ausschreibung allgemeiner Wahlen für eine verfassunggebende deutsche Nationalversammlung vorzuschlagen, der es obliegen würde, die künftige Staatsform des deutschen Volk, einschließlich der Volksteile, die ihren Eintritt in die Reichsgrenzen wünschen sollten, endgültig festzustellen.

Berlin, den 9. November 1918. **Der Reichskanzler.**
Prinz Max von Baden.

Es wird nicht geschossen!

Der Reichskanzler hat angeordnet, daß seitens des Militärs von der Waffe kein Gebrauch gemacht werde.

Parteigenossen! Arbeiter! Soldaten!

Soeben sind das Alexanderregiment und die vierten Jäger geschlossen zum Volke übergegangen. Der sozialdemokratische Reichstagsabgeordnete Wels u. a. haben zu den Truppen gesprochen. Offiziere haben sich den Soldaten angeschlossen.

Der sozialdemokratische Arbeiter- und Soldatenrat.

Konkursverwaltung: Reichskanzler Prinz Max von Baden gibt die Abdankung des Kaisers bekannt, 9. November 1918.

verstärkt worden waren. Der der USPD angehörende Arbeiterführer Richard Müller hatte am Freitag abend den bedrohlichen Einmarsch des Vierten Jägerregiments beobachtet, einer Truppe, die schon an der Ostfront gegen russische Revolutionäre vorgegangen war. Er notierte: »Schwerbewaffnete Infanteriekolonnen, Maschinengewehr-Kompagnien und leichte Feldartillerie zogen in endlosen Zügen an mir vorüber, dem Inneren der Stadt zu. Das Menschenmaterial sah recht verwegen aus. Mich erfaßte ein beklemmendes Gefühl.«

Am 9. November sank Deutschland, bar jeder festen Hand und bar jeden Willens, seiner Fürsten beraubt, wie ein Kartenhaus zusammen. … Jede Autorität hörte auf.
Erich Ludendorff, Erinnerungen

Der Tag der Revolution ist gekommen. Wir haben den Frieden erzwungen. Der Friede ist in diesem Augenblick geschlossen. Das Alte ist nicht mehr. Die Herrschaft der Hohenzollern ist vorüber. In dieser Stunde proklamieren wir die freie sozialistische Republik Deutschland.
Karl Liebknecht am 9. November 1918

Aber als an diesem Abend in Berlin Handgranaten an die Soldaten ausgegeben wurden, forderten sie von ihren Offizieren Aufklärung über den bevorstehenden Einsatz. Am frühen Samstag morgen verlor die gereizte Truppe die Geduld mit ihren Vorgesetzten. Die Soldaten beschlossen, selbst herauszufinden, was ihnen an diesem Tag in den Straßen Berlins bevorstand. Auf Lastwagen fuhren sie zum Redaktionsgebäude der Arbeiterzeitung *Vorwärts*. Dort nahm gerade der SPD-Abgeordnete Otto Wels an einer Betriebsversammlung der Belegschaft teil. Als die Soldaten eintrafen, entschloß er sich zu handeln. Er begleitete die schwer-

Eskalation der Gewalt: Im Berliner Zeitungsviertel verschanzen sich die Revolutionäre.

bewaffneten, aber orientierungslosen Soldaten zu ihrer Kaserne. Vor der komplett angetretenen Truppe traf er den richtigen Ton – er schilderte ihnen die hoffnungslose militärische Lage des Reiches, die undurchsichtige Haltung des Kaisers und die angespannte politische Situation in Berlin. Seine Offenheit überzeugte die Männer. Schließlich appellierte er an ihre Verantwortung: »Es ist eure Pflicht, den Bürgerkrieg zu verhindern! Ich rufe euch zu: Ein Hoch auf den freien Volksstaat!«

Und tatsächlich – die Soldaten folgten ihm. Mit einer Delegation von Soldaten besuchte er nun die anderen Kasernen der Berliner Garnison, hielt seine schon bewährte Rede und schaffte es, an diesem Samstagmorgen die bewaffnete Macht in Berlin von der vernunftbetonten Haltung der SPD zu überzeugen.

Oben: Ruhe und Ordnung! Regierungstreue Truppen beziehen gegenüber den Spartakisten Stellung. – Unten: Räterepublik statt Demokratie: Arbeiter- und Soldatenräte fordern den Umsturz.

Keine russischen Verhältnisse! Sozialdemokraten kämpfen gegen eine Rätediktatur.

Wir haben sehr bedauert, daß das Kaiserreich zu Ende war. Was nun kommen würde, das wußten wir nicht.
Dr. Ernst Feldmann, Veteran des Ersten Weltkriegs

Der Tag sollte noch andere Umwälzungen bringen: Einsame Entschlüsse verhinderten, daß die Revolution, die sich seit zehn Tagen ihren Weg durch das Deutsche Reich bahnte, am 9. November 1918 in Berlin in einem blutigen Chaos gipfelte. Den USPD-Aufruf zum Generalstreik hielten die Vertreter der gemäßigten SPD für gefährlich. Deshalb setzten sie alles daran, ein Überlaufen der erregten Masse zu den unberechenbaren Linken zu verhindern. Friedrich Ebert, SPD-Fraktionsvorsitzender und somit der Führer der stärksten Partei im Reichstag, stellte an diesem Vormittag ein demonstratives Ultimatum: »Der Kaiser muß sofort abdanken, sonst haben wir die Revolution.« Prinz Max von Baden, der letzte kaiserliche Reichskanzler, stimmte zu – er wußte, daß die Zeit der Monarchie in Deutschland endgültig abgelaufen war. Er versetzte ihr den Todesstoß, indem er ohne Einwilligung des Kaisers dessen Abdankung erklärte: »Der Kaiser und König hat sich entschlossen, dem Thron zu entsagen. Der Reichskanzler bleibt noch so lange im Amt, bis die mit der Abdankung des Kaisers und der Einsetzung der Regentschaft verbundenen Fragen geregelt sind. Er beabsichtigt, dem Regenten die Ernennung des Abgeordneten Ebert zum Reichskanzler und die Vorlage eines Ge-

Verrat! Schamloser, empörender Verrat!
Wilhelm II.

setzentwurfs wegen der sofortigen Ausschreibung allgemeiner Wahlen für eine verfassunggebende deutsche Nationalversammlung vorzuschlagen, der es obliegen würde, die künftige Staatsform des deutschen Volkes endgültig festzustellen.«

Doch als Ebert gegen zwölf Uhr in der Reichskanzlei eintraf, forderte er unter dem Eindruck der angespannten Situation in den Straßen Berlins die sofortige Übernahme der Regierungsgewalt durch die SPD. Er selbst, Friedrich Ebert, sollte der neue Reichskanzler sein. Mit diesem öffentlichkeitswirksamen Akt wollte er den Revolutionären noch an diesem Tage zeigen, daß ein Umsturz in den Straßen Berlins überhaupt nicht mehr nötig sei. Und tatsächlich: Reichskanzler Prinz Max von Baden trat zurück. »Ich lege Ihnen das Deutsche Reich ans Herz«, mahnte er Friedrich Ebert, worauf dieser antwortete: »Ich habe zwei Söhne für dieses Reich verloren.«

Kurz darauf verkündete Philipp Scheidemann genau diese Entscheidungen vor der Menschenmasse am Reichstag – die SPD hatte die Forderungen der Masse übernommen und so weiteren revolutionären Aktionen die Spitze genommen. Aber es war eine Revolution von oben, denn die SPD war bereits in der Regierung des Prinzen Max von Baden mit Ministern und Staatssekretären vertreten. Trotzdem sind die von ihr getroffenen Maßnahmen als revolutionär zu bezeichnen, denn von der Verfassung des Deutschen Reiches wurde keiner der am 9. November 1918 unternommenen Schritte gedeckt. Doch Monarchie und Verfassung, die sie getragen hatte, fielen in diesen Stunden wie ein Kartenhaus in sich zusammen. Der Krieg hatte ihre Fundamente zermürbt. Dieses Abschlachten, das doch in wenigen Wochen die Entscheidung bringen sollte, dauerte schon vier Jahre. Statt Ruhm auf dem Feld der Ehre gab es Elend: Soldaten aller Seiten verreckten im mörderischen Grabenkrieg, wurden vom Trommelfeuer zerfetzt, starben qualvoll den Gastod – bisher Undenkbares wurde Realität in diesem ersten modernen Krieg.

Im Reich hatte sich seit dem Ausbruch dieses Massenschlachtens vieles verändert. Kaiser Wilhelm II. war nominell zwar oberster Kriegsherr, tatsächlich aber lag die militärische Macht in Händen der Obersten Heeresleitung (OHL). »Wenn man sich in Deutschland einbildet, daß ich das Heer führe, so irrt man sich sehr», seufzte er schon kurz nach Kriegsausbruch. »Ich trinke Tee und säge Holz und gehe spazieren, und dann erfahre ich von Zeit zu Zeit, das und das ist gemacht, ganz wie es den Herren beliebt.«

In der zweiten Hälfte des Krieges war Ludendorff zu einer Art Diktator geworden. Seine Stellung übertraf die des Kaisers an Bedeutung und Einfluß.
Fritz Fischer, Historiker

Seit August 1916 hatten Generalfeldmarschall Paul von Hindenburg und sein Generalquartiermeister Erich Ludendorff die Leitung der Kriegsgeschäfte übernommen. Hindenburgs Popularität überstieg seit seinem überraschenden Triumph über die russische Armee bei Tannenberg sogar die des Kaisers. Er war die Galionsfigur für den angestrebten »Siegfrieden« Deutschlands. Doch die eigentlich treibende Kraft war Ludendorff als jahrelanger heimlicher Herrscher Deutschlands. Mit nahezu diktatorischen Befugnissen organisierte Ludendorff die heimatliche Wirtschaft ganz nach den Bedürfnissen des Krieges – des ersten »totalen Krieges«.

Doch das deutsche Volk war kriegsmüde. Als Folge der alliierten Blockade hungerte jung und alt, Grippeepidemien führten zum Tode Tausender. Trotz Lebensmittelausgaben auf Karten reduzierte sich am Ende in den Städten die Ernährung stellenweise auf Kohlrüben. Selbst an der Front wurden im letzten Kriegsjahr die Rationen der Soldaten halbiert.

Unsere Zukunft liegt auf dem Wasser.
Wilhelm II.

Während des Kaisers liebstes Kind, die deutsche Hochseeflotte, seit der Schlacht im Skagerrak untätig in ihren Heimathäfen lag, versuchten deutsche U-Boote, die alliierte Blockade zu durchbrechen, und provozierten damit Amerikas Kriegseintritt, der letztlich kriegsentscheidend sein sollte.

Doch Anfang 1918 schöpften viele Deutsche neue Hoffnung. Nach der russischen Oktoberrevolution 1917 hatte im März 1918 das Kaiserreich Lenin und Trotzki einen rabiaten Friedensschluß aufzwingen können. Den Russen wurden große Gebietsabtretungen und Reparationen auferlegt. Außerdem wurde die deutsche Ostfront militärisch entlastet. Die Unterschrift unter den Vertrag von Brest-Litowsk war kaum getrocknet, da versuchte die Oberste Heeresleitung an der Westfront den entscheidenden Durchbruch. Trotz geringer Geländegewinne war jedoch die Übermacht der Alliierten nicht zu schlagen. Seit April 1918 schickten die Amerikaner jeden Monat 10000 neue Soldaten an die Front. Die Mittelmächte hatten dem nichts mehr entgegenzusetzen.

Ich sehe ein, wir müssen Bilanz ziehen. Der Krieg muß beendet werden.
Wilhelm II. am 11. August 1918

Im August 1918, während der Kaiser seiner herzkranken Frau im Schloß Wilhelmshöhe Gesellschaft leistete, spazierenging und Gemäldegalerien besuchte, zerschlugen sich alle Illusionen der militärischen Führung Deutschlands. Am 8. August 1918, dem »schwarzen Tag des deutschen Heeres«, brachen die Alliierten tief in die feldgrauen Stellungen ein. Die deutschen Truppen mußten den Rückzug antreten. Nach vier Jahren millionenfachen

Sterbens ging es auf einmal ganz schnell. Am 29. September 1918 erklärten Hindenburg und Ludendorff die Fortführung des Kampfes für aussichtslos und forderten die Reichsregierung in Berlin auf, umgehend auf die Erzielung eines Verständigungsfriedens hinzuwirken. Selbst die nachgeordnete Generalität war schockiert. Das Eingeständnis der Niederlage kam für viele überraschend. Als ein Offizier der OHL den Politikern in Berlin erstmals die militärische Lage ungeschminkt schilderte, notierte ein

Die Erkenntnis, daß der Krieg verloren ist, die setzte eigentlich erst im September, Anfang Oktober 1918 in Deutschland ein. Wir waren völlig entsetzt.
Theodor Eschenburg, Schüler in Kiel

Väter der Dolchstoßlüge: Paul von Hindenburg (Mitte) und Erich Ludendorff (rechts) mit Angehörigen des Generalstabs.

Augenzeuge die Reaktion der Zuhörer: »Ich höre die halberstickten Aufschreie, ich bemerke die hervorquellenden Tränen. Erwachen aus der Narkose, Zorn, Wut, Scham, Anklage: Wir sind jahrelang von den Militärs belogen worden, und wir haben daran geglaubt wie an ein Evangelium!«

Die Armee wurde buchstäblich mit feindlichen Propagandaschriften überschwemmt... Daß sie ... das Herz unserer Soldaten vergifteten, war nicht zu verhindern.
Erich Ludendorff, Erinnerungen

Doch Ludendorff war viel zu sehr Stratege, um nicht von Anfang an zu versuchen, seine Armee vom Makel der Niederlage weißzuwaschen. Und wider besseres Wissen lancierte er jene »Dolchstoßlegende«, an der die Weimarer Republik von Anfang an schwer tragen sollte: Nicht die Truppe im Felde sei schuld, sondern die Heimat sei unter den Belastungen des Krieges eingeknickt, habe den verräterischen Dolchstoß in den Rücken des siegenden Heeres geführt. Der amerikanische Präsident Wilson kam Ludendorff dabei unwillentlich entgegen. Der Sohn eines Predigers hatte für einen Frieden ohne »Sieger und Besiegte« plädiert. Anfang 1918 hatte Wilson seine »Vierzehn Punkte« verkündet, die das Prinzip der Selbstbestimmung postulierten und das Deutsche Reich auf einen Verständigungsfrieden hoffen ließen.

Aus dem Kalkül, daß ein demokratisches Deutschland mit einem milderen Frieden rechnen konnte, forderte Ludendorff die sofortige Parlamentarisierung der Regierung. Was der Deutsche Reichstag seit Jahren angestrebt hatte, im Namen der kaiserlichen OHL wurde es möglich. Deutschland war nun eine parlamentarische Demokratie, die kaiserlichen Befugnisse wurden stark eingeschränkt. Vertreter der sozialdemokratischen Reichstagsmehrheit traten in die Regierung des neuen liberalen Reichskanzlers Prinz Max von Baden ein. Sie übernahmen damit Verantwortung für eine Entwicklung, die die Militärs und der Kaiser in Gang gesetzt hatten. Ludendorff überzeugte den Kaiser von einer schnellen Beendigung des Krieges, indem er eine endgültige Niederlage an die Wand malte. Er hielt seine Truppen für nicht mehr einsatzfähig: »Unsere eigene Armee ist leider schon schwer verseucht durch das Gift spartakistisch-sozialistischer Ideen. Auf die Truppen ist kein Verlaß mehr.« Aber das war eine krasse Verzerrung. »Gemeutert haben wir nicht«, wiederspricht ein Frontsoldat noch heute Ludendorffs Analyse, »aber ob wir noch lange ausgehalten hätten, das möchte ich auch bezweifeln. Wir hatten keinen Treibstoff mehr, keine Verpflegung.« Doch Ludendorff wies die Schuld am verlorenen Krieg denjenigen zu, denen bis dahin jegliche Einflußnahme auf die Entwicklung in Deutschland versagt blieb: »Ich habe aber Seine Majestät gebeten, jetzt auch diejenigen Kreise an die Regierung zu bringen, denen wir es in der

Die deutsche Armee ist von hinten erdolcht worden.
Hindenburg am 18. November 1919

Hauptsache zu danken haben, daß wir so weit gekommen sind. Wir werden also diese Herren jetzt in die Ministerien einziehen sehen. Die sollen nun den Frieden schließen, der jetzt geschlossen werden muß. Sie sollen die Suppe jetzt essen, die sie uns eingebrockt haben!«

»Diese Herren«, damit meinte Ludendorff Männer wie die Sozialdemokraten Friedrich Ebert und Philipp Scheidemann oder den Zentrumsabgeordneten Matthias Erzberger. »Miesmacher« und »Jammergestalten« sahen Konservative in ihnen, hatten sie doch mitten im Krieg 1917 eine »Friedensresolution« des Deutschen Reichstags initiiert. Drei Jahre hatten die»vaterlandslosen Gesellen« in den »Burgfrieden« eingewilligt, brav die Kriegskredite bewilligt in der Annahme, daß das Deutsche Reich einen Verteidigungskrieg führte. Nun war man sich der defensiven Kriegs-

Wir wollen nicht Krieg, sondern Frieden. Doch nicht den Frieden der Unterwerfung.
Walther Rathenau am 7. Oktober 1918

Auftakt zur Revolution: In Kiel demonstrieren aufständische Matrosen, 4. November 1918.

ziele der OHL nicht mehr so sicher und forderte kategorisch einen »Verständigungsfrieden ohne Eroberungen«.

Schon bald nach seinem Amtsantritt schickte Prinz Max von Baden auf wiederholtes Drängen der OHL am 3. Oktober ein Friedens- und Waffenstillstandsgesuch an den amerikanischen Präsidenten Wilson. In seinem Tagebuch verteidigte er diesen Schritt, der einer deutschen Kapitulation gleichkam: »Die militärische Lage hat uns auf Verlangen der Obersten Heeresleitung unerwartet genötigt, am 5. Oktober ein hastiges Ersuchen um Waffenstillstand an den Präsidenten der Vereinigten Staaten zu richten. Die Oberste Heeresleitung [trägt dafür] die Verantwortung: sie hat die militärische Lage als aussichtslos bezeichnet; der politischen Leitung bleibt daher nur übrig, die Konsequenzen zu ziehen.« Es war eine militärische Niederlage, die lange nicht akzeptiert wurde. Denn die Feldherren wählten den Selbstbetrug und belasteten die deutsche Geschichte mit der Mär vom »Dolchstoß«.

Nach der letzten Note Wilsons hat das Volk das Gefühl, daß wir ohne den Kaiser einen besseren Frieden bekommen. Das ist die Meinung, die auch in Berlin verbreitet ist.
Wilhelm Solf, Staatssekretär des Äußeren, zu Wilhelm II. im Oktober 1918

In den Antwortnoten Wilsons zeichnete sich schnell ab, daß die Alliierten nicht gewillt waren, mit Vertretern der alten Regimes zu verhandeln. Das hieß nichts anderes, als daß die Person des Kaisers einem Friedensschluß im Weg stand. Ludendorff war entsetzt über die Forderung der Kriegsgegner. Als »unannehmbar« bezeichnete er Wilsons Ansinnen und forderte ohne Wissen der Reichsregierung seine Soldaten zur Fortsetzung des Widerstands »mit äußersten Kräften« auf. Doch die Zeiten hatten sich geändert. Deutschland hatte jetzt eine demokratisch legitimierte Regierung. Diesmal kostete Ludendorff seine Eigenmächtigkeit Kopf und Kragen. Der Kaiser persönlich enthob ihn seines Postens. Ludendorff setzte sich bald darauf nach Schweden ab. Der neue Mann an Hindenburgs Seite hieß von nun an Wilhelm Groener. Er sollte eine Zusammenarbeit mit der Sozialdemokratie in die Wege leiten.

Am 29. Oktober überstürzten sich die Ereignisse. Der Kaiser verließ die Reichshauptstadt und reiste wieder zum Hauptquartier im belgischen Spa. Am selben Tag erhielt die Hochseeflotte in Kiel und Wilhelmshaven den Befehl zum Auslaufen. Man habe die Landtruppen in Flandern entlasten wollen, wird es später aus Marinekreisen heißen. Tatsache ist, daß der Auslaufbefehl weder mit der OHL noch mit der Regierung in Berlin abgesprochen war. Unter den Mannschaften der betroffenen Geschwader verbreitete sich das Gerücht, die Marineleitung plane einen heroischen Untergang. Der Kommandant der »Thüringen« wurde zitiert mit: »Wir verfeuern unsere letzten 2000 Schuß und wollen mit wehender Fahne untergehen.« Jetzt, so kurz vor dem sich abzeichnenden Kriegsende, lag den Matrosen aber wenig an ehrenvollem Sterben. Die Mannschaften streikten, die Heizer löschten die Feuer unter den Kesseln.

Noch dachte niemand an eine Revolution. Erst als die meuternden Matrosen verhaftet wurden, ihnen Kriegsgericht und Erschießung drohten, radikalisierte sich die Bewegung. Tausende demonstrierten jetzt in Kiel für die Freilassung ihrer Kameraden. Eine Militärpatrouille schoß in die Menge – neun Menschen starben. Jetzt wollten die Matrosen die Macht. Rote Fahnen wurden auf allen Schiffen gehißt. Nur ein Kapitän verteidigte die könig-

Gegen Abend hörten wir einen großen Lärm auf der Straße, Gegröle und Bumsmusik, und da sahen wir aus dem Fenster Matrosen in liederlich aussehenden Uniformen, und die grölten.
Gerda Otto, Kieler Schülerin, über die Meuterei

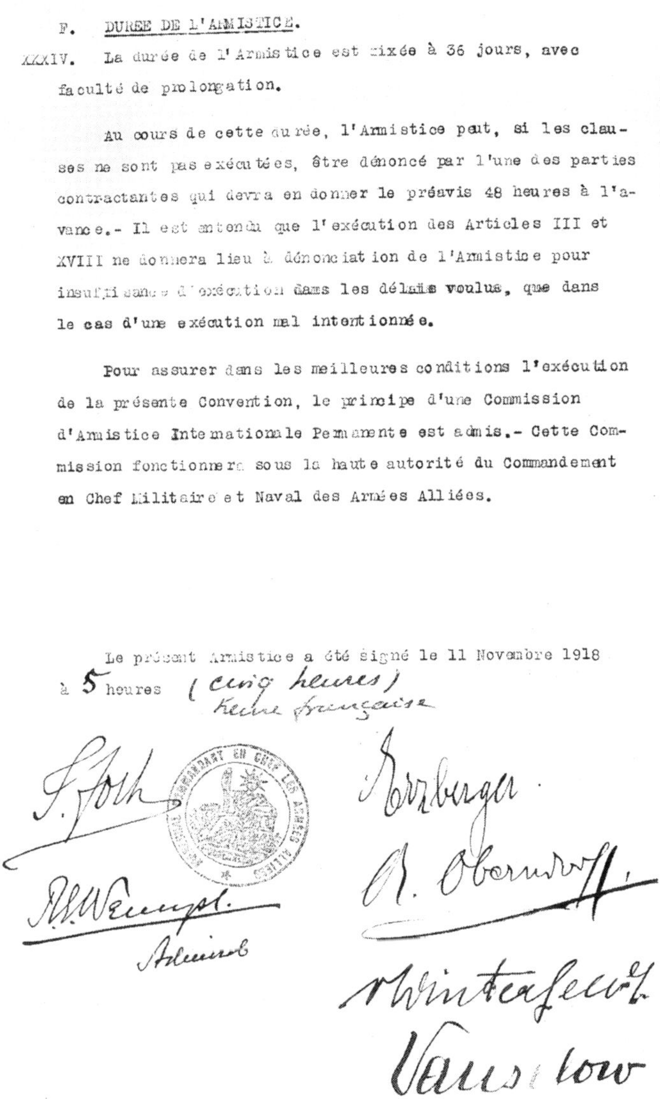
F. DUREE DE L'ARMISTICE.

XXXIV. La durée de l'Armistice est fixée à 36 jours, avec faculté de prolongation.

Au cours de cette durée, l'Armistice peut, si les clauses ne sont pas exécutées, être dénoncé par l'une des parties contractantes qui devra en donner le préavis 48 heures à l'avance.- Il est entendu que l'exécution des Articles III et XVIII ne donnera lieu à dénonciation de l'Armistice pour insuffisance d'exécution dans les délais voulus, que dans le cas d'une exécution mal intentionnée.

Pour assurer dans les meilleures conditions l'exécution de la présente Convention, le principe d'une Commission d'Armistice Internationale Permanente est admis.- Cette Commission fonctionnera sous la haute autorité du Commandement en Chef Militaire et Naval des Armées Alliées.

Le présent Armistice a été signé le 11 Novembre 1918 à 5 heures (cinq heures) heure française

Wehe den Besiegten! Das von Matthias Erzberger mitunterzeichnete am 8. November 1918 Waffenstillstandsabkommen von Compiègne.

Und daß in meiner stolzen Flotte, meiner Schöpfung, die Empörung zuerst offen zutage getreten ist, hat mich am tiefsten ins Herz getroffen.
Wilhelm II., Erinnerungen

liche Fahne mit der Waffe, er wurde erschossen. Die Matrosen wählten den ersten Soldatenrat in Deutschland, entwaffneten ihre Offiziere, und nun breitete sich ein Flächenbrand in Deutschland aus: Mit roten Armbinden marschierten Soldaten und Matrosen durch die Straßen, besetzten Rathäuser und Bahnhöfe und befreiten politische Gefangene. Überall schlossen sich Arbeiter der Bewegung an. Das Volk wollte Frieden. Die Verantwortlichen für die Misere sollten gehen. Die Kräfte des alten Regimes waren wie gelähmt. Doch die Revolution war nicht gewalttätig. Es gab keine Racheakte oder Lynchjustiz an den bisherigen Machthabern. Der revolutionäre Akt erschöpfte sich im Hissen von roten Fahnen und in Demütigungen der Offiziere. Man riß ihnen ihre Epauletten von den Schultern, nahm ihnen die Kokarde ab – Symbole ihrer Verbundenheit mit der Monarchie.

Der Potsdamer Platz war voller Menschen, darunter auch viele Soldaten und Offiziere. Auf einmal gingen Soldaten auf die Offiziere los und rissen ihnen die Epauletten ab und die Knöpfe und den Gürtel... Wir waren ganz entsetzt.
Johanna Seifert, Berlinerin

Der Kaiser war für einen Frieden nicht zu haben – das hatte sich im Volk und beim Militär längst herumgesprochen. Wilhelm II. plante in völliger Verkennung der Lage, an der Spitze des Heeres die Ordnung in der Heimat wiederherzustellen. Es blieb Ludendorffs Nachfolger Groener überlassen, dem Kaiser schonungslos die neuen Verhältnisse darzustellen: »Unter seinen Führern und Generälen wird das Heer in Ruhe und Ordnung in die Heimat zurückmarschieren, nicht aber unter dem Befehl Eurer Majestät! Es steht nicht mehr hinter Eurer Majestät!« Der Kaiser fühlte sich brüskiert.

Mittlerweile war die deutsche Delegation im Wald von Compiègne eingetroffen, dem Hauptquartier des französischen Marschalls Ferdinand Foch, der den Oberbefehl über die alliierten Truppen innehatte. Im Auftrag der Reichsregierung sollte der Zentrumspolitiker Matthias Erzberger in einem Eisenbahn-Salonwagen von Foch die Waffenstillstandsbedingungen der Alliierten entgegennehmen. Und diese waren hart: Besetzung des linksrheinischen Gebietes, Fortdauer der Blockade über das Kriegsende hinaus, Ablieferung von Militärgut, vorerst keine Freilassung deutscher Kriegsgefangener. Verhandlungen auf gleichberechtigter Ebene mit der deutschen Delegation lehnten die Alliierten kategorisch ab. Erzberger unterschrieb am 11. November den Waffenstillstandsvertrag im Auftrag von Hindenburg. Er hatte keine Wahl, die Sieger drohten mit einem Einmarsch ins Reich. Es sei wohl das »erste Mal in der Weltgeschichte, daß nicht Militärs den Waffenstillstand abschließen, sondern die Politiker«, bemerkte Hindenburg süffisant.

Die Stunde der Abrechnung ist da. Sie haben uns um Frieden gebeten. Wir sind geneigt, ihn Ihnen zu gewähren.
Georges Clemenceau über den Versailler Vertrag

Flucht nach Holland: Wilhelm II. am holländischen Grenzbahnhof Eijsden, 18. November 1918.

Der Erste Weltkrieg war beendet. Über acht Millionen Tote waren weltweit zu beklagen. Deutschland hatte den Krieg verloren, aber seine Truppen standen im November 1918 noch tief im Feindesland. Die Heimat war verschont geblieben von den Zerstörungen des Krieges. Aber in den Köpfen vieler Deutscher hinterließ der Weltkrieg seelische und geistige Schäden, die noch lange nachwirken sollten. Wie alle, die sich in diesen Tagen für die Beendigung der Kampfhandlungen einsetzten, wurde Erzberger als »Novemberverbrecher« verfemt. 1921 fiel er dem Mordanschlag eines rechtsextremistischen Offiziers zum Opfer.

Die Willkürmacht der Militärkaste Deutschlands, die geheim und aus eigener Macht den Weltfrieden stören konnte, ist vernichtet.
US-Präsident Woodrow Wilson am Tag der Unterzeichnung des Waffenstillstands

Schon am Tag vor dieser Unterzeichnung hatte der Kaiser aufgegeben. In den frühen Morgenstunden des 10. November verließ Wilhelm II. das Hauptquartier in Spa, nachdem auch Hindenburg nicht mehr für seine Sicherheit hatte garantieren können, und begab sich an die nahe holländische Grenze. Die Reise verlief unter konspirativen Umständen: Der Hofzug wurde nach Holland geleitet, Kaiser Wilhelm fuhr jedoch von wenigen Be-

Nachtfahrt nach Holland, zu der F. M. v. H. [Hindenburg] rät, da er der Armee nicht mehr sicher sei und sie mir nicht mehr gehorchen werde.
7 ½ morgens 0°/ Reif – klar still/bei Maastricht.
Wilhelm II. in seinem Kalender in der Nacht seiner Flucht

gleitern eskortiert streckenweise im Auto. Man rechnete mit Überfällen aufständischer Soldaten, jedoch verlief alles glimpflich. Am holländischen Grenzbahnhof Eijsden bat Wilhelm II. die überraschte Königin Wilhelmina um Asyl. Seit der Hinrichtung seines Vetters Zar Nikolaus II. durch Rotarmisten war erst ein knappes halbes Jahr vergangen. Nach 24 Stunden die Erlösung – der deutsche Kaiser durfte einreisen. In Amerongen fand er seine erste Unterkunft. »Jetzt müssen Sie mir eine Tasse heißen, guten englischen Tee geben lassen«, bat er den Majordomus seines Domizils bei der Begrüßung. Im Haus Doorn bei Utrecht verbrachte Wilhelm II. dann den Rest seines Lebens. Sogar Eisenbahnwaggons mit Möbeln und Kleidung wurden ihm 1919 aus dem Reich nachgesandt und verwandelten sein Exil in einen Mikrokosmos früherer Hofhaltung.

»Wir hatten erwartet, daß der Kaiser auf den Stufen des Thrones fallen würde«, kommentierte ein Veteran der kaiserlichen Armee diese Flucht, »doch der Kaiser war nicht mutig genug, um nicht zu sagen feige.« Hindenburg sollte später eine Ehrenerklärung für ihn abgeben: »Seine Majestät der Kaiser und König ist nicht fahnenflüchtig geworden! Diese Verleumdung weise ich mit Entrüstung zurück! Der Kaiser ist von uns gegangen, weil ihn sein Volk verlassen hatte. Der Heldentod an der Spitze des Heeres war unmöglich, weil gerade der Waffenstillstand abgeschlossen wurde!«

Wir waren entsetzt darüber, daß der Kaiser uns im Stich ließ.
Johanna Seifert, Berlinerin

Unfähig, die wahren Gründe für die deutsche Niederlage zu akzeptieren, entschied sich Wilhelm II., die Schuld am Zusammenbruch des Kaiserreichs bei den Juden zu suchen. In fataler Weise schwamm er damit auf den trübsten Strömungen seiner Zeit. An den ehemaligen Generalfeldmarschall von Mackensen schrieb er 1919: »Die tiefste und gemeinste Schande, die je ein Volk in der Geschichte fertiggebracht hat, die Deutschen haben sie verübt an sich selbst. Angehetzt und verführt durch den ihnen verhaßten Stamm Juda, der Gastrecht bei ihnen genoß. Das war sein Dank! Kein Deutscher vergesse das je und ruhe nicht, bis diese Schmarotzer vom deutschen Boden vertilgt und ausgerottet sind. Dieser Giftpilz am deutschen Eichbaum!«

Das neue politische System sah sich seitens des Ancien régime mit Haß und Wut konfrontiert. Doch auch die politische Linke sollte dazu beitragen, daß die deutsche Republik, die im November 1918 aus der Taufe gehoben wurde, kein Erfolgsmodell wurde.

Noch am Samstag, dem 9. November, als sich Ebert und Scheidemann mit ihrer regierungsinternen »Revolution von oben« mäßigend an die Spitze der Entwicklung setzten, formierte sich in der Reichshauptstadt der Widerstand von links. Eher symbolischen Charakter hatte die Besetzung des Berliner Schlosses durch Karl Liebknecht und seine Anhänger. Gegen 17 Uhr rief der radikale Arbeiterführer von einem Balkon die sozialistische deutsche Republik aus: »Wer von euch die freie sozialistische Republik Deutschland und die Weltrevolution erfüllt sehen will, erhebe seine Hand zum Schwur!« Die anwesende Menge reckte die Hände hoch und jubelte ihm zu. Doch an diesem ereignisreichen Tag hatte Liebknechts Auftritt keine entscheidenden Konsequenzen für das politische Geschehen.

Zum Jahrestag der sozialistischen Revolution in Russland.

Der siebente November ist der Jahrestag des größten Ereignisses der Weltgeschichte. An diesem Tag ist die ganze Maschinerie des russischen Imperialismus zusammengebrochen, und die **Arbeiterklasse,** die den ganzen Apparat des bürgerlichen Staates niedergerissen hat, hat an seine Stelle ihre eigene, in der Welt noch nie dagewesene staatliche Organisation errichtet, ihre – wie Stahl – harte revolutionäre **Arbeiterdiktatur.**

Arbeiter Deutschlands! geht hinaus auf die Straßen, feiert durch Euren Kampf den Feiertag der russischen Genossen, unsern allgemeinen Feiertag, den Feiertag der Welt-Revolution. Erhebt in diesen blutigen Tagen das Banner der Novemberumwälzung! Schreibt auf dies Banner die Parole des Friedens, die Parole der Arbeiterdiktatur, die Parole der internationalen Sowjetrepublik! Laßt Eure Regimenter in geschlossenen Reihen aufmarschieren!

Hoch die sozialistische Republik Deutschlands!
Hoch die internationale Republik der Sowjets!
Hoch die kommunistische Weltrevolution!

Es lebe die Weltrevolution! Karl Liebknecht und Rosa Luxemburg streiten für ein sozialistisches Deutschland.

Wirkungsvoller dagegen war die Aktion einiger gut organisierter, radikaler Arbeiterführer: Die sogenannten »Revolutionären Obleute der Berliner Großbetriebe« durchschauten die Taktik von Eberts revolutionsscheuen »Rechtssozialisten«. Die Obleute, eine Gruppe von etwa 100 Mann, zogen am Abend mit zahlreichen Anhängern in den Reichstag ein. An einem Tag, an dem die Volksmassen die Straßen und öffentlichen Gebäude beherrschten, fiel eine solche Aktion nicht weiter auf. Zwischen 20 und 21 Uhr besetzte die Gruppe den Plenarsaal des Reichstags. Man hängte überall rote Fahnen auf, dann nahmen die Eindringlinge auf den Abgeordnetensitzen Platz – der Reichstag wurde zum »Revolutionsparlament«. Den herbeigeeilten regulären Reichstagsabgeordneten blieb nichts anderes übrig, als dem Schauspiel tatenlos zuzusehen. Die Obleute, einer von ihnen war der USPD-

Oben: Rote Fahne über Berlin: Revolutionäre Matrosen und Arbeiter marschieren am 9. November 1918 durch das Brandenburger Tor.
Unten: Noch schweigen die Waffen: Verbrüderungsszene von Arbeitern und Soldaten in der Reichshauptstadt.

Mit dem Segen der Revolution: Der »Rat der Volksbeauftragten« im Schloß von Weimar, Januar 1919. Von l. nach r.: Scheidemann, Landsberg, Ebert, Noske, Wissel.

Reichstagsabgeordnete Emil Barth, hatten ihre Leute gut im Griff und führten das Wort. Dieses »Revolutionsparlament« beschloß kurzerhand, daß am nächsten Morgen, also am Sonntag, in den Betrieben und Kasernen Arbeiter- und Soldatenräte gewählt werden sollten. Diese Räte würden sich dann am Sonntag abend im

Martialische Gesten: Die revolutionäre Volksmarinedivision hat im Berliner Schloß Quartier bezogen.

Nun saßen die Volksbeauftragten in der Wilhelmstraße, sozusagen ein sechsköpfiger Reichskanzler.
Philipp Scheidemann, Memoiren

Zirkus Busch versammeln, um ihrerseits eine provisorische Regierung zu wählen, den »Rat der Volksbeauftragten«, der die reformerische Regierung Ebert ersetzen sollte.

Reichskanzler Ebert sah sich plötzlich mit einer organisierten, gefährlichen Gegenkraft konfrontiert. Die Revolution war das Resultat einer unorganisierten Massenbewegung, an deren Spitze sich Friedrich Ebert gesetzt hatte. Doch er war kein Revolutionär, er haßte die soziale Revolution »wie die Sünde«. Ebert befürchtete einen Bürgerkrieg, sollten sich die Kräfte des deutschen Novembers 1918 weiter gegen Generalität und Offiziere richten oder gar die kaiserliche Ministerialbürokratie antasten. Die Ereignisse in Rußland wirkten abschreckend. In seinem ersten Aufruf als Reichskanzler wandte er sich deshalb an die alten Kräfte des Kaiserreichs: »Ich weiß, daß es vielen schwer werden wird, mit den neuen Männern zu arbeiten, die das Reich zu leiten unternommen haben, aber ich appelliere an ihre Liebe zu unserem Volke. Ein Versagen der Organisation in dieser schweren Stunde würde Deutschland der Anarchie und dem schrecklichen Elend ausliefern.« Die Revolution war für ihn mit dem 9. November abgeschlossen. Konkursverwaltung, »Ruhe und Ordnung« – das waren für Ebert jetzt die Gebote der Stunde.

Das Herum- und Hereinregieren der Arbeiter- und Soldatenräte im Land muß aufhören.
Friedrich Ebert, 1918

Er beschloß daher an diesem Samstagabend, seine linken Kontrahenten mit ihren eigenen Mitteln zu schlagen: Seine gemäßigte SPD mußte am nächsten Morgen bei der Wahl der Arbeiter- und Soldatenräte die Mehrheit erringen, dann konnte er sich von diesen Räten auch zum Vorsitzenden des »Rates der Volksbeauftragten« wählen lassen. Er setzte darauf, daß es unter den Berliner Arbeitern genug gemäßigte Sozialdemokraten gab. Die Masse der Soldaten empfand seines Wissens ohnehin keine Sympathien für die Linken. Die Revolution sollte also einfach niedergestimmt werden. Ebert setzte dafür seinen Parteiapparat in Bewegung – noch in der Nacht zum Sonntag wurden Flugblätter mit seinen Parolen gedruckt.

Am Sonntag morgen fanden sich die Arbeiter wirklich in ihren Betrieben ein. Es gab sogar Lesestoff: Eine Sondernummer des SPD-Parteiblatts *Vorwärts* warb für Ebert und forderte in fetten Lettern: »Kein Bruderkampf!« Eberts Vermutung hatte sich als richtig erwiesen: Berlins Arbeiter und besonders die Soldaten der Garnison waren mehrheitlich zufrieden mit den Entwicklungen des vergangenen Tages – in ihrer revolutionären Siegesstimmung sahen sie keinen Bedarf für weitere Umstürze und schlugen sich auf Eberts Seite. Trotzdem wollte der soeben ernannte Reichs-

Oben: »Beschloß, Politiker zu werden…«: Für den Weltkriegsgefreiten Adolf Hitler (rechts) ist der Zusammenbruch eine Katastrophe.
Unten: Kein Bruderkampf! Auf dem Rätekongreß in Berlin setzen sich Ebert und Scheidemann an die Spitze der Massenbewegung, Dezember 1918.

kanzler bei der Versammlung zur Wahl des »Rates der Volksbeauftragten« keine Konfrontation mit den Linken, sondern um jeden Preis eine breit legitimierte demokratische Regierung. Er suchte Kontakt zu den Reichstagsabgeordneten der linksgerichteten USPD und bot an, drei ihrer Vertreter in ein neues Kabinett

An der Revolution führt für die Arbeiterklasse kein Weg vorbei.
Rosa Luxemburg

aufzunehmen. Die USPD stimmte zu, eines der Kabinettsmitglieder sollte der USPD-Abgeordnete Emil Barth sein, der zugleich einer der Führer der »Revolutionären Obleute« war.

Die Versammlung im Zirkus Busch wurde von SPD-treuen Soldatenräten, die geschlossen einmarschierten, dominiert – die linken Obleute und ihre USPD-Unterstützer konnten angesichts von Eberts kompromißbereitem Auftreten kaum an Boden gewinnen. USPD-Mann Richard Müller merkte resigniert an: »Eine Regierung ohne die Rechtssozialisten war nicht zu erreichen. Man mußte sie als eine Tatsache hinnehmen. Daß die Rechtssozialisten die Macht der Arbeiter- und Soldatenräte zu brechen versuchen würden, um zur Nationalversammlung und damit zur bürgerlich-demokratischen Republik zu kommen, war auch allen klar. Gelang das, war die Revolution verloren.«

Die Novemberrevolution hat das nicht erreicht, was wir wollten. Sie war zu milde.
Ruth Strahl, Tochter des Revolutionärs Kurt Eisner

Die Revolution der Linken war tatsächlich verloren. Manche von ihnen, die dies nicht akzeptieren konnten, entwickelten sich in den folgenden Monaten und Jahren zu Gegnern jener Republik, deren grundlegende Weichenstellungen am 9. und 10. November erfolgt waren. In manchen Regionen des Reiches sollte die sich abzeichnende Konfrontation bürgerkriegsähnliche Ausmaße annehmen. In den folgenden Jahren würden sich auch die linken Gegner am Untergang des neuen, demokratisch verfaßten Gemeinwesens schuldig machen.

Doch die eigentliche Gefahr drohte der jungen Republik seit dem 9. November von rechts. Zu viele Menschen urteilten wie der Ge-

Flucht aus Berlin: Im friedlichen Weimar wird die Nationalversammlung eröffnet, 6. Februar 1919.

freite Adolf Hitler, der in einem Lazarett im mecklenburgischen Pasewalk vom Umsturz des 9. November 1918 erfahren hatte. »Elende und verkommene Verbrecher« nannte er jene, die in der Stunde des Zusammenbruchs die Verantwortung übernahmen. »Kaiser Wilhelm II. hatte als erster deutscher Kaiser den Führern des Marxismus die Hand zur Versöhnung gereicht, ohne zu ahnen, daß Schurken keine Ehre besitzen. Während sie die kaiserliche Hand noch in der ihren hielten, suchte die andere schon nach dem Dolche.« In *»Mein Kampf«* dramatisierte er diese Erfahrung sogar noch: »Ich aber beschloß, Politiker zu werden.«

Friedensverträge, deren Forderungen wie geißelnde Hiebe Völker treffen, schlagen nicht selten den ersten Trommelwirbel für die spätere Erhebung.
Adolf Hitler

Deutschlands neue Republik trug schwer an diesem bösen Erbe, denn der sogenannte Friede von Versailles gab den Besiegten die Alleinschuld an fast allem. So geriet Versailles zum Sinnbild für das nationale Trauma, und es barg den Todeskeim der Republik. Auf viele Deutsche wirkten die Bedingungen der Sieger wie ein Schock. Sie verdrängten den Diktatfrieden von Brest-Litowsk und maßen Versailles an den moderaten Friedensschlüssen des 19. Jahrhunderts, vor allem aber an den 14 Punkten des amerikanischen Präsidenten Wilson – und empfanden diesen Frieden als Verrat. Es war weniger die materielle Last, die den Zorn entfachte – es war vielmehr die moralische Verdammung. Keiner vermochte diese Stimmungslage so für sich zu nutzen wie Hitler.

30. JANUAR 1933

Die Machterschleichung

Unsere Stunde kommt, und ich kann sie erwarten, ich zittere nicht vor dem Grabe…
Adolf Hitler, 1932

Am Neujahrsabend 1933 gelüstete es den gescheiterten Kunstmaler, der zum »Führer« geworden war, nach Hochkultur: Im Münchener Hoftheater lauschte Adolf Hitler der Wagner-Oper »Die Meistersinger von Nürnberg«. Anschließend feierte er den Beginn des neuen Jahres im Haus eines wohlhabenden Förderers, des Kunsthändlers Ernst Hanfstaengl. Das neue Jahr 1933 sollte nun endlich auch die von Hitler lang ersehnte »Zeitenwende« bringen. Nachdem die Festgesellschaft bei klassischer Musik bis in den frühen Morgen geplaudert hatte, verabschiedete sich Hitler von Hanfstaengl strotzend vor Zuversicht: »Dieses Jahr gehört uns. Das gebe ich Ihnen schriftlich.«

Vernichtete Ersparnisse: Schlange vor einem Berliner Leihamt.

Auch sonst griff in Deutschland um die Jahreswende erstmals ein zaghafter Optimismus um sich. Hoffnung kam auf – allerdings eine ganz anders geartete als die der Nationalsozialisten und ihres Führers. Während Hitler 1933 die Macht erobern wollte, die ganze Macht und nicht nur einen Zipfel davon, sahen die Kommentatoren der demokratisch gesinnten Zeitungen die Nazis auf dem absteigenden Ast. »Der gewaltige nationalsozialistische Angriff auf den demokratischen Staat ist abgeschlagen«, schrieb die *Frankfurter Zeitung* in ihrem Leitartikel zum Jahreswechsel. Der *Vorwärts* titelte in der ersten Ausgabe des neuen Jahres »Hitlers Aufstieg und Niedergang«. Und der *Simplicissimus* spottete: »Eins nur läßt sich sicher sagen, / und das freut uns rundherum: / Hitler geht es an den Kragen. / Dieses ›Führers‹ Zeit ist um.«

Überall, in der ganzen Welt, sprachen die Leute von... wie hieß er doch schon mit Vornamen: Adalbert Hitler. Später? Verschollen!
Berliner Tageblatt

Hitler und seine Partei waren groß geworden im Gefolge von Not und Elend, hatten immer wieder profitiert von politischer Instabilität und Krise. Gregor Strasser, lange Zeit als NSDAP-»Reichsorganisationsleiter« der zweitmächtigste Mann der Nationalsozialisten, gab offen zu: »Alles, was dazu dient, die Katastrophe zu beschleunigen – jeder Streit, jede Regierungskrise, jede Beeinträchtigung der Staatsmacht, jede Schwächung des Systems –, ist gut, sehr gut für uns.« Doch der soziale Abstieg des Mittelstands, die Verelendung der Arbeiter – Gründe, die die Massen den radikalen Rattenfängern zugetrieben hatten und die Nazis zur stärksten Partei im Reichstag werden ließen – konnten Ende 1932 erstmals wirkungsvoll eingedämmt werden. Erste Silberstreifen am Konjunkturhimmel zeichneten sich ab: Seit dem Frühjahr 1932 war der Wert von Aktien und Pfandbriefen an der Frankfurter Börse um mehr als 30 Prozent gestiegen. Die Konkurse hatten sich im Vergleich zum Frühjahr um ein Drittel verringert, der Index der Industrieproduktion zeigte verheißungsvoll nach oben. »Land« verhieß die Schlagzeile im Wirtschaftsteil der Neujahrsausgabe der *Frankfurter Zeitung*. Auch bekämpfte die Regierung das Arbeitslosenproblem endlich mit Arbeitsbeschaffungsprogrammen, für die eigens ein Reichskommissar für Arbeitsbeschaffung ernannt wurde. Zugleich wurde die NSDAP, die bei der Reichstagswahl am 6. November 1932 erhebliche Stimmenverluste hatte hinnehmen müssen, von Machtkämpfen erschüttert. Strasser glaubte nicht mehr an Hitlers »Alles-oder-nichts«-Strategie, plädierte vielmehr für eine Beteiligung der Partei an der Regierung, für den Eintritt nationalsozialistischer Minister in das Kabinett des seit dem 2. Dezember 1932 amtierenden Reichskanzlers Kurt von Schleicher.

Wir haben geträumt und dadurch verschuldet, daß die Schwarzen und Roten die Macht an sich rissen.
Karl Litzmann, NSDAP, Altpräsident des 7. Reichstags, 1932

General Schleicher hatte schon versucht, Rückhalt bei Hitler zu finden und die Nazis mit der Einbindung ihres »Führers« in sein Kabinett zu »zähmen«. Doch war er bei Hitler auf strikte Ablehnung gestoßen: Nur als Kanzler werde er Mitglied einer Regierung. Nach diesem Mißerfolg bei Hitler versuchte Schleicher eine Spaltungsstrategie: Strasser sollte in sein Kabinett eintreten, einen großen Teil der nationalsozialistischen Reichstagsabgeordneten auf seine Seite ziehen und Hitler zur Bedeutungslosigkeit verurteilen. Die Nazis würden ihm schon »bald aus der Hand fressen«, zeigte sich Schleicher seiner Sache nach außen sicher.

Verzweifelt: Arbeitsloser auf der Suche nach Arbeit.

Auch von anderer Seite geriet Hitler unter Druck: Hohe SA-Führer waren seine »Legalitätstaktik« leid. Während Hitler seit seinem gescheiterten Putsch in München 1923 jegliche Lust verloren hatte, noch einmal vor abgefeuerten Gewehrkugeln auf dem Straßenpflaster Deckung zu suchen, sondern nur »legal« zur Macht kommen wollte, drängten SA-Haudegen voller Sieges-, Rache- und Beutelust zum Losschlagen. Auf den Straßen führten sie längst einen unerklärten Bürgerkrieg gegen die Kommunisten, aber auch gegen die Sozialdemokraten und andere Verteidiger der Weimarer Republik. Nun wollte die SA zum letzten Sturm auf die Demokratie ansetzen.

Zu all diesen inneren Streitereien gesellte sich die desolate Finanzlage der NSDAP; nach endlosen Wahlkämpfen war die Partei nahezu pleite. Frierende Braunhemden bettelten Ende 1932 auf den Straßen Berlins mit der Sammelbüchse in der Hand um Spenden. Einen Tag vor Heiligabend schrieb der Berliner Gauleiter Joseph Goebbels in sein Tagebuch: »Das Jahr war eine einzige Pechsträhne. Man muß es in Scherben schlagen. Die Zukunft ist

Schleicher war ein gefährlicher Mann, der dauernd mit Verschiedenen gespielt hat. Er hat eine Politik des Hin- und Herwerfens betrieben, ohne eine feste Haltung einzunehmen und dadurch hat er es den Reaktionären ermöglicht ihr Spiel weiterzutreiben.
Josef Felder, SPD-Reichstagsabgeordneter, 1998

Den Nationalsozialisten geht es keinesfalls gut, das Parteigefüge ist schwer erschüttert und die finanzielle Lage ziemlich trostlos.
Bernhard von Bülow, Brief vom 19. Januar 1933 an den deutschen Botschafter in Washington

dunkel und trübe; alle Aussichten und Hoffnungen vollends entschwunden.«

Schleicher schien es tatsächlich zu gelingen, ein Stück Stabilität wiederherzustellen. Dem greisen Reichspräsidenten Paul von Hindenburg tat die Ruhe offenkundig gut. »Lieber junger Freund«, schrieb er zur Jahreswende an seinen Kanzler, »ich danke Ihnen für die ruhige stille Weihnacht, die ruhigste Zeit, die ich in meiner Amtszeit erlebt habe.«

Es war eine trügerische Ruhe. Hitler gelang es, seine innerparteilichen Widersacher auszubooten. Strasser, ein gelernter Apotheker aus Bayern, war dem machtbesessenen Demagogen nicht gewachsen. Vor der versammelten Parteiführung rechnete Hitler mit seinem Rivalen ab, bezichtigte ihn des Verrats, der Sabotage, der Spaltung der Partei. Strasser gab klein bei und trat von seinen Parteiämtern zurück.

Schleichers Konzept einer politischen »Querfront«, eines breiten Bündnisses von den freien und christlichen Gewerkschaften bis hin zum Strasser-Flügel der Nazis, erwies sich als blanke Illusion. Nicht nur seine Idee von der »Zähmung« der NSDAP war gescheitert, sondern auch das Bekenntnis des konservativen Schleicher, er sei ein »sozialer General«, wirkte auf die Gewerkschaften unglaubwürdig. Beim Reichspräsidenten verlor er binnen weniger Tage rapide an Einfluß. Dafür sorgten die »Einflüsterer« des greisen Hindenburg: sein Sohn Oskar, sein Staatssekretär Otto Meißner und Franz von Papen, Schleichers Amtsvorgänger. Hindenburg und seine Berater waren entscheidend für Machterhalt oder Machtverlust der Regierung, denn seit dem Rücktritt der letzten parlamentarischen Regierung unter dem SPD-Reichskanzler Hermann Müller im März 1930 regierten nur noch »Präsidialkabinette«, die sich auf keine Mehrheit im Reichstag stützen konnten. Voraussetzung dafür war der Artikel 48 der Weimarer Verfassung. Er ermöglichte dem Reichspräsidenten, ohne Mitwirkung des Reichstags Gesetze erlassen. Artikel 48, der eigentlich im Fall eines beschlußunfähigen Parlaments dem Schutz der Republik dienen sollte, erwies sich in der Hand des ehemaligen preußischen Feldmarschalls von Hindenburg als verhängnisvoll.

Papen wollte nicht scheitern, sondern setzte bei Hindenburg durch, Hitler zu ernennen und ihn als Vizekanzler zu bestellen.
Theodor Eschenburg, 1998

Mit Hilfe des Artikels 48 war bereits am 20. Juli 1932 die rechtmäßige preußische Regierung unter dem sozialdemokratischen Ministerpräsidenten Otto Braun abgesetzt worden. Seine Funktion übernahm ein von Hindenburg eingesetzter Reichskommissar. Als Vorwand für die Amtsenthebung dienten die blutigen Straßenkämpfe zwischen Nazis, Kommunisten und Polizei im preußischen Altona, bei denen 18 Menschen ums Leben gekommen waren. Hindenburg warf Braun vor, die Landesregierung könne Sicherheit und Ordnung nicht mehr garantieren. Für die Nazis war der 20. Juli ein Vorbild: Das nahezu kampflose Zurückweichen der demokratisch gewählten Regierung, die den Widerstand gegen ihre Absetzung auf ein langwieriges, politisch wirkungsloses Gerichtsverfahren beschränkte, zeigte, wie weit de facto und psychologisch der Machtverlust der verbliebenen demokratischen Instanzen schon fortgeschritten war. Der »Preußenschlag« wurde zum Vorspiel für die Apathie und den mangelnden Widerstandswillen der Demokraten gegen die Feinde der Weimarer Republik.

In der ganzen Zeit bis '33 gab es riesige Straßenschlachten zwischen SA und Rotfront, Reichsbanner und allem möglichen. Die Leute hatten genug von dieser als schwach geltenden Regierung.
Gerd Schmückle, 1998

Totengräber der Republik: General Kurt von Schleicher und Franz von Papen, die letzten Kanzler der Weimarer Republik.

Unter dem Einfluß seiner Ratgeber ging Hindenburg im Januar 1933 immer mehr auf Distanz zu Schleicher, dem er zum Jahreswechsel noch so anerkennende Worte geschrieben hatte. Besonders sauer stieß dem Reichspräsidenten Schleichers Konfrontationskurs gegenüber der Bauernlobby auf, die dem Kanzler vorwarf, nichts gegen billige Lebensmittelimporte zu unternehmen. »Die Ausplünderung der Landwirtschaft zugunsten der allmächtigen Geldbeutelinteressen der international eingestellten

Exportindustrie und ihrer Trabanten dauert an«, wetterte der Reichslandbund. Hindenburg hatte als ostpreußischer Großgrundbesitzer immer ein offenes Ohr für seine Standesgenossen und kritisierte Schleichers Landwirtschaftspolitik. Doch Schleicher bekam in dem Konflikt wieder Luft, als der »Osthilfeskan-

Front gegen Hitler: Demokraten demonstrieren in Berlin gegen die NSDAP, Oktober 1930.

dal« für Schlagzeilen sorgte: Elard von Oldenburg-Januschau, ein Freund Hindenburgs, wurde beschuldigt, sich von seinen 620 000 Mark Staatssubventionen ein zweites Gut gekauft zu haben. Andere Junker, so hieß es, hätten die Staatsgelder an der Riviera verpraßt. Sogar Hindenburgs Sohn Oskar kam ins Gerede. Die Großagrarier hatten nun allen Grund zum Schweigen und Schleicher für eine kurze Weile seine Ruhe. Doch Hindenburg nahm ihm den Konflikt übel. Und vor allem Papen kam jedes Zerwürfnis zwischen Kanzler und Präsident nur zu gelegen. Hinter den Kulissen arbeitete er emsig an Schleichers Sturz.

Er [Hindenburg] war ziemlich vergreist, er konnte der Sache wohl nicht mehr ganz recht folgen. Er hat sich von Papen, dem besonders unfähigen Herrenreiter, einreden lassen, daß es das Beste wäre, Hitler zum Reichskanzler zu ernennen.
Otto Gritschneder, 1998

Im Sommer 1932 waren Papen und Schleicher noch ein Herz und eine Seele gewesen. Auf Schleichers Betreiben war Papen am 1. Juni 1932 Reichskanzler geworden. Als weit rechts stehender Politiker der Zentrumspartei war Papen in Schleichers Augen der richtige Mann, um das Zentrum in ein Bündnis der »nationalen Rechten« zu integrieren. Doch Franz von Papen sollte nur der »Hut« einer neuen Regierung sein, als »Kopf« wollte Schleicher selbst im Hintergrund die Fäden ziehen. So war es denn auch

Schleicher, der Papens Kabinett zusammenstellte. Doch der monarchistisch gesonnene Papen war in der Zentrumspartei völlig isoliert, zudem galt er als politisch nicht besonders weitsichtig. Sein Zentrumsparteifreund, der spätere Bundeskanzler Konrad Adenauer, bescheinigte ihm eine »abnormale Beschränktheit«. Und nachdem feststand, daß Zentrum und »nationale Rechte« unter Einschluß der Nazis sich nicht einig wurden, hatte Papen bald seine Schuldigkeit getan. Schleicher legte den »Hut« beiseite, der »Kopf« selbst wurde Kanzler.

Der tief gekränkte Papen wurde zum erbitterten Gegner Schleichers. Der wollte »Fränzchen«, wie er ihn nannte, nun ganz weit weghaben von Berlin, auf dem Botschafterposten in Paris. Doch Hindenburg beharrte darauf, Papen als Berater in seiner Nähe zu behalten. Der gutsituierte Adlige und frühere Generalstabsoffizier, der sich dank seiner höfischen Erziehung und Servilität ausgezeichnet auf den Umgang mit dem alten Feldmarschall verstand, war für Hindenburg ein Repräsentant der »alten großen Zeiten« und daher schätzenswert und vertrauenswürdig. Während Schleichers Verhältnis zum Reichspräsidenten zusehends an Distanz zunahm, ging Papen bei Hindenburg ein und aus. Am 16. Dezember witterte der Ex-Kanzler eine Gelegenheit, sein politisches Comeback vorzubereiten. In seiner Rede anläß-

Papen führte geheime Gespräche mit Hitler, zum Sturz von Schleicher, denn Papen war ja empört, daß er abgesetzt war.
Theodor Eschenburg, 1998

Presseempfang: Reichskanzler Adolf Hitler präsentiert sich ausländischen Journalisten, 30. Januar 1933.

lich des Jahresempfangs des exklusiven »Berliner Herren-Clubs« forderte Papen eine Beteiligung der Nationalsozialisten an der Regierung. Diese Ansprache löste bei zahlreichen Zuhörern »große Erregung« aus, erinnert sich der Zeitgenosse Theodor Eschenburg, damals als Geschäftsführer eines Industrieverbandes Zeuge von Papens Auftritt. Papen habe einem »Dolchstoß gegen Schleicher« das Wort geredet. Der Chef der Reichskanzlei, Staatssekretär Planck, den Eschenburg darauf ansprach, wiegelte jedoch ab: »Lassen Sie ihn doch reden, völlig bedeutungslos. Den nimmt kein Mensch mehr ernst.« Aber Planck täuschte sich. Papen wurde ernst genommen. Besonders hellhörig wurde Baron Kurt von Schröder, ein einflußreicher Kölner Bankier und Sympathisant der NSDAP. Eingedenk der Rede schlug er Papen ein Treffen mit Hitler vor.

Die Nazis schätzten Papen und sein Verhältnis zu Hindenburg richtig ein: »Hat noch das Ohr des Alten«, notierte Goebbels. Hitler mußte sich durch Papens Rede indirekt von Hindenburg angesprochen fühlen. Der war, wie Schleicher und Papen, schon lange dafür, die NSDAP an einer Regierung zu beteiligen. Doch den »Gefreiten«, wie Hitler von Hindenburg abschätzig genannt wurde, als Kanzler – das konnte sich der Feldmarschall auf dem Präsidentensessel nicht vorstellen. Selbst nach dem großen NSDAP-Wahlsieg am 31. Juli 1932, der 230 Braunhemden in den Reichstag gehievt hatte, 123 mehr als vorher, war eine Kanzlerschaft Hitlers bei Hindenburg auf Ablehnung gestoßen. Auch warnte er den »Führer« vor einer gewaltsamen Machtübernahme: »Herr Hitler, ich schieße«, drohte Hindenburg bei einem Treffen am 13. August 1932. Doch zum Abschied schlug der »Alte« wieder versöhnliche Töne an: »Wir sind ja beide alte Kameraden und wollen es bleiben, da später uns der Weg doch wieder zusammenführen kann. So will ich Ihnen denn auch jetzt kameradschaftlich die Hand reichen.«

Wir kannten Hindenburgs Aversion Hitler gegenüber, und wir waren nicht davon überzeugt, daß es einem gewandten Politiker wie Papen gelingen würde, diese Einwände zu überwinden. Wir waren erstaunt!
Otto Gritschneder, 1998

Hindenburgs Berater sorgten dafür, daß der Feldmarschall und der Gefreite nur ein halbes Jahr später wieder zusammenfanden. Papen, der sich als Antidemokrat bekannte, war zum Pakt mit Hitler bereit. In Baron Schröders Kölner Villa sollte er eingefädelt werden – nach allen Regeln der Konspiration. Am 3. Januar 1933 bestieg Hitler in München den Abendzug nach Norden, weil er offiziell im lippischen Landtagswahlkampf eine Rede halten wollte. Doch zur Überraschung seiner Begleiter war sein Ziel das Rheinland. In Bonn »wurde am 4. Januar morgens der Zug verlassen und die Reise mit Hitlers Wagen, der ihn am Bahnhof er-

In Siegerpose: Adolf Hitler, Wilhelm Frick und Hermann Göring, die drei Nationalsozialisten der neuen Reichsregierung, präsentieren sich während des Fackelzuges am Fenster der Reichskanzlei (rechts im Hintergrund Rudolf Heß).

»Tag der Machtergreifung«: NS-Verbände marschieren in einem Fackelzug vom Brandenburger Tor zur Reichskanzlei, 30. Januar 1933.

Eingerahmt: Reichskanzler Adolf Hitler präsentiert sich mit seinem neuen Kabinett.

wartete, nach Bad Godesberg fortgesetzt«, erinnerte sich Hitlers Pressesprecher Otto Dietrich. Im »Hotel Dreesen« wurde das Frühstück eingenommen. Danach erhielten Dietrich, Hitlers Leibfotograf Heinrich Hoffmann und sein Chauffeur Julius Schreck den Befehl, in der Mercedes-Kompressor-Limousine Platz zu nehmen. Die Männer wunderten sich, daß Hitler darauf bestand, daß Schreck, dessen Gesicht ein »Führerbärtchen« zierte, sich auf den Beifahrersitz setzen und Dietrich den Chauffeur spielen sollte. Drei Kilometer hinter Köln, auf der Straße nach Düsseldorf, sollten sie auf Hitler warten. Er selbst ließ sich von einem anderen Wagen mit verhängten Fenstern zu Schröders Villa am Kölner Stadtwaldgürtel fahren.

Von der geheimen Unterredung zwischen Papen und Hitler berichtete Papen dann auch dem Reichspräsidenten, der ihm den geheimen Auftrag gab, eine Regierung vorzubereiten.
Theodor Eschenburg, 1998

Kurz nach Hitler traf auch Papen dort ein. In einem fünf Stunden dauernden Gespräch verhandelten beide über die Bildung einer gemeinsamen Regierung. Papen bot ein »Duumvirat« an: Gemeinsam mit Hitler wollte er eine »Regierung der nationalen Konzentration« bilden. Hitler bestand auf der Kanzlerschaft, sicherte jedoch Papen und dessen Leuten einflußreiche Posten in seiner Regierung zu. Zu einem Bündnis kam es noch nicht, allerdings einigten sich beide darauf, heimlich die Fäden weiterzuspinnen.

Aber ihr Treffen flog auf. Hitler und Papen waren vor der Schröderschen Villa fotografiert worden, die Zeitungen berichteten in großer Aufmachung. Bei Schleicher mußten die Alarmglocken klingeln. Doch er unterschätzte »Fränzchen« Papen, traute ihm einen Kanzlersturz nicht zu. Obwohl Hitler die Kanzlerschaft noch nicht erreicht hatte, war er seinem Ziel doch ein großes Stück näher gekommen. Der braune Agitator war in Hindenburgs engster Umgebung salonfähig geworden und konnte sich berechtigte Hoffnungen machen, Hindenburgs Vorbehalte gegen ihn mit Papens Hilfe auszuräumen. Und er behielt recht: Hindenburg gab sein Einverständnis, daß Papen weiterhin streng vertrauliche Kontakte zu Hitler hielt.

Mit Papen begann der Abstieg! Papen war ein gefährlicher Intrigant, machtbesessen und deutschnational bis auf die Knochen.
Josef Felder, SPD-Reichstagsabgeordneter a. D., 1998

Am 18. Januar trafen die beiden erneut zusammen. Schauplatz war wieder eine Villa: diesmal die des Sekthändlers Joachim von Ribbentrop, der später Hitlers Außenminister werden sollte und den Papen seit seiner Offizierszeit im Ersten Weltkrieg kannte. Hitler wollte weiterhin das Amt des Reichskanzlers für sich. Die Begegnung verlief ergebnislos. Am nächsten Treffen am selben Ort, vier Tage später, nahmen auch Hindenburg-Sohn Oskar, der eigentlich »in der Verfassung nicht vorgesehen war«, und Hindenburg-Staatssekretär Meißner teil. Meißner, ein Mann von geschmeidiger Anpassungsfähigkeit, war schon Staatssekretär unter Reichspräsident Ebert gewesen. Er sollte es auch unter Hitler bleiben. Oskar von Hindenburg war ein »gehobener Kammerdiener seines Vaters«, sagt Theodor Eschenburg. »Niemand kannte besser die Gewohnheiten, jeweiligen Stimmungen und Interessen des alten Hindenburg, keiner hatte stärkeren Einfluß auf den Zeitplan, hatte größere Möglichkeiten, ihm Informationen zugänglich zu machen und andere über dessen Auffassungen zu informieren als dieser Sohn.« Die beiden wichtigsten Ratgeber des Reichspräsidenten gehörten nun zum engsten Kreis der Verschwörer gegen Schleicher.

Papen hat zweifellos Hitler völlig unterschätzt. Hitler und Göring haben ihn überrumpelt, und er war nicht stark genug, mit den anderen Widerstand zu leisten.
Theodor Eschenburg, 1998

Jetzt signalisierte Papen seine Bereitschaft, sich mit dem Posten des Vizekanzlers zu begnügen. Hitler erklärte sich damit einverstanden, daß Papen sich das Mitspracherecht bezüglich der Zusammensetzung des Kabinetts vorbehielt. Auf diese Weise, meinte Papen, den »Führer« in der Regierung mit Leuten seines Vertrauens »einrahmen«, ihn so in Schach halten und persönlich im Hintergrund die Fäden ziehen zu können.

Vor allem Papen war der Meinung, daß Hitler bald abgewirtschaftet haben wird. Es gab eine Reihe von Leuten, die meinten, das Feuer sei ein Strohfeuer und wird rasch erlöschen … war natürlich ein Irrtum.
Otto Gritschneder, 1998

Schleicher, ohne Mehrheit im Reichstag und ohne Rückhalt bei Hindenburg, trat am 28. Januar 1933 zurück. Papens Taktik, die NSDAP durch Integration in eine Regierung zu »zähmen«, hatte stets auch Schleichers Zustimmung gefunden. Allerdings dachte er nie an Hitler als Kanzler, sondern »nur« als Minister. Papen verfiel dem verhängnisvollen Irrtum, auch mit einem Kanzler Hitler, der nie einen Zweifel an seiner Gier nach absoluter Macht gelassen hatte, noch fertig werden zu können. Hindenburg verabschiedete Schleicher mit den Worten: »Nun wollen wir mal sehen, wie mit Gottes Hilfe der Hase weiterläuft.« Papen war sicher, daß Hitler nur eine Etappe war auf dem Weg zu einem autoritären Staat monarchistischer Prägung: »In zwei Monaten haben wir Hitler in die Ecke gedrückt, daß er quietscht.«

Am 29. Januar legte Papen Hindenburg die Ministerliste vor. Darauf standen vier parteilose Mitglieder des Kabinetts Schleicher: Außenminister Konstantin Freiherr von Neurath, Finanzminister Johann Ludwig Graf Schwerin von Krosigk, Post- und Verkehrsminister Paul Freiherr von Eltz-Rübenach sowie der Reichskommissar für Arbeitsbeschaffung, Günter Gereke. Alfred Hugenberg, der Führer der Deutschnationalen, wurde Wirtschafts- und Ernährungsminister, Generalleutnant Freiherr von Blomberg Reichswehrminister, »Stahlhelm«-Führer Franz Seldte Arbeitsminister. Als dritter Nationalsozialist in der Regierung, neben Reichskanzler Hitler und Reichsinnenminister Wilhelm Frick, stand der bisherige Reichstagspräsident Hermann Göring als Minister ohne Geschäftsbereich, Reichskommissar für die Luftfahrt und zugleich preußischer Innenminister auf der Kabinettsliste. Der Posten des Justizministers blieb zunächst offen, um Hindenburg vorzugaukeln, man wolle durch Verhandlungen auch das Zentrum an der Regierung beteiligen und diese so auf eine breite parlamentarische Basis stellen. Doch eine Woche später wurde der bisherige Justizminister Franz Gürtner in seinem Amt bestätigt. Papen begnügte sich mit dem Vizekanzlerposten, einem Amt ohne wirklichen Einfluß – »bezeichnend für seine Unerfahrenheit«, meint Theodor Eschenburg.

Welche ungeheure Aufgabe liegt doch vor uns, Herr von Papen. Wir dürfen uns niemals trennen, bis unser Werk vollendet ist.
Adolf Hitler, 30. Januar 1933

Am nächsten Morgen, dem 30. Januar, fuhren Hitler, Göring und Frick vom Hotel »Kaiserhof«, wo der »Führer« und sein Gefolge für 10 000 Mark wöchentlich eine ganze Etage belegten, zur Reichskanzlei – trotz der Kälte im offenen Mercedes. In ihren Mänteln und Schlapphüten sahen sie aus wie Mafiosi. Sie waren auf dem Weg zur »Machtergreifung«. Als Hugenberg kurz vor der Vereidigung des neuen Kabinetts erfuhr, daß Hitler schon bald eine Neuwahl plante, um dann einen Reichstag mit absoluter Nazi-Mehrheit in seiner Hand zu haben, war er schockiert. Der Zeitungszar befürchtete dramatische Stimmenverluste für die Deutschnationalen. Schließlich tauchte Meißner mit einer Uhr auf. Es war bereits Viertel nach elf, um elf Uhr hatte die Vereidigung des neuen Kanzlers stattfinden sollen. Hindenburg haßte Verspätungen. Hugenberg hatte keine Einwände mehr. Hitler schwor den Amtseid auf die Verfassung der Republik, die er so oft verbal in den Schmutz gezogen hatte: »Ich werde meine ganze Kraft für das Wohl des deutschen Volkes einsetzen, die Verfassung und die Gesetze des Reiches wahren, die mir obliegenden

Ich habe gestern die größte Dummheit meines Lebens gemacht: Ich habe mich mit dem größten Demagogen der Weltgeschichte verbündet.
Alfred Hugenberg

Verbeugung vor dem Feldmarschall: Adolf Hitler begrüßt Reichspräsident von Hindenburg beim Staatsakt in Potsdam zur Eröffnung des Reichstags, 21. März 1933.

Pflichten gewissenhaft erfüllen und meine Geschäfte unparteiisch und gerecht gegen jedermann führen.«

Hindenburg verabschiedete das 21. und letzte Kabinett der Weimarer Republik auf seine preußisch-protestantische Art: »Und nun meine Herren, vorwärts mit Gott!« Nie hatte Hitler einen Hehl daraus gemacht, daß er sich von der Macht nicht wieder trennen würde, wenn er sie erst einmal in Händen hielte. So sagte er im Oktober 1932 in einer Rede in Königsberg: »Wenn wir einmal die Macht bekommen, dann werden wir sie, so wahr uns Gott helfe, behalten. Wegnehmen lassen wir sie uns dann nicht mehr.« Er hatte sein Ziel erreicht.

Wie ruhmvoll ist der alte Feldmarschall als Instrument in der Hand Gottes gebraucht worden.
Hermann Göring

Militarisierte Jugend: Fahnentragende Kinder üben sich im Marschieren.

Es war ein weiter Weg gewesen bis in die Reichskanzlei – ein Weg, geprägt von Demagogie, Agitation, Brutalität, Intrigen und einem giftigen Feldzug gegen Demokratie und Republik. Fortan galt der 30. Januar 1933 als »Tag der Machtergreifung« – bei den NS-Parteigenossen und bald auch bei allen Deutschen. Doch Hitler hat die Macht an diesem Tag nicht »ergriffen«, sie wurde ihm ausgeliefert. Sie wurde ihm auf einem goldenen Tablett serviert – nach einem selbstherrlichen Ränkespiel von reaktionären Anti-

Terror gegen Andersdenkende: SA und Gestapo beim Kontrollgang durch das Arbeiterviertel Hannover-Linden.

demokraten. Die Auslieferung der Macht an Hitler war das Resultat persönlichen Versagens von Papens, Schleichers und Hindenburgs. Sie hoben den »Führer« in den Sattel. Papen wollte durch seine Machenschaften ein politisches Comeback erreichen und sich an Schleicher rächen. Schleicher ignorierte die Gefahr und tat nichts, um Hitler am letzten Schritt zur Macht zu hindern. Dem greisen Hindenburg fehlte der politische Durchblick; er wollte nur noch seine Ruhe und folgte den verhängnisvollen Ein-

Typisch für Hindenburg ist, daß er ein preußischer Militarist war, der niemals die Demokratie ernstlich akzeptiert hat.
Otto Gritschneder, 1998

Die Brandstifter: Der Reichstagsbrand am 27. Februar 1933 steht am Ausgang einer Welle von Verhaftungen und Repressalien gegen Kommunisten und Sozialdemokraten.

flüsterungen seiner Berater. Der Präsident, den auch Zentrums- und SPD-Anhänger »als letzte Reserve zur Wahrung der Verfassung gewählt hatten«, wie sich der SPD-Reichstagsabgeordnete Josef Felder erinnert, lieferte die Republik ihrem teuflischsten Gegner aus. Doch die Verantwortung dafür, daß Hitler es bis in die Reichskanzlei schaffte, trugen auch die Millionen Deutschen, die der NSDAP aus freien Stücken ihre Stimme gegeben und sie zur stärksten Partei gemacht hatten.

Hitler vermochte sein Glück kaum zu fassen. »Wir haben es geschafft!« rief er immer wieder, als ihn der offene Mercedes zurück zum »Kaiserhof« brachte. In der Hotelhalle, umringt von jubelnden Anhängern, konnte er nur noch sagen: »Jetzt sind wir soweit.« Goebbels notierte in sein Tagebuch: »Einige Minuten später ist er bei uns im Zimmer. Er sagt nichts, und wir alle sagen auch nichts. Aber seine Augen stehen voll Wasser. Es ist soweit!«

Wie ein Lauffeuer ging die Nachricht von Hitlers Ernennung durchs Reich. Seine Anhänger triumphierten, seine Gegner waren schockiert. Die ersten packten ihre Koffer, doch viele trösteten sich mit dem Gedanken: So schlimm wird es wohl nicht werden. Die demokratischen Parteien hatten keine Gegenstrategie. Die Gewerkschaften riefen dazu auf, Ruhe zu bewahren: »Kühles Blut und Besonnenheit« sei »erstes Gebot«. Der SPD-Reichstagsabgeordnete Josef Felder bedauert dies noch heute: »An Widerstand war nur zu denken, wenn ein großer Generalstreik alles niedergelegt hätte.«

Keine Macht der Welt wird mich jemals lebend hier wieder herausbringen.
Adolf Hitler, 30. Januar 1933

Hitler ließ sich noch am Tag seiner Vereidigung in staatsmännischer Pose am Schreibtisch des Reichskanzlers fotografieren. Um 17 Uhr fand die erste Kabinettssitzung statt. Am Abend stand der neue Regierungschef dann stundenlang am Fenster seines Amtssitzes und nahm die Parade Tausender SA-Männer und »Stahlhelm«-Angehöriger ab, die mit Fackeln die Wilhelmstraße hinuntermarschierten und Kampflieder sangen. Auch Hindenburg schaute von einem Fenster seiner Amtsräume auf das Fakkelmeer und schlug mit seinem Handstock den Takt der Marschlieder. »Ich wußte gar nicht, daß wir im Weltkrieg so viele russische Gefangene gemacht haben«, legte der Berliner Volksmund dem greisen Feldmarschall und »Sieger von Tannenberg« beim Anblick der marschierenden Braunhemden später in den Mund. Auf diese Weise zogen die Leute ironisch in Zweifel, ob Hindenburg noch im Vollbesitz seiner geistigen Kräfte war. Der Fackelzug war keine spontane Aktion, sondern bestens organisiert. »25 000 Menschen. Und jeder dieser 25 000 wußte, wo er

Oben: Bücherverbrennung: Auf dem Berliner Opernplatz werden am 10. Mai 1933 die Schriften »undeutscher« Autoren wie Thomas Mann, Erich Kästner, Kurt Tucholsky verbrannt.
Unten: Der Sündenbock: Marinus van der Lubbe, angeklagt als Brandstifter des Reichstages, wird dem Reichsgericht vorgeführt, Herbst 1933.

Hinter den roten Hakenkreuzfahnen marschieren die braunen Bataillone ins leuchtende Leben hinein und brechen dem neuen Deutschland die Bahn.
Joseph Goebbels

seine Fackel abholen sollte«, erinnert sich die französische Journalistin Stéphane Roussel, damals Deutschland-Korrespondentin der Zeitung *Le Matin.* »Ein einziger feuriger Teppich auf der ganzen Wilhelmstraße.«

Goebbels sprach im Rundfunk von einer »großen Volksgemeinschaft« und zeigte sich »maßlos glücklich. Glücklich darüber, daß nun eine vierzehnjährige Arbeit durch Sieg und Erfolg gekrönt worden ist. Wenn ich den heutigen Tag auf den einfachsten Nenner bringen soll, dann möchte ich sagen: Es ist ein Triumph der Zähigkeit. Die Zähigkeit der nationalsozialistischen Führung hat diesen Sieg errungen.« Angesichts eines »sinnlosen Taumels von Jubel und Begeisterung« könne man am 30. Januar »mit gutem Recht sagen: Deutschland ist im Erwachen«. Die Demokratie war besiegt, die Demokraten waren geschlagen. »Am nächsten Morgen ist die Weimarer Republik so weggegangen, wie sie gelebt hat: auf Zehenspitzen«, sagt Stéphane Roussel.

Am 1. Februar richtete die neue Regierung einen »Aufruf an das deutsche Volk«. Er enthielt bereits einen Hinweis auf die bevorstehende Ausschaltung der Parteien und des Parlaments: Die »nationale Regierung« werde über ihre Proteste hinweggehen, denn sie könne »die Arbeit des Wiederaufbaus nicht der Genehmigung derer unterstellen, die den Zusammenbruch verschuldeten«. Hitler, noch »eingerahmt« von nicht-nationalsozialistischen, aber stockreaktionären Ministern – Antidemokraten allesamt –, machte sich nun daran, die absolute Macht zu erringen. Anstatt der von Papen angepeilten Restauration autoritärer Herrschaft kam der totalitäre Staat.

Die meisten haben gesagt: »Der schafft es vier bis fünf Jahre, und dann ist er weg.«
Albert Großhans, Jahrgang 1907, Heilbronn

Nach einer Neuwahl, die für den 5. März 1933 angesetzt wurde, rechnete Hitler mit einer absoluten Mehrheit im Reichstag, der ihn dann mit diktatorischen Vollmachten ausstatten sollte. Die NSDAP, der nun alle staatlichen Mittel zur Verfügung standen, entfaltete eine gewaltige Propaganda. Hinzu kam nackte Gewalt.

Die politisch-psychologische Rechtfertigung und die formale Legalisierung der längst geplanten Terror- und Unterdrückungsmaßnahmen lieferte der Reichstagsbrand am 27. Februar 1933. Als Brandstifter festgenommen wurde am Tatort der vierundzwanzigjährige Holländer Marinus van der Lubbe, Malergeselle aus Leiden und schwärmerischer Rätekommunist. Aus seiner Verhaftung konstruierten die Nazis eine kommunistische Verschwörung. Der Reichstagsbrand sei »ein von Gott gegebenes

Signal, Herr Vizekanzler«, sagte Hitler zu Papen. Und Goebbels jubilierte: »Die Linie unserer Agitation ist durch die Ereignisse selbst festgelegt. Nun können wir aufs Ganze gehen.« Noch in der Nacht holte die preußische Polizei, deren oberster Dienstherr Göring war, ihre vorbereiteten Verhaftungslisten aus den Schubladen. Tausende kommunistischer Funktionäre wurden verhaftet, aber auch schon Sozialdemokraten, linke Schriftsteller und Journalisten. Kommunistische und sozialdemokratische Zeitungen, Plakate und Flugblätter wurden verboten. Hindenburg stärkte Hitler den Rücken mit der am 28. Februar erlassenen »Verordnung des Reichspräsidenten zum Schutz von Volk und

Der Brand des Reichstags sollte das Fanal zum blutigen Aufruhr sein. Schon für Dienstag früh 4 Uhr waren in Berlin große Plünderungen angesetzt.
Amtlicher Preußischer Pressedienst

Rassenwahn: Ein deutsch-jüdisches Liebespaar wird angeprangert, Cuxhaven 1933.

Staat«. Grundrechte wie jene auf freie Meinungsäußerung, die Pressefreiheit, die Vereinigungs- und Versammlungsfreiheit, das Brief- und Postgeheimnis und auf die Unverletzlichkeit der Wohnung wurden auf unbestimmte Zeit außer Kraft gesetzt: Ab sofort herrschte ein permanenter Ausnahmezustand. Nach Ansicht von Theodor Eschenburg ließ Hitler zu diesem Zeitpunkt endgültig die Maske fallen. »Donnerwetter, der Mann regiert mit Terror«, wurde Eschenburg nun klar.

Das volle Ausmaß des Ermächtigungsgesetzes besteht vor allem darin, daß mit ihm der Rechtsstaat begraben wurde.
Josef Felder, SPD-Reichstagsabgeordneter a. D., 1998

Mitten in der heißen Phase des Reichstagswahlkampfs ließ Hitler politische Gegner auch von mehreren zehntausend SA-Männern, die Göring kurzerhand zu preußischen Hilfspolizisten ernannt hatte, drangsalieren, verfolgen und verhaften. Trotzdem verfehlte die NSDAP am 5. März 1933 mit 43,9 Prozent der Stimmen die absolute Mehrheit. Das änderte aber nichts daran, daß Hitler am 23. März mit Hilfe von Drohungen und Einschüchterungen sowie des Ausschlusses der 81 kommunistischen Abgeordneten die benötigte Zweidrittelmehrheit für das Ermächtigungsgesetz bekam. Das Gesetz übertrug die legislative Gewalt vom Reichstag auf die Regierung. Das Parlament hatte sich selbst vollends entmachtet. Gegen das Ermächtigungsgesetz stimmte nur die SPD. Ihr Fraktionsvorsitzender Otto Wels sagte in der Debatte: »Wir grüßen die Verfolgten und Bedrängten. Wir grüßen unsere Freunde im Reich. Ihre Standhaftigkeit und Treue verdienen Bewunderung. Ihr Bekennermut, ihre ungebrochene Zuversicht verbürgen eine hellere Zukunft.« Das Reichstagsprotokoll verzeichnete »wiederholten lebhaften Beifall bei den Sozialdemokraten« und »Lachen bei den Nationalsozialisten«. Die Nazis lachten, ihre Zukunft hatte gerade angefangen. Es war der Beginn der dunkelsten Periode deutscher Geschichte.

1. SEPTEMBER 1939

Der Überfall

Am Morgen des 1. September 1939 trat Adolf Hitler um zehn Uhr vor den Reichstag. Der »Führer« und Reichskanzler hatte der Öffentlichkeit eine wichtige Mitteilung zu machen. Er hatte die feldgraue Soldatenuniform angelegt, zum ersten Mal seit dem Weltkrieg trug er »jenen Rock, der mir selbst der heiligste und teuerste« war – so begann er. Seine Uniform war der erste unheilvolle Hinweis auf die Botschaft, die er nun mit dem ihm eigenen Pathos vortrug. Hitler sprach von den Qualen des »Versailler Diktats«, die die Deutschen erlitten hätten, und von seinen unermüdlichen Bemühungen, die berechtigten Interessen seines Volkes zu erfüllen. Er stilisierte sich hoch zum friedliebenden Staatsmann, der immer wieder Vorschläge für eine Verhandlungslösung formuliert habe – und der nun allein wegen der Unvernunft seiner Kontrahenten zum letzten Mittel greifen müsse. Dann berichtete er von Zwischenfällen, die sich in der Nacht an der Grenze zu Polen ereignet hätten, um schließlich zum eigentlichen Thema zu kommen: »Polen hat den Kampf gegen die Freie Stadt Danzig entfesselt! Polen hat heute nacht zum ersten Mal auf unserem eigenen Territorium auch durch reguläre Soldaten geschossen. Seit 5.45 Uhr wird jetzt zurückgeschossen!«

Danzig ist nicht das Objekt, um das es geht. Es handelt sich für uns um die Erweiterung des Lebensraumes im Osten und Sicherstellung der Ernährung.
Adolf Hitler, 23. Mai 1939

Es waren gleich zwei Lügen, die Hitler damit in die Welt setzte. Die eine unterlief ihm – unbewußt – im sprichwörtlichen Eifer des Gefechts. Der deutsche Angriff hatte schon früher begonnen. Es war 4.47 Uhr, als Kapitän zur See Gustav Kleikamp an Bord des deutschen Kriegsschiffes »Schleswig-Holstein« den Befehl »Feuererlaubnis« gegeben hatte. Die Geschütze des Schiffes, das zu einem »Freundschaftsbesuch« im Hafen der Freien Stadt Danzig lag, eröffneten das Feuer auf ein polnisches Munitionsdepot auf der Danziger Westerplatte. Zur gleichen Zeit überquerten Einheiten der Wehrmacht ohne Kriegserklärung die Grenze nach Polen. Diese Uhrzeit hatte Hitler persönlich am Vortag als Angriffstermin befohlen. Und hier lag die zweite, beabsichtigte Täu-

Der erste Schuß: Die »Schleswig-Holstein« feuert auf die Westerplatte, September 1939.

schung der Öffentlichkeit: »Es wird zurückgeschossen«, lautete die Behauptung, die nun in vielen Variationen wiederholt wurde. »Deutschland schlägt einen polnischen Angriff zurück«, hieß die Sprachregelung.

Doch es waren die Deutschen, die das Feuer eröffnet hatten. Die Überfälle, die Hitler als Rechtfertigung benutzte, waren von SS-Männern in polnischen Uniformen ausgeführt worden. Durch die Schüsse, die die Menschen am 1. September in Danzig aus dem Schlaf rissen, war ein Krieg vom Zaun gebrochen worden, den Hitler seit langem geplant und den er schon mehrfach verschoben hatte.

Immer hatte Hitler Kriegsbereitschaft vorgetäuscht. Ich war felsenfest davon überzeugt, daß er auch diesmal nur bluffte.
Baldur von Schirach

Der Tag, an dem er endgültig die Maske fallen ließ, war der 5. November 1937. Um 16.15 Uhr hatte Hitler in der Reichskanzlei die militärische Führung des »Dritten Reiches« um sich versammelt. Neben den drei Oberkommandierenden der Teilstreitkräfte, General Werner Freiherr von Fritsch, Großadmiral Erich Raeder und Hermann Göring, waren nur Außenminister Konstantin Freiherr von Neurath und Hitlers Wehrmachtsadjutant, General Friedrich Hoßbach, anwesend. Hitler wollte sie in seine politischen Pläne einweihen. Die Niederschrift dieser Sitzung, das »Hoßbach-Protokoll«, gibt einen Einblick in das krude Denken eines Mannes, der nur ein Ziel zu kennen schien: die Gewinnung von »Lebensraum«. »Es ist mein unabänderlicher Entschluß, spätestens 1943/45 die deutsche Raumfrage zu lösen.« Dazu gab es für ihn nur einen Weg, den »Weg der Gewalt« – und allen war klar, was das zu bedeuten hatte: Krieg!

Wir stoppen den ewigen Germanenzug nach dem Süden und dem Westen Europas und weisen den Blick nach dem Land im Osten.
Hitler, »Mein Kampf«

Die zweite Schlüsselfrage neben dem Zeitpunkt war die Frage nach dem »Wie«. Auch hier hatte Hitler konkrete Vorstellungen: »Unser erstes Ziel muß sein, die Tschechei und gleichzeitig Österreich niederzuwerfen.«

Was Hitler in dieser Sitzung ankündigte, hätte jedem, der *»Mein Kampf«* gelesen hatte, bekannt sein müssen. Doch viele hatten dieses in der Landsberger Festungshaft geschriebene Buch als Pamphlet eines gescheiterten Putschisten abgetan, nur wenige konnten glauben, daß Hitler seine »Visionen« auch tatsächlich realisieren wollte. Doch das autobiographische Elaborat, das er 1923 seinem Mithäftling Rudolf Heß diktiert hatte, war in seiner ganzen kruden Mischung von Unsinn und Wahnsinn wahrlich ernst gemeint. 1941 erklärte er in einer Besprechung vor der deutschen Generalität: »Man soll heute in der anderen Welt nicht so blöde tun. Die Herren hätten bloß einmal das lesen sollen, was

Zu Besuch in Danzig: Reichsaußenminister Joachim von Ribbentrop auf einer NS-Veranstaltung, 26. Januar 1939.

ich geschrieben habe, und zwar tausendmal geschrieben habe. Öfter hat kein Mensch erklärt, ... was er will, als ich es getan habe.« Ohne etwas zu beschönigen, hatte Hitler in »*Mein Kampf*« zugegeben: »Ein Programm, wie ich es vertrete, ist die Formulierung einer Kriegserklärung gegen eine bestehende Ordnung, gegen eine bestehende Weltauffassung überhaupt.«

Den ersten sichtbaren Schlag gegen diese Weltordnung, die im Versailler Friedensvertrag die Rolle Deutschlands festgelegt hatte, führte er am 7. März 1936: Hitler ließ seine wiedererstarkte Wehrmacht in das entmilitarisierte Rheinland einmarschieren. Zum ersten Mal zeigte sich hier die Taktik, die der deutsche Diktator in den nächsten Jahren in vielen Variationen anwandte. Von der Besetzung des Rheinlands über den Einmarsch in Österreich, die Annexion des Sudetenlands bis zur Zerschlagung der sogenannten »Rest-Tschechei« zieht sich ein roter Faden. Die Methoden und Mittel waren identisch: Täuschung, Drohung, Erpressung. Allerdings wurde Hitlers Vorgehensweise bei jeder Aktion dreister und gewalttätiger, mit jedem Erfolg wurde er mutiger und selbstbewußter. Dabei wird aus den substantiellen Gemeinsamkeiten seines Vorgehens ersichtlich, daß Hitler gezielt auf den Krieg hinsteuerte. Mit dem Angriff auf Polen »perfektionierte« er schließlich ein Handlungsmuster, dessen er sich schon zuvor erfolgreich bedient hatte.

Da war zunächst die offenkundige Diskrepanz zwischen Sein und Schein, Reden und Handeln: Während Hitler öffentlich Frieden predigte, setzte er in der Realität seine Ziele mit gewaltsamen Mitteln durch. »Den Frieden wollen wir«, lautete Hitlers Botschaft, die in den ersten Jahren des »Dritten Reiches« vieltausendfach der Öffentlichkeit eingehämmert wurde, während sich Armee und Industrie auf den Krieg vorbereiteten. Als seine »letzte Forderung« hatte der deutsche Diktator die Klärung der »Sudetenfrage« bezeichnet, nachdem er die Abtretung des Sudetenlands erzwungen und in der Münchener Konferenz die internationale Zustimmung zu diesem Gewaltakt erreicht hatte. Dabei hatte er mit Danzig ein neues Konfliktpotential längst ins Auge gefaßt.

Zur perfekt gespielten Rolle des Friedensengels gehörte, daß Hitler öffentlich nur solche Forderungen erhob, wie sie vor ihm alle Parteien der Weimarer Republik gestellt hatten. Sein Kampf

Unterdrückte Völker werden nicht durch flammende Proteste in den Schoß eines gemeinsamen Reiches zurückgeführt, sondern durch ein schlagkräftiges Schwert.
Hitler, »Mein Kampf«

Keine Kompromisse! Hitler lehnt Roosevelts Friedensappell im Reichstag ab, 28. April 1939.

gegen die Versailler Friedensordnung stand scheinbar in der Kontinuität deutscher Außenpolitik, die auch ein Friedensnobelpreisträger wie Gustav Stresemann verfolgt hatte. »Er ist in seinen Vorgarten zurückgekehrt«, war die Auffassung der Engländer nach Hitlers Einmarsch in das Rheinland. »Sie sind Deutsche, und Deutsche gehören zusammen«, erklärte Londons Botschafter in Berlin, Neville Henderson, nach dem triumphalen Einzug Hitlers in Wien. Er schloß sich damit beispielsweise Hermann Göring an, der die ganze Aktion zur »Familienangelegenheit« erklärt hatte. Der Anschluß Österreichs war die Verwirklichung des Selbstbestimmungsrechts der Völker, für das der Westen im Weltkrieg gekämpft hatte. »Peace in our time«, prophezeite der Premierminister Seiner Majestät nach dem Münchener Abkommen in völliger Verkennung der wahren Absichten Hitlers.

Bekräftigung der Freundschaft: Ribbentrop handelt mit Italiens Außenminister Ciano den »Stahlpakt« aus, 22. Mai 1939.

Die Angliederung des Sudetenlands konnte Hitler mit dem Schutz ethnischer oder politischer Minderheiten im anderen Staat begründen. Auch wenn er diese Standardrechtfertigung aller internationalen Aggressoren für sein gewaltsames Vorgehen benutzte, konnte er auf die Sympathie der Menschen in Deutschland und sogar in England und Frankreich bauen. Mourir pour les Sudètes? Die Parole zeigte die geringe Bereitschaft etwa der Franzosen, Hitler davon abzuhalten, deutschstämmige Minderheiten »heim ins Reich« zu holen. Zu offenkundig waren die Benachteiligungen der deutschen Minderheit im Vielvölkerstaat Tschechoslowakei. Nicht zuletzt waren es die Hardliner in Prag, die alle Forderungen nach Gleichberechtigung unerfüllt ließen und Hitler die Möglichkeit gaben, sich als Retter verfolgter Landsleute zu präsentieren.

Auch ich wollte ein starkes Deutschland, aber ich hoffte, es allmählich auf dem Wege der durch die wachsende Macht des Reiches möglich werdenden diplomatischen Lösungen zu erreichen.
Joachim von Ribbentrop

Auf dem Weg in den Krieg hatte Hitler – auch hier ein roter Faden – neue Methoden in die internationalen Beziehungen eingebracht. Schon beim sogenannten »Anschluß« Österreichs hatte der Diktator hinter den Kulissen die österreichische Regie-

Oben: Trügerischer Frieden: Göring, Chamberlain, Mussolini, Dolmetscher Schmidt, Hitler und Daladier beim »Münchner Abkommen«, September 1938.
Unten: Polens Schicksal ist besiegelt: Ribbentrop, Stalin, Hilger und Molotow nach der Unterzeichnung des deutsch-russischen Nichtangriffspaktes, 23. August 1939

rung erpreßt und sich mit unverhohlenen Drohungen und massivem Druck einen ausländischen Staatsmann gefügig gemacht. Am 12. Februar 1938 war der österreichische Kanzler Kurt Schuschnigg nach Berchtesgaden auf den Berghof zitiert worden, wo Hitler ihn mit Vorwürfen und Beschimpfungen überzog. Alles gipfelte in der Drohung: »Wer weiß, vielleicht bin ich über Nacht auf einmal in Wien: wie der Frühlingssturm. Dann sollen Sie etwas erleben.« Schuschnigg war der erste ausländische Staatsmann, der sich mit diesem Ton konfrontiert sah. Er blieb nicht der einzige.

Chamberlains persönlicher Berater Sir Horace Wilson machte ähnliche Erfahrungen, als er auf dem Höhepunkt der Sudetenkrise am 26. September einen deutschen Regierungschef erlebte, der, wie es Hitlers Dolmetscher empfand, »völlig die Nerven verlor«. Der deutsche Diktator schrie den Diplomaten an, als er die Vorschläge der britischen Regierung hörte. Er brüllte, tobte, schimpfte – und stellte ein Ultimatum. Nicht viel besser war es auch dem britischen Premierminister Arthur Neville Chamberlain persönlich ergangen. Bei seinem ersten, als privat deklarierten Besuch am 15. September 1938 auf dem Berghof begegnete der distinguierte Regierungschef Seiner Majestät einem verantwortlichen Staatsmann, der in unverantwortlichem Ton und Inhalt seine Gegner beschimpfte. Dann drohte er seinem Gast: »Ich werde in kürzester Frist diese Frage so oder so aus eigener Initiative regeln.« »So oder so«, das hieß entweder – oder. Entweder das Sudetenland abtreten, oder er werde einmarschieren. »So oder so«, das hieß Krieg oder Frieden. Bei seinem zweiten Besuch in der Höhle des deutschen Löwen am 22. September traf Chamberlain in Godesberg auf einen »Führer«, der seine Versprechen brach und neue Forderungen stellte.

Das letzte Ziel der Politik ist der Krieg.
Hitler, 1926

Am schlimmsten behandelte Hitler Emil Hacha, den greisen Staatschef der Tschechoslowakei, der im März 1939 nach der Abtretung des Sudetengebiets einen letzten Versuch unternahm, die staatliche Einheit der Rest-Tschechoslowakei zu retten. In Berlin trieb Hitler sein wehrloses Gegenüber mit immer neuen Demütigungen in die Enge, bis Hacha einen Schwächeanfall erlitt und auf alle Forderungen seines Gastgebers einging.

Die wichtigen Stationen zum Krieg durchzieht ein weiterer roter Faden: die eigenartige Mischung von Kalkül und unkalkulierbarem Risiko. Hitler konnte auf die Kriegsunlust seiner Gegner bauen, die zudem militärisch und politisch nicht in der Lage waren, einer Gewaltaktion mit Gegengewalt zu begegnen.

In Paris regierte Edouard Daladier ein Land, das mit innenpolitischen Krisen und Wirtschaftsproblemen zu kämpfen hatte. Die Schlüsselrolle in der Auseinandersetzung mit dem deutschen Kanzler fiel so dem britischen Regierungschef zu: Arthur Neville Chamberlain. Der Premierminister Seiner Majestät war ein Politiker des Ausgleichs, der keinen europäischen Krieg gebrauchen konnte. Auch wenn Winston Churchill seinen innenpolitischen Widersacher als »the great peacemaker« abqualifizierte, träumten große Teile der Bevölkerung in Frankreich und Großbritannien den Traum Chamberlains. Diese Politik des »appeasement« wurde und wird häufig als schwächliches Nachgeben und Zurückweichen vor einem Angreifer kritisiert. Die Kritiker übersehen dabei, daß Chamberlain damals nicht in einer Position war, in der er mit der britischen Faust auf den europäischen Tisch don-

Jeder weitere Monat ohne Krieg macht den Krieg weniger wahrscheinlich.
Arthur Neville Chamberlain

Polnische Teilung: General Heinz Guderian und der sowjetische Kommissar Borowanskij bei Vorverhandlungen über die künftige deutsch-russische Demarkationslinie in Brest-Litowsk, 20. September 1939.

nern konnte. Es fehlten die militärischen Voraussetzungen, es mangelte an der Kampfbereitschaft der Bevölkerung, und es gab keinen ausreichenden Grund für einen Krieg. Der »appeasement policy« kann aber ein Vorwurf gemacht werden: Sie erfolgte zum falschen Zeitpunkt. Die Politik der Siegermächte hatte den Weimarer Demokraten all jene Zugeständnisse verweigert, die dem Berliner Diktator gemacht wurden. Damals trug die starre Ablehnung ihren Teil zum Scheitern der deutschen Demokratie bei, jetzt förderte die nachgiebige Haltung das Ansehen des Diktators.

Es gibt keine Reaktion, denn die Welt besteht aus Staaten, die einiges fürchten, wovor Hitler keine Angst hat: Krieg.
Stéphane Roussel, französische Journalistin in Berlin, 1998

So falsch damals die Politik der Stärke war, so falsch war jetzt eine Politik, die nach Schwäche aussah.

Der deutsche »Führer« zerstörte mit der Nachkriegsordnung, die auf dem Versailler Vertrag gründete, ein Bauwerk, dessen Fundamente bereits brüchig und dessen Bauherren nicht in der Lage waren, die erkennbaren Risse zu beheben.

Gleichzeitig war sich Hitler der Risiken seines Tuns bewußt: »Ich spiele va banque, ich habe immer va banque gespielt«, beschied er in den kritischen Tagen vor dem Überfall auf Polen die Warnungen Görings. Dies galt bereits für den Einmarsch ins Rheinland, von dem er zugab: »Wären die Franzosen ins Rheinland eingerückt, hätten wir uns mit Schimpf und Schande wieder zurückziehen müssen.« Im März 1936 verlor er in der entscheidenden Phase für kurze Zeit die Fassung – wie später in vergleichbaren Situationen. Auch im Vorfeld des »Anschlusses« von Österreich schwankte der »Führer«. Es war Hermann Göring, der den österreichischen Kanzler Schuschnigg ultimativ zum Rücktritt aufforderte und das Telegramm in Auftrag gab, mit dem Hitlers Wiener Statthalter Arthur Seyß-Inquart die »deutschen Brüder« offiziell um Hilfe bat. Auch während der Sudetenkrise zögerte Hitler mehr als einmal. In den Gesprächen mit Chamberlain und Henderson stellte er zwar des öfteren Ultimaten, lenkte dann aber immer wieder ein und trat in Etappen den Rückzug an, bis er widerwillig zustimmte, die »Sudetenfrage« auf einer Konferenz in München zu lösen.

Wir anerkennen den polnischen Staat als die Heimstätte eines großen national fühlenden Volkes, mit dem Verständnis und der herzlichen Freundschaft aufrichtiger Nationalisten.
Hitler, 17. Mai 1933

Ein wichtiges Erlebnis, das Hitler 1938 zaudern ließ, war die Reaktion der Berliner Bevölkerung auf eine öffentliche Demonstration der Stärke. Eine motorisierte Division war auf Hitlers Befehl in Kampfausrüstung durch Berlin gefahren. Der Diktator rechnete mit der gleichen Begeisterung wie 1914 beim Kriegsausbruch. Doch statt Jubel erntete er Schweigen, statt Enthusiasmus Betroffenheit. Hitler war geschockt: »Mit diesem Volk kann ich noch keinen Krieg führen.« Die Deutschen lehnten den Krieg, den er unbedingt wollte, ab. Hitler sah sich zu einem Rückzieher gezwungen. Und er erkannte, wie notwendig eine Legitimation für ein militärisches Vorgehen war.

Schon am 21. April 1938, als er General Keitel den Auftrag erteilte, einen Plan zur Eroberung der Tschechoslowakei auszuarbeiten, hatte Hitler darauf geachtet, seinem Tun den Anstrich von Rechtmäßigkeit zu geben. So hieß es in einem Schreiben zum »Fall Grün«: »Der Gedanke eines Überfalls aus heiterem Himmel auf die Tschechoslowakei ohne jeden Anlaß und ohne Rechtfertigungsmöglichkeit ist abzulehnen.« Auf dem Reichsparteitag der NSDAP im September 1938 schob ein sich in Ekstase redender Hitler kühl kalkulierend jede Schuld für einen Krieg der anderen Seite zu. Der »Führer« drohte mit dem Einmarsch. Aber er versäumte nicht, eine Rechtfertigung zu liefern. »Ich brauchte ein Alibi, vor allem dem deutschen Volk gegenüber, um ihm zu zeigen, daß ich alles getan hatte, den Frieden zu erhalten«, räumte er intern ein.

Wenn der Krieg, an dessen Rand Europa schon im Spätsommer 1938 mehrfach gestanden hatte, letztlich (noch) nicht ausbrach, so beruhte dies auf der Nachgiebigkeit der Briten und Franzosen, die Hitler keinen offenkundigen Grund zum Losschlagen lieferten. Im »Führerbau« des Braunen Hauses, der Parteizentrale der NSDAP in München, begann am 29. September die Konferenz, an der neben Hitler, Chamberlain und Daladier auch Mussolini teilnahm. Ohne Beteiligung der Tschechen beschlossen sie die Abtretung des Sudetengebiets an Deutschland. Der Verlierer des Weltkriegs diktierte den westlichen Siegermächten seinen Willen. Dennoch ärgerte sich Hitler über die Lösung. Für ihn stellte das Treffen von München eine »verpaßte Gelegenheit« dar. »Dieser Kerl hat mir meinen Einzug in Prag verdorben«, äußerte der Diktator schon bald über den britischen Premierminister. Doch Hit-

Erster gegen Zweiter Weltkrieg: Polnische Ulanen im Kampf gegen die Wehrmacht.

ler ließ nicht locker. Am 21. Oktober teilte er den Oberbefehlshabern in einer »geheimen Kommandosache« seine nächsten Absichten mit: »Das Ziel ist die rasche Besetzung der Tschechei.«

Als die deutschen Truppen am 15. März 1939 ihren Marsch auf Prag antraten, mußten sie eine neue Erfahrung machen. Im Rheinland, in Österreich, im Sudetenland wurden sie von jubelnden Menschen mit Blumen empfangen. Zum ersten Mal schlugen den deutschen Soldaten nun Wut und Haß entgegen. Der »Führer« hatte zum ersten Mal ein fremdes Land besetzen lassen und das Selbstbestimmungsrecht der Völker mit Füßen getreten.

Die »Erledigung der Rest-Tschechei« war der entscheidende Wendepunkt. Die britische Öffentlichkeit war geschockt. »The rape of Prague« – die »Vergewaltigung Prags« – hatte London

Angst vor Luftangriffen: Warschaus Einwohner in realistischer Einschätzung der Kriegsgefahr auf dem Weg zum Schanzen von Splittergräben, Ende August 1939.

aus allen Friedensillusionen gerissen. Das Ende der Appeasement-Politik zeichnete sich ab. Neben Großbritannien gab nun auch Frankreich dem polnischen Staat ein uneingeschränktes Beistandsversprechen. »Bis hierher und nicht weiter«, lautete die

Parade für Hitler: Der Diktator besucht die »Schleswig-Holstein«, 22. September 1939.

Botschaft des britisch-französischen Warnschusses an die Adresse Hitlers. Der polnische Außenminister Josef Beck nahm das Angebot sofort an, er hatte erkannt, daß die Garantie an keine Bedingungen geknüpft war. Doch Hitler schätzte die neue Entschlossenheit des Westens falsch ein. »In 14 Tagen spricht niemand mehr davon«, bekräftigte er seinen Glauben an eine Fortsetzung der Nachgiebigkeit seiner Gegner. Unbeeindruckt bereitete er den nächsten Akt vor.

Im Gegenteil, die polnische Armee wird nach Deutschland vorstoßen – und zwar gleich in der ersten Stunde.
Der polnische Botschafter in Paris, Juliusz Lukasiewicz, am 15. August 1939

Das große Ziel Hitlers trug den Decknamen »Fall Weiß«. 1938 hatte Hitler seine Weisung für den »Fall Grün« gegeben. Nun wiederholten sich die Ereignisse, zwischen »Weiß« und »Grün« gab es zahlreiche Parallelen. Das Prinzip war das gleiche, nur Daten und Namen hatten sich geändert. Im »Fall Grün« war der 1. Oktober 1938 das entscheidende Datum, nun, bei »Weiß«, hieß es: »Die Durchführung muß ab 1. September jederzeit möglich sein.« War 1938 das Sudetenland der Hebel, den Hitler benutzte, so fiel diese Rolle 1939 der Freien Stadt Danzig zu.

Wir können es uns nicht leisten, bei der Schaffung einer Grande Alliance gegen die Aggression zu versagen. Wir werden in tödliche Gefahr geraten, wenn wir versagen. ... Ja, wir drei wollen uns zusammentun und Hitler das Genick brechen.
Winston Churchill, 3. April 1939, zu Kontakten mit Stalin

International hatte Hitler die Weichen gestellt. Bis dahin hatte die Gefahr eines Zweifrontenkriegs vor allem seine Paladine abgeschreckt. Nun hatte der sowjetische Diktator Josef Stalin am 10. März in seiner berühmten »Kastanienrede« Distanz zu England und Frankreich erkennen lassen. Hitler nutzte die Chance – und

Oben: Nach sieben Tagen Kampf: Die polnische Besatzung der Westerplatte muß sich ergeben, 8. September 1939.
Unten: Gewaltsame Grenzöffnung: Deutsche Soldaten beseitigen einen polnischen Schlagbaum, 1. September 1939.

gewann den Wettlauf um die Gunst des starken Mannes im Kreml. Am 23. August 1939 wurde der Hitler-Stalin-Pakt unterzeichnet. Stalin kassierte die baltischen Staaten sowie einen Teil Polens und sicherte sich den freien Zugang zur Ostsee. Hitler erhielt freie Hand für seinen Krieg gegen Polen. Somit war ein Zweifrontenkrieg, der Alptraum deutscher Generäle, vermieden. Der Hitler-Stalin-Pakt war das Signal zum Krieg – was dem sowjetischen Diktator selbst bewußt war. Nur eine Furcht plagte den »Führer«: »Ich habe Angst, daß mir noch im letzten Augenblick irgendein Schweinehund einen Vermittlungsvorschlag vorlegt.«

Sieger und Besiegte: Ein deutscher Wachtposten im Gespräch mit polnischen Kriegsgefangenen, September 1939.

Hitler hatte Chamberlains Abgesandten am Vortag erklärt: Zwischen England und Deutschland gebe es nur zwei Möglichkeiten: »Verständigung oder Krieg. Und ich ziehe den Krieg im Alter von 50 Jahren einem Krieg im Alter von 55 oder 60 vor.« Von der britischen Bereitschaft zum Krieg, die Henderson übermittelt hatte, ließ er sich nicht beeindrucken. Es wäre nicht das erste Mal gewesen, daß London schließlich nachgegeben hätte.

Immerhin zwang die Entschlossenheit des britischen Premiers den deutschen Diktator zum Nachdenken. Natürlich wollte er den Angriff auf Polen. Aber er wollte den Krieg auf Osteuropa begrenzen. Um die Briten zu verunsichern, bot der »Führer« des »Großdeutschen Reiches« dem Britischen Weltreich Zusammenarbeit und sogar Hilfe an – natürlich nur für die Zeit *nach* dem

An eine Wiederholung der Tschechei ist nicht zu glauben. Es wird zum Kampf kommen. Aufgabe ist es, Polen zu isolieren. Das Gelingen der Isolierung ist entscheidend.
Hitler, 23. Mai 1939

Zur Eroberung Danzigs: Postkarte, die auf die deutsche Vergangenheit der Hafenstadt hinweist.

Danzig wird besetzt: Die deutschstämmigen Danziger stehen zur Begrüßung der SA und SS-»Heimwehr« bereit, 1. September 1939.

gewonnenen Feldzug. Gleichzeitig versuchte er, sich der Unterstützung Mussolinis zu versichern. Der deutsche Kriegstreiber stand unter enormem Zeitdruck. Um den geplanten Angriffstermin zu halten, gab Hitler am 25. August um 15.02 Uhr einen folgenschweren Befehl: »Angriff. X Tag: 26. August, Ausgabe der Y Zeit: 4.30 Uhr, Ziel der Operation: Vernichtung der polnischen Streitkräfte.« Die deutsche Kriegsmaschinerie rollte an.

Zwei Stunden später erfuhr Hitler vom formellen Beistandspakt Englands und Polens. Auch die Franzosen demonstrierten ihre Entschlossenheit. Das Schreckgespenst eines Zweifronten-

Nach dem »Bromberger Blutsonntag«: Deutsche Truppen marschieren in die Stadt ein, 4. September 1939.

kriegs zeichnete sich wieder ab. Kurz nach 18 Uhr erklärte der italienische Botschafter, daß Italien nicht kriegsbereit sei.

Hitlers Plan, den Konflikt zu begrenzen, schien gescheitert. Ohne Bündnispartner zuckte er zurück: »Der Vormarschbefehl muß sofort widerrufen werden.« Der Rückrufbefehl erreichte fast alle Truppenteile, nur ein Vorauskommando hatte die polnische Grenze schon überquert und mit Kampfhandlungen begonnen. Der Vorfall wurde von Berlin als »Mißverständnis« heruntergespielt. Der Krieg hatte lediglich vier Stunden gedauert. Die Welt war noch einmal an der Katastrophe vorbeigeschliddert.

Er hat beschlossen zuzuschlagen, und er wird zuschlagen…
Italiens Außenminister Graf Ciano, Tagebuch vom 12. August 1939

Doch Hitler hatte den Schock, der ihn zum Zögern veranlaßte, schnell überwunden: wenn nicht mit Italien, dann eben ohne. Wichtiger war es, einen Keil zwischen Polen und Großbritannien zu treiben, um den Kriegseintritt Londons zu verhindern. Im Auftrag Hitlers unterbreitete Birger Dahlerus, ein schwedischer Staatsbürger und Freund Görings, dem britischen Premier ein erstaunliches Bündnisangebot. Doch London gab deutlich zu verstehen, daß man die Unterstützung für Warschau nicht rückgängig machen werde. Gleichzeitig bekundeten die Briten jedoch großes Interesse an Gesprächen zwischen Berlin und Warschau. Hitler wandte eine neue Taktik an: Er erklärte sich gegenüber dem britischen Botschafter Henderson zu direkten Verhandlungen bereit, inoffiziell wollte er die Polen mit seinem Zeitplan in die Ecke treiben. Lehnten diese ab, wären sie allein für alle weiteren Folgen verantwortlich. Nahmen die Polen seinen Vorschlag an, hätte er immer neue Forderungen stellen und den Nachbarn die Schuld für das Scheitern der Verhandlungen zuweisen können. So oder so – Hitler hätte seinen Kriegsgrund bekommen.

Nun ist Polen in der Lage, in der ich es haben wollte.
Hitler, 22. August 1939

Henderson erkannte das Ultimatum und schlug Ribbentrop

Raus! Polnische Einwohner Brombergs werden von deutschen Soldaten aus ihren Häusern getrieben.

Wehrloses Warschau: Bomber der Luftwaffe greifen die polnische Hauptstadt an, Anfang September 1939.

vor, einen »Modus vivendi« für Danzig zu finden. Der deutsche Außenminister unterbreitete nach einem hektischen Gespräch ein 16-Punkte-Papier, das scheinbares Entgegenkommen signalisierte. Dem deutschen Dolmetscher Schmidt war jedoch klar, »daß dieser großzügige Vorschlag nur zum Schein erfolgt war und in Wirklichkeit nicht zur Auswirkung kommen sollte«.

Hitler hatte mittlerweile eine geheime Kommandosache unterschrieben, in der es hieß: »1. Nachdem alle politischen Möglich-

Die Westerplatte kapituliert: Die polnische Besatzung muß sich nach erbittertem Widerstand ergeben.

keiten erschöpft sind, um auf friedlichemWege eine für Deutschland unerträgliche Lage an seiner Ostgrenze zu beseitigen, habe ich mich zur gewaltsamen Lösung entschlossen. 2. Der Angriff gegen Polen ist nach den für den ›Fall Weiß‹ getroffenen Vorbereitungen zu führen. Angriffstag: 1. 9. 39. Angriffszeit: 4.45.« Die Angriffszeit war mit Rotstift eingefügt. Die deutsche Militärmaschine, die am 25. August angehalten worden war, lief wieder. Hitler hatte endgültig den Startschuß zum Krieg gegeben.

Am Abend des 31. August unterbrach der Rundfunk um 22 Uhr sein Radioprogramm für eine Meldung: »Gegen 20 Uhr wurde der Sender Gleiwitz durch einen Trupp polnischer Aufständischer überfallen und vorübergehend besetzt. Die Polen drangen mit Gewalt in den Senderaum ein. Es gelang ihnen, einen Aufruf in polnischer und zum Teil in deutscher Sprache zu verlesen, doch wurden die Eindringlinge schon nach wenigen Minuten von der Polizei überwältigt. Bei der Abwehr wurde ein Aufständischer tödlich verletzt.«

Die Nachricht war Teil einer seit langem vorbereiteten Aktion, deren Ziel ihr Organisator Reinhard Heydrich, Chef des Sicherheitsdienstes der SS, dem SS-Sturmbannführer Alfred Naujocks offen erklärt hatte: »Für die Auslandspresse und die deutsche Propaganda ist ein tatsächlicher Beweis für polnische Übergriffe nötig.« Ein als polnische Soldaten verkleidetes SS-Kommando sollte den Angriff auf einen deutschen Sender vortäuschen und Hitler einen Grund für den Einmarsch in Polen liefern. Hitlers Helfer schreckten nicht davor zurück, Häftlinge aus dem KZ Sachsenhausen in polnische Uniformen zu stecken und am Ort des angeblichen Überfalls zu erschießen. Das Deckwort, »Aktion Konservendose«, wurde auf den Karteikarten der Todeskandidaten im KZ vermerkt.

Ich werde propagandistischen Anlaß zur Auslösung des Krieges geben, gleichgültig, ob glaubhaft.
Hitler, 22. August 1939

Der vorgetäuschte Überfall auf den Sender Gleiwitz – Stichwort »Großmutter gestorben« – war die wichtigste von mehreren gleichartigen Aktionen. Für die Männer des SS-Kommandos begann der Krieg am 31. August um 20 Uhr mit dem Sturm auf die Sendestation, wo niemand Widerstand leistete. Doch den deutschen Planern war ein Fehler unterlaufen. Da der Sender Gleiwitz kein eigenes Programm ausstrahlte, war man nicht auf Programmoderationen eingestellt. Erst nach einer Viertelstunde konnte ein Mikrofon aufgetrieben werden, in das ein Deutscher in polnischer Sprache den vorbereiteten Aufruf verlas. Nach dem Appell zum Widerstand gegen die Deutschen endete die Durchsage mit dem Ruf »Hoch lebe Polen!«

Heydrich hatte in Berlin den angeblichen polnischen Angriff nicht am Radio miterleben können und war auch mit den angefertigten Fotos, die den »polnischen Angreifer« vor dem Sender zeigten, unzufrieden. Solche Lappalien hinderten den Sicherheitschef aber nicht, die bestellten Provokationen propagandistisch auszuschlachten. Die Schlagzeile des *Völkischen Beobachters* sollte lauten: »Unerhörter Banditenüberfall auf den Sender Gleiwitz«. Daß den Kommandos, die in Gleiwitz und anderen Stellen

Man rät uns zum Bau von Festungen und zur Vorbereitung eines Verteidigungskrieges. ...Wir kennen nur die Offensive, und im Angriff werden wir siegen.
Der polnische Kriegsminister Kasprzicki 1939

Oben: Übergabe von Warschau: Der deutsche General Blaskowitz leitet die Verhandlungen in den Skoda-Motorenwerken bei Rakow.
Unten: Triumph des Erpressers: Hitler hält Einzug in der Hauptstadt Polens.

Scheinüberfälle durchführten, bei ihrem Rückzug reguläre deutsche Truppen begegneten, die zum lange geplanten Marsch über die polnische Grenze bereitstanden, verschwiegen Hitlers Helfer. Die deutsche Wehrmacht überschritt die Grenze nach Polen. Um sechs Uhr wurde die Warschauer Bevölkerung durch einen Fliegeralarm aus dem Schlaf gerissen. Der Krieg hatte ohne Kriegserklärung begonnen.

Am frühen Abend überreichte der britische Botschafter dem deutschen Außenminister Ribbentrop eine Note seiner Regierung, in der die Deutschen aufgefordert wurden, ihre Truppen zurückzuziehen, weil sonst »die Regierung Seiner Majestät ohne Zögern ihre Verpflichtungen Polen gegenüber erfüllen« werde. Dann begann in London und Paris das lange Warten auf eine Antwort. Doch die Wehrmacht setzte ihren Vormarsch fort. Am 3. September erschien Henderson um neun Uhr in der Reichskanzlei und übergab Ribbentrop eine weitere Note: »Ich habe die Ehre, Sie davon zu unterrichten, daß, falls nicht bis 11 Uhr vormittags eine befriedigende Zusicherung erzielt wird, der Kriegszustand zwischen den beiden Ländern von dieser Stunde an bestehen wird.« Die führenden Männer des »Dritten Reiches« verfielen in betroffenes Schweigen. Allen war bewußt, was dies bedeutete: das Scheitern der nationalsozialistischen Außenpolitik. Die entscheidenden Worte sprach der britische Premierminister in einer Rede an die Nation: »Ich muß Ihnen sagen, daß keinerlei zustimmende Antwort eingegangen ist. Dementsprechend befindet sich unser Land im Kriegszustand mit Deutschland.« Der Krieg, der zum Zweiten Weltkrieg werden sollte, hatte begonnen, die Kämpfe waren seit 55 Stunden im Gang. Sie sollten noch fünfeinhalb Jahre dauern.

Wenn wir diesen Krieg verlieren, dann möge uns der Himmel gnädig sein.
Hermann Göring, 3. September 1939

22. JUNI 1941

Der Angriff

In der Nacht zum 22. Juni 1941 gegen zwei Uhr früh näherte sich der Eisenbahnbrücke bei Brest von Osten her ein Güterzug, um jenen Fluß zu überqueren, der seit der Teilung Polens zwischen dem »Dritten Reich« und der Sowjetunion die Grenze bildete: den Bug. Ihre Machtsphären im geraubten Land hatten die Diktatoren beider Staaten im geheimen Zusatzprotokoll zum Hitler-Stalin-Pakt schon im Jahr 1939 abgesteckt.

Um 3.30 beginnt der Angriff. 160 komplette Divisionen. 3000 km lange Angriffslinie... Alles steht gut. Größter Aufmarsch der Weltgeschichte... Stalin wird fallen.
Joseph Goebbels, Tagebuch, 22. Juni 1941

Die sowjetische Lokomotive, die schnaubend und fauchend über die Brücke polterte, zog Waggons mit Getreide hinter sich her – eine von zahllosen Lieferungen, die Stalin seinem Bündnispartner in Berlin zugesichert hatte. Für die deutschen Zöllner im Brückenhäuschen war der Transport nichts Außergewöhnliches. Seit 16 Monaten versorgte die Sowjetunion das Deutsche Reich mit Getreide, Öl, Erzen und anderen Rohstoffen und erfüllte ebenso brav wie pünktlich die Bestimmungen des Handelsvertrags vom 11. Februar 1940.

Doch in jener Nacht war es anders. Auf der deutschen Seite verfolgten Hunderte von Augenpaaren mit, wie der Zug anhielt und nach kurzen Zollformalitäten seinen Weg nach Westen fortsetzte. Links und rechts der Eisenbahnbrücke lagen Dutzende deutscher Kompanien verborgen im hohen Gras. In den Wäldern lauerten gut getarnt Panzer, Lkws und andere Fahrzeuge sowie Geschütze schon seit Tagen in Wartestellung. Warten worauf? Die Soldaten auf der russischen Seite waren völlig ahnungslos. Die deutschen Landser am anderen Ufer des Bug erfuhren nur Stunden vor ihnen, was beiden Armeen bevorstand, was der Aufmarsch an der Grenze zu bedeuten hatte.

Zuvor gab es Spekulationen: »Die Iwans lassen uns durchmarschieren, damit wir im Kaukasus auf Rommel treffen« – ein Durchmarsch, um Ölfelder gegen die Briten zu sichern. Der spätere Aufsichtsratsvorsitzende der Deutschen Bank, Friedrich Wilhelm Christians, damals Leutnant, erinnert sich: »Für alle erkennbar hatte der Freundschaftsvertrag mit der Sowjetunion noch Gültigkeit. Es hieß, Baku sei von englischen Angriffen bedroht. Da der bevorstehende Einsatz durch befreundetes Gebiet gehen sollte, packte ich meine Paradeuniform und weiße Wäsche mit ein. Und da ich stolz war, die Kavallerieschule besucht zu haben, nahm ich auch den Säbel mit.«

Als wir schon im April in der Normandie das kyrillische Alphabet lernen mußten und einen russischen Sprachführer erhielten, wußten wir, es geht Richtung Sowjetunion.
Erich Mende, Bundesminister a. D., 1991 (damals Hauptmann)

Die Ungewißheit über den Zweck des Aufmarschs fand auf deutscher Seite am späten Abend des 21. Juni ihr Ende. Überall an der Grenze zur Sowjetunion hörten die Landser den »Führer«-Befehl: »Soldaten der Ostfront!« (Es war das erste Mal, daß dieser Begriff überhaupt fiel – »Ostfront«.) »Von schweren Sorgen bedrückt, zu monatelangem Schweigen verurteilt, ist nun die Stunde gekommen, in der ich zu Euch, meine Soldaten, sprechen kann. Wenn diese größte Front der Weltgeschichte nunmehr antritt, dann geschieht es nicht nur, um die im Augenblick betroffenen Länder zu schützen, sondern um die ganze europäische Zivilisation und Kultur zu retten. Deutsche Soldaten! Damit tretet Ihr in einen harten, verantwortungsschweren Kampf ein. Denn: Das Schicksal Europas, die Zukunft des Deutschen Reiches, das Dasein unseres Volkes liegt nunmehr allein in Eurer Hand.«

Nach dem Überfall: Reichsaußenminister Ribbentrop verliest am Morgen des 22. Juni 1941 eine Note der Reichsregierung, die den Angriff auf Sowjetrußland bekanntgibt.

Bei vielen Soldaten löste die Vorstellung, das riesige Sowjetreich anzugreifen, ein beklommenes Gefühl aus. Aber gab es eine Wahl? Hieß es doch, dies geschehe, um das Deutsche Reich vor großem Unheil zu bewahren, es sei nötig, den Russen zuvorzukommen. Einige dachten an Frankreich und Polen, beruhigten sich: »Es wird wohl wieder eine kurze Sache werden!«

Unmengen von Material waren an die Ostfront geschafft worden – sogar mit Schnorcheln versehene tauchfähige Panzer standen sturmbereit. Am späten Abend des 21. Juni brachen die ersten Stoßtrupps auf, um von den Sowjets gelegte Sprengladungen an wichtigen Brücken unschädlich zu machen. Pioniereinheiten mit Pontons gingen in Stellung. Minuziös war auch der Einsatz der Luftwaffe vorbereitet. Die deutschen Stukas sollten unbemerkt in den feindlichen Luftraum eindringen und im Moment des Angriffs auf die sowjetischen Flugplätze herabstürzen.

Drei Millionen Soldaten warteten auf den Feuerbefehl. Noch aber herrschte Ruhe in den Wäldern. Noch übertönte das Quaken der Frösche im Ufergestrüpp alle anderen Geräusche.

Am 22. Juni 1941, um Viertel nach drei, schlug die Stunde X: »Feuer frei«, »vorwärts«, »Marsch« oder einfach nur »los« – die deutsche Angriffsmaschine rollte an. Bei Brest wie an vielen anderen Orten sprangen die deutschen Soldaten aus ihren Deckungen. Einige MG-Salven gegen die Brückenwache, Handgranaten in die sowjetischen Unterstände, und die Gegenwehr der völlig überraschten Verteidiger war rasch gebrochen. Solche Szenen wiederholten sich Hunderte Male entlang der Frontlinie.

Man hatte Angst, natürlich. Es soll mir keiner sagen, daß er als ein Held über die Grenze gegangen ist. Angst hat jeder.
Ralf Dahm, 1991 (damals Infanterist)

Nicht nur die russischen Truppen, auch die Flugverbände wurden im Handumdrehen überrumpelt. Das sicherte den Angreifern die Lufthoheit. Ohne diese Voraussetzung war der »Blitzkrieg« gegen das Reich im Osten nicht zu führen. Die Rechnung schien aufzugehen.

Im Verteidigungskommissariat in Moskau klingelte wenige Minuten nach Beginn des Angriffs das Telefon. Verteidigungskommissar Semjon Timoschenko und Parteisekretär Georgij Malenkow wollten zunächst nicht glauben, was ihnen gemeldet wurde. Auch bei General Georgij Schukow, dem Chef des Generalstabs, trafen von Minute zu Minute Berichte über Bombardierungen und Grenzüberschreitungen ein. Schukow versuchte, Stalin zu erreichen. Bis drei Uhr morgens hatte der sowjetische

Es gab eigentlich gar keine richtige, diplomatische Kriegserklärung... Stalin war bis zum letzten Augenblick bemüht, diesen Krieg zu vermeiden.
Valentin Bereschkow, 1991 (Erster Sekretär und Dolmetscher an der Sowjetbotschaft in Berlin)

Diktator mit hohen Militärs und Politbüromitgliedern beraten und sich dann zurückgezogen. Er war ein Nachtmensch, der wie Hitler oft erst in den frühen Morgenstunden zu Bett ging. Nun geschah das völlig Unübliche. Stalins Ordonnanz wagte es, an die Tür des Schlafzimmers zu klopfen. Hastig meldete der Chef der Kremlwache dem Diktator, Schukow sei am Telefon. Stalin nahm mürrisch den Hörer in die Hand, dann folgte ein kurzer, aber gespenstischer Dialog. Stalin: »Ich höre.« Schukow: »Ich rufe auf Befehl des Verteidigungskommissars an. Die Deutschen bombardieren unsere Städte.« Schweigen. »Haben Sie mich verstanden, Genosse Stalin?« Wieder langes Schweigen, erst nach einer endlos erscheinenden Pause preßte Stalin mit schwerer Stimme hervor: »Kommen Sie in den Kreml mit Timoschenko.«

Auch das Politbüro wurde herbeibeordert. Um halb fünf war die Runde vollständig. Verteidigungskommissar Timoschenko gab einen ersten Lagebericht, soweit das überhaupt möglich war. Die Informationen flossen spärlich, da schon viele Telegrafenleitungen gekappt waren. Als Timoschenko seinen Vortrag beendet hatte, fragte Stalin immer noch ungläubig: »Sagt mir, glaubt ihr nicht, daß das alles nur Provokationen sein könnten?«

Das war symptomatisch für die Haltung des sowjetischen Diktators. Stalin hatte alle Hinweise auf einen unmittelbar bevorstehenden Angriff ignoriert. Dabei war er von vielen Stellen gewarnt worden. Schon Ende 1940 verdichteten sich die Meldungen der eigenen und fremden Nachrichtendienste, daß sich an der sowjetischen Westgrenze ein gewaltiger Aufmarsch deutscher Truppen anbahne. Doch die sowjetische Führung reagierte nicht. Goebbels höhnte: »In Moskau rätselratet man. Stalin starrt immer noch wie das Kaninchen auf die Schlange.«

Aus Tokio schickte der deutsche Korrespondent Richard Sorge, der als Presseberater an der deutschen Botschaft fungierte, aber zugleich auch sowjetischer Spion war, detaillierte Informationen; er nannte sogar den Angriffstermin. Doch immer wieder wiegelte Stalin ab. Stets witterte er Provokationen, sah darin die Taktik kapitalistischer Mächte, die ihn aus purem Eigeninteresse in einen Krieg gegen Hitler verwickeln wollten. Stalin hielt es für unwahrscheinlich, daß sich Hitler auf einen Krieg mit zwei Fronten einlassen würde. Und wenn die Deutschen doch einen Angriff gegen Rußland planten? Dann sicher für einen späteren Zeitpunkt.

Selbst wenn der Diktator Stalin von dem starken Wunsch beseelt gewesen wäre, von diesen Unannehmlichkeiten nichts zu hören und zu sehen, wäre ihm dies wohl kaum gelungen.
Valentin Falin, 1995

Die obersten Militärs teilten Stalins Auffassung nicht und ergriffen die Initiative. Schukow und Timoschenko legten dem Kremlchef Mitte Mai 1941 einen Plan vor, der von einem präventiven Militärschlag in den deutschen Aufmarsch hinein ausging. »Seid ihr verrückt«, schrie Stalin, »wollt ihr die Deutschen provozieren?«

Es folgten einige halbherzige Befehle. Divisionen der Roten Armee rückten an die Westgrenze. Entscheidende militärische Vorbereitungen zur Abwehr eines deutschen Einmarschs unterblieben jedoch – sehr zum Groll General Schukows. Zwar wurden Maßnahmen zur Erhöhung der Gefechtsbereitschaft eingeleitet, doch standen sie in keinem Verhältnis zu den Vorbereitungen der Wehrmacht. Stalins Biograph General Wolkogonow, wohl der beste Kenner einschlägiger Akten, versucht dies zu erklären: »Stalin dachte, der Angriff kommt viel später. Noch

Schockiert und bedrückt: Einwohner Moskaus lauschen der Rundfunkrede Molotows über den Einmarsch der Wehrmacht, 22. Juni 1941.

Ich bin nicht der Meinung, daß die deutschen militärischen Erfolge die Sowjetunion und ihre freundschaftlichen Beziehungen zu Deutschland bedrohen.
Josef Stalin zum britischen Botschafter Cripps, 13. Juli 1940

zwanzig Tage vor Kriegsausbruch sagte er im Kreis seiner Berater: ›Nach den Berichten zu urteilen können wir dem Krieg nicht entgehen.‹ Doch rechnete er damit erst im Frühjahr 1943.«

Noch am Abend vor dem Überfall forderten Schukow und Timoschenko von Stalin eine Direktive, die Grenztruppen in volle Alarmbereitschaft zu versetzen, Befehlshaber vor Ort hätten konkrete Hinweise auf einen Überfall noch in derselben Nacht. Stalin warnte: »Bloß nichts überstürzen.« Was immer geschehe, müsse doch irgendwie friedlich zu regeln sein. Auf keinen Fall sollte man den Deutschen einen Vorwand geben. Einem bayerischen Feldwebel, der am Abend des 21. Juni übergelaufen war und ebenfalls den Angriff für die Nacht ankündigte, wurde genausowenig geglaubt. Stalin ließ ihn erschießen.

Dimitrij Wolkogonow, Generaloberst a. D., damals Leutnant, untersuchte die Vorgänge später als Militärhistoriker: »Stalin regierte wie ein Gott auf Erden und sagte schlicht: ›Es wird jetzt keinen Krieg geben.‹ Er sagte es allen und wollte auch selbst daran glauben. Wahrscheinlich verdrängte er hier etwas. Er war sich im klaren darüber, daß die Rote Armee nicht auf einen Krieg vorbereitet war, und auch darüber, daß die von ihm befohlenen Säuberungen 1937/38 fast das gesamte Offizierskorps ausgerottet hatten. Wenn es jetzt keinen Krieg geben konnte, dann deshalb nicht, weil es keinen geben durfte.

Stalins Weisung lautete deshalb: Sich ruhig verhalten und durch diplomatisches Entgegenkommen jede Konfrontation mit dem Deutschen Reich vermeiden.«

Die Mobilmachung der sowjetischen Truppen ging schwierig voran, da die deutschen Armeen bereits stark im Vormarsch waren. Schon am sechsten Tag standen die Deutschen vor Minsk.
Dimitrij Wolkogonow, Generaloberst a. D., 1991

Um so mehr war Stalin erschrocken, als er vom Beginn des deutschen Angriffs erfuhr. Seine Befehle in den ersten Stunden fielen knapp aus: »Die Angreifer zurückwerfen.« Wjatscheslaw Molotow fiel die undankbare Aufgabe zu, die Bürger über die Ereignisse zu informieren. In seiner Rundfunkrede sprach er von einem »in der Geschichte der zivilisierten Völker beispiellosen Treubruch«, angezettelt von den »blutrünstigen faschistischen Machthabern Deutschlands«. Als Trost gab er aus, daß am gleichen Tag 129 Jahre zuvor Napoleon den Befehl zum Angriff auf Rußland erteilt hatte – auch die deutschen Truppen, so prophezeite er, würden in der Weite des Raumes verbluten.

Doch nichts schien in den ersten Tagen dafür zu sprechen. Die Kremlführung war nicht in der Lage, wirklich effektive Verteidigungsmaßnahmen zu treffen. Gleichsam benommen zog sich Stalin in seine Datscha zurück. Der sowjetische Botschafter in Lon-

Oben: Endlose Kolonnen: Vormarsch deutscher Truppen in der ersten Woche.
Unten: Kein Widerstand: Deutsche Truppen, von Kolchosbäuerinnen beobachtet, marschieren in ein Dorf ein.

In die Hände gefallen! Deutsche Soldaten nehmen einen sowjetischen Soldaten gefangen, August 1941.

In dieser Zeit standen wir in einer richtigen Katastrophe. Die Deutschen hatten schon ein großes Gebiet besetzt und Hunderttausende von unseren Soldaten entweder gefangengenommen oder getötet.
Valentin Bereschkow, 1991 (Erster Sekretär und Dolmetscher an der Sowjetbotschaft in Berlin)

don, Iwan Maisky, berichtete später in seinen Memoiren: »Stalin verkroch sich in seinem Arbeitszimmer, war vier Tage lang nicht zu sehen... Vier Tage herrschte Funkstille.«

Die später von der Sowjetpropaganda verbreitete Version vom Väterchen Stalin, der den großen Krieg gegen die faschistischen Angreifer von Anfang an entschlossen geführt habe, ist eine Legende. Erst am 3. Juli meldete der Kremlchef sich öffentlich zu Wort und rief in einer historischen Rede zum »Großen Vaterländischen Krieg« auf. Seinen Truppen befahl er schlicht: »Halten oder sterben.«

Auf einer Breite von 1600 Kilometern stießen indessen die deutschen Truppen und ihre Verbündeten ins Landesinnere vor. Der blitzartige Schlag überraschte den Gegner völlig. Massiven Widerstand gab es kaum. Die Panzerverbände konnten ungehindert über die intakten Brücken der Grenzflüsse Bug und San vordringen. Den rasch vorstoßenden Panzertruppen folgten die Infanteriedivisionen. Die im Grenzgebiet stationierten sowjetischen Einheiten wurden von den stählernen Kampfwagen förmlich überrollt.

Das deutsche Heer, unterteilt in sieben Armeen, vier Panzergruppen und drei Luftflotten, umfaßte insgesamt drei Millionen Mann. Den Truppen standen 600 000 Fahrzeuge, 750 000 Pferde, 3580 Panzerkampfwagen, 7184 Geschütze und 1830 Flugzeuge zur Verfügung. Zwei rumänische Armeen unterstützten den Überfall im Süden. Im Norden kämpfte die finnische Armee.

Die deutsche Angriffsfront gliederte sich in drei Abschnitte: Die Heeresgruppe Nord unterstand Generalfeldmarschall Wilhelm von Leeb. Ihr gehörten zwei Armeen unter Generaloberst von Küchler und Generaloberst Busch an. Unterstützt wurden sie von der Panzergruppe 4, geführt von Generaloberst Hoepner, und der Luftflotte 1 unter Generaloberst Keller. Nach Hitlers Plan sollte die Heeresgruppe Nord die sowjetischen Verbände im Baltikum vernichten und Leningrad einnehmen. Zur Heeresgruppe Süd unter Generalfeldmarschall Gerd von Rundstedt gehörten drei Armeen, angeführt von Generalfeldmarschall Wal-

Niemand ist ein unversöhnlicherer Gegner des Kommunismus gewesen als ich selbst seit 25 Jahren. Aber all dies verblaßt vor dem Schauspiel, das sich jetzt abspielt... Die Gefährdung Rußlands... ist unsere eigene Gefährdung und die Gefährdung der Vereinigten Staaten.
Winston Churchill, 22. Juni 1941

Nach den Kesselschlachten von Minsk und Smolensk sind Hunderttausende von sowjetischen Soldaten in Kriegsgefangenschaft geraten.

Oben: Illusionen vom Sieg: Hitler, Keitel und Bormann (v. r.) bei einer Lagebesprechung, 25. Juli 1941. – Unten: Zur Stärkung der Kampfkraft: Die russische Sängerin Alexandrowskaja tritt vor sowjetischen Frontsoldaten auf.

Tote, Tote, Tote: Rotarmisten im September 1941 nach der Kesselschlacht bei Kiew.

ter von Reichenau, Generalfeldmarschall Carl-Heinrich von Stülpnagel und Generaloberst von Schobert. Zugeordnet waren ihr die Panzergruppe 1 unter Generaloberst Ewald von Kleist sowie die Luftflotte 4. Die Heeresgruppe Süd, die südlich der Pripjet-Sümpfe bis zu den Karpaten aufmarschiert war, sollte die russischen Einheiten in Galizien und der Westukraine ausschalten und dann über den Dnjepr hinweg in Richtung Kiew vorrücken. Der Hauptschlag sollte jedoch nördlich der Pripjet-Sümpfe erfolgen. Hier, von Brest-Litowsk bis zur Rominter Heide, war der Kampfraum der Heeresgruppe Mitte, die Generalfeldmarschall Fedor von Bock befehligte. Auf 400 Kilometern standen mit der Neunten Armee unter Generaloberst Strauß und der Vierten Armee unter Generalfeldmarschall Hans Günther von Kluge zwar nur zwei deutsche Armeen zur Verfügung, doch mit der Panzergruppe 2 unter Generaloberst Heinz Guderian und der Panzergruppe 3 unter Generaloberst Hoth ballte sich hier die eiserne Streitmacht des »Blitzkriegs«, die von einer großen Zahl Sturzkampfbombern der Luftflotte 12 unter Feldmarschall Albert Kesselring in ihrer Schlagkraft noch verstärkt wurde. Mit dessen massierten Panzer- und Luftstreitkräften sollte eine Bresche über Minsk und Smolensk nach Moskau geschlagen werden.

Die Siege der ersten Stunden verhießen ein rasches Vorankommen. Nicht nur die Panzertruppen, auch die Luftwaffe verzeichnete »Erfolge«. Zahllose sowjetischen Flugzeuge im Grenzraum wurden sprichwörtlich am Boden zerstört. Schon am ersten Kriegstag schaltete Görings Luftwaffe 1800 sowjetische Maschinen aus, die eigenen Verluste wurden mit 35 angegeben. »Nicht kleckern, sondern klotzen«, lautete die Devise des Panzergenerals Guderian. Die gegen Polen angewandte und im Frankreichfeldzug perfektionierte Strategie des »Blitzkriegs« sollte in der Weite des russischen Raumes fortgeführt werden.

Nur an wenigen Frontabschnitten wurde zu Beginn der Offensive heftige Gegenwehr geleistet. Die Stadt Brest geriet zum Fanal für den sowjetischen Widerstand der ersten Tage. Bald lag die Stadt im Rücken der rasch vorrückenden Front, doch in der Zitadelle setzten sich die Verteidiger noch immer hartnäckig zur Wehr. Seit Beginn des Angriffs verlegte die deutsche Artillerie ihre Feuerlinie alle vier Minuten um 1200 Meter vor. Am Mittag des 22. Juni war die umzingelte Stadt sturmreif geschossen. Doch die Zitadelle hielt dem Ansturm weiterhin stand. Schließlich warfen die Deutschen 1800-Kilo-Bomben, um das massive Mauerwerk zu brechen. Am 30. Juni, nach acht Tagen härtester Kämpfe, mel-

Wir alle in den Vereinigten Staaten bewundern sehr die Tapferkeit, die das russische Volk in der Verteidigung seiner Freiheit in seinem Kampf für die Unabhängigkeit beweist.
US-Präsident Roosevelt an Stalin, 27. Juli 1941

dete ein deutscher Gefechtsbericht: »Der Kampf ist abgeschlossen, die Festung erobert.« Daß es noch immer Widerstand gab, wurde verschwiegen.

Ungewohnte Töne rissen die Deutschen in der Heimat am Morgen des 22. Juni, eines Sonntags, aus den Betten. Zum ersten Mal erklang das wuchtige, schmetternde Thema aus Franz Liszts »Les préludes«, das in Zukunft die Sondermeldungen von der Ostfront einleiten sollte. Dann ertönte aus den Volksempfängern die Stimme des Propagandaministers Joseph Goebbels, der eine Erklärung Hitlers verlas. Die meisten Menschen schwiegen betroffen, als sie die Worte ihres »Führers« hörten: »Ich habe mich heute entschlossen, das Schicksal des Deutschen Reiches und unseres Volkes wieder in die Hände unserer Soldaten zu legen.«

Jüngere verstehen heute nicht, daß Menschen meiner Generation beim Anhören dieser »Sinfonischen Dichtung« Angstschauer über den Rücken laufen.
Margot Hielscher, Schauspielerin, 1991

Hohe Verluste: Soldaten der Wehrmacht beim Vorstoß in die Ukraine, August 1941.

Auch beim sportlichen Tagesereignis beherrschte der Angriff auf die Sowjetunion die Diskussion – es war das Endspiel um die deutsche Fußballmeisterschaft 1941, das am Nachmittag im Berliner Olympiastadion ausgetragen wurde. Nur die wenigsten Sportfans interessierte noch, daß Schalke 04 gegen Rapid Wien mit 3:4 unterlag. Die Menschen schienen zu spüren: Nun beginnt der Zweite Weltkrieg richtig. Viele beschlich das Gefühl: »Ist das der Anfang vom Ende?«

An jenem Sonntag, dem 22. Juni 1941, sagte mein Onkel: »Jetzt haben wir den Krieg verloren!« Von diesem Tag an hatte ich begriffen, daß es keinen »Endsieg« geben würde.
Marianne Roberts, 1991 (damals 12 Jahre alt)

Defätistische Ansätze schon im Keim zu ersticken, darin lag für Propagandaminister Goebbels die größte Herausforderung. Während der Überfall auf die Sowjetunion anrollte, holte er seine Mitarbeiter aus den Betten, um sie erstmals offen über die Lage in Kenntnis zu setzen.

Den Menschen im In- und Ausland galt es weiszumachen, daß nicht Hitler der Aggressor sei, sondern Stalin. Die Wehrmacht sei lediglich dem sowjetischen Angriff zuvorgekommen. Wie schon nach dem Überfall auf Polen behauptete die deutsche Propaganda unverfroren, das Deutsche Reich befände sich in einem aufgezwungenen Krieg. Goebbels wußte genau, daß die moralische Mobilmachung der Bevölkerung diesmal noch schwieriger sein würde als bei den vorherigen Feldzügen. In den streng geheimen »Meldungen aus dem Reich« des SS-Sicherheitsdienstes sind die Reaktionen der Bevölkerung ausführlich festgehalten: Schon bald nach dem Angriff dominierten bei vielen Menschen Überraschung, Bestürzung, sogar Schock oder Lähmung. Doch sollte es der NS-Propaganda in den nächsten Wochen gelingen, den Krieg als unvermeidliche Bürde darzustellen – Goebbels' Ministerium verfügte über das notwendige Medienmonopol. Die Deutschen zogen zwar nicht mit Begeisterung in den Krieg, doch – so meldeten die SS-Dienste – würden sie den Waffengang gehorsam mitmachen.

Kaum beeindruckt schienen die Westalliierten, namentlich der britische Premierminister. Als Winston Churchill um vier Uhr morgens vom deutschen Angriff gegen Rußland erfuhr, brummte er unwillig, daß er nur im Fall einer Invasion Englands nachts gestört zu werden wünsche. Doch schon bald gab sich der Brite kämpferisch. In einer Rundfunkrede sagte er: »Wir haben nur ein Ziel, eine einzige unwiderrufliche Aufgabe. Wir sind entschlossen, Hitler und jede Spur des Nazi-Regimes zu vertilgen. Jeder, der gegen den Nazismus kämpft, wird unseren Beistand haben.«

Zwar hatte es das Reich vermieden, eine offizielle Kriegserklärung abzugeben, und lediglich von »militärischen Gegenmaßnahmen« gesprochen sowie Reichsaußenminister von Ribbentrop morgens um sechs Uhr in einer Pressekonferenz vor in- und ausländischen Journalisten erklärt, daß sich Deutschland »gezwungen« sehe anzugreifen. Doch die ausländischen Korrespondenten nahmen dem Deutschen die Präventivthese nicht ab.

In Moskau verlas der deutsche Botschafter Friedrich Werner Graf von der Schulenburg die offizielle Erklärung im Beisein von

Jeder Winkel: Wehrmachtssoldaten durchkämmen ein besetztes Dorf nach Partisanen.

Molotow. Darin hieß es, daß die Sowjetunion Deutschland in den Rücken falle und dieser Bedrohung mit allen Mitteln zu begegnen sei. Molotow ließ seiner Entrüstung freien Lauf, verwies auf den Nichtangriffs- und Freundschaftsvertrag mit dem Deutschen Reich – alle militärischen Gründe seien leere Vorwände. Botschafter von der Schulenburg konnte ihm nur wortlos zustimmen – er wußte, daß Hitlers Behauptung, ein deutscher Angriff sei notwendig, jeder Grundlage entbehrte. Er selbst hatte sich immer für die Verbesserung der deutsch-sowjetischen Beziehungen eingesetzt.

Die deutschen Soldaten erklärten uns, sie hätten einen Krieg begonnen, um einem Angriff von 150 Divisionen der Roten Armee zuvorzukommen.
Lew Kopelew, Schriftsteller, 1991

War es ein Präventivkrieg? Immer wieder ist darüber spekuliert worden, ob die beiden großen Diktatoren Hitler und Stalin zwangläufig dahin tendierten, sich eines Tages zu zerfleischen. Offen war da lediglich, wer zuerst über wen herfiel. Mit Präventivkrieg im klassischen Sinne hat das freilich nichts zu tun. Mangels konkreter Belege bleibt Raum für Spekulationen.

Manches spricht für die These, daß Stalin die Sowjetunion in die Rolle eines »lachenden Dritten« hineinmanövrieren wollte, der die Arena dann betritt, wenn die potentiellen Gegner im Westen einander geschwächt haben. Doch auch in dieser Hinsicht mangelt es an hieb- und stichfesten Indizien. Eindeutig läßt sich lediglich nachweisen, daß Stalin sowjetische Machtinteressen skrupellos und keineswegs nur in defensiver Absicht wahrnahm. Die sowjetischen Annexionen infolge des Hitler-Stalin-Pakts sind klare Belege dafür, wie der Diktator das Lebensrecht anderer Völker auf brutale Weise mißachtete.

Wenn Stalin wirklich einen Angriff auf das Deutsche Reich plante, dann für Jahre später. Zwar standen etwa vier Millionen Mann in offensiver Aufstellung an der Westgrenze. Doch es ent-

Müde Krieger: Deutsche Truppen im herbstlichen Schlamm, einhundert Kilometer vor Moskau.

sprach der sowjetischen Verteidigungspolitik, einen Gegner im Falle eines Angriffs möglichst auf dem eigenen Territorium zu schlagen. Am 15. Mai legten Schukow und Timoschenko dem Kremlchef ihren Präventivplan vor, der davon ausging, daß man »auf keinen Fall der deutschen Militärführung die Initiative der Kampfhandlung überläßt, dem Feind beim Aufmarsch zuvorkommt und die deutsche Armee in dem Moment angreift, wenn sie sich im Entfaltungsstadium befindet«. Dieser konkrete Plan war kurzfristig aus der Not ob der deutschen Truppenbewegungen entstanden. Stalin billigte noch nicht einmal diesen Vorschlag – im Gegenteil: Er soll Schukow und Timoschenko sogar gedroht haben: »Wenn ihr da an der Grenze die Deutschen reizt, wenn ihr ohne unsere Genehmigung die Truppen verschiebt, dann rollen die Köpfe. Merkt euch das«, und schlug die Tür zu. Häufig wird in der Literatur die – nur mündlich überlieferte – Rede Stalins vom 5. Mai 1941 zitiert; gehalten in Moskau vor Absolventen der Militärakademien und -fakultäten. Der Diktator ließ keinen Zweifel daran, daß ein Krieg mit Deutschland unvermeidlich sei. Eindringlich beschwor er die Kampfbereitschaft der Truppen, von denen er wußte, daß sie in einem desolaten Zustand waren. »Bei der Verwirklichung der Verteidigung unseres Landes sind wir verpflichtet, offensiv zu handeln.«

Wir haben damals nicht feststellen können, daß – was heute manchmal behauptet wird – die Russen damals selbst einen Angriff planten.
Bernd Freytag von Loringhoven, General a. D., 1991

Doch er gab weder eine Zeitperspektive vor, noch bekundete er erkennbar Offensivabsichten. Es blieb bei der Aufforderung, militärisch und moralisch zu einem Gegenschlag bereit zu sein – und zwar nach einem erfolgten deutschen Angriff.

Die Vermutung, daß die Sowjetunion kurz- oder mittelfristig einen Angriff gegen das Deutsche Reich plante, läßt sich durch kein seriöses Dokument stützen. Die historische Last des Überfalls auf die UdSSR kann nicht mittels Gedankenspielen über möglicherweise langfristige Kriegsabsichten verdrängt werden. Und entscheidend ist ohnedies, daß Hitler selbst überhaupt nicht mit einem sowjetischen Angriff rechnete – für seine Pläne spielte das sowieso keine Rolle. Das »Unternehmen Barbarossa« war der Krieg, auf den der deutsche Diktator immer hingearbeitet hatte, den er immer führen wollte. Polen, Norwegen, Frankreich, England – all diese Angriffsziele waren nur Ouvertüren für die eigentliche Auseinandersetzung: den Kampf um »Lebensraum im Osten«, den Kampf gegen den »bolschewistischen Todfeind«.

Das »Unternehmen Seelöwe«, die geplante Invasion in Großbritannien, hatte der »größte Feldherr aller Zeiten« schon im September abgeblasen. Den Aufmarschplan gegen England, eigentlich sein Wunschverbündeter, hatte Hitler ohnehin nie mit der Konsequenz vorangetrieben, die nun gegen Rußland zielte. Sein Drang wies nach Osten, sein Ziel war ein »Großgermanisches Reich« vom Atlantik zum Ural. Neuer »Lebensraum« sollte für die Deutschen erobert werden. Doch ging es Hitler nicht nur um »Boden«. Krieg war für ihn ein Überlebenskampf der Weltanschauungen und Rassen. Schon in »*Mein Kampf*« hatte er die Eroberung Rußlands als »deutsche Mission« ausgegeben, als ein Kreuzzug gegen »Weltjudentum, Bolschewismus und das ostbaltisch-ostisch-innerasiatische Volkstum«. Vor 250 hohen Offizieren der Wehrmacht kündigte Hitler im März 1941 den Vernichtungskrieg gegen die Sowjetunion an, einen Krieg, der nicht mehr an bisher gültige Kriegs- und Völkerrechtsgrundsätze gebunden sein sollte. So begann erst mit dem Überfall auf die UdSSR der Zweite Weltkrieg für den Usurpator Hitler richtig. Das war »sein« Krieg im Krieg, frei von jeder Rücksichtnahme auf die Regeln der Zivilisation.

Diesem Narren traue ich wahrhaftig zu, daß er uns auch noch Rußland auf den Hals hetzt. Ich denke nicht daran, mich damit zu beschäftigen.
Franz Halder, Generalstabschef des Heeres, 22. Juli 1940

Schon im Sommer 1940 waren Pläne für einen Angriff auf Rußland ausgearbeitet worden. Am 20. November fand das erste Planspiel für den Ostfeldzug im Oberkommando des Heeres statt. Der Oberbefehlshaber und sein Generalstabschef legten ihrem »Führer« am 5. Dezember 1940 einen Entwurf vor, der zwei Wochen später als endgültiger Angriffsplan abgesegnet wurde, in der Chronologie der »Führer«-Befehle ist er als »Weisung 21« registriert. Der Text von elf Seiten Länge mit der Überschrift »Fall Barbarossa« sollte zu einem der folgenschwersten Dokumente des Zweiten Weltkriegs werden: »Das Endziel der Operationen ist die Abschirmung gegen das asiatische Rußland auf der allgemeinen Linie Wolga–Archangelsk.«

Da hab' ich mich gefragt: Was soll das eigentlich? Denn es war mir ja auch bewußt, daß ein Nichtangriffspakt oder Freundschaftspakt mit Stalin existierte.
Dr. Christian Heine, 1991 (damals Gefreiter der 23. Infanteriedivision)

Daß die Rote Armee auf diesen Krieg nicht vorbereitet war, zeigte sich am deutlichsten in den ersten Wochen. Das Tempo, das die Deutschen vorlegten, war beinahe unglaublich. Die 3. Panzerdivision unter Generalleutnant Walter Model benötigte für die 460 Kilometer von Brest nach Bobruisk ganze sechs Tage. Den Tagesrekord mit 115 Kilometern stellte sie am 27. Juni auf. 115 Kilometer durch feindliches Gebiet an einem einzigen Tag bestätigten vor allem eines: daß die Sowjets nicht im geringsten mit einem solchen Schlag gerechnet hatten. Zwar hatte die nach vorne ausgerichtete Verteidigungsstrategie dazu geführt, daß die sowjetischen Truppen an der Westgrenze geballt waren. Doch war eine gestaffelte Gegenwehr so nicht möglich.

Oben: Wegweiser nach Moskau: Das Schild zeigt den Weg zur Rollbahn.
Unten: Sandsäcke als Schutz: Die Moskauer errichten Barrikaden, 1941/42.

Alle Berichte der deutschen Armeestäbe in den ersten Angriffstagen stimmen darin überein, daß die Rote Armee völlig überrascht wurde. Goebbels' Propagandathese vom Präventivkrieg führte sich damit sinnfällig ad absurdum. Vielmehr bestätigten sich Einschätzungen der Obersten Heeresleitung: »Die Sowjetwehrmacht ist nicht stark genug, um einen Kampf mit der deutschen Wehrmacht zu wagen und von sich aus zu unternehmen.«

Terror gegen Widerstand: Gefangene Partisanen werden erhängt.

So hatte es der deutsche Marineattaché aus Moskau gemeldet. Zu »großen Operationen eines Bewegungskrieges« sei die Rote Armee »vorläufig nicht befähigt«, meinte der Diplomat. »Fremde Heere Ost«, die für Feindaufklärung zuständige Abteilung im Oberkommando des Heeres, hatte lediglich defensive Maßnahmen festgestellt, die Rote Armee habe erhebliche »Führungs- und Nachwuchsschwierigkeiten«.

...Daß aber die Behauptung, es habe sich um einen Präventivkrieg gehandelt, noch immer vertreten wird, ist eine der vernunftwidrigsten Legenden dieses Jahrhunderts.
Eberhard Jäckel, Historiker, 1996

Hitler hätte es begrüßt, wenn die Sowjets ihrerseits einen Angriff geplant hätten, es wäre der willkommene Vorwand für den Krieg gewesen, den er ohnedies führen wollte. In einem Operationsentwurf vom 5. August 1940 hieß es aber: »Die Russen werden uns nicht den Liebesdienst eines Angriffes erweisen.«

Den Rußlandfeldzug sah der siegessichere Hitler als »Sandkastenspiel«. »Sie müssen nur die Tür einschlagen, dann wird die ganze verrottete Struktur zusammenbrechen.« Typisch für diese Siegesgewißheit war auch die Tagesparole von Goebbels am 23. Juni 1941: »Der Führer sagt, es dauert vier Monate. Ich aber sage Ihnen, es dauert nur acht Wochen.« Auch nüchterne Militärs ließen sich vom Größenwahn der Parteipropagandisten anstecken. Am 3. Juli unter dem Eindruck des schnellen Vormarsches notierte der ansonsten eher kühl denkende Generalstabschef des Heeres, Franz Halder, in sein Tagebuch: »Es ist wohl nicht zuviel gesagt, wenn ich behaupte, daß der Feldzug gegen Rußland innerhalb von 14 Tagen gewonnen wurde.« Es war also beileibe nicht nur der Amateurstratege Hitler, der glaubte, leichtes Spiel zu haben. Die großen Generäle des kleinen Gefreiten dachten ähnlich.

Dieser Krieg aber sollte nicht nur ein militärischer Schlagabtausch sein, sondern vor allem ein Eroberungs- und Vernichtungsfeldzug. Während Hitlers Generäle den »Blitzkrieg« vorbereiteten, machte Hitler die Spitzen der Wehrmacht schon im März 1941 mit dem zusätzlichen Aspekt bekannt – bei einer schonungslos offenen Ansprache im Kleinen Sitzungssaal der Reichskanzlei vor 250 Befehlshabern und höheren Offizieren, die den Überfall organisierten: »Der Kampf wird sich sehr unterscheiden vom Kampf im Westen.« Während die Militärs den Angriff auf Rußland zunächst als Auseinandersetzung zweier Armeen betrachteten, sah Hitler im Krieg gegen die Sowjetunion die Vollendung seiner Wahnideen. »Ein Krieg wie gegen Rußland kann nicht ritterlich geführt werden. Es handelt sich um einen Kampf der Weltanschauungen und rassischen Gegensätze und ist daher mit nie dagewesener erbarmungsloser Härte zu führen. Alle Offiziere werden sich überlebter Anschauungen entledigen müssen... Wir müssen von dem Standpunkt des soldatischen Kameradentums abrücken. Der Kommunist ist vorher kein Kamerad und nachher kein Kamerad.« Wohl irritierte einige Offiziere die haßerfüllte Polemik des Vortrags, doch Proteste blieben aus. Nach dem »Gerichtsbarkeitserlaß« vom 13. März 1941 konnten Soldaten sowjetische Zivilisten massakrieren, ohne befürchten zu müssen, von einem Kriegsgericht belangt zu werden; und laut dem berüchtigten »Kommissarbefehl« vom 6. Juni 1941 gehörte es zur Pflicht eines jeden Soldaten, gefangene Politoffiziere der Roten Armee »grundsätzlich sofort mit der Waffe zu erledigen«. Der Riesenraum, so Hitler, müsse so schnell wie möglich befriedet werden – »dies geschehe am besten dadurch, daß man jeden,

Der Bolschewismus ist der Todfeind des nationalsozialistischen Deutschland... Dadurch hat der bolschewistische Soldat jeden Anspruch auf Behandlung als ehrenhafter Soldat nach dem Genfer Abkommen verloren...
Anordnung des OKW, 8. September 1941

der nur schief schaue, totschieße«. Das Oberkommando der Wehrmacht übersetzte für die Truppe den Willen des »Führers«: »Der Soldat muß für die Notwendigkeit der harten, aber gerechten Sühne am jüdischen Untermenschen volles Verständnis haben.«

Wie sieht denn der »Feind« aus? Ich hatte ja gar nichts gegen die Russen. Ich kannte ja gar keinen.
Lothar Fromm, 1991 (damals Gefreiter der 23. Infanteriedivision)

Zwar blieb der systematische Mord Sondereinsatzgruppen vorbehalten, aber im Rassen- und Vernichtungskrieg wurde auch die Wehrmacht in Verbrechen verstrickt – wenngleich viele Kommandeure den Mut aufbrachten, Hitlers Befehle zu umgehen. Vier Einsatzgruppen, insgesamt 3000 Mann, ermordeten bis April 1942 mit Pistolen, Karabinern und Maschinengewehren weit über eine halbe Million Menschen hinter den deutschen Linien. Neun Zehntel der Opfer waren Juden.

Der Name Babi Jar für eine Schlucht nahe bei Kiew steht noch heute symbolisch für die schändlichsten Verbrechen, die deutsche SS- und SD-Kommandos in der Sowjetunion verübten. Tausende Juden wurden in die Schlucht getrieben und dort grausam niedergemetzelt. In einem anderthalbtägigen Massaker ließen 33 771 Menschen ihr Leben. Babi Jar war nur eine von vielen Aktionen. Schätzungen zufolge gab es allein im Raum Kiew fast 200 000 Opfer – sie wurden erschossen, erschlagen, vergast.

Millionen sowjetischer Kriegsgefangener verhungerten in den Lagern – ein Los, das auch die deutschen Gefangenen in den sowjetischen Gulags noch ereilen sollte.

Die ungeheure Zahl sowjetischer Gefangener war die Folge großer Zangenbewegungen der deutschen Armeen, die in vernichtenden Kesselschlachten mündeten. Hunderttausende sowjetischer Soldaten, ganze Heeresgruppen, wurden zunächst eingekreist, dann abgeschnitten und unter massivem Einsatz von Artillerie und Luftwaffe vernichtend geschlagen. Tod, Verwundung, Gefangenschaft – dieses Schicksal teilten über eine Million Rotarmisten schon in den ersten Wochen. Anfang August standen die Deutschen bereits 280 Kilometer vor Moskau.

Wir hatten keine Winterkleidung, die kam ja viel zu spät. Ich hab' zum Beispiel einem toten Russen die Filzstiefel ausgezogen. Damit hab' ich verhindert, daß mir die Füße erfroren sind.
Eduard Janke, 1991 (damals Gefreiter bei der SS)

Den Kampf um die Hauptstadt schob Hitler jedoch auf. Die Schlacht um die Metropole in Stalins Reich sollte zum Menetekel für Hitlers Krieg im Krieg werden. Die Schlammperiode im Herbst bremste den deutschen Vormarsch, nun nahmen die deutschen Verluste stetig zu, der Nachschub stockte. Nach »General Schlamm« ergriff »General Winter« das Zepter.

Bei Temperaturen um 50 Grad unter Null im freien Feld waren die Landser dem russischen Winter schutzlos ausgeliefert. Statt

Mit frischen Kräften aus Sibirien: Sowjetische Truppenparade auf dem Roten Platz, Dezember 1941.

In der eisigen Kälte erfroren: Tote deutsche Soldaten vor Moskau, Dezember 1941.

Winteruniformen wurde weiter Munition ins Kampfgebiet geschickt. General Guderian beklagte, daß er doppelt so viele Soldaten durch Erfrieren verliere wie durch feindliches Feuer. Darauf antwortete Hitler zynisch: »Sie lassen sich zu sehr von den Leiden des Soldaten beeindrucken. Sie haben zuviel Mitleid mit den Soldaten.« Generalfeldmarschall Walther von Brauchitsch,

Stahlhelme auf Birkenkreuzen: Die Niederlage vor Moskau ist die Vorentscheidung des Zweiten Weltkrieges.

der Oberbefehlshaber des Heeres, überzeugte sich ebenfalls von der desolaten Lage an der Front und versuchte dem »Führer« das Dilemma zu erklären; es war eine Woche vor Weihnachten 1941. Doch auch er wurde abgewiesen. Hitler ließ sich nicht von seinem Vorhaben abbringen.

Der »Blitzkrieg« mündete schließlich, im Dezember 1941, als die Vorhuten den Kreml bereits im Visier hatten, in ein Debakel, von dem sich die Wehrmacht nicht mehr erholte. 129 Jahre nach Napoleon mußten Hitlers Armeen vor den Toren Moskaus kehrtmachen. Damit zerbrach der Mythos von der Unbesiegbarkeit der Wehrmacht. Die Rote Armee schuf im Kampf um die eigene Hauptstadt die Voraussetzung für die endgültige Niederlage der Deutschen. Damit war nicht nur der Rußlandkrieg entschieden, sondern letztlich auch der gesamte Zweite Weltkrieg.

Als wir sie dann aber vor Moskau halbnackt sahen, erbärmlich und hungernd, da wurde uns bewußt, daß diese Armee besiegbar war.
Anatolij Tschernjajew, Gorbatschow-Berater, 1991

31. JANUAR 1943

Die Entscheidung

In Stalingrad die Frage nach Gott stellen heißt sie verneinen.
Aus einem der letzten Feldpostbriefe eines Soldaten an seinen Vater

Am Ende hatten die Rotarmisten sogar Mitleid mit dem besiegten Gegner. Endlos lang war die Kolonne der gefangenen Wehrmachtssoldaten – 90 000 Mann in verdreckten und zerlumpten Uniformen schleppten sich mühsam voran. Gegen die schneidende Kälte der winterlichen Steppe hatten sich die Elendsgestalten in alles eingehüllt, was nur irgendwie wärmte – Decken, Schals und Lumpen machten die ehemals stolzen Soldaten zu traurig anmutenden Kreaturen. Etliche der Gefangenen waren verwundet, viele krank, von Läusen befallen; alle waren geschwächt vom wochenlangen Hunger im Kessel von Stalingrad. Die Kolonne wälzte sich nur langsam auf den Horizont zu. Die siegreichen, abgekämpften Sowjetsoldaten, die am Wegesrand standen, sahen weder den Anfang der Schlange, noch konnten sie ihr Ende ausmachen. Die Deutschen, die vor Schwäche aus

»Wir haben es schon …«: Hitler verkündet am 8. November 1942 im Münchner Bürgerbräukeller die Einnahme Stalingrads.

diesem Zug herausfielen, blieben liegen: Ihre Kameraden mußten weiter, viele waren zu apathisch, um an den Nächsten zu denken.

Die Greuel der Gefangenschaft standen wie Riesenberge vor uns, und ich war bis zur letzten Minute vor der Gefangennahme unschlüssig, was ich tun würde, und habe deshalb immer zwei Handgranaten in der Tasche gehabt.
Gerhard Philipp Humbert, damals Hauptmann

Die Trümmer von Hitlers Sechster Armee schleppten sich in Gefangenschaft. Fünf Monate lang hatte diese Armee um Stalingrad gekämpft. Von knapp 300000 Soldaten waren am Schluß nur noch 90000 Mann übriggeblieben. Dieser klägliche Rest mußte schließlich in hoffnungsloser Lage kapitulieren. Am 31. Januar regelte der Kommandeur der deutschen 71. Infanteriedivision mit dem Stabschef der sowjetischen 64. Armee die Übergabe. Ort der Kapitulation war das »Univermag«-Kaufhaus im völlig zerstörten Stadtzentrum von Stalingrad. Hier hatte der Oberbefehlshaber der Sechsten Armee, Generaloberst Friedrich Paulus, seinen letzten Hauptgefechtsstand eingerichtet. Noch am selben Tag war er von Hitler zum Generalfeldmarschall befördert worden. Doch die Übergabeverhandlungen verfolgte er kaum. Apathisch bemerkte er lediglich: »Ja, ich weiß, die Kriegsgeschichte hat schon jetzt ihr Urteil über mich gesprochen.«

Ausgangspunkt der Tragödie der Sechsten Armee war der 28. März 1942. Am Nachmittag dieses Tages rief Hitler seine Militärführer zu einer Sonderbesprechung zusammen. Die Generäle trafen sich im »Führer«-Hauptquartier, der »Wolfsschanze«, um eine Operation zu planen, die höchster Geheimhaltung unterlag. Sie trug den Decknamen »Blau«. Kernstück des Angriffsplans war der Süden der Ostfront, Ziel die Ölquellen im Kaukasus. Rund drei Viertel der russischen Erdölreserven wurden im Raum um Baku gefördert. Die Eroberung des Gebiets sollte nicht nur die eigene Versorgung sichern, sondern auch gleichzeitig die des Gegners unterbrechen und die Rote Armee vom weiteren Nachschub durch die Alliierten abschneiden.

Das Scheitern aller strategischen Pläne Hitlers im Jahre 1942 war eine Folge der Unterschätzung der Kräfte und Möglichkeiten des Sowjetstaates, der moralischen Stärke eines Volkes und der Überschätzung der eigenen Kräfte durch die Hitlerfaschisten.
Georgij K. Schukow, damals Oberbefehlshaber in Stalingrad

Die bitteren Erfahrungen des »Unternehmens Barbarossa« im Winter 1941/42 hätten Hitler die Risiken dieses waghalsigen Manövers aufzeigen müssen. Anlässe zum Überdenken der Gesamtstrategie gab es genug. Regen und Schlamm, die schon im Herbst 1941 den Vormarsch blockiert hatten, und die alles lähmende Kälte des russischen Winters hätten ein Umdenken zwingend erforderlich gemacht. Hinzu kam die Lage im Westen. Durch ihren Kriegseintritt hatten die Amerikaner dort ein neues Kräfteverhältnis geschaffen.

Doch Hitler blieb halsstarrig. Er führte mittlerweile Krieg um des Krieges willen. »Wenn ich das Öl von Maikop und Groznyj nicht bekomme, dann muß ich diesen Krieg liquidieren«, erklärte der »Führer«.

In vier Phasen wollte der Diktator den Sieg noch vor dem Einbruch des Winters erringen: Zwei Heeresgruppen sollten die sowjetische Hauptstreitmacht im Raum zwischen Don und Donez einschließen. Gleichzeitig würde eine Heeresgruppe aus dem Raum Orel und Kursk über Woronesch den Don entlang vorstoßen (Phase 1) und sich mit Kräften aus Charkow vereinigen

Paulus an der Front: Hitlers General im Schützengraben vor Stalingrad.

Im Ergebnis, indem sie zwei Hasen jagten – das Erdöl und die Einkreisung Moskaus –, sind die deutschen faschistischen Strategen in eine schwierige Lage geraten.
Josef Stalin, 6. November 1942

(Phase 2). Die zweite Heeresgruppe sollte sich von Südosten über Rostow bis an den Don vorkämpfen. Für das Zusammentreffen der beiden Heeresgruppen war das Gebiet von Stalingrad vorgesehen. Hier sollte sich die gewaltige Zange um die Rote Armee schließen (Phase 3). Nach der Vernichtung der eingekesselten Einheiten würde der Weg frei sein für den Vorstoß in den Kaukasus (Phase 4).

Anfang April 1942 erhielten die beteiligten Heeresgruppen diesen Aufmarschplan, der als »Weisung Nr. 41« in die Geschichte einging. Am 28. Juni 1942 begann der Vormarsch. 1000 Kilometer mußten die deutschen Soldaten hinter sich bringen, bevor sie Stalingrad erreichten. Noch ahnte niemand, daß dieser Name einmal für das traumatischste Ereignis des Zweiten Weltkriegs stehen sollte, für die Vernichtung einer ganzen Armee, für den psychologischen Wendepunkt des Zweiten Weltkriegs.

»Den Feind nur nicht festsetzen lassen. Fahren, halten, schießen! Weiter! Ran an den Gegner« – so lautete der schmissige Befehl, der an die Truppe ausgegeben wurde. Die Deutschen gewannen zügig an Boden. Trotzdem erreichten sie nicht den von Hitler erhofften Erfolg, denn die sowjetischen Verbände ließen sich nicht einkesseln. Statt dessen wich die Rote Armee den deutschen Angreifern aus und ließ sie ins Leere laufen. Die geringe Zahl der russischen Gefangenen deutete das OKW entgegen den Meldungen der Truppe als Schwäche der Sowjets. Es war eine fatale Fehleinschätzung.

Die Geschwindigkeit des Vormarschs und die chronische Unterschätzung des Gegners verführten Hitler zu einer Änderung seiner ursprünglichen Planung: Der Angriff auf Stalingrad und der Vorstoß in den Kaukasus sollten nun zeitgleich erfolgen und nicht, wie ursprünglich vorgesehen, nacheinander. Generalfeldmarschall von Bock kommentierte diese Entscheidung am 7. Juli in seinem Tagebuch: »Damit wird die Schlacht in zwei Teile geschnitten.«

Das rasche Vorankommen der Offensive führte bei den weit vorgestoßenen Panzerverbänden der Sechsten Armee immer wieder zu Versorgungsengpässen. Der Nachschub an Benzin und Verpflegung konnte mit dem Tempo nicht Schritt halten. Noch vor Erreichen des großen Donknies westlich von Stalingrad kam die Sechste Armee zeitweise sogar aus Treibstoffmangel zum Stehen. Die zermürbende Wirklichkeit des Vormarschs hatte mit der in der Heimat gehegten Landserromantik nichts zu tun. Die Sol-

Schicksal der Zivilisten: Verzweifelt versucht die Bevölkerung Stalingrads, sich zu retten.

daten zogen durch die Weite der russischen Steppe und kämpften gegen Staub und Durst. Tagsüber zeigte das Thermometer bis zu 50 Grad Hitze.

Am 9. August erreichten die deutschen Panzer Maikop. Dort

Einzug der Eroberer: Noch ahnen die Landser nicht, daß Stalingrad für die meisten von ihnen zur tödlichen Endstation wird.

hatten die Sowjets vor ihrem Rückzug die für Hitler so wichtigen Ölraffinerien zerstört und somit die Nachschubkrise der deutschen Soldaten weiter verschärft. Bei Kalatsch feierte die Wehrmacht die letzte siegreiche Kesselschlacht im Rußlandfeldzug. »Die westlich Kalatsch befindlichen Feindstreitkräfte sind durch Schließen des Ringes von Süden am Don entlang nunmehr eingekesselt«, meldete das Oberkommando des Heeres am 8. August. Damit war der Kampf um die nur 60 Kilometer breite Landbrücke zwischen Wolga und Don entschieden. Der Weg nach Stalingrad war frei, aber Hitler hatte wertvolle Tage und Wochen verloren – Zeit, die für den Aufbau der Stellungen um Stalingrad und deren Versorgung dringend nötig gewesen wäre.

Deutsche Panzer stießen am 23. August zum ersten Mal bis zum Ufer der Wolga vor. Ein deutscher Soldat, der in einer motorisierten Flak-Einheit diente, schrieb am 24. August einen Brief: »Bald können wir mit Recht das Lied singen ›Es steht ein Soldat am Wolgastrand‹, denn nur noch eine vom Russen besetzte und zäh verteidigte Hügelkette trennt uns von der Wolga, und bis Stalingrad sind es auch nur noch 45 Kilometer. Unsere Division liegt

Trostloses Trümmermeer: Deutsche Bomber machen ganze Bezirke der Stadt in wenigen Tagen dem Erdboden gleich.

nun schon seit zwei Tagen weit im hügeligen Gelände auseinandergezogen, denn erst muß die Artillerie und die Luftwaffe den Weg einigermaßen freimachen. Es wird noch einige Tage dauern, bis der eigentliche Angriff auf Stalingrad beginnt. Die Infanteriedivisionen sind halt noch nicht so weit wie wir, und wir müssen anscheinend auf diese hier warten.« Mit aller Macht versuchten die Sowjets nun, die vorgepreschten deutschen Vorposten aufzureiben, denn Stalins Order lautete: »An der Wolga muß Schluß sein.« Um sich vor dem Artilleriefeuer der Russen zu schützen, igelten sich die Deutschen ein. Auch ihnen war ein Rückzug strikt untersagt.

Wir müssen jedem deutschen Soldaten das Gefühl geben, daß er in die Mündung eines russischen Gewehrs blickt.
Befehl des Generals Wassilij Tschuikow, Befehlshaber der 62. Armee

Einen Tag später begann die deutsche Luftwaffe mit Bombenangriffen auf Stalingrad. Mehrere hundert Maschinen warfen Spreng- und Brandbomben über der Stadt ab. Zuerst brannten die Industrieviertel. Aus den getroffenen Öllagern stachen bis zu 200 Meter hohe Flammensäulen in den Himmel. Flüchtlinge hatten die Einwohnerzahl auf 900 000 Menschen anwachsen lassen. 40 000 Menschen fielen den Angriffen laut sowjetischen Angaben zum Opfer. Eine Bewohnerin der Stadt erinnert sich an das Inferno: »Der Himmel war schwarz von deutschen Flugzeugen. Und so stürzten sie sich auf unsere friedlichen, unschuldigen Köpfe. Die Leute liefen weg – manche mit einem Bündel, andere ohne irgend etwas –, um vor den Bränden zu fliehen. Wir hatten da noch kein Militär in der Stadt, nur Zivilisten.«

Stalingrad war für Hitler zu einer fixen Idee geworden. Die Eroberung der Wolgastadt sei allein »aus psychologischen Gründen dringend notwendig«. In Stalingrad wollte der »größte Feldherr aller Zeiten« die Entscheidung über den gesamten Rußlandfeldzug erzwingen.

Neben der kriegswirtschaftlichen Bedeutung als Industrie- und Rüstungszentrum und der strategischen Lage als Nadelöhr des Öltransports besaß die Stadt aber auch für Hitlers Gegenspieler Stalin symbolischen Wert. Stalingrad trug seinen Namen, er hatte 1924 während der blutigen Kämpfe des Bürgerkriegs an der Wolga die Verteidigung organisiert. Es war für Stalin auch eine Frage des persönlichen Renommees, sein Stalingrad nicht in deutsche Hände fallen zu lassen.

Der Name dieser Stadt war für den Diktator mit seinem militärischen Prestige verbunden.
Erich von Manstein, damals Befehlshaber der Heeresgruppe Don

Die Wucht der deutschen Angriffe ließ nicht nach. Am 4. September drangen deutsche Panzer in die südlichen Vororte ein. Nach erbitterten Kämpfen eroberte die Wehrmacht drei Tage später den Flughafen Gumrak. Am 12. September nahmen deutsche Soldaten die Eisenbahnlinie Astrachan–Moskau ein und zer-

Erbitterter Häuserkampf: Eine tödliche Feuerprobe zwischen Bombentrichtern und Ruinen.

schnitten damit eine der bedeutendsten Nachschubadern der Sowjets. Die Rote Armee mußte sich auf den sogenannten Stadtring, den inneren Befestigungsgürtel Stalingrads, zurückziehen.

Zwei Tage später hatten sich Verbände der 71. Infanteriedivision ins Zentrum Stalingrads vorgekämpft. Nach vier Wochen verlustreicher Gefechte waren die sowjetischen Verteidiger eingeschlossen und standen mit dem Rücken zur Wolga. Doch von einem schnellen Überrennen der Stadt konnte bei dem hartnäckigen Widerstand der Roten Armee nicht mehr die Rede sein.

Das Ringen um Stalingrad nähert sich einem erfolgreichen Ende. Die deutsche Presse hat sich vorzubereiten, den Sieg in wirkungsvollster Form zu würdigen.
Tagesparole von Goebbels am 15. September 1942

Am selben Tag begann die Offensive gegen das Stadtzentrum in Richtung Wolgaufer. In den Straßen des Zentrums standen sich Rote Armee und Wehrmacht auf engstem Raum gegenüber. Um jedes Haus, jeden Keller wurde erbittert gekämpft. Verteidiger und Angreifer waren in den Ruinen der Stadt zu feindlichen Nachbarn geworden. Schon bald lag ein bestialischer Gestank von Tod und Verwesung über Stalingrad. Die Schreie der Verwundeten mischten sich mit dem Lärm der Detonationen.

Während sich die Sechste Armee in Stalingrad festrannte, trafen aus dem Kaukasus seit Anfang September immer neue Hiobsbotschaften ein. Kaum einer außer Hitler konnte die Fakten noch verdrängen: Die Ostfront war im Süden zu lang, die Kräfte waren zu schwach. Am 12. September versuchten der Oberbefehlshaber der Heeresgruppe B, Freiherr von Weichs, und Generaloberst Paulus Hitler die neue Lage eindringlich zu schildern. Paulus warnte vor den Risiken des Ausharrens seiner Armee in den weit vorgeschobenen Stellungen im Osten. Er mahnte, daß die Versorgung durch die zu lang gewordenen Nachschubwege nicht gesichert und die Flanken zu schlecht gerüstet seien, um einem möglichen Gegenschlag der Roten Armee standhalten zu können.

Doch Hitler ließ sich nicht umstimmen. Er wollte den Kaukasus, das Öl und Stalins Stadt um jeden Preis. Ein Beispiel seiner starren Haltung hatte er wenige Tage zuvor, am 9. September, mit der Entlassung des Generalfeldmarschalls Wilhelm List geliefert. Hitler übernahm nun selbst das Kommando über die Kaukasusfront und den Oberbefehl über die Heeresgruppe A. Zum Nach-

Die Truppen in Stalingrad waren von vornherein zu wenig bevorratet, um einen solchen Kampf allein durchzuhalten.
Winrich Behr, damals Hauptmann

Mann gegen Mann: Die heftige Gegenwehr der Roten Armee überrascht die Soldaten der 6. Armee.

folger des Chefs des Generalstabs des Heeres, Generaloberst Franz Halder, der Hitler wiederholt auf die hohen Verluste in Stalingrad hingewiesen hatte, ernannte er den ihm getreuen General Kurt Zeitzler. Der letzte kleine Rest von Realitätssinn und eigenständiger Handlungsfreiheit ging mit Halders Ausscheiden verloren. »Jeder Generalstabsoffizier muß an den Führer und seine Führung glauben«, erklärte Zeitzler bei seiner Begrüßungsansprache.

Hitlers Gegenspieler Stalin berief am 13. September eine Sonderbesprechung im Kreml ein. Eine Gegenoffensive mit dem Decknamen »Uranus« sollte die Schlacht um Stalingrad zugunsten der Sowjets entscheiden. Mit einer aus zwei Armeen gebildeten »Zange« sollten die deutschen Verbände in Stalingrad umschlossen und alle Verbindungsstränge durchtrennt werden. Aus Belagerern sollten Belagerte werden. Es war das deutsche »Blitzkriegs«-Modell – nur unter umgekehrten Vorzeichen.

Für die Umsetzung der Gegenoffensive brauchten die Sowjets Zeit, um zusätzliche Kräfte heranzuführen. Deshalb plante Stalin, den Gegner durch »aktive Verteidigung« zunächst weiter zu zermürben, um ihn dann mit neuen Reserven vernichtend zu schlagen. Unter höchster Geheimhaltung wurde die Aktion in Gang gesetzt. Die frischen sowjetischen Truppen stießen nur nachts und bei schlechtem Wetter in Richtung Stalingrad vor.

Der Kampf um Stalingrad verläuft sehr zäh. Das Ganze ist eine Menschen- und Zeitfrage. Aber wir werden mit den Russen schon fertig.
Generaloberst Paulus, Brief vom 7. Oktober 1942 an General Schmundt

Erbitterte Häuserkämpfe ließen die deutschen Soldaten nur langsam vorankommen und führten zu hohen Verlusten auf beiden Seiten. Von den Sowjets wurden besonders die Produktionshallen des Traktorenwerks »Roter Oktober« im Norden der Stadt aufopfernd verteidigt, weil dort bis zuletzt Panzer gebaut wurden, die aus der Fabrikhalle direkt an die Front fuhren. Zehn Tage wurde um das drei mal drei Kilometer große Areal gekämpft. Erst am 14. Oktober waren die Fabrikanlagen in deutscher Hand. Nur noch in einigen wenigen Häuserblocks konnten sich die Sowjets halten. Sie waren eingekeilt zwischen der Fabrik »Roter Oktober« und den »Barrikaden«. Mit dem Rücken zur Wolga verteidigten sie hartnäckig ihre letzten Stellungen im Stadtgebiet. 90 Prozent von Stalingrad waren bereits unter deutscher Kontrolle.

Ein deutscher Veteran berichtet von diesen Stellungs- und Häuserkämpfen in der Fabrik: »Hier wurden viele Soldaten erschossen von Scharfschützen, die oben in den Blechdächern in Stellung

Jeder Soldat eine Festung.
General Wassilij Tschuikow, Oberbefehlshaber der 62. Armee

lagen. Die Toten, die hier erschossen wurden, wurden alle hochgestapelt, kreuz und quer, denn eine Gelegenheit zum Beerdigen gab es nicht. Dazu waren wir alle zu schwach. Und es war sogar ein Schutz gegen die Scharfschützen, dieses Hochstapeln. Es war nicht angenehm, in die Augen von toten Kameraden zu sehen, tagelang, aber so war die Realität.«

In den Lageberichten des Oberkommandos der Wehrmacht war derweil von verstärkten Feindbewegungen im Süden und

Die Verteidiger geben nicht auf: Verlustreiche Feuergefechte können die Kampfbereitschaft der Rotarmisten nicht brechen.

Norden Stalingrads die Rede. »Stoßtruppaktivitäten«, »Ansammlungen des Feindes« und sogar »Angriffe« auf den rumänischen und italienischen Abschnitt der Front wurden gemeldet. Die deutsche Funkaufklärung fing chiffrierte russische Befehle ab, die Hinweise für den Aufmarsch der Roten Armee im Südwesten lieferten. Doch in der »Wolfsschanze« nahm man diese Alarmsignale nicht ernst und verzichtete auf die Verstärkung der bedrohten Flanken. Hitler war davon überzeugt, daß die Sowjets nicht »in der Lage [seien], eine große Offensive mit weiträumigem Ziel zu beginnen« – ein fataler Irrtum. Denn die Vorbereitungen für die »Operation Uranus« liefen bereits auf Hochtouren.

Noch am 8. November hatte Hitler im Münchener »Löwenbräukeller« vor den »alten Kämpfern« der NSDAP geprahlt: »Ich wollte zur Wolga kommen, und zwar an einer bestimmten Stelle, an einer bestimmten Stadt. Zufälligerweise trägt sie den Namen von Stalin selber. Also denken Sie nur nicht, daß ich aus diesen Gründen dorthin marschiert bin. Dort schneidet man nämlich 30 Millionen Tonnen Verkehr ab. Stalingrad ist so gut wie erobert. Sie dürfen versichert sein – und ich wiederhole es mit voller Verantwortung vor Gott und der Geschichte –, daß wir Stalingrad nie wieder verlassen werden!«

Ich schwöre, die Stadt nicht zu verlassen. Wir werden Stalingrad halten oder dort sterben.
Wassilij Tschuikow, Oberbefehlshaber der 62. Armee

Nur wenige Tage später, am 19. November, begann um 8.50 Uhr die Gegenoffensive der Roten Armee. Stalins Kampfparole hatte sich verändert. Aus »Keinen Schritt zurück« wurde ein »Vorwärts zur totalen Zerschlagung des Feindes«. Am selben Tag, an dem die Deutschen die Stalingrader Fabriken »Serschinski« und »Barrykady« eroberten und dem Hauptbrückenkopf der Sowjets die endgültige Vernichtung drohte, begann der Gegenschlag der Roten Armee mit einem fast 80 Minuten dauernden, ununterbrochenen Artilleriefeuer. Im dichten Schneegestöber überrannten die zahlenmäßig weit überlegenen sowjetischen Truppen die rumänischen Stellungen nordwestlich und südlich von Stalingrad. Nur vier Tage später war der Ring geschlossen. Am 23. November trafen sich die Spitzen der sowjetischen Zangenarme im Gebiet der Städte Kalatsch und Sovetskij. Damit saßen über 250 000 Soldaten in einer tödlichen Falle.

Alles wurde umgepflügt; wer nicht zwei Meter tief eingegraben war, hatte keine Chance zu überleben.
Nikolai Masniza, Soldat der Roten Armee

Generaloberst Paulus, der sein Hauptquartier 15 Kilometer nördlich von Kalatsch aufgeschlagen hatte, entging selbst in letzter Minute der Gefangennahme. An Bord eines »Fieseler Storchs« konnte er sich nach Nischne-Tschirskaja, außerhalb des Kessels, retten. Als er seinen »Führer« über den neuen Standort informierte, wies Hitler ihn an, sofort wieder in den Kessel einzufliegen. Ein Oberbefehlshaber gehöre zur Truppe, lautete seine unmißverständliche Weisung. Paulus landete kurz darauf in Gumrak, dem Flugplatz vor den Toren Stalingrads.

Schon vor der Schließung des Kessels, am 22. November, hatte Paulus Hitler um Handlungsfreiheit gebeten. Raus aus der Belagerung war für ihn die einzige vernünftige Lösung – doch sein »Führer« blieb hart: »Aushalten.«

»Die Armee geht in kürzester Zeit der Vernichtung entgegen, wenn nicht unter Zusammenfassung aller Kräfte der von Süden und Westen angreifende Feind vernichtend geschlagen wird«,

Eingekesselt: Am 23. November 1942 schließt sich der Ring um die 6. Armee – aus Angreifern werden Verteidiger.

Oben: Das Elend der Verwundeten: Erstarrte Leichen säumen die Wege zu den Flugplätzen. – Unten: Hoffnung der Eingekesselten: Eine Ju 52 evakuiert einen verletzten Soldaten.

meldete Paulus in einem weiteren verzweifelten Funkspruch in der Nacht vom 23. auf den 24. November. Wieder erbat er Handlungsfreiheit, und wieder hielt Hitler am »Ausharren« fest. Noch am 24. November traf im Hauptquartier der Sechsten Armee der endgültige »Führerentscheid« ein: »Unter allen Umständen halten. Luftversorgung durch Einsatz weiterer Ju's im Anlaufen. Halten und verteidigen.«

Dieser Befehl besiegelte das Schicksal der Sechsten Armee. Der Belagerungsring der Sowjets sollte sich nun immer enger um die deutschen Kräfte schließen. Das Vorrücken des Gegners bedeutete zudem den Verlust wichtiger Nachschubdepots der Wehrmacht und führte schnell zu einer dramatischen Zuspitzung der prekären Versorgungssituation.

Wir alle haben die Gefahr nicht in dieser Größe erkannt und den Russen wieder einmal unterschätzt.
Generalmajor Arthur Schmidt am 1. Dezember 1942

Verpflegung, Munition, Treibstoff – es fehlte an allem. Und auch die versprochene Versorgung der 22 eingeschlossenen Divisionen aus der Luft schien aussichtslos. Militärische Fachleute im Stab der Sechsten Armee, bei der Heeresgruppe B und auch im Oberkommando des Heeres bezweifelten den Erfolg der von Göring vollmundig angekündigten Hilfsaktion, noch bevor sie begann.

Am 20. November ernannte Hitler Generalfeldmarschall Erich von Manstein zum Befehlshaber der neu gebildeten Heeresgruppe Don. Hitlers Hoffnungsträger sollte die eingekesselten deutschen Soldaten freikämpfen, die Nachschubverbindungen wiederherstellen und die Rote Armee zurückwerfen – Ziele, die dem Wunschdenken des »Führers« entsprangen und die nicht zu

Eis und feindliche Flak: Jeder Flug aus dem Kessel ist ein Himmelfahrtskommando.

verwirklichen waren. Reichsmarschall Göring prahlte weiter: Seine Luftwaffe könne die Versorgung aufrechterhalten.

Die Wirklichkeit im Kessel sah anders aus. Schon vor der Jahreswende wurde der Treibstoff gefährlich knapp. Bei verschiedenen Waffengattungen waren die Munitionsvorräte auf 30 Prozent des Solls zusammengeschrumpft. Insgesamt 600 Tonnen Munition und Verpflegung forderte das Oberkommando der Sechsten Armee. Etwa 300 Transportflugzeuge am Tag wären erforderlich gewesen, um die Eingekesselten allein mit dieser Menge zu versorgen. Dagegen stand die Zahl von 300 Tonnen, die nach Einschätzung der Luftflotte 4 realistisch waren: Zahlenspiele mit tödlichen Konsequenzen.

Zwei Tage nach Schließung des Kessels, am 25. November, flogen die ersten Ju's in Richtung Stalingrad. Aufgrund der ersten Kälteeinbrüche Anfang Dezember sprangen bei vielen Flugzeugen die Motoren nicht an. Das Einfrieren der Landeklappen bei Temperaturen unter 30 Grad minus machte die Flüge nach Stalingrad zu einem Himmelfahrtskommando. Hinzu kam die Bedrohung durch sowjetische Flaks. Über 1000 Flugabwehrgeschütze hatten die Sowjets entlang den Flugschneisen stationiert. Die deutschen Piloten konnten nur noch im Schutz der Dunkelheit fliegen. Die Bilanz der deutschen Luftwaffe war bitter: Jedes dritte Flugzeug kehrte nicht mehr von seinem Einsatz zurück; die Maschinen wurden abgeschossen, mußten notlanden oder konnten wegen technischer Defekte nicht mehr starten.

Die meisten Verluste entstanden bei der Landung in der unübersichtlichen Schneewüste... Immer wieder prallten Flugzeuge auf andere Maschinen, die auf dem Flugfeld liegengeblieben waren, und gingen in Flammen auf.
Jochen Matthies, Bordmechaniker

Die Hoffnung auf die versprochene Hilfe von außen schwand, und Resignation machte sich breit. Bereits einen Tag nach der Einkesselung hatte Hitler den Entsatz des Kessels angekündigt – die »Operation Wintergewitter«. Sie sollte einen Versorgungskorridor in den Kessel schlagen. Hitler bestand nach wie vor auf dem Ausharren der Truppen in Stalingrad. Währenddessen stürmten schwache Einsatzverbände unter Generaloberst Hoth am 12. Dezember von Kotelnikowo in Richtung Kessel. Vor ihnen lag eine Strecke von 120 Kilometern durch Eis und Schnee. Hitler ging davon aus, daß die eingeschlossenen Soldaten aus eigener Kraft Hoths Truppen entgegenkommen konnten. Die vorliegenden Informationen über den Treibstoffmangel im Kessel und auch die heftige Gegenwehr der Roten Armee ließ er außer acht.

Hoths Vormarsch wurde immer wieder aufgehalten. Vor diesem düsteren Hintergrund erreichte am 17. Dezember ein Funkspruch von Generalfeldmarschall Manstein das »Führer«-Hauptquartier. In ihm warnte der Oberbefehlshaber der Heeresgruppe

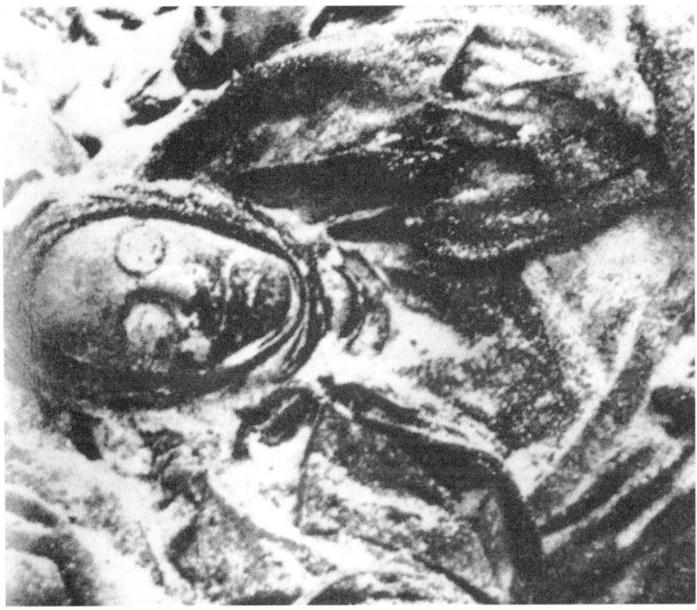

Ein eisiges Grab: Die Toten von Stalingrad bleiben dort liegen, wo sie gefallen sind.

So sicher der Ausbruch der Armee die Chance ihrer Rettung in sich schließen konnte, so konnte er auch zu ihrem Untergang führen.
Erich von Manstein, Befehlshaber der Heeresgruppe Don

Don Hitler ganz offen vor dem sich abzeichnenden Scheitern der »Operation Wintergewitter«. »Das Durchbrechen der 6. Armee nach Südwesten ist die letzte Möglichkeit, um wenigstens die Masse der Soldaten und der noch beweglichen Waffen zu erhalten«, funkte Manstein und erbat erneut von Hitler die Genehmigung für die »Operation Donnerschlag«, den Ausbruch der Sechsten Armee aus dem Kessel. Manstein wollte Menschen retten, aber zu diesem Zeitpunkt stand schon fest, daß nur noch ein Teil der Soldaten in Sicherheit gebracht werden konnte. Allen Schwerverletzten und Kranken im Kessel, das wußte auch Manstein, konnte sogar sein »Donnerschlag« nicht mehr helfen.

Hitler ließ sich nicht umstimmen. Stur hielt er an der Strategie von »Wintergewitter« fest und war nicht bereit, den Ausbruch der Sechsten Armee aus Stalingrad zu genehmigen. Die Einheiten der Vierten Panzerarmee hielten sich noch sechs Tage in ihren Stellungen, weniger als 50 Kilometer entfernt von den vorgestoßenen Kameraden der Sechsten Armee. Noch schickte man Durchhalteparolen zu den Eingeschlossenen im Kessel. »Haltet aus! Wir holen euch raus.« Aber am Heiligen Abend wurden die Panzer endgültig zum Rückzug gen Westen gezwungen, um der

Sieg für Stalin: Am 31. Januar 1943 weht die Rote Fahne über dem Roten Platz von Stalingrad.

drohenden eigenen Vernichtung zu entgehen. Einigen aufmerksamen Ohren im Kessel entging nicht, daß der Geschützdonner von Hoths Panzern verstummte – der Entsatzversuch war gescheitert.

Im Kessel wurde die Lage jetzt immer hoffnungsloser. Kälte und Hunger zehrten an den verbliebenen Kräften. Schon Mitte Dezember wurden die Verpflegungsrationen weiter gekürzt: 100 Gramm Brot, das waren zwei Scheiben, mehr durfte nicht an die Soldaten ausgegeben werden. Diese Not konnten auch die unzähligen Versorgungsflüge nicht lindern. Auf ihnen wurde vor allem Munition in den Kessel geflogen, die Verpflegung kam erst an zweiter Stelle.

Für die eingeschlossenen Soldaten war Weihnachten in Stalingrad ein Fest der Angst, des Hungers und der eisigen Kälte. Ein damals zwanzigjähriger Leutnant der Panzertruppe erinnert sich an den Weihnachtstag im Kessel in der Steppe: »Mein Truppenteil, wie überhaupt die meisten, lag in einer der vielen großen und tiefen Schluchten, Balka genannt. Hier lebten und hausten nicht nur wir, sondern hier suchte auch die arme, aus der Stadt geflohene Zivilbevölkerung mühsam Schutz vor dem ständigen russischen Bombardement. In meinem Bunker in einer solchen Balka waren wir am 24. Dezember zu zirka 15 Kameraden. Ich hatte unter ziemlichem Beschuß am Vormittag eine kleine Kiefer aus dem Schnee der Steppe gegraben. Wir bekamen alle eine Scheibe Brot *mehr* und hatten – woher auch immer – französischen Cognac und genügend Holz. Es wurde sehr früh dunkel, ich versuchte, die Weihnachtsgeschichte vorzutragen, und sprach schließlich das ›Vaterunser‹. Kurz darauf erklang aus dem Lautsprecher die Weihnachtsbotschaft des Soldatensenders aus Deutschland. Sie war geschaltet vom Nordkap bis nach Afrika. Als Stalingrad gerufen wurde, begannen wir zu frösteln. Als dann ›Stille Nacht, Heilige Nacht‹ erklang, rollten unsere Tränen. Von da an sprach niemand mehr ein Wort – vielleicht eine Stunde lang.« An anderen Abschnitten im Kessel ging es weniger besinnlich zu: »Weihnachten ist bei uns ausgefallen, da war nichts. Der Russe, der hat geschossen wie verrückt, und an Weihnachten war nicht zu denken«, erinnert sich ein anderer Überlebender der Schlacht.

Alle hungerten nun schon seit Wochen. Auch die vergrabenen Pferdekadaver, die der Frost konservierte, waren bald verbraucht. Ein Soldat beschrieb seinen Zustand in einem Brief: »Ich

Wir hörten damals den ganzen Funk und haben deshalb auch von Manstein keine Wunder erwartet.
Gerhard Philipp Humbert, Hauptmann

Wohl jeder von uns hatte Abschied genommen von der Welt, hatte seine Lieben zu Hause im Kopfe, und manch einer betete.
Karl Schmidt, Gefreiter

Wenn wir einen toten Soldaten gesehen haben, griffen wir ihm in die Tasche, ob er ein Stück Brot dabei hatte.
Karl-Heinz Müller, Gefreiter

Nacktes Überleben: Erschöpft und demoralisiert verlassen Zehntausende deutscher Kriegsgefangener den Ort der Niederlage.

wiege noch 92 Pfund, nur noch Haut mit Knochen, der lebende Tod. Und dazu noch jede Nacht bei Schnee und Eis, bei Wind und großer Kälte vor der Infanterie schanzen, Laufgräben ziehen.« Das Thermometer fiel auf minus 40 Grad. Ohne Winterkleidung waren viele Soldaten der extremen Kälte völlig schutzlos ausgesetzt. Sie starben am Hunger, brachen einfach zusammen und erfroren.

»Die Sechste Armee hat mein Wort, daß alles geschieht, um sie herauszuholen: Ihr könnt Euch felsenfest auf mich verlassen. Adolf Hitler.« Am 31. Dezember erfuhren die Soldaten im Kessel von diesem Funkspruch. Dann, am 8. Januar, überbrachten zwei Parlamentäre ein Ultimatum des sowjetischen Oberkommandos. Doch Hitler verbot strikt jede Verhandlung; die Unterhändler mit den weißen Fahnen sollten durch Schüsse vertrieben werden. Auch eine zweite Aufforderung zur Kapitulation wurde abgelehnt. Gleichzeitig fielen Flugblätter vom Himmel, auf denen die deutschen Soldaten zum Überlaufen aufgefordert wurden. »Bei uns seid Ihr in Sicherheit.« »Entschließe Dich! Gefangen – gerettet!« Aber kaum einer wollte der sowjetischen Propaganda trauen. Die Angst vor der Kriegsgefangenschaft, die zudem von der deutschen Heeresleitung ganz bewußt geschürt wurde, war zu groß.

...Parlamentäre... kamen mit einer weißen Flagge und wurden aus einer Entfernung von 200 Metern abgeschossen, weil keine Verhandlungen geführt werden durften.
Vinzenz Griesemer, damals Gefreiter

Am 10. Januar, morgens kurz vor sechs, begann schließlich der sowjetische Großangriff auf den Kessel. Pausenlos feuerten sowjetische Geschütze auf die verbliebenen deutschen Stellungen. Die Verteidigung der Wehrmacht war schwach, denn seit dem 1. Januar galt eine strenge Rationierung der Munition. Drei Schuß leichte Feldhaubitze, zwei Schuß Pak durften pro Regiment täglich abgegeben werden. Wie zynisch mußte da Hitlers Losung vom »Widerstand bis zur letzten Patrone« klingen. Die massiven Angriffe der Roten Armee brachten dagegen schnelle Erfolge. An mehreren Stellen konnten die sowjetischen Truppen die deutschen Linien durchbrechen. Der Kessel wurde für die Soldaten zu einem Vorraum des Todes, die äußeren Bedingungen waren grauenhaft. »Unsere Männer liegen bei über 30 Grad Kälte auf der freien Fläche hinter den Schneemauern, keine Möglichkeit, sich mal für kurze Zeit aufzuwärmen oder abgelöst zu werden. Daher kommen zu den Verwundungen noch die große Zahl der Erfrierungen«, schreibt ein Stalingradkämpfer am 17. Januar 1943 in einem letzten Brief.

Die Lazarette waren überfüllt, die medizinische Versorgung der Verwundeten bestand oft nur noch in einer Begleitung des Sterbens. So wurden die wenigen Plätze in den Flugzeugen, die nach dem Ausladen der Versorgungsgüter wieder aus dem Kessel heraus starteten, für viele zur letzten Hoffnung. Nur wenige Verwundete bekamen diese Überlebenschance. Schwerverletzte hatten selten das Glück, vom Arzt den Abtransport genehmigt zu bekommen. Denn die unbarmherzige Order der Heeresleitung schrieb vor, vorrangig solche Verwundete aus dem Kessel zu holen, die schnell wieder einsatzfähig sein würden. Vor den Augen der Piloten spielten sich dramatische Szenen ab. In panischer Verzweiflung kämpften Soldaten um die letzten freien Plätze in den Flugzeugen, besetzten die Landebahn und hielten sich krampfhaft an den Tragflächen fest. Alle wollten raus, nur mit Waffengewalt konnte auf den Flugplätzen ein geringes Maß an Ordnung aufrechterhalten werden.

Ich bin in Stalingrad als Arzt daran fast verzweifelt, helfen zu wollen, aber nicht zu können.
Dr. Oskar Larbig, Oberarzt im Kessel

Am 21. Januar setzte Friedrich Paulus einen weiteren verzweifelten Funkspruch ab: »Truppe ohne Munition und Verpflegung. Auflösungserscheinungen an der Süd-, Nord- und Westfront. 18 000 Verletzte ohne Mindesthilfe an Verbandszeug und Medikamenten. Front infolge starker Einbrüche vielseitig aufgerissen. Weitere Verteidigung sinnlos. Zusammenbruch unvermeidbar. Armee erbittet, um noch vorhandene Menschenleben zu retten, sofortige Kapitulationsgenehmigung.«

Die Luftwaffe hat uns verraten, und dieses Verbrechen an der 6. Armee ist nie wiedergutzumachen.
General Arthur Schmidt am 21. Januar 1943

Hitler war also darüber informiert, daß sich die deutschen Soldaten am Ende ihrer Kräfte befanden und die Moral der Truppe zerbrach. Im sicheren Hauptquartier, fern der Katastrophe, reagierte der »Führer« ungerührt und zum wiederholten Mal mit einem Verbot der Kapitulation. Und nicht nur das: Die Nachricht vom Untergang der Sechsten Armee – sie hätte so gar nicht zur Feier des zehnten Jahrestags der »Machtergreifung« gepaßt. Der Kriegsherr befahl: »Kapitulation ausgeschlossen. Die Armee erfüllt eine historische Aufgabe, den Aufbau einer neuen Front beiderseits Rostow zu ermöglichen.«

Für Hitler besaß die Sechste Armee auch in ihrem desolaten Zustand noch eine strategische Funktion. An der Kaukasusfront war die Lage zu dieser Zeit äußerst prekär. Der Diktator versprach sich vom Hinauszögern der Niederlage in Stalingrad eine Bindung sowjetischer Truppen an diesen Kriegsschauplatz. Noch Schlimmeres sah man voraus: Für den Fall, daß es der Roten Armee gelänge, auch den Südflügel der Front von der Versorgung abzuschneiden, stand die gesamte Ostfront vor einer vernichtenden Niederlage. Es war wohl das Verdienst von Hitlers Generalstabschef Zeitzler, seinen Gönner Ende Dezember 1942 veranlaßt zu haben, den Rückzug aus dem Kaukasus zu befehlen. Zeitzler hatte den »Führer« vor einem zweiten Stalingrad gewarnt. Auch Feldmarschall von Manstein setzte auf Rückzug. Er wußte, daß die Donübergänge nicht mehr lange zu halten waren. Stalingrad war auch ein Bauernopfer, um ein zweites, ungleich schlimmeres »Stalingrad« im Süden zu verhindern. Noch aber konnten nicht alle Soldaten im Kessel glauben, daß Stalingrad wirklich von höchster Stelle der Vernichtung preisgegeben wurde. Dieser letzte Rest von Optimismus wird auch aus Feldpostbriefen ersichtlich, die ihre Empfänger schon nicht mehr erreichten. Einer schrieb noch am 15. Januar: »Liebe Mama, brauchst aber keine Angst zu haben. Der Kessel ist groß, da sind mindestens 200 000 Mann darin, und da wird schon alles gemacht, daß wieder alles in Ordnung kommt.«

Wer konnte annehmen, daß er [Hitler] den Verlust einer Armee um des Namens Stalingrad willen in Kauf nehmen würde.
Erich von Manstein, damals Befehlshaber der Heeresgruppe Don

Am 23. Januar fiel der letzte Flugplatz, Stalingradskij, in sowjetische Hand. Jetzt bestand für die Piloten gar keine Landemöglichkeit mehr im zusammengedrückten Kessel. Der Abwurf von Verpflegung, Treibstoff-Fässern und Munition war nun die einzige Verbindung zu den Eingeschlossenen und kostete einen hohen Preis. Denn die Piloten mußten alles riskieren, um über Hunderte von Kilometern Feindgebiet hinweg den Kessel zu erreichen.

Preis: 20 Pfennig

DONNERSTAG, 11. FEBRUAR 1943
18. JAHRGANG FOLGE 6

IB Illustrierter Beobachter

VERLAG FRANZ EHER NACHF. MÜNCHEN 22

Mit herzlichen Heimatgrüßen an die Front von

Generalfeldmarschall Paulus
führte die ruhmreiche 6. Armee.

Generaloberst Heitz,
Kommandierender General eines Armeekorps.

General der Infanterie Strecker,
der Führer der Nordgruppe.

DAS FANAL VON STALINGRAD

Das Ende einer Armee: Ohne Gegenwehr läßt sich Generalfeldmarschall Paulus festnehmen (oben links). Die NS-Propaganda feiert ihn wider besseres Wissen als Helden (oben rechts). Das erste Brot in der Gefangenschaft (unten).

Ende Januar verschärfte sich die Lage für die Deutschen mit jedem Tag. Der Roten Armee gelang es am 26. Januar, den Kessel zu spalten. Damit war auch die Kommandostruktur zerfallen. General Strecker befehligte den Nordkessel. Generaloberst Paulus verblieb im Hauptquartier der Sechsten Armee im Südkessel und wurde in den letzten Tagen der Schlacht um Stalingrad immer mehr zu einer tragischen Figur.

Noch am 29. Januar hatte er seinem »Führer« per Funk zum Jahrestag der Machtübernahme gratuliert: »Noch weht die Hakenkreuzfahne über Stalingrad. Unser Kampf möge den lebenden und kommenden Generationen ein Beispiel dafür sein, auch in der hoffnungslosesten Lage nie zu kapitulieren, dann wird Deutschland siegen.«

Hitlers Antwort ließ nicht lange auf sich warten: »Mein Generaloberst Paulus! Schon heute blickt das ganze deutsche Volk in tiefer Ergriffenheit zu dieser Stadt. Wie immer in der Weltgeschichte wird auch dieses Opfer kein vergebliches sein.«

Daß er von Paulus selbst ein persönliches Opfer erwartete, sagte er nicht. Statt dessen beförderte der »Führer« zwei Tage später den Generaloberst zum Generalfeldmarschall. Hitler war überzeugt, daß Paulus in seiner neuen Funktion den »Heldentod« wählen würde.

Hitler hatte Stalingrad innerlich abgeschrieben. Das einzige, was Paulus erhielt, war seine Beförderung zum Generalfeldmarschall.
Otto E. Moll, Militärhistoriker

Im Berliner Sportpalast gedachte man derweil der nationalsozialistischen Machtergreifung. Reichsmarschall Göring hielt anstelle Hitlers die Hauptrede. In ihr stilisierte er die Niederlage von Stalingrad zum »größten Heroenkampf« der Geschichte: »Es ist letzten Endes, das mag hart klingen, ja für den Soldaten gleichgültig, ob er bei Stalingrad, bei Rschew oder in der Wüste Afrikas... kämpft und fällt«, erklärte er seinem Publikum im Saal und an den Volksempfängern. So erfuhren auch einige Soldaten im Kessel, daß man sie in Berlin schon abgeschrieben hatte. General Strecker ließ es sich nicht nehmen und funkte zurück: »Vorzeitige Leichenreden unerwünscht!«

Görings Radioansprache zum 30. Januar 1943 war unsere Grabrede.
Gerhard Philipp Humbert, damals Hauptmann

Die Stunden der Verteidiger im Kessel waren gezählt. Am Morgen des 31. Januar gelang es der Roten Armee, den Südkessel zu sprengen. »Russe vor der Tür, wir bereiten Zerstörung vor«, war die letzte Meldung aus dem Hauptquartier im Kaufhauskeller. Paulus und sein Generalstab verließen schließlich mit erhobenen Händen ihren Gefechtsstand. Auch aus den umliegenden Ruinen krochen geisterhafte Gestalten ans Licht, hoben die Hände und sammelten sich auf dem Roten Platz.

Die Niederlage von Stalingrad war eine Kapitulation ohne Urkunde, denn Paulus hatte keine unterschrieben. Er wollte, wie er es krampfhaft interpretierte, als Privatmann in die Gefangenschaft gehen. Als Moskau die Nachricht von der Gefangennahme Paulus' verbreitete, konnte Hitler nicht glauben, daß sein Generalfeldmarschall noch lebte. Als weitere Quellen die Gefangennahme bestätigten, tobte der Kriegsherr. In der Mittagsbesprechung sagte Hitler zu General Zeitzler: »Das Heldentum von so vielen Zehntausenden von Menschen, Offizieren und Generalen wird ausgelöscht durch einen solchen Mann. In diesem Krieg wird niemand mehr Feldmarschall.«

Ungewisse Zukunft: Nur wenigen versprengten Soldaten der 6. Armee gelingt die Flucht durch Feindesland.

Am 2. Februar wurde auch der nördliche Kessel gestürmt. Um 8.15 Uhr meldete sich General Strecker zum letzten Mal: »XI. Armeekorps hat mit seinen 6 Divisionen im schwersten Kampf bis zum letzten Mann seine Pflicht getan.«

Während die deutsche Bevölkerung noch im ungewissen über das Schicksal ihrer Soldaten war, feierte die Sowjetunion nach der erlösenden Meldung aus dem Oberkommando ihren großen Sieg: »Heute, am 2. Februar, haben die Truppen der Donfront die Liquidierung der im Bezirk Stalingrad eingekesselten deutschen Truppen vollständig beendet. Unsere Truppen haben den Widerstand des Feindes gebrochen und ihn gezwungen, die Waffen zu

Wir werden einiges zu tun haben, die Hintergründe dieses tragischen Vorgangs dem deutschen Volke klarzumachen.
Goebbels, Tagebuch vom 3. Februar 1943

Die haben sich absolut formgerecht übergeben. Denn im anderen Falle stellt man sich zusammen, bildet einen Igel und schießt sich mit der letzten Patrone selbst tot.
Adolf Hitler am 1. Februar 1943

strecken. Dies ist der Ausgang einer der größten Schlachten der Weltgeschichte.«

Zwei Tage später reagierte die NS-Propagandamaschinerie und machte auf der Titelseite des *Völkischen Beobachters* aus dem elenden Ende ein fadenscheiniges Fanal: »Der Kampf um Stalingrad ist zu Ende. Ihrem Fahneneid bis zum letzten Atemzug getreu ist die Armee unter der vorbildlichen Führung des Generalfeldmarschalls Paulus der Übermacht des Feindes und der Ungunst der Verhältnisse unterlegen. Sie starben, damit Deutschland lebe.«

Bei der Einkesselung der Sechsten Armee am 23. November wurden rund 250 000 Soldaten eingeschlossen. Am Ende waren fast zwei Drittel der Mannschaften und Unteroffiziere sowie die Hälfte der Offiziere gefallen, erfroren, verhungert oder an Erschöpfung gestorben, der größte Teil von ihnen in den beiden letzten Wochen der Schlacht. Unter den 90 000 Gefangenen befanden sich 2500 Offiziere und 24 Generäle. Mehr als die Hälfte der äußerst geschwächten Männer erlag bereits im Frühjahr 1943 in den Sammellagern Beketowka, Krasnoarmeisk und Frolow dem Fleckfieber. Zehntausende Soldaten starben auf den wochenlangen eisigen Transporten nach Sibirien. Andere überlebten die Strapazen der Arbeit in Waldlagern und Bergwerken nicht. Von den 90 000 Stalingradkämpfern, die in Gefangenschaft gingen, kehrten nur 6000 Mann in die Heimat zurück. Von den 24 Generälen starb nur einer in Gefangenschaft. Alle anderen überlebten den Krieg.

20. JULI 1944

Das Attentat

Die beiden Offiziere waren nervös. Ihnen blieb nur wenig Zeit, die Bombe zu aktivieren. Mit einer Zange zerbrach der Oberst die Säureampullen der beiden chemisch-mechanischen Zünder. Nun würde es noch maximal zehn bis fünfzehn Minuten dauern, bis die Säure den Draht durchfraß, der den Schlagbolzen hielt – dann würde die Bombe hochgehen. Auch den zweiten Sprengsatz, ebenfalls aus hochexplosivem »plastischen« Material, könnte er nun scharf machen. Aber dessen Zünder waren auf eine halbe Stunde eingestellt. Würde die Besprechung lange genug dauern, um diese Höllenmaschine zum Einsatz zu bringen?

Diese Männer kämpften ohne Hilfe von innen oder von außen, einzig getrieben von der Not des Gewissens… Ihre Taten und Opfer sind das unzerstörbare Fundament eines neuen Aufbaus.
Winston Churchill, 1946

Während der Oberst und sein Adjutant, ein Oberleutnant, überlegten, was mit dem zweiten Sprengsatz zu tun sei, stieß jemand die Tür auf. Plötzlich stand ein Oberfeldwebel in dem Nebenraum der Lagebaracke des »Führer«-Hauptquartiers. Die

Auf dem Weg zur »Wolfsschanze«: Hitler passiert mit seinem Wagen eine der zahlreichen Sperren, die sein Hauptquartier in Ostpreußen sichern sollen.

erste Bombe verschwand blitzartig in einer Aktentasche, die andere, noch nicht aktivierte, nahm der Oberleutnant an sich. »Telefon für Oberst Stauffenberg«, meldete der Oberfeldwebel, der von den Sprengsätzen offenbar nichts bemerkt hatte. Immerhin – die Bombe war scharf. Nun blieben dem Oberst noch wenige Minuten, sie im Lageraum des »Führer«-Hauptquartiers zu plazieren. Das schien noch das geringste Problem, denn der Attentäter hatte eine Einladung zur »Mittagslage« im Lageraum, an der wie immer auch Adolf Hitler teilnahm. Als Stabschef des Ersatzheeres war Oberst Claus Schenk Graf von Stauffenberg an diesem Donnerstag, dem 20. Juli 1944, aus Berlin in die »Wolfsschanze« bei Rastenburg in Ostpreußen gekommen, um vor dem »Führer« über das Thema »Sperrdivisionen zur Verteidigung Ostpreußens« zu referieren.

Endlich ein Generalstabsoffizier mit Phantasie und Verstand.
Hitler im Mai 1944 über Stauffenberg

Stauffenberg hatte nicht nur seinen Vortrag gut vorbereitet. Er war entschlossen, an diesem Tag Adolf Hitler zu töten. Ein Offizier der Wehrmacht, der plante, sein Staatsoberhaupt umzubringen – das waren nach gängigen Begriffen Mord und Hochverrat. Aber der Patriot Stauffenberg konnte beide Vorwürfe mit seinem Gewissen vereinbaren. Er sah sein heißgeliebtes Vaterland und das gesamte deutsche Volk in höchster Gefahr. »Es ist wohl einmalig in der Geschichte eines Volkes, daß sein Führer immer Anordnungen erteilt, die sein Volk ständig dem Untergang näherbringen«, lautete sein Urteil nach fünf Jahren Krieg. »Es ist Zeit, daß etwas getan wird. Aber wer den Mut auch hat, etwas zu tun, muß es in der Gewißheit tun, daß er als Verräter in die deutsche Geschichte eingehen wird. Wenn er es jedoch nicht tut, wird er vor seinem eigenen Gewissen als Verräter dastehen«, hatte er wenige Tage vor dem 20. Juli erklärt. Die Explosion des Sprengsatzes sollte als »Initialzündung« einen lange vorbereiteten Staatsstreich auslösen. Mord und Staatsstreich aus Gewissensgründen: Stauffenberg wollte den Krieg beenden, den totalen militärischen Untergang des Reiches verhindern, dem Sterben an den Fronten und dem Morden in den Konzentrationslagern ein Ende bereiten. Das war der praktische Zweck der Tat. Aber der Anschlag sollte auch ein Symbol sein. Er sollte der Welt beweisen, daß nicht alle Deutschen Mitläufer oder gar Mittäter waren, daß es nicht nur Vollstrecker von Hitlers verbrecherischen Befehlen gab.

Es kommt darauf an, ihn umzubringen, und ich bin dazu bereit.
Stauffenberg, 1942

Es ist die Pflicht von Männern, die ihr Vaterland wirklich lieben, jetzt für dieses Ziel die letzte Kraft einzusetzen. Wenn uns das nicht gelingt, nun, dann haben wir wenigstens unsere Schuldigkeit getan.
Ludwig Beck am 20. Juli

Als die Besprechung gegen 12.30 Uhr im Lageraum begann, bat Oberst Stauffenberg einen Offizier, seine Aktentasche möglichst nahe beim »Führer« abzustellen. Das war kein ungewöhnlicher Wunsch, denn der schwer kriegsverletzte Stauffenberg – er

Es wird Zeit, daß ich das Deutsche Reich rette.
Der schwerverletzte Stauffenberg, 1943 zu seiner Frau

Attentäter und Objekt: Das einzige Bild, das Oberst Stauffenberg (l.) und Hitler gemeinsam zeigt, entstand am 15. Juli 1944 im Führerhauptquartier. Stauffenberg trug an diesem Tag die Bombe bereits bei sich, machte sie aber nicht scharf.

hatte bei einem Tieffliegerangriff 1943 die rechte Hand, das linke Auge und zwei Finger der linken Hand verloren – sollte seine Unterlagen griffbereit haben, wenn er mit seinem Vortrag an der Reihe war. Als er sah, daß die Aktentasche wie gewünscht plaziert worden war, verließ Stauffenberg den Raum – er müsse te-

Dazu bist du jetzt in deinem Zustand gerade der Richtige.
Antwort seiner Frau Nina

lefonieren, entschuldigte er sich. Von diesem Augenblick an war der Attentäter auf der Flucht.

Wenige Minuten später zerriß eine Explosion die Stille des bewaldeten Geländes, in das sich die Gebäude und Bunker des »Führer«-Hauptquartiers gut getarnt einfügten. Die Druckwelle der Detonation fegte alle in der Baracke Anwesenden von den Beinen. Dort wo gerade noch eine Lagebesprechung stattgefunden hatte, herrschte jetzt ein wüstes Durcheinander. Der Innenraum des Gebäudes war ein rauchender Trümmerhaufen, ein Chaos aus zersplittertem Holz, Glasscherben und zerstörter Wandverkleidung. Auf dem Boden lagen verletzte Männer in zerfetzten Uniformen.

Einer aber überwand die Benommenheit nach dem Donner-

Nach der Explosion: Noch am Nachmittag des 20. Juli führt Hitler seinem Gast Mussolini den Ort des Geschehens vor.

schlag erstaunlich schnell. »Wo ist der Führer?« rief der unverletzte Generalfeldmarschall Keitel, um dann erleichtert festzustellen: »Mein Führer! Sie leben! Sie leben!« Tatsächlich: Der Mann dem der Anschlag galt, hatte kaum etwas abbekommen: Ein paar Kratzer, einige Haare waren versengt, seine Hose zerrissen. Die Bombe, die unter dem Kartentisch explodiert war, hatte ihre zerstörerische Wirkung nur einseitig entfalten können. Die Tasche mit dem Sprengsatz hatte an einem massiven hölzernen Tischbock gelehnt, die Männer, die direkt neben diesem Tischbock standen, wurden schwer verletzt. Aber Hitler und all jene, die der Tischbock von der Bombe abschirmte, wurden verschont. Von 24 Anwesenden erlitten nur sieben ernsthafte Verletzungen, zwei starben später an ihren Wunden. Hätten die Attentäter beide Bomben in der Aktentasche verstaut, so wäre auch die nicht aktivierte Bombe hochgegangen. Eine solche Ladung wäre wohl für alle Anwesenden tödlich gewesen – aber wußten das die Täter? Der Zufall und die Nervosität, vielleicht auch das Unwissen der Bombenleger retteten Hitler das Leben.

Draußen vor der Baracke hatte kurz vor der Detonation Oberst Stauffenberg einem Soldaten der Fahrbereitschaft klare Anweisungen gegeben: Er und sein Adjutant müßten schleunigst zum Flugplatz in Wilhelmsdorf, denn dort warte ein Flugzeug, das pünktlich nach Berlin zurückfliegen müsse. Noch während Stauffenberg in den Wagen stieg, explodierte die Bombe, er sah die Wirkung aus einiger Entfernung. Trotzdem ließen er und Oberleutnant von Haeften den Fahrer starten. Sie passierten die erste Wache ohne Probleme. Doch als sie eine der Außenwachen erreichten, hieß es bereits: »Alarm, keiner darf den Sperrkreis verlassen.« Noch wußte die Wache nicht, was sich ereignet hatte. Probealarme gab es häufiger, auch Explosionen waren nicht ungewöhnlich, denn Tiere traten von Zeit zu Zeit auf Minen, die um das »Führer«-Hauptquartier verlegt waren. Schließlich ließ sich der diensthabende Unteroffizier von einem Anruf Stauffenbergs bei einem vorgesetzten Offizier beeindrucken. »Schlagbaum öffnen«, bedeutete er dem Posten.

Es ist nun Zeit, daß etwas getan wird. Aber wer den Mut auch hat, etwas zu tun, muß es in der Gewißheit tun, daß er als Verräter in die deutsche Geschichte eingehen wird. Wenn er es jedoch nicht tut, wird er vor seinem eigenen Gewissen als Verräter dastehen.
Stauffenberg einige Tage vor dem 20. Juli

Vom »Kurierflugplatz« Wilhelmsdorf, etwa sechs Kilometer vom »Führer«-Hauptquartier entfernt, flogen Stauffenberg und sein Adjutant gegen 13.15 Uhr in einer zweimotorigen Heinkel 111 nach Berlin. Dort, im sogenannten Bendlerblock, einem grauen, fünfgeschossigen Gebäudekomplex im Diplomatenviertel am Tiergarten, warteten ihre Mitwisser. Im Bendlerblock waren das Hauptquartier des Befehlshabers des Ersatzheeres und das Allgemeine Heeresamt untergebracht. Wie Stauffenberg hatten einige Mitverschwörer wichtige Positionen in diesen Dienststellen inne, darunter das Kommando über das Ersatz- und das Heimatheer, also fast alle Streitkräfte, die nicht an den Fronten im Einsatz standen. Die Verschwörer wollten diese Truppen nach dem Attentat zum Instrument des Staatsstreichs machen. Der Plan war genial-verwegen: In den Tresoren sämtlicher Einheiten des Ersatzheeres lagen Befehle unter dem Decknamen »Walküre«, die für die Kommandeure genaue Anweisungen für den

Meine Beweggründe zu dieser Handlungsweise sind getrieben von der unendlichen Sorge um unser Vaterland und das Schicksal unseres Volkes.
General Friedrich Olbricht in seinem Abschiedsbrief an seine Familie, geschrieben am Abend des 20. Juli

Fall enthielten, daß Fremdarbeiter oder Kriegsgefangene im Reich »innere Unruhen« auslösten. Die Konspirateure aber hatten – ganz offiziell in ihrer Funktion als Stabsoffiziere des Ersatzheeres – den Notstandsplan im Laufe der Zeit so verändert, daß er wie maßgeschneidert für einen Staatsstreich war.

Einer der Hauptverantwortlichen für diese Putschstrategie war General Friedrich Olbricht, der Chef des Allgemeinen Heeresamtes. Der tief religiöse Olbricht, ein Sachse, der für die Weimarer Republik Sympathien empfunden hatte und nicht in das Schema des national-konservativen Berufsoffiziers paßte, fühlte sich schon seit 1934, als sein Kamerad Kurt von Schleicher nach der

Verwegener Plan für den Staatsstreich: General Friedrich Olbricht will durch manipulierte »Walküre«-Notstandsbefehle für das Ersatzheer die NS-Herrschaft brechen.

inszenierten Röhm-Affäre ermordet wurde, von den halblegalen, illegalen und gewalttätigen Methoden der Nazis abgestoßen. Trotzdem hatte er als Soldat weiter seine Pflicht erfüllt, war sogar im Polenfeldzug hoch dekoriert worden. Doch seit 1942 plante er als Leiter des Allgemeinen Heeresamtes, das für die Personal- und Materialbewirtschaftung der Wehrmacht zuständig war, den Umsturz. Er wollte handeln, und die Bilanz, die er 1944 zog, bestätigte ihm, daß ein Putsch gerechtfertigt war: »Der Führer bekommt politisch keinen Frieden, der Feind steht vor den Toren, militärisch ist die Situation nicht mehr zu meistern.«

Sein Stabschef, der 39 Jahre alte Oberst Albrecht Ritter Mertz von Quirnheim, war in Olbrichts Putschpläne eingeweiht. Wie viele junge Offiziere war auch Mertz anfangs der NS-Bewegung gegenüber äußerst positiv eingestellt. Doch auf den Überfall auf die Sowjetunion und die Greuel an der Ostfront hatte er mit Entsetzen reagiert. Seine Meinung über den »Führer« war inzwischen eindeutig: »Hitler ist ein Verbrecher oder Wahnsinniger, wahrscheinlich aber beides. Er muß beseitigt werden, um den aussichtslosen Krieg zu beenden.« Mertz war seit gemeinsamen Jahren an der Berliner Kriegsakademie ein enger Freund jenes Mannes, der an diesem 20. Juli im »Führer«-Hauptquartier die

Hitler ist ein Verbrecher oder Wahnsinniger, wahrscheinlich aber beides. Er muß beseitigt werden, um den aussichtslosen Krieg zu beenden.
Oberst Albrecht Ritter Mertz von Quirnheim, 25. Juni 1944

Freunde und Verschwörer: Claus Schenk Graf von Stauffenberg und Albrecht Ritter Mertz von Quirnheim als Stabsoffiziere, 1942 in Winniza/Ukraine.

Bombe deponiert hatte: Oberst Claus Schenk Graf von Stauffenberg.

Der siebenunddreißigjährige Stauffenberg entstammte einer alten schwäbischen Adelsfamilie. Wie andere Offiziere seiner Generation hatte er die »Machtergreifung« 1933 aus ganz pragmatischen Gründen begrüßt. Er dachte national und hoffte, daß Deutschland unter Hitler zu alter Stärke zurückfinden würde. Gleichzeitig bewunderte er als Soldat und Angehöriger einer konservativen Elite, daß Hitlers totalitärer Staat die Massen für nationale und »wehrfreudige« Ideen mobilisierte. Zu Beginn des Krieges hatte er sich in Polen und Frankreich von den Erfolgen

Uns geht es köstlich. Wie sollte es auch anders sein bei solchen Erfolgen...
Stauffenberg, 1940 in einem Brief von der Westfront

der Wehrmacht noch begeistern lassen. Doch ab 1942 bekam er beim Allgemeinen Heeresamt Einsicht in die erschreckenden Verlustzahlen der deutschen Armeen an der Ostfront. Er ahnte, daß der Krieg nicht mehr zu gewinnen war, die Katastrophe von Stalingrad erschütterte ihn schwer. Aber noch stärker wog seine Empörung über die brutale Besatzungspolitik in Rußland und die systematischen Morde an den Juden. Als er von General Olbricht für den Putsch angeworben wurde, sah er sich als Generalstabsoffizier in der Pflicht: »Wir sind die Führung des Heeres und auch des Volkes und werden diese Führung in die Hand nehmen.«

Eingeweiht in die Umsturzpläne war seit kurzem auch der Ex-Generaloberst Erich Hoepner, der im Januar 1942 aus der Wehrmacht ausgestoßen worden war, weil er seine Soldaten, die im Dezember 1941 vor Moskau aufgerieben wurden, zurückgezogen hatte – gegen Hitlers Befehl. Am 20. Juli fand er sich in der Bendlerstraße ein, um den Staatsstreich aktiv zu unterstützen.

Ich war nicht Offizier geworden, um mein Staatsoberhaupt zu erschießen.
Philipp Freiherr von Boeselager, Mitwisser der Verschwörer

Olbricht, Mertz von Quirnheim, Stauffenberg und Hoepner – sie alle wählten einen für Soldaten schweren Weg: Widerstand gegen die eigene Führung, was im Krieg letztlich die Parteinahme für den militärischen Gegner bedeutete. Gleichzeitig wußten sie, daß die Alliierten auch einer neuen deutschen Regierung, die den Krieg beenden wollte, nicht sonderlich wohlgesonnen waren. Wie ein Menetekel stand die Forderung nach bedingungsloser Kapitulation im Raum. Diesen Loyalitätskonflikt nahmen die Verschwörer in Kauf. Sie wollten durch die Beendigung des Krieges weitere Opfer an Menschenleben verhindern, wußten, daß dieser Schritt überfällig war, und konnten nicht einmal ahnen, daß in den neuneinhalb Monaten vom Juli 1944 bis zum Mai 1945 mehr Menschen umkommen sollten als in den fünf Kriegsjahren zuvor.

Die Männer, die am 20. Juli handelten, mußten auch einen sehr persönlichen Loyalitätskonflikt bewältigen. Sie hatten als Soldaten der Wehrmacht einen Schwur geleistet: »Ich schwöre bei Gott diesen heiligen Eid, daß ich dem Führer des Deutschen Reiches und Volkes, Adolf Hitler, dem Oberbefehlshaber der Wehrmacht, unbedingten Gehorsam leisten und als tapferer Soldat bereit sein will, jederzeit für diesen Eid mein Leben einzusetzen.« Wer gegen Adolf Hitler putschte, brach mit der Tradition des Treueids und des Gehorsams. Damit machten sich die Verschwörer zu absoluten Außenseitern in der Wehrmacht. Aber das zählte für sie nicht mehr, sie wollten den Verbrechen des NS-Regimes Einhalt gebieten. Nicht mehr der »Führer« hatte das Kommando, sondern eine höhere Instanz. Ihr Gewissen befahl ihnen, menschlichen Anstand als einzigen Maßstab ihres Handelns zu setzen. Im Namen ihres Gewissens und der Menschlichkeit mußten sie wie Verbrecher konspirieren. Das Attentat am 20. Juli war der Höhe- und Schlußpunkt dieser Konspiration – und der Auftakt für den Staatsstreich.

General mit Rückgrat: Generaloberst Erich Hoepner (r.) stellt sein Gewissen höher als Hitlers Befehle. Am 20. Juli beteiligt er sich aktiv am Aufstand gegen Hitler.

Es hat sich zweifellos eine Katastrophe angebahnt. Es mußten Maßnahmen ergriffen werden, um dieser Sache vorzugreifen. Diese Maßnahmen sind jetzt zur Auslösung gekommen. Ich bitte Sie, mich zu unterstützen.
General Olbricht am Abend des 20. Juli 1944 zu zweifelnden jüngeren Offizieren im Bendlerblock

Doch als sich Stauffenberg an diesem Tag von der »Wolfsschanze« auf den Weg nach Berlin machte, hatten die Verschwörer in der Bendlerstraße noch keine Nachricht aus dem »Führer«-Hauptquartier in Ostpreußen. Folglich zögerten sie, den »Walküre«-Befehl an die Einheiten des Ersatzheeres auszugeben. Dabei hatte ihr Mitverschwörer in der »Wolfsschanze«, der General der Nachrichtentruppe Erich Fellgiebel, versucht, ihnen sofort nach dem Attentat zu berichten, was er als Augenzeuge gesehen hatte. »Es ist etwas Furchtbares geschehen. Der Führer lebt!« teilte er telefonisch General Fritz Thiele, einem eingeweihten Verbindungsmann im Bendlerblock, mit. Doch Thiele, der Nachrichtenleiter im Bendlerblock, gab die Meldung nicht an Olbricht und Hoepner weiter – er ging zwei Stunden lang spazieren. Hitler lebte – sollte er jetzt noch mitmachen? Er zauderte und wurde so der erste »Umfaller« des Tages; etliche andere wichtige Mitwisser sollten folgen.

Stundenlang warteten die Verschwörer auf die Bestätigung, daß das Attentat erfolgt war – auf die Nachricht, daß Hitler nicht mehr lebte. Stundenlang zögerten sie die Auslösung des »Walküre«-Befehls hinaus. In diesen Stunden bahnte sich eine weitere Katastrophe für die Konspirateure an. Es gelang General Fellgiebel in der »Wolfsschanze« nicht, das »Führer«-Hauptquartier nach dem Attentat nachrichtentechnisch von der Außenwelt zu isolieren. Zwar verhängte man eine Nachrichtensperre, um zu verhindern, daß durch eine Meldung vom Attentat Unruhen im Reich ausgelöst würden. Aber schon bald wurde die Nachrichtensperre gelockert, und das »Führer«-Hauptquartier meldete sich auf Anfragen mit seiner Version des Geschehens. »Der Führer lebt«, lautete die Botschaft, die umgehend verbreitet wurde. Was immer die Verschwörer aus ihrer Zentrale im Bendlerblock verlauten ließen, mußte nun auf Mißtrauen stoßen.

Stauffenberg saß derweil ohne Funkkontakt im Flugzeug. Er wußte, daß er während der zwei Stunden Flugzeit keinen Einfluß auf das Geschehen in Berlin hatte. Aber der Anfang war gemacht: Die Bombe war explodiert. Damit war man weiter gekommen als jemals zuvor. Attentatsversuche auf Hitler hatte es in den vergangenen Jahren genug gegeben. Insgesamt waren es 40 gewesen, 16 davon nach Ausbruch des Krieges.

Viele der Attentats- und Umsturzpläne waren in den Reihen der Wehrmacht entstanden. Und das, obwohl das Militär seit dem von ihm selbst vorgeschlagenen Eid auf die Person Adolf

Aktiv im Widerstand (von links oben):
General Erich Fellgiebel, Generalfeldmarschall Erwin von Witzleben, Oberst Hans Oster und General Henning von Tresckow.

Hitlers ein willfähriges Instrument der Hitlerschen Expansionspolitik geworden war. Diese Wehrmacht hatte seit 1933 die Wiederaufrüstung und die schrittweise Revision des Versailler Vertrages begrüßt: Deutschland sollte wieder Großmacht werden – das war die Vorstellung, von der sich die militärische Elite auch in den Weimarer Jahren nie verabschiedet hatte.

Dieser Mann muß weg. Er ist der einzige General, der mir wirklich gefährlich werden kann.
Hitler, 1938 über Generaloberst Beck

Doch 1938 regte sich bei einzelnen Generälen Widerspruch: Wegen Hitlers Drohung, die Tschechoslowakei anzugreifen, sah man sich mit der akuten Gefahr eines Krieges mit Frankreich und Großbritannien konfrontiert. Generaloberst Ludwig Beck, der Generalstabschef des Heeres, warnte Hitler vor einer Eskalation und trat im August 1938 aus Protest zurück. »Ihr soldatischer Gehorsam hat dort eine Grenze, wo Ihr Wissen, Ihr Gewissen und Ihre Verantwortung die Ausführung eines Befehls verbieten«, mahnte er seine Kollegen in der militärischen Führung. Auch sein Nachfolger, Generaloberst Franz Halder, und einige andere Offiziere, darunter die Generäle Erwin von Witzleben und Erich Hoepner, befürchteten, daß Deutschland für eine kriegerische Auseinandersetzung zu diesem Zeitpunkt noch nicht gerüstet war. Sie wollten das Risiko kalkulierbar halten, grundsätzlich hatten sie freilich nichts gegen eine bewaffnete Auseinandersetzung mit der Tschechoslowakei. Doch bei einem Angriffsbefehl im Herbst 1938 hätten sie geputscht – alles war vorbereitet, auch Geheimdienstleute der Abwehr um Oberst Hans Oster hätten sich am Umsturz beteiligt. Aber Hitlers Einigung mit Großbritannien und Frankreich über das Sudetenland im Münchener Abkommen verhinderte im Herbst 1938 nicht nur den Krieg, sondern auch den Putsch. Hitler stand auf dem Höhepunkt seiner Popularität, die Militärs wußten, daß sie auf die Unterstützung des Volkes für den Umsturz nicht mehr hoffen konnten.

Auch nach dem Ausbruch des Krieges, insbesondere nach dem Überfall auf die Sowjetunion, planten Soldaten den Staatsstreich. Bei der Heeresgruppe Mitte an der Ostfront zog der aktivste Widerständler, Oberst Henning von Tresckow, die Fäden. Tresckow hatte die »Machtergreifung« 1933 durchaus begrüßt. Auf Distanz zum NS-Regime ging auch er erst ab dem Jahr 1938: Die Intrige, mit der Hitler Generaloberst Werner Freiherr von Fritsch, der sich den Mut zum Widerspruch bewahrt hatte, aus dessen Position als Oberbefehlshaber des Heeres entfernte, gab ihm ebenso zu denken wie die Pogrome gegen jüdische Bürger im November 1938. Erschüttert hatten Tresckow auch die Greuel und die verbrecherischen Befehle, die den Krieg gegen die Sowjetunion zum

Vernichtungsfeldzug machten. Genaue Informationen über die aussichtslose militärische Lage Deutschlands brachten ihn 1942 zu der Folgerung: »Der Krieg ist verloren. Hitler ist verrückt geworden und muß beseitigt werden.« Tresckow versuchte seitdem, prominente Heerführer für die Konspiration zu gewinnen.

Es war ein mehr als schwieriges Unterfangen. Ablehnend verhielt sich etwa Generalfeldmarschall Erich von Manstein, der sich gegenüber Hitler durch seinen Eid gebunden fühlte. Manstein kritisierte zwar einzelne militärische Entscheidungen des »Führers«, aber einen grundsätzlichen Konflikt mit Hitler wagte er nicht. Falls sein Gewissen ihm überhaupt zu schaffen gemacht hatte, ließ er sich dies nicht anmerken, sondern flüchtete sich in die Rolle des reinen Militärexperten, der seine einzige verantwortungsschwere Aufgabe darin sah, die Fronten zu halten. Ein Putsch – das war in seinen Augen Landesverrat, der Weg, der ins Chaos führte. Wie Manstein dachten viele Generäle, auch wenn sie kritischen Abstand zum Nationalsozialismus bewahrten. Andere maßgebliche Militärs hielten diese Distanz ohnehin nicht, hinzu kamen charakterliche Schwächen, kurzsichtiger Opportunismus oder Karrierestreben, aber auch Angst vor dem Regime – etliche Faktoren versperrten den Weg in den Widerstand. Doch das Versagen deutscher Generäle beruhte im wesentlichen auf einem Umstand: Die Tradition des Gehorsams und ihre Karriere waren ihnen wichtiger als die Verpflichtung, in einer schwierigen Situation nach ihrem Wissen, Gewissen und ihrer persönlichen Verantwortung zu handeln. Ihre Art von blindem, unbedingtem Gehorsam degradierte sie zu bloßen Befehlsempfängern; in dieser Hinsicht unterschied sich die Mehrheit von ihnen nicht mehr von Gefreiten.

Als Generalstäbler sind wir alle mitverantwortlich.
Stauffenberg, 1943

Das wäre gemeiner, nackter Verrat gewesen... Ich würde für alle Zeiten als der Verräter meines Vaterlandes dastehen.
Generalfeldmarschall Gerd von Rundstedt vor dem Nürnberger Gericht über seine Haltung zum Staatsstreich

Komplizierter dagegen war die Haltung des Generalfeldmarschalls Günther von Kluge. Er sah seit Jahren, daß Hitlers militärische Entscheidungen die Wehrmacht und Deutschland ins Verderben führten. Ihm war auch klar, daß dieser Zustand – wenn überhaupt – nur gewaltsam verändert werden konnte. Aber gegenüber Männern wie von Tresckow schwankte er in seiner Einstellung zum Staatsstreich und ließ selbst jegliche Initiative vermissen. Stauffenberg urteilte deswegen eindeutig über die höchsten deutschen Militärs: »Die Kerle haben die Hosen voll oder Stroh im Kopf; sie wollen nicht.« Seine Konsequenz war ebenso unmißverständlich: »Nachdem die Generäle bisher nichts erreicht haben, müssen sich nun die Obersten einschalten.«

Das sah Oberst von Tresckow ähnlich – er schmiedete immer neue Attentatspläne. So sollte Hitler im März 1943 bei einem

Wenn einst Gott Abraham verheißen hat, er werde Sodom nicht verderben, wenn auch nur zehn Gerechte darin seien, so hoffe ich, daß Gott auch Deutschland um unseretwillen nicht vernichten wird.
Henning von Tresckow vor seinem Selbstmord am 21. Juli 1944

Frontbesuch erschossen werden – mit Wissen des Generalfeldmarschalls von Kluge. Doch dieser ließ das Vorhaben im letzten Moment platzen. Auf dem Rückflug von diesem Frontbesuch befand sich eine Bombe in Hitlers Flugzeug, die Maschine und ihre Insassen wären ganz unverdächtig in der Luft zerrissen worden – aber der Zündmechanismus versagte. Es folgten weitere Versuche: Junge Offiziere waren bereit, sich zu opfern und sich mit Hitler in die Luft zu sprengen. Doch es war wie verhext. Immer neue Zufälle vereitelten mehrere Anschläge, die eigentlich »todsicher« waren. Tresckow aber plante weiter. Seit dem Herbst 1943 stand er mit General Olbricht in Verbindung und feilte an den Plänen für den »Walküre«-Putsch.

Im Sommer 1944 drängte Tresckow, mittlerweile General, zur Tat. An der Ostfront stand die Heeresgruppe Mitte vor der Zerschlagung, es mußte gehandelt werden. Dann bot sich die langersehnte Chance: Stauffenberg trat am 1. Juli 1944 seine Stellung als Stabschef des Ersatzheeres an. In dieser Funktion hatte er dienstlich Zugang zum »Führer«. Schon am 6. und 11. Juli wurde er zum Berghof befohlen. Er trug die Bombe bei sich, zündete sie aber nicht, weil Himmler, der unbedingt mit getötet werden sollte, an den Besprechungen nicht teilnahm. Am 15. Juli betrat Stauffenberg erstmalig die »Wolfsschanze«, wegen Himmlers Abwesenheit zögerte er jedoch erneut das Attentat hinaus. In Berlin aber hatten die Mitverschwörer voreilig die »Walküre«-Befehle ausgegeben. Als sie erfuhren, daß das Attentat gar nicht erfolgt war, gelang es ihnen, die »Walküre«-Aktion als Alarmübung zu rechtfertigen. Dann, am 20. Juli, mußte Stauffenberg wieder in der »Wolfsschanze« vortragen – dieser Tag sollte die Entscheidung bringen. Und tatsächlich – die Bombe explodierte, dem Staatsstreich stand nichts mehr im Wege.

Findet sich denn da drüben im Führerhauptquartier kein Offizier, der das Schwein mit der Pistole erledigt?
Stauffenberg, 1942

Als Stauffenberg an diesem Tag endlich in Berlin landete, war noch nichts in Gang gesetzt worden. Noch vom Flugplatz – gegen 15.40 Uhr – rief sein Adjutant von Haeften bei Olbricht in der Bendlerstraße an. Er meldete den Tod Hitlers. Endlich hatten die Verschwörer ihr Signal. General Olbricht löste nach stundenlanger Verzögerung den Alarmplan »Walküre« aus. Das ging nicht, ohne einen wichtigen Mann zu informieren: Generaloberst Friedrich Fromm, der Befehlshaber des Ersatzheeres, mußte der Auslösung dieses Befehls zustimmen. Olbricht berichtete Fromm von dem Attentat. Aber Fromm blieben Zweifel am Tode Hitlers. Er war wohl von dem Komplott in Kenntnis gesetzt worden, hatte es aber immer vermieden, sich eindeutig auf die Seite der Verschwörer zu stellen. Nun mußte er sich entscheiden. Da die Nachrichtensperre des »Führer«-Hauptquartiers um diese Zeit, gegen 16 Uhr, teilweise aufgehoben war, gelang es ihm, mit Keitel in der »Wolfsschanze« zu telefonieren. Keitel bestätigte ihm, daß Hitler lebe und unverletzt sei. Daraufhin weigerte sich Fromm, dem Befehl zuzustimmen, was Olbricht veranlaßte, ihn kurz entschlossen unter Arrest zu stellen.

Das Beste wäre, Hitler nähme sich das Leben.
Generaloberst Fromm in der ersten Julihälfte 1944

Ab 16.30 Uhr setzten die Verschwörer alles auf eine Karte. Zusätzlich zum »Walküre«-Befehl wurden Fernschreiben an sämtliche Wehrkreise geschickt: »Der Führer Adolf Hitler ist tot… In

Zivilist im Widerstand: Der protestantische Theologe Eugen Gerstenmaier, hier mit seiner Familie, ist Mitglied des Kreisauer Kreises.

dieser Stunde höchster Gefahr hat die Reichsregierung zur Aufrechterhaltung von Recht und Ordnung den militärischen Ausnahmezustand verhängt und mir zugleich mit dem Oberbefehl über die Wehrmacht die vollziehende Gewalt übertragen.« Unterzeichnet war das Schreiben mit dem Namen des Generalfeldmarschalls Erwin von Witzleben, der zugesagt hatte, nach einem gelungenen Staatsstreich als Oberbefehlshaber der Wehrmacht zu fungieren.

Als um 16.30 Uhr diese ersten Fernschreiben hinausgingen, trafen endlich Stauffenberg und von Haeften in der Bendlerstraße ein. Stauffenbergs Bericht machte Mut: »Ich habe alles von außen gesehen. Da ist eine Explosion in der Baracke erfolgt. Diese Detonation war so, als ob eine 15-cm-Granate hineingeschlagen hätte. Da kann kaum noch jemand am Leben sein.«

Im Grunde hatte das Attentat zu diesem Zeitpunkt politisch keinen Wert mehr, es hatte nur noch moralischen Wert. Die Welt mußte sehen, daß sich nicht alle Deutschen das haben gefallen lassen.
Emmi Bonhoeffer

Inzwischen hatten die Verschwörer in der Bendlerstraße weitere Verstärkung erhalten. Jüngere Offiziere, die eingeweiht waren, wollten sich nützlich machen. Und auch einige Zivilisten, die nach dem Umsturz für die Übernahme politischer Führungsaufgaben vorgesehen waren, gesellten sich zu den Militärs. So erschien der evangelische Theologe Eugen Gerstenmaier, ausgerüstet mit einer Bibel und einem Revolver – auch er war zu allem entschlossen. Gerstenmaier war Mitglied des Kreisauer Kreises, einer Gruppierung von Widerständlern, deren politisches Spektrum vom Katholiken bis zum Sozialisten reichte. Die Militäropposition hatte seit Monaten engeren Kontakt zu diesem Kreis und wollte dessen führende Mitglieder nach dem Umsturz in die neue Regierung einbinden. Die Verschwörung wurde also nicht nur von einer kleinen Gruppe konservativer Offiziere getragen. Vielmehr war das Militär die Speerspitze einer über-

Gegen das NS-Unrechtsregime: Carl Goerdeler, ehemaliger Bürgermeister von Leipzig, soll nach dem Staatsstreich Reichskanzler werden.

schaubaren, aber vielschichtigen Widerstandsbewegung, die so unterschiedliche Charaktere wie den national-konservativen Carl Goerdeler und den Sozialdemokraten Julius Leber umfaßte. Zwar ließen sich deren politische Vorstellungen kaum auf einen Nenner bringen, was sie jedoch einte, war das Urteil, daß Hitler ein »großer Vollstrecker des Bösen« sei und beseitigt werden müsse. Aber diese Einsicht machte sie zu einsamen Streitern in einem Volk von Mitläufern, das wie unter Hypnose weiter an seinen »Führer« glaubte.

Jetzt handelt es sich darum, die nackte Existenz zu erhalten, den Bestand des Reiches zu retten und die verlorengegangene Verbindung mit dem Denken und Fühlen der Außenwelt wiederzufinden.
Aus einer vorbereiteten Rede von Carl Goerdeler, dem designierten Kanzler

Eine Integrationsfigur des deutschen Widerstands fand sich gegen 17 Uhr im Bendlerblock ein: der frühere Generaloberst Ludwig Beck, der schon 1938 den Krieg hatte verhindern wollen. Beck sollte nach dem Umsturz als »Reichsverweser«, also als Staatsoberhaupt, Deutschland repräsentieren. Doch am 20. Juli war er vorerst als psychologischer Berater gefragt. Als er erfuhr, daß Unsicherheit über Hitlers Tod bestand, appellierte er an den Kampfgeist seiner Gefährten: »Für mich ist dieser Mann tot. Davon lasse ich mein weiteres Handeln bestimmen.«

Gehandelt wurde tatsächlich an diesem sommerlichen Donnerstagnachmittag. Auf den Straßen der von Bombenangriffen schwer gezeichneten Reichshauptstadt tat sich Ungewöhnliches. Durch den Tiergarten rollten auf der Ost-West-Achse Kettenfahrzeuge der Panzertruppenschule Krampnitz. Am Großen Stern an der Siegessäule bezogen sie Warteposition – Truppen des Ersatzheeres, die ihre »Walküre«-Befehle ausführten. Drei Kompanien des Wachbataillons »Großdeutschland« besetzten bis 18.30 Uhr das Regierungsviertel. Starke Kräfte sicherten insbesondere den Komplex nördlich der Anhalter Straße ab, wo der Sicherheitsdienst der SS residierte. Diese und andere regimetreue Organisationen, wie die Gestapo und die SS, sollten im Rahmen des Staatsstreichs ausgeschaltet werden – auch das sahen die frisierten »Walküre«-Pläne vor.

Wenn ich denke, wie ich das gemacht hätte! Warum haben sie nicht das Funkhaus besetzt und die tollsten Lügen verbreitet? Nicht einmal mein Telefon haben sie stillgelegt!... Was für Anfänger!
Goebbels laut den Memoiren von Albert Speer über das Versagen der Verschwörer

Des weiteren mußten sich die Verschwörer der Radiosender bemächtigen, um das Informationsmonopol an sich zu reißen. Folglich besetzten Soldaten der Infanterieschule Döberitz das Funkhaus in der Masurenstraße. Wie im »Walküre«-Notstandsbefehl angeordnet, verlangte der Kommandeur der Einheit die Einstellung aller Sendungen. Doch der Offizier war kein Fachmann in Fragen der Rundfunktechnik und somit nicht in der Lage zu überprüfen, ob seinen Weisungen Folge geleistet wurde. Sie wurden nicht ausgeführt, und die Verschwörer verloren in diesen

Oben: Sie starben für ihre Ziele: Generaloberst Ludwig Beck (l.) und General Carl-Heinrich von Stülpnagel (r.). – Unten: Er stoppte den Staatsstreich in Berlin: Major Ernst Remer (l.), Kommandeur des Wachbataillons »Großdeutschland«, im Gespräch mit Paul Gnuva vom NS-Rundfunk.

Kündigt Rache an: Noch in der Nacht zum 21. Juli wendet sich Hitler in einer Radioansprache an das deutsche Volk.

Stunden den Kampf um die Ätherwellen und die Möglichkeit, auf die Bevölkerung entscheidenden Einfluß auszuüben.

Nicht nur in Berlin wurden nach den »Walküre«-Plänen Truppen in Marsch gesetzt, auch die Kommandeure in Paris, Wien und Prag meldeten telefonisch in der Bendlerstraße: »Die Befehle werden ausgeführt.« Besonders in Paris lief es gut. Am späten Abend wurden dort über 1200 Angehörige des SD, der SS und der Gestapo von Wehrmachtstruppen festgenommen. Der dortige Befehlshaber, General Carl-Heinrich von Stülpnagel, und andere Offiziere waren in die Konspiration eingeweiht und unterstützten den Staatsstreich gezielt.

Wir haben diese Tat auf uns genommen, um Deutschland vor einem namenlosen Elend zu bewahren.
Fritz-Dietlof Graf von der Schulenburg vor dem Volksgerichtshof

Ein ranghoher Militär jedoch, der ebenfalls in Frankreich weilte, war nicht ins Vertrauen gezogen worden: Generalfeldmarschall Erwin Rommel hatte zwar vor engen Mitarbeitern davon geredet, daß Hitler »politische Konsequenzen« aus der katastrophalen militärischen Lage an der Invasionsfront ziehen müsse. Doch ein Attentat auf den Diktator hatte Rommel stets abgelehnt, er wollte ihn nicht zum Märtyrer machen. Rommel spielte mit dem Gedanken eines eigenmächtigen Rückzugs an der Westfront und hatte die Hoffnung auf einen Separatfrieden mit den westalliierten Befehlshabern noch nicht aufgegeben. Die Aufdeckung dieser defätistischen Ideen sollte ihm später zum Verhängnis werden – des Verrats beschuldigt, mußte er sich schließlich unter Zwang das Leben nehmen.

Die eingeweihten Verschwörer aber kämpften am frühen Abend des 20. Juli in den Büroräumen des Bendlerblocks einen verzweifelten Kampf. Seit 18 Uhr telefonierte Stauffenberg mit Kommandostellen des Ersatzheeres in ganz Deutschland. In den meisten Wehrkreisen liefen die »Walküre«-Aktionen nur schleppend an. Und so versuchte Stauffenberg, die Halbherzigen anzuspornen, die Lethargischen aus ihrer Tatenlosigkeit zu reißen und

PARISER ZEITUNG ...et les pages françaises

Nr. 189 / Sonnabend, Sonntag, 22. 23. Juli 1944

Nach den Enthüllungen des Führers über das Verbrecherkomplott

Ganz Deutschland hinter Adolf Hitler!

Treuekundgebungen in allen Gauen — Die deutsche Kriegführung noch entschlossener geworden

DER REICHSMARSCHALL AN DIE LUFTWAFFE

Verschworene Gefolgschaft

Vernichtung der Verräter — Rückhaltloser Einsatz

Kluge: In unbedingter Treue

Der Oberbefehlshaber West an die Soldaten des Westens

Es lebe der Führer!

Dönitz: Gemeinster Verrat!

Kriegsmarine steht getreu ihrem Eid zum Führer

Jeder Verräter wird rücksichtslos vernichtet

Ansprache des Führers an das deutsche Volk

Unerbittliche Massnahmen gegen gewissenlose Verräter

Fortsetzung der Feindangriffe

In 2 Tagen 200 Panzer in der Normandie abgeschossen

VORBEREITUNG ZU NEUEM EINSATZ

Die Feinde aufs neue enttäuscht

Verräter standen in Verbindung mit einer feindlichen Macht

Von der Propaganda ausgeschlachtet: Hitlers Überleben wird als Akt der Vorsehung interpretiert.

die Unwissenden durch Desinformation für sich zu gewinnen. Aber seine unermüdliche Überzeugungsarbeit wurde jäh zunichte gemacht: Um 18.28 Uhr verbreitete der Deutschlanddienst des Deutschen Rundfunks eine Sondermeldung: »Auf den Führer wurde heute ein Sprengstoffanschlag verübt. Der Führer selbst hat außer leichten Verbrennungen und Prellungen keine Verletzungen erlitten. Er hat unverzüglich darauf seine Arbeit wiederaufgenommen und – wie vorgesehen – den Duce zu einer längeren Aussprache empfangen.« Der Rundfunk wiederholte diese Meldung um 18.38 und um 18.42 Uhr – die Sender wurden also nirgendwo tatsächlich von den Aufständischen kontrolliert.

Die Vorsehung… hat den Führer beschirmt und beschützt und damit unser deutsches Vaterland in seinem Schicksalskampf nicht verlassen.
Großadmiral Karl Dönitz in einer Adresse an die Kriegsmarine am 21. Juli 1944

Um 19.30 Uhr traf Generalfeldmarschall Erwin von Witzleben im Bendlerblock ein. Die Verschwörer erwarteten, daß er nun den

Blutige Rache des Regimes: Viele, die den Aufstand des Gewissens gewagt haben, werden von Roland Freisler, dem Vorsitzenden des Volksgerichtshofs, zum Tode verurteilt.

Oberbefehl über die Wehrmacht übernahm, doch sie wurden enttäuscht. »Schöne Schweinerei, das«, fluchte er, als er erfuhr, daß Hitler noch lebte. Um 20 Uhr verließ er den Bendlerblock, er gab dem Staatsstreich keine Chance mehr. Witzleben wußte, daß sich eine große Anzahl Offiziere immer noch an ihren Eid gebunden fühlte, solange der »Führer« lebte. Nur Hitlers Tod hätte sie von dieser Verpflichtung befreit. Viele, die ahnten, daß ein Putsch im

Gange war, hätten dann vermutlich eindeutiger für die Verschwörer Partei ergriffen. Ähnlich sah es wohl Generalfeldmarschall von Kluge. Der Oberbefehlshaber an der Westfront verweigerte den Aufständischen in Paris seine Mitarbeit mit der Begründung: »Tja, meine Herren, es ist eben ein mißglücktes Attentat.« Seine Analyse: »Hitler ist der Abgott der Massen. Solange er lebt, ist nichts zu machen.«

Besiegelt wurde die Isolation der Putschisten im Bendlerblock durch das Wachbataillon »Großdeutschland« und seinen Kommandeur Major Ernst Remer. Er hatte den »Walküre«-Befehlen schon sehr früh mißtraut. Deshalb nahm er Kontakt mit dem Propagandaminister Joseph Goebbels auf, dem ranghöchsten in Berlin weilenden Repräsentanten des Regimes. Von einem Apparat in Goebbels' Dienstvilla im Regierungsviertel telefonierte er auf Veranlassung des Propagandaministers sogar mit Hitler. Keiner der Verschwörer hatte daran gedacht, Goebbels' Telefonverbindungen zu kappen.

Remer bekam von Hitler klare Anweisungen. Er sei nun dem »Führer« persönlich unterstellt und solle allen Widerstand brechen. Remer sammelte seine Kompanien im Garten der Goebbels-Villa, dort sprach der Propagandaminister zu den Soldaten. Dann nahm Remer Verbindung zu allen Einheiten auf, die in Berlin Position bezogen hatten, und unterstellte sich deren Kommandeure. Die Verschwörer standen in der Hauptstadt plötzlich ohne militärischen Rückhalt da. Schließlich führte Remer den nächsten Schlag gegen die Handvoll Aufständischer. Gegen 20.30 Uhr umstellte ein Zug seines Bataillons den Bendlerblock. Aber die Zentrale der Verschwörer wurde noch nicht gestürmt.

Dafür formierte sich nun auch innerhalb des Bendlerblocks Widerstand gegen die Putschisten. Mißtrauisch gewordene, untergeordnete Stabsoffiziere, die nicht in die Umsturzpläne eingeweiht waren, bewaffneten sich und stellten gegen 22.30 Uhr General Olbricht zur Rede: »Herr General, sind Sie für oder gegen Hitler?« Olbricht antwortete ausweichend. Als Stauffenberg den Raum betrat, entlud sich die nervöse Anspannung in einem Handgemenge, bei dem auch Schüsse fielen. Von der Schießerei alarmiert, drangen gegen 23.15 Uhr Soldaten des Wachbataillons in das Gebäude ein. Die hitlertreuen Offiziere hatten schon begonnen, die Aufständischen zu entwaffnen.

Lieber schlage ich mir zehnmal in die Schnauze, als daß ich auch nur einen Finger für Fromm rühre.
Stauffenbergs Urteil über Fromm

Auch Generaloberst Fromm, seit dem Nachmittag unter Hausarrest, betrat nun wieder die Szene. Triumphierend setzte er sich

Hingerichtet: Oben: Jesuitenpater Alfred Delp (stehend), Sozialdemokrat Theodor Haubach (links hinter Delp) und Helmuth Graf von Moltke (r.), Mitglieder des Kreisauer Kreises; unten: Erwin von Witzleben.

an die Spitze der Gegenaktion und nahm mit gezogener Pistole sein Büro wieder in Besitz. Dort versammelte er die Gefangenen Olbricht, Stauffenberg, Hoepner, von Haeften, Mertz und Beck. »So, meine Herren, jetzt mache ich es so, wie Sie es heute mittag mit mir gemacht haben«, erklärte er. Aus anwesenden Offizieren berief Fromm ein Standgericht und verurteilte die Gefangenen zum Tode. Beck bat um eine Pistole. »Ich werde aus dieser unglücklichen Situation selbst die Konsequenzen ziehen«, kündigte er an und erschoß sich. Der Ex-General Erich Hoepner ersuchte Fromm, sich vor einem Gericht verantworten zu dürfen, da er aus der Wehrmacht ausgestoßen sei und nicht unter das Standrecht falle. Fromm willigte ein.

Ein Mann, der aus besten Motiven handelte, stellt sich – was auch daraus werden mag.
Generaloberst Erich Hoepner

Wenig später, gegen 0.30 Uhr, starben nacheinander Olbricht, von Haeften, Mertz und Stauffenberg im Innenhof des Bendlerblocks unter den Salven eines Erschießungskommandos. Als Oberst Claus Schenk Graf von Stauffenberg in die Mündungen der Gewehre blickte, schrie er heraus, wofür er gekämpft hatte und wofür er nun zu sterben bereit war: »Es lebe das heilige Deutschland!«

Zentrale des Aufstands: Im Innenhof des Bendlerblocks werden noch in der Nacht zum 21. Juli Stauffenberg und andere Verschwörer hingerichtet.

Etwa zur gleichen Zeit wandte sich Adolf Hitler in einer Rundfunkansprache an sein Volk: »Eine ganz kleine Clique ehrgeiziger, gewissenloser und zugleich verbrecherischer, dummer Offiziere hat ein Komplott geschmiedet, um mich zu beseitigen.« Hitler kündigte seine Rache an: »Mit ihnen wird jetzt so abgerechnet, wie wir das als Nationalsozialisten gewohnt sind.« Er machte seine Drohung wahr. Es begann eine Zeit der Verfolgungen und Verhaftungen, der Verhöre, Folterungen und Prozesse. Insgesamt wurden 200 Beteiligte hingerichtet oder in den Tod getrieben, darunter 21 Generäle, 33 Oberste und Oberstleutnante. Hinzu kamen sieben Diplomaten, aktive und ehemalige hohe Verwaltungsbeamte sowie Politiker und Gewerkschafter aus der Weimarer Zeit, welche die Verschwörung unterstützt oder ihr nahegestanden hatten. Insgesamt wurden 5000 Menschen verhaftet, die Familien der Täter in Sippenhaft genommen.

Diese Verbrecher sollen nicht die ehrliche Kugel bekommen. Die müssen sofort hängen ohne jedes Erbarmen.
Hitler am 22. Juli 1944

Ich will, daß sie gehängt werden, aufgehängt wie Schlachtvieh.
Hitler über die Behandlung der Verschwörer

Und doch war es eine Minderheit, die sich gegen Hitler erhoben hatte. Jene, die den Aufstand des Gewissens gewagt hatten, waren in ihrem Kampf meist einsam und isoliert gewesen. Jetzt starben viele von ihnen ebenso einsam, verfemt als Verräter. Die Mitglieder der Résistance-Bewegungen in den besetzten Ländern Europas wurden im Laufe des Krieges zu den Helden ihrer unterjochten Völker. Dagegen wurden die deutschen Widerstandskämpfer von ihren sogenannten Volksgenossen geschmäht. Das machte sie zu einsamen Helden. Zugleich waren sie tragische Helden. Denn die meisten hatten das Regime anfangs freudig begrüßt und ihm gedient. Sie hatten vieles geduldet, manche waren in die Untaten verstrickt. Das Besinnen auf ihr Gewissen, die Einsicht, einem falschen Herrn gedient zu haben, kam spät. Aber die Entscheidung zur Umkehr und die Bereitschaft, für ihre Überzeugung in den Tod zu gehen, zeugten von Heldenmut.

Heroisch war ihr Handeln auch deshalb, weil viele erkannten, daß ihr Aufstand des Gewissens kaum eine praktische Chance hatte. Trotzdem wagten sie alles, wohl wissend, daß ihre Tat ein symbolischer Akt war, der Deutschland wenigstens vor dem moralischen Untergang retten sollte. Henning von Tresckow, der am 21. Juli 1944 an der Front freiwillig den Tod suchte und fand, hatte schon vor dem Attentat erklärt, daß die Aktion vor allem ein Zeichen setzen sollte: »Das Attentat muß erfolgen, coûte que coûte. Es kommt nicht mehr auf den praktischen Zweck an, sondern darauf, daß der deutsche Widerstand vor der Welt und vor der Geschichte den entscheidenden Wurf gewagt hat. Alles andere ist daneben gleichgültig.«

Ich bin mir klar, daß ich… gehängt werde, bereue meine Tat aber nicht und hoffe, daß sie ein anderer in einem glücklicheren Augenblick durchführen wird.
Fritz-Dietlof Graf von der Schulenburg vor dem Volksgerichtshof

TAG X 1944

Der Tatort

Heinrich Himmler war voll des Lobes für seine SS-Schergen: »Von euch werden die meisten wissen, was es heißt, wenn 100 Leichen beisammen liegen, wenn 500 daliegen oder wenn 1000 daliegen. Dies durchgehalten zu haben, und dabei – abgesehen von Ausnahmen menschlicher Schwäche – anständig geblieben zu sein, das hat uns hart gemacht. Dies ist ein niemals geschriebenes und nie zu schreibendes Ruhmesblatt unserer Geschichte«, sagte Himmler am 4. Oktober 1943 vor hohen SS-Kommandeuren. Der Reichsführer SS, oberster Befehlshaber der SS-Wachmannschaften in den Konzentrationslagern, log das blutige Handwerk der KZ-Wächter, ihre menschenverachtende »Pflicht-

Wer verzweifelte, war in der Lagerwelt von Auschwitz verloren. Selbstmitleid und Tränen waren wie ein Todesurteil. Deshalb weinte ich nie. Bis zum heutigen Tag kann ich nicht weinen.
KZ-Häftling Kálmán Baron

Das Tor zur Hölle: Haupttor des KZ Auschwitz-Birkenau.

erfüllung« um in eine ruhmvolle Tugend. Himmler bestärkte die unmittelbaren Vollstrecker des nationalsozialistischen Rassenwahns in ihrem Glauben, die Tötung Tausender Menschen sei kein Massenmord, sondern ein »anständiger« und patriotischer Akt völkischer »Schädlingsbekämpfung«: das Umbringen zahlloser Säuglinge, Kinder, Jugendlicher, Frauen, Männer, Greise ein »Dienst an Volk und Vaterland«. Für diesen nationalsozialistischen Rassenwahn und Massenmord ist kein anderer Name so sehr zum Synonym geworden wie Auschwitz: Hauptort des Holocausts, Jahrhundert-Tatort.

Ihr seid im deutschen Konzentrationslager. Der Eingang erfolgte durch das Haupttor, auf dem sich die Aufschrift »Arbeit macht frei« befindet. Hier gibt es nur einen Ausgang: durch den Schornstein des Krematoriums.
Begrüßungsrede des Lagerkommandanten SS-Obersturmführer Karl Fritzsch, 1940

Das KZ Auschwitz war in einem abgelegenen Teil Südwestpolens, im Hinterhof der Ostfront, errichtet worden. Im Sommer versengte die Sonne die Erde. In der stickigen Luft hing der beißende Gestank verbrannten Fleisches. Im Winter fegten Schneestürme von der Weichsel herüber, Holzbaracken und unbeheizte Backsteinhallen boten nicht den geringsten Schutz vor der Eiseskälte. Als die Mordmaschinerie 1943 und 1944 auf Hochtouren lief, waren fünf Krematorien und Gaskammern in Betrieb. An klaren Tagen waren die aus den Krematorium-Schornsteinen schlagenden Flammen und der schwarze Rauch kilometerweit zu sehen. Massenvernichtung nach Plan – darin bestand der Hauptzweck von Auschwitz –, Tag für Tag, Nacht für Nacht.

Bis zu 150 000 Menschen gleichzeitig waren in dem KZ eingesperrt, vor allem Juden aus ganz Europa. Für jene Tausende, die täglich starben, kam rasch Ersatz. Lange Viehwaggon-Züge brachten immer neue Häftlinge. Ihr Schicksal entschied sich an der Bahnrampe von Auschwitz-Birkenau. Gleich dort bestimmten SS-Ärzte, wer zunächst als Sklavenarbeiter weiterleben durfte und wer sofort vergast wurde. Nach oft tagelanger Fahrt ohne Essen und ausreichend Wasser wurden die verängstigten Menschen wie Tiere aus den Waggons getrieben und gezerrt. Zum Schluß wurden die Leichen herausgeworfen: Menschen, die auf der Höllenfahrt nach Auschwitz umgekommen waren. Für die Lebenden begann nun das Inferno. Auf der Rampe mußten sie sich aufstellen und dann an SS-Ärzten vorbeigehen, die sie mit einer Handbewegung nach rechts oder links dirigierten: nach rechts die »Objekte« für pseudomedizinische Versuche sowie die Arbeitsfähigen, die noch nützlich für die Sklavendienste in der Rüstungsindustrie, beim Kanalbau, in der Kiesgrube waren; nach links die Schwachen und Alten, die Kinder, die Mütter mit Säug-

Die Rampe war die Endstation der Züge, die in Auschwitz ankamen. Sie kamen Tag und Nacht, manchmal einer am Tag, manchmal fünf, aus allen Himmelsrichtungen.
KZ-Häftling Rudolf Vrba

Ankunft in Birkenau: Juden auf der Todesrampe nach der »Selektion«.

lingen. Familien wurden auseinandergerissen. Für Abschiede ließ die SS keine Zeit. »Renzo verabschiedete sich einen Augenblick zu lange von Francesca, seiner Braut; und da streckten sie ihn zu Boden mit einem einzigen Hieb mitten ins Gesicht. Es war ihr täglicher Dienst«, schrieb Primo Levi, italienischer Jude und Schriftsteller, der im Februar 1944 nach Auschwitz verschleppt worden war.

Hier gab es alle möglichen Leute, aus allen Teilen der Welt sind sie hergekommen. Um zu sterben.
Pana Pietyra, Einwohnerin von Auschwitz

Die Kolonne der Kinder, Schwachen, Alten sowie der meisten Frauen aus dem Transport mußte sich direkt in Richtung Gaskammern begeben. Eine Prozession von Todgeweihten setzte sich stockend in Bewegung. Wer gar nicht mehr gehen konnte, wurde auf Lastwagen verfrachtet und zur Vernichtung gekarrt. Bis zuletzt versuchte die SS ihre Opfer in Sicherheit zu wiegen. Die Lkws trugen das Rettung verheißende Zeichen des Roten Kreuzes. Auch die Mörder, die das todbringende Blausäurepräparat Zyklon B durch die dafür vorgesehenen Öffnungen von oben in die Gaskammern schütteten, sollten eigentlich Leben retten: Es waren Sanitätsdienstgrade der SS, »ausgebildete Desinfektoren«, nannte sie zynisch der Kommandant von Auschwitz, Rudolf Höß. Im Auskleideraum vor der Gaskammer, die bis zu 3000 Menschen faßte, mußten die Todeskandidaten ihre Kleidung ablegen. Sie würden geduscht und desinfiziert, log man ihnen vor. Jetzt mußte alles ganz effektiv und reibungslos vonstatten gehen.

»Nur kein Geschrei und kein Gehetze«, schrieb Höß in seinen Aufzeichnungen über seine Zeit als Todeslager-Kommandant. »Wenn sich einige nicht ausziehen wollten, mußten schon Ausgezogene helfen oder die vom Sonderkommando.«

Das Sonderkommando lebte in einer ganz extremen Situation. Vor unseren Augen sahen wir täglich, wie Tausende und Abertausende von unschuldigen Menschen in den Schornsteinen verschwinden.
KZ-Häftling Filip Müller

Das »Sonderkommando« bestand aus Häftlingen, die gezwungen wurden, bei der Vernichtung ihrer Leidensgenossen mitzuhelfen – ein Werk, zu dessen Verrichtung sie nur am Rande der völligen Selbstaufgabe fähig waren, erfüllt von tiefster Verzweiflung. Auch sie vermieden alles, was die Todgeweihten auf

Ein Wink: Mit einer Handbewegung bestimmen SS-Ärzte über Leben und Tod der Neuankömmlinge.

ihr unmittelbar bevorstehendes Schicksal hinweisen konnte. Sie wußten, daß es jetzt kein Entrinnen mehr gab, daß ihr eigenes Schicksal längst besiegelt war. Denn von Zeit zu Zeit wurden die Sonderkommandos selbst liquidiert, um Mitwisser des Massenmords zu beseitigen, und durch neue Häftlinge ersetzt. Einmal wurden 435 Juden aus Griechenland in der Gaskammer umgebracht, weil sie sich weigerten, als Handlanger des Massenmords zu dienen. Frauen versuchten, ihre Säuglinge unter den Kleiderhaufen zu verstecken, weil sie glaubten, daß die »Desinfektion« ihren Kindern schade. Andere ahnten, was ihnen bevorstand. So kam es vor, »daß Frauen während des Ausziehens plötzlich markerschütternd losschrien, sich die Haare ausrissen und sich wie wahnsinnig gebärdeten. Schnell wurden sie herausgeführt und hinter dem Haus mit dem Kleinkalibergewehr durch Genickschuß getötet«, beschrieb Höß immer wiederkehrende Szenen.

Nachdem alle ausgezogen waren, öffnete die SS den unterirdischen »Duschraum« und drängte die nackte Menge hinein. In der Mitte des riesigen Saales, der zur Tarnung mit Brausen und Wasserleitungen versehen war, standen im Abstand von jeweils 30 Metern durchlöcherte, säulenartige Rohre aus Eisenblech. Dort hinein wurde von oben durch Öffnungen in der Decke das Zyklon B geworfen. Zyklon B verwandelt sich in Gas, sobald es mit

Keine Chance: Nach der »Selektion« werden Kinder, Schwache, Alte und die meisten Mütter aus dem Transport direkt zu den Gaskammern dirigiert.

Luft in Berührung kommt, und tötet innerhalb von Minuten. »Die Leichen liegen nicht im Raum verstreut, sondern türmen sich hoch übereinander. Das ist leicht zu erklären. Das von draußen eingeworfene Zyklon entwickelt seine tödlichen Gase zunächst in Bodenhöhe. Die oberen Luftschichten erfaßt es erst nach und nach. Deshalb trampeln die Unglücklichen sich gegenseitig nieder, einer klettert über den anderen. Je höher sie sind, desto später erreicht sie das Gas. Welch furchtbarer Kampf um zwei Minuten Lebensverlängerung«, schrieb der ungarische Häftlingsarzt Miklos Nyiszli, der Auschwitz überlebte. Die Tür zur Gaskammer war mit einem Beobachtungsloch versehen. Durch dieses schaute sich auch Höß hin und wieder den Todeskampf seiner Opfer an: »Man kann sagen, daß ungefähr ein Drittel so-

Von dem Augenblick, an dem ich erfuhr, daß meine Familie in den Flammen des Krematoriums umgekommen war, wußte ich, daß ich kämpfen mußte, um am Leben zu bleiben.
KZ-Häftling Menashe Lorenci

Kein Mitleid: Eine alte jüdische Frau aus Ungarn nach der »Selektion«, Sommer 1944.

fort tot war. Die anderen fingen an zu taumeln, zu schreien und nach Luft zu ringen. Das Schreien ging aber bald in ein Röcheln über, und in wenigen Minuten lagen alle da.«

Ein Aufzug brachte die Leichen nach oben, zu den Öfen der Krematorien. Bevor sie hineingeschoben wurden, bis zu drei auf einmal in eine Ofenkammer, mußte das Sonderkommando ihnen alle Goldzähne herausbrechen und den Frauen die Haare abschneiden. Aus den Haaren wurden Kabelhüllen oder Filze hergestellt. Die Filzfirma Alex Zink in Roth bei Nürnberg zahlte 50 Pfennig für ein Kilo Menschenhaar. Sogar die Asche der verbrannten Leichen wurde noch verwertet – als Dünger in der Landwirtschaft. Auch Adolf Eichmann, der als »Referent für Judenangelegenheiten« im Reichssicherheitshauptamt die Deportation von drei Millionen Juden organisierte, ließ sich das Verbrennen seiner Opfer in Auschwitz vorführen. 1956, mehr als zehn Jahre danach, erinnerte sich der Schreibtischtäter in seinem argentinischen Versteck an seinen Besuch am Tatort: »Ich entsinne mich noch, als ich die schmoren sah, da zitterten mir die Kniescheiben.« Mit einem tiefen Schluck Zwetschgenschnaps aus

Gaskammern von Auschwitz: Hier gibt es für die Todgeweihten kein Entrinnen mehr.

der Feldflasche spülte Eichmann den Schrecken hinunter. Lagerkommandant Höß »beruhigte« sich auf andere Weise: »Ich setzte mich dann aufs Pferd und tobte so die schaurigen Bilder weg, oder ich ging oft des Nachts durch die Pferdeställe und fand dort bei meinen Lieblingen Beruhigung. Es kam oft vor, daß ich zu Hause plötzlich bei irgendwelchen Vorgängen der Vernichtung war. Ich mußte dann raus. Ich konnte es nicht mehr im traulichen Kreis meiner Familie aushalten«, schrieb er 1946 in polnischer

Im Frühjahr 1942 gingen Hunderte von blühenden Menschen unter den blühenden Obstbäumen des Bauerngehöftes, meist nichtsahnend, in die Gaskammern, in den Tod. Dies Bild von Werden und Vergehen steht mir auch jetzt noch genau vor den Augen.
Rudolf Höß, Lagerkommandant

Haft. Der Massenmörder im Konzentrationslager gab sich nach dem Verbrechen als empfindsamer Mensch: »Ich war in Auschwitz seit Beginn der Massenvernichtung nicht mehr glücklich.« Auch Himmler persönlich sah sich den »Vernichtungsvorgang« an, schrieb Höß. Der Reichsführer SS »äußerte sich in keiner Weise, er sah nur ganz stumm zu«.

Restlos ausgeplündert wurden die Leichname. Das gleiche widerfuhr aber auch den noch Lebenden, die von der SS an der Rampe nach rechts gewunken worden waren: zur Vernichtung durch Arbeit. Nach jeder Selektion durften sich die beteiligten SS-Männer auf ihre Sonderverpflegung freuen: einen Fünftelliter Schnaps, fünf Zigaretten, 100 Gramm Wurst und Brot. Eine noch größere »Belohnung« war jedoch das Bestehlen der angekommenen Häftlinge. Auch den zur Sklavenarbeit Verdammten wurde alles abgenommen: ihr gesamtes Gepäck, Geld, Uhren, Füllfederhalter, Fotos – alles. Ihre Kleidung mußten sie ebenfalls ablegen, Kleider und sonstiger Besitz kamen ins KZ-Magazin, von

Nicht einmal ein Grab: Die Feueröfen der Krematorien tilgen das letzte Lebenszeichen der Opfer.

den Häftlingen »Kanada« genannt. »Vielleicht weil Kanada ein reiches Land ist, ein gelobtes Land«, schrieb die Auschwitz-Überlebende Fania Fenelon in ihren Erinnerungen. Von dort wurde das geraubte Gut nach Deutschland verfrachtet: fürs Winterhilfswerk oder für die Frontsoldaten. Münzen, Devisen und Gold verschwanden in den Tresoren der Reichsbank. Offiziell war es den SS-Wächtern strengstens untersagt, sich aus dem Magazin zu bedienen; aber kaum jemand hielt sich an das Verbot.

In der Aufnahmebaracke wurden den Häftlingen die Köpfe kahl geschoren. Wie Vieh waren sie nach Auschwitz gekarrt worden, wie Vieh wurden sie nun gekennzeichnet, indem man auf den linken Unterarm ihre Häftlingsnummer eintätowierte. Anstatt ihrer eigenen Kleidung mußten sie Häftlingsklamotten anziehen, blauweiß gestreifte Drilliche, verdreckt, verlumpt und verlaust. Im Winter kamen Mäntel hinzu, zwar aus dickerem gestreiften Stoff, aber ohne Futter: kein Schutz gegen den harten polnischen Winter. Durch Schnee und Eis, durch Schlamm und Staub mußten sie sich schleppen mit nichts an den Füßen als klobigen Holz-

Ungeschützt vor dem Frost, verloren die Häftlinge ihre letzten Kräfte. Es kam zu höllischen Szenen.
KZ-Häftling Józef Tabaczynski

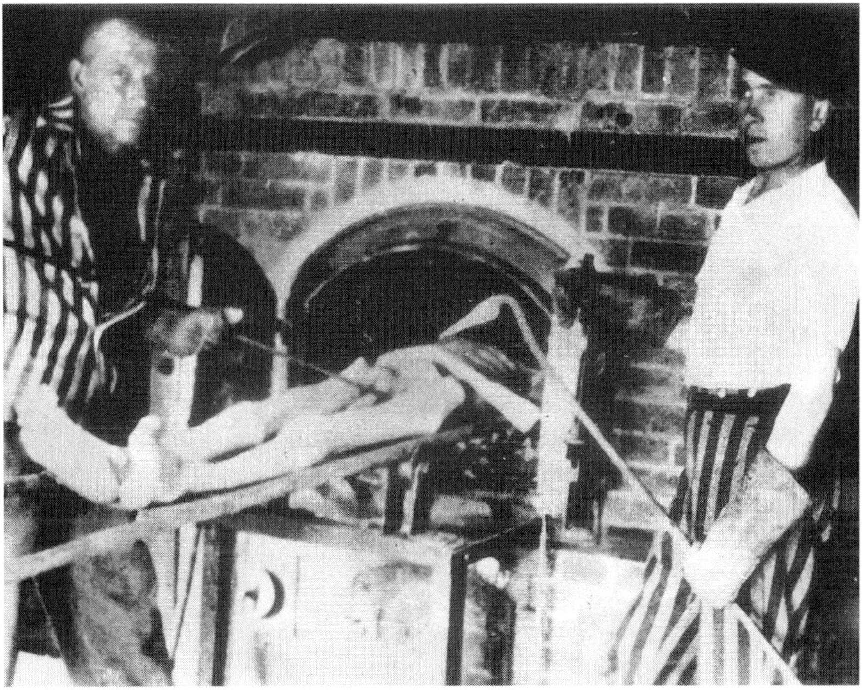

Ausplünderung der Leichen: Nachdem man die Goldzähne herausgebrochen und den Frauen die Haare abgeschnitten hat, werden die Leichen verbrannt.

Leichenverbrennung: Häftlinge des Sonderkommandos bei ihrer grauenvollen Arbeit.

pantinen, die manchmal mit Leinenstoff überzogen waren. »Nun denke man sich einen Menschen, dem man zusammen mit seinen Lieben auch sein Heim, seine Gewohnheiten, seine Kleidung und schließlich alles, buchstäblich alles nimmt, was er besitzt: Er wird leer sein, beschränkt auf Leid und Notdurft und verlustig seiner Würde und seines Urteilsvermögens, denn wer alles verloren hat, verliert auch leicht sich selbst; so sehr, daß man leichthin und ohne jede Regung verbindenden Menschentums, bestenfalls aber auf Grund reiner Zweckmäßigkeit über sein Leben und seinen Tod wird entscheiden können. So wird man denn die zweifache Bedeutung des Wortes Vernichtungslager verstehen«, schrieb Primo Levi. Vor der Vernichtung durch Hunger, unbehandelte

Krankheiten, Schläge, Hinrichtung, grenzenlose Überanstrengung bei der Arbeit wollte das KZ-System die Häftlinge psychisch zugrunde richten.

Solchermaßen erniedrigt, ohne Haare, ohne Ehre, ohne Namen, zerlumpt und ausgehungert trieb man sie in die Wohnbaracken, nicht ohne ihnen vorher noch zu verkünden, daß es aus dem Lager keinen anderen Ausweg gebe als jenen durch den Schornstein des Krematoriums. In den ungeheizten steinernen Hallen oder Holzbaracken wurden die Häftlinge eingepfercht wie Tiere. So waren die fensterlosen Holzbaracken – nur kleine Oberlichter ließen etwas Helligkeit hinein – eigentlich als Ställe für jeweils 52 Pferde gedacht. Doch nun vegetierten bis zu 800 Menschen darin. Sie schliefen in dreistöckigen Verschlägen, jeweils zwei, vier oder mehr Häftlinge auf einer Pritsche; als Unterlage vermodertes Stroh, eine gleichfalls vermoderte Decke zum Schutz gegen die Kälte. Die Betten waren durch den ständigen Hungerdurchfall völlig verschmutzt. Bei »Blocksperre« durften die Gefangenen die Baracke nicht einmal verlassen, um ihre Notdurft zu verrichten. Dazu dienten sonst primitive, ungeschützte Feldlatrinen. Für die Zehntausende von Häftlingen gab es kaum Waschgelegenheiten, geschweige denn Seife. Das Wasser war brackig, stinkend, ungenießbar. Die Häftlinge mußten sich mit ihren Kleidungslumpen abtrocknen, die sie nachher wieder anzogen. Die über den Wasserhähnen angebrachte Inschrift »Nach dem Abort, vor dem Essen: Händewaschen nicht vergessen« strotzte vor Zynismus. Die katastrophalen hygienischen Verhältnisse in Auschwitz führten zum Ausbruch von Epidemien, die die SS-Ärzte »bekämpften«, indem sie die Insassen ganzer Blocks ins Gas trieben.

Der Block erinnerte an eine stinkende Höhle. Haufen von dickem Strohstaub steigerten noch seine Dunkelheit. In dieser Staubwolke, die wie ein dicker Nebel war, quoll es von Menschen, wie ein Gewimmel von Insekten, das langsam in den Höhlen der Blockskojen verschwand.
KZ-Häftling Josef Kret

Auschwitz war ein Krieg des Überlebens, von der halben Stunde auf die halbe Stunde, ganz zu schweigen von Tag zu Tag.
KZ-Häftling Ephraim Reichenberg

Vor Vergasung relativ sicher waren Zwillingskinder. Über sie hielt seine »schützende Hand« der »Todesengel« von Auschwitz: Dr. Josef Mengele. Er bewahrte sie aus kalter Berechnung vor dem Gastod, denn der in Medizin und Anthropologie promovierte »Rassenhygieniker« brauchte die Zwillinge als »Menschenmaterial« für seine pseudomedizinischen Versuche mit früher oder später tödlichem Ende. So spritzte er ihnen im Dienste seiner »Zwillingsforschung« Chemikalien in die Augen, um zu prüfen, ob sich braune Augen dauerhaft blau färben ließen. Andere, denen er Organe zum Sezieren entnehmen wollte, tötete der Doktor in der SS-Uniform mit Evipan- oder Phenolspritzen.

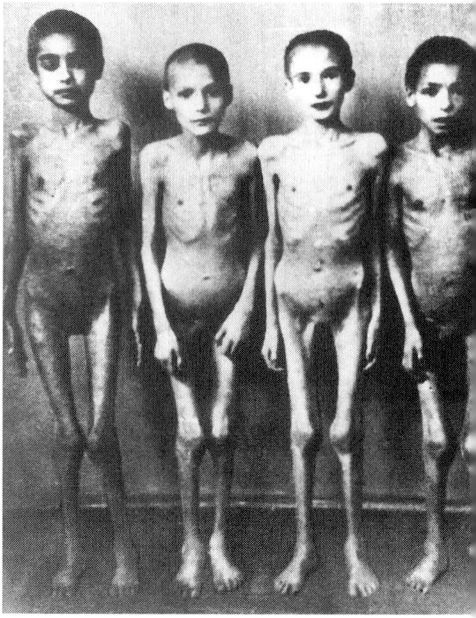

Der Todesarzt von Auschwitz: Für seine pseudomedizinischen Versuche, vor allem an Zwillingen (rechts), tötet Dr. Josef Mengele Hunderte von Menschen.

Mengele suchte sich die zu Versuchstieren bestimmten Menschen gleich nach Ankunft der Todeszüge an der Rampe heraus. Wie Überlebende berichten, holte der SS-Arzt sie manchmal noch im letzten Augenblick zurück, nachdem sie von anderen SS-Männern versehentlich mit ihren Müttern in die Reihe der für den Erstickungstod Bestimmten geschickt worden waren. In anderen Fällen ahnten die Mütter, daß es für sie selbst zwar kein Entkommen gab, daß ihre Zwillinge aber eine Chance hatten, weil sie etwas Besonderes darstellten in der Hölle von Auschwitz. »Mein Zwillingsbruder und ich waren mit unserer Mutter auf dem Weg zu den Gaskammern, da sagte sie plötzlich: ›Kinder, lauft zu den Deutschen. Lauft zurück dahin, wo sie die Zwillinge suchen!‹ Ich nehme an, ihr Instinkt hat ihr gesagt, daß wir sicherer waren, wenn wir uns von ihr trennten«, erinnerte sich später die Überlebende Eva Kupas. Kleine Kinder wehrten sich und schrien, wenn sie von ihren Eltern weggerissen wurden. Dann sprach Mengele Müttern lächelnd gut zu, versuchte sie zu beruhigen. Der »Todesengel« trieb mit Engelsmiene ein teuflisches Spiel der Heuchelei: »Gnädige Frau, Sie sind krank und müde von der langen Reise, geben Sie Ihr Kind dieser Dame; Sie können es später in der Krabbelstube wieder abholen«, log er eine verängstigte Mutter an.

Mengele wirkte an der Rampe stets wie aus dem Ei gepellt mit seinen blankgewichsten Reitstiefeln und seinen weißen Handschuhen. Während Höß von der Nervenanspannung des Vernichtungslagers Beruhigung bei seinen Pferden im Stall suchte, hielt sich Mengele mit Klängen von Brahms und Beethoven bei Laune, hörte in seinen Mußestunden gern Schumanns »Träumerei«, deren Melodie er an der Rampe gelegentlich pfiff. Dem musikliebenden Massenmörder mußte auch das Häftlingsorchester vorspielen.

»Meine Meerschweinchen« nannte der Todesdoktor hin und wieder »seine Zwillinge«. Er hatte zu den Kindern eine Beziehung wie Laborärzte zu Versuchstieren: niedliche Lebewesen zwar, die gleichwohl getötet werden müssen. Aber solange solch eine Kreatur noch lebt, sind sie und der Arzt in gewisser Weise miteinander verbunden. Ja, der Arzt streichelt sie sogar manchmal. Doch letztlich waren diese Kinder immer nur Versuchsobjekte. Mengele hatte soviel Mitgefühl für seine Zwillinge wie Forscher für Laborratten. Der »Herrenmensch« verfügte nach Gutdünken über seinen Menschenzoo. Gleich neben dem Krematorium II in Auschwitz-Birkenau ließ Mengele ein pathologisches Labor einrichten. Auf dem Seziertisch aus poliertem Marmor weidete er die Opfer seiner Menschenversuche aus. In einem Haftbefehl umriß die Staatsanwaltschaft Frankfurt nach dem Krieg die Verbrechen Mengeles, der sich bis zu seinem Ende der Justiz entziehen konnte, eine Todesliste in sachlichem Juristendeutsch. Aus dem »Tatkomplex medizinische Versuche«: »Im Sommer 1944 Zwillinge mit Evipan- und Chloroformspritzen getötet«; »beim natürlichen Tod eines Zwillings grundsätzlich auch den zweiten Zwilling zu Vergleichszwecken getötet«; den Tod ungarischer Zwillinge durch »operative Eingriffe am Kopf« verursacht; »ein im Lager geborenes Zwillingspaar durch Injektion getötet«. Die Überlebenden leiden noch heute unter diesen »wissenschaftlichen Experimenten«. »Man hat mir Gift gespritzt. Bis heute weiß ich nicht, was. Als Ergebnis der Experimente bin ich zu zwei Dritteln behindert. Mein Körper zittert. Ich bekomme epileptische Anfälle. Was für ein Leben!« klagt Auschwitz-Zwilling Moshe Offer.

Nicht nur Mengele, auch andere SS-Ärzte quälten Häftlinge mit barbarischen und pseudowissenschaftlichen Versuchen. So

Aus der heutigen Perspektive kann man sagen, daß wir in Auschwitz von Anfang an alle zum Tode verurteilt waren. Aber das Urteil wurde nicht vollstreckt, weil man uns eine Gnadenfrist in Form von Experimenten oder Sklavenarbeit gelassen hat.
KZ-Häftling Menashe Lorenci

Uns Kindern in Auschwitz wurde unsere Kindheit geraubt. Wir fügten uns schnell in unser Schicksal, schneller, als vielleicht ein Erwachsener es kann. Aber dadurch, daß wir uns mit dieser Hölle arrangierten, waren wir keine Kinder mehr. Es wurde uns unsere Unschuld genommen und der Glaube, daß die Welt gut sei.
KZ-Insassin Eva Kor

infizierte der Gynäkologe Carl Clauberg die Gebärmutter von KZ-Insassinnen mit Bakterien. Sein Kollege Horst Schumann experimentierte mit einer perversen Sterilisationsmethode: Mittels konzentrierter Röntgenbestrahlung der Hoden bei Männern und der Eierstöcke bei Frauen wurden die Versuchspersonen ihrer Fortpflanzungsfähigkeit beraubt – alles im Sinne der nationalsozialistischen Rassenideologie.

Doch auch für die »normalen« Auschwitz-Häftlinge war der Alltag grauenvoll. Um vier Uhr fing der Tag an. Morgens gab es Kaffee-Ersatz oder einen Aufguß, der »Tee« genannt wurde. Die 300 Gramm Brot, die am Abend vorher ausgegeben wurden, waren

Alltag in der Todesfabrik: Für die Häftlinge ist der »normale« Tagesablauf ein ständiger Kampf mit dem Tod.

auch für das »Frühstück« bestimmt. Doch wegen des ständigen Hungers konnten sich nur wenige Häftlinge dazu entschließen, ihr Stückchen Brot einzuteilen und bis zum Morgen aufzuheben. Die meisten aßen die ganze Brotration auf einmal auf, um wenigstens für einen Moment das bohrende Hungergefühl loszuwerden. Nach dem »Frühstück« mußten die Häftlinge auf dem Appellplatz antreten. Auch die während der Nacht Gestorbenen wurden aus den Baracken herausgebracht. Wenn jemand fehlte, mußten die Barackeninsassen so lange stehen bleiben, bis ihre Anzahl wieder stimmte. Ein morgendlicher Zählappell dauerte oftmals drei Stunden und länger.

Ein kleiner Zeitabschnitt, etwa der Tag – ausgefüllt mit den stündlichen Schikanen –, schien schier endlos zu dauern; ein größerer Zeitabschnitt jedoch, etwa eine Woche – mit dem täglichen Einerlei –, schien unheimlich rasch zu vergehen.
KZ-Häftling Viktor E. Frankl

Dann zogen die langen Häftlingskolonnen zum Lagertor hinaus zur Arbeit, wobei sie deutsche Volks- und Marschlieder singen mußten. Über dem Lagertor stand in der Form eines metallenen Spruchbandes der zynische Satz »Arbeit macht frei«. Diese Worte, gleichsam das Motto für das Höllenleben von Auschwitz, hatte Lagerkommandant Höß persönlich ausgewählt. Eingefallen waren sie ihm in seiner Zeit als Block- und Rapportführer im KZ Dachau, wo er von 1934 bis 1938 im Dienst des SS-Terrors stand. Die Häftlinge dort hätten ihm erzählt, »daß das Leben hinter Gittern, hinterm Draht, auf die Dauer ohne Arbeit unerträglich, ja die schlimmste Bestrafung« sei. Höß ging das Gespür dafür völlig ab, das Zynische dieses »Sinnspruchs« über dem Eingangstor zum KZ Auschwitz nachzuempfinden.

34 deutsche Unternehmen unterhielten Fabriken in der Umgebung des Konzentrationslagers. Diese Werksanlagen, in denen die Häftlinge später auch für die Rüstungsindustrie Frondienste leisteten, mußten von ihnen selbst gebaut werden. Arbeiten – das hieß vor allem Waggons schieben, Walzen ziehen, Balken, Rohre und Säcke schleppen, Steine klopfen, Erde ausheben. Zum Transport von Kartoffeln und Kohlrüben wurden sogenannte Tragen benutzt: große, schwere, mit Griffen versehene Holzkisten, die voll beladen 150 Kilogramm wogen. Die Häftlinge schleppten die Tragen zu zweit. Diese Arbeit war selbst für einen gesunden und gut ernährten Menschen äußerst schwer, für die entkräfteten Häftlinge war sie mörderisch. Die KZ-Wachmannschaft und die Kapos – verurteilte Schwerkriminelle, die für die SS Hilfsdienste leisteten und wie diese keinerlei Skrupel hatten, einen Häftling umzubringen – machten sich einen Spaß daraus, die Sklavenarbeiter mit Schlägen und scharfen Hunden zur Eile anzutreiben. Ruhetage gab es nicht, auch sonntags wurde gearbeitet. KZ-Kommandant Höß wußte, wie sie litten: »Hätte man

Doch Auschwitz war auch ein klassisches Konzentrationslager, weil die Unternehmen Krupp und Siemens sich teilweise im Lager niedergelassen hatten, um die Sklavenarbeitskraft zu nutzen.
KZ-Häftling Rudolf Vrba

die Häftlinge in Auschwitz gleich in die Gaskammern gebracht, so wäre ihnen viel Qual erspart geblieben.« Die meisten seien »nach kurzer Zeit« gestorben.

Am schlimmsten war die Schufterei in den Strafkompanien. Schon das kleinste Vergehen, wie etwa das Entwenden einer Kartoffel, war Grund genug, einen Häftling in die Strafkompanie zu stecken. Noch mehr als die »normalen« Arbeitskommandos dienten die Strafkompanien der physischen Vernichtung. Sie mußten die schwersten Arbeiten verrichten, etwa beim Kanalbau.

Vernichtung durch Arbeit: Das grausame Los von Überlebenden der »Selektion«.

Wer die Arbeit nicht mehr schaffte, wurde mit Spaten oder Knüppeln erschlagen, wurde erdrosselt oder erschossen. Jozef Kret, ein polnischer Gymnasiallehrer, der in Auschwitz einer Strafkompanie angehörte, schrieb seine Erlebnisse auf: »In einiger Entfernung entdeckte ich den Kapo Karl Langenhagen aus Hannover. Mit einer Hand auf den Wagen gestützt, stand er auf einer Stange, die quer über dem Hals des darunterliegenden Häftlings lag. Mit gleichgültiger Miene wippte er rhythmisch, ohne darauf zu achten, ob sein Opfer noch am Leben oder längst schon erstickt war.«

Das Mittagessen bekamen die Häftlinge außerhalb des Lagers an ihrer Arbeitsstätte: einen Liter Suppe mit Kartoffeln oder Kohlrüben. Die Hungerrationen reichten nicht zum Überleben.

Wer es nicht schaffte, irgendwie ein paar zusätzliche Lebensmittel zu organisieren und unbemerkt zu essen, starb innerhalb weniger Wochen an Körperschwäche. Abends mußten die Häftlinge die schweren Kochkessel, ihre Arbeitsgeräte und ihre toten Kameraden, die während der Arbeit ermordet wurden oder vor Schwäche gestorben waren, kilometerweit zurück ins Lager schleppen. Es war eine Prozession schlammverdreckter Elendsgestalten und Leichen, deren Ankunft von der Musik des Häftlingsorchesters begleitet wurde. Die Toten wurden auf dem Ap-

Diese wandelnden Leichen waren ein furchtbarer Anblick.
Rudolf Höß, Lagerkommandant

Die Kinder von Auschwitz nach der Befreiung: Sie wurden zu »Menschenmaterial« degradiert.

pellplatz abgelegt, denn die KZ-Führung achtete penibel darauf, daß die Zahl der Häftlinge unmittelbar nach der Rückkehr ins Lager mit der Kartei übereinstimmte.

Oft mußten die völlig entkräfteten Häftlinge nach der Arbeit noch stundenlang auf dem Appellplatz ausharren. So wurden sie dort nach der Flucht eines Häftlings im November 1940 bis tief in die Nacht festgehalten. Es schneite und war eisig kalt. Nach Beendigung des Appells wurden etwa 120 KZ-Insassen tot oder bewußtlos vom Platz fortgetragen. Auf dem Appellplatz mußten die Häftlinge auch zusehen, wie zum Tode Verurteilte gehängt wurden. So wartete der Strang auf Gefangene, die zu fliehen versucht hatten. Oft diente jedoch schon eine Nichtigkeit, beispielsweise das Fallenlassen eines Dachziegels bei der Arbeit, als Anlaß

Man horte bald auf, über das Leben nachzudenken. Überhaupt hörte das Denken ganz auf. Wir wurden wie Tiere behandelt – und genauso verhielten wir uns auch.
KZ-Häftling Zvi Klein

für den Tod am Galgen. Der Willkür waren keine Grenzen gesetzt.

Zur Tagesordnung zählte die Prügelstrafe. Besonders berüchtigt war die »Schaukel«: Dem Häftling wurden die Hände gefesselt. Anschließend mußte er in der Kniebeuge die Knie umfassen; unter die Kniekehlen, aber über die Unterarme schoben die Folterer einen Eisenstab, der auf einen Ständer gelegt wurde, so daß der Körper des Häftlings mit dem Kopf nach unten hing. Dann konnten die SS-Schergen auf das Gesäß und die Geschlechtsteile einprügeln. Es wurden so heftige Schläge ausgeteilt, daß der Körper anfing zu schaukeln und sich sogar um den Eisenstab drehte. Wenn der Gefolterte zu laut schrie, bekam er eine Gasmaske aufgesetzt.

Ich habe die ganzen zwei Jahre in Auschwitz jeden Tag geweint. Ich wollte nur bei meiner Familie sein, und für diesen Wunsch bekam ich regelmäßig von den Wächtern Schläge und Tritte.
KZ-Häftling Peter Grünfeld

Eine andere perfide Quälmethode der SS war die »Stehzelle«. Vier Häftlinge wurden zusammen in eine einen Quadratmeter kleine Zelle gezwängt. Sitzen oder hocken war unmöglich. Dort blieben die Unglücklichen zwei, drei, vier Tage und Nächte ohne Essen und Wasser. Oder sie wurden über Nacht in diesen engen Raum eingesperrt und am Morgen wieder zur Arbeit getrieben. Der Häftling Wieslaw Kielar hat die »Stehzelle« überlebt: »Wenn diese verfluchten Wände wenigstens irgendwelche Einbuchtungen oder Vorsprünge gehabt hätten. Hier war nichts, nur eine glatte gefrorene und glitschige Oberfläche, mit Reif bedeckt. Ich schlief ein. Schreckliche Kälte, die, wie mir schien, bis zum Knochenmark durchgedrungen war, weckte mich auf. Ich fühlte mich vollkommen steif. Lediglich im Rücken stach es so, als ob mir jemand ein scharfes Messer zwischen die Schulterblätter gejagt hätte. Der Nachbar von rechts stand wie vorher und stützte sich mit seinem ganzen Gewicht auf mich. Ich änderte die unbequeme Lage, und in diesem Moment glitt sein Körper vollkommen kraftlos zu Boden. Ich versuchte ihn hochzuziehen, aber ohne Erfolg. Zufällig berührte ich mit der Hand sein unrasiertes Gesicht. Es war eiskalt. Er war, während ich schlief, gestorben.«

Hinter jedem Häftling lauerte täglich der Tod. Auch im Krankenbau war man nicht sicher vor Quälerei und Verfolgung. Im Gegenteil: Der Krankenbau war Sammelstelle für Todeskandidaten. Harmloseste Verletzungen, die in der »normalen« Welt mit einfachsten Mitteln geheilt werden konnten, bedeuteten im Krankenbau von Auschwitz den Tod, denn es gab kaum Medikamente und Verbandsmaterial. »Der Tod beginnt bei den Schuhen«,

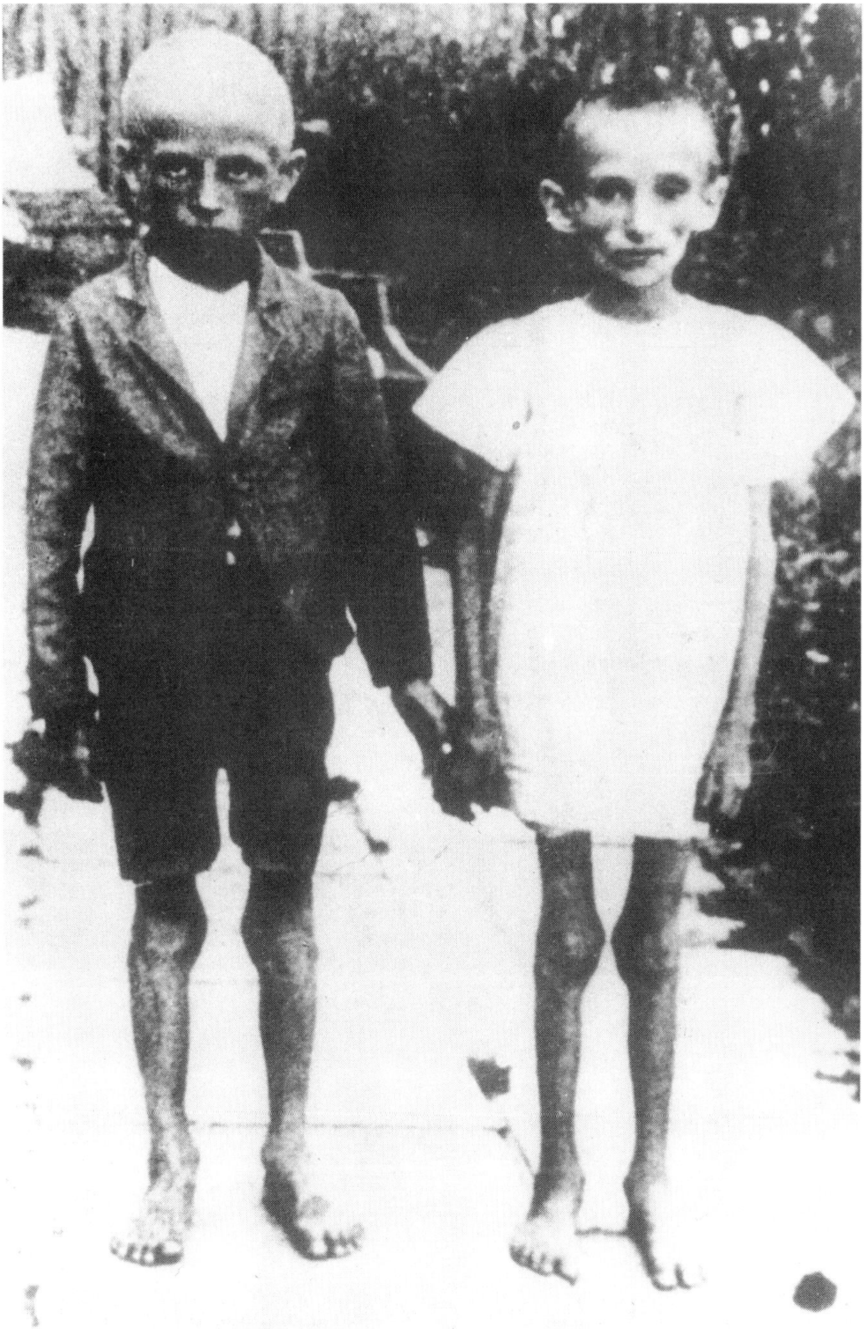

Kinder mit Greisengesichtern: Opfer der Versuche des Dr. Mengele.

Ein Leben hinter Stacheldraht: Bis zu 150 000 Gefangene gleichzeitig waren in der Todesfabrik eingesperrt.

schrieb Primo Levi. »Für die meisten von uns haben sie sich als wahre Marterwerkzeuge erwiesen, weil sie schon nach wenigen Stunden Marsch schmerzende Wunden verursachen, die sich unweigerlich infizieren. Wer davon heimgesucht ist, muß so laufen, als habe er ein Gewicht am Fuß hängen: Er ist überall der letzte, und überall bekommt er Schläge; er kann nicht davonlaufen, wenn man hinter ihm her ist. Seine Füße schwellen an, und je mehr sie anschwellen, desto unerträglicher wird die Reibung am Holz und am Leinen der Schuhe. So bleibt dann nichts anderes als der Krankenbau. Doch mit dem Befund ›dicke Füße‹ in den Krankenbau zu kommen ist äußerst gefährlich, denn alle, besonders aber die SS, wissen sehr wohl, daß man dieses Leiden hier nicht loswerden kann.« Kranke Häftlinge, die eigentlich längere Zeit im Krankenrevier hätten verbleiben müssen, waren in den Augen der SS unnütz, denn sie ließen sich nicht mehr als Arbeitskräfte verwenden. Auf sie wartete die Gaskammer. »Das Revier ist das Silo für die Selektion, jeden Tag holen SS-Leute welche raus. Der Tod heilt alles«, schrieb die Auschwitz-Überlebende Fania Fenelon.

Das fraß uns von innen auf – dieser Gedanke, daß die Deutschen getan haben, was sie getan haben, aber auch, daß keiner der Alliierten eine Hand für uns gerührt hat.
KZ-Insassin Vera Kriegel

Selektionen fanden jedoch nicht nur im Krankenbau statt. Auch in jedem anderen Block konnten plötzlich SS-Offiziere auftauchen und fürs Gas Bestimmte heraussuchen. Zu den »bevorzugten« Opfern gehörten beispielsweise »Muselmänner«: Menschen, die nur noch Haut und Knochen waren, oder einfach alle, die dem Kapo oder dem Blockwart nicht paßten.

In den Krankenbau aufgenommene Häftlinge mußten Kleidung und Wäsche abgeben. Die Kranken lagen nackt, meist zu zweit, auf einem Strohsack, nur mit schmutzigen und verlausten Decken zugedeckt. Es herrschte ein unbeschreiblicher Gestank. Das Stöhnen Sterbender und im Fieber Phantasierender vermischte sich mit Rufen nach Trinkwasser und Hilfe, die nie geleistet wurde.

Jeden Tag ging in allen Blocks um 21 Uhr das Licht aus. Die Häftlinge, dichtgedrängt auf ihren stickigen und schmutzigen Pritschen, fielen in einen unruhigen Schlummer. »Man hört das Atmen und das Schnarchen der Schläfer, manche wimmern und reden«, schrieb Primo Levi. »Viele schmatzen und bewegen ihre Kiefer. Sie träumen, daß sie essen. Ein erbarmungsloser Traum. Man sieht nicht nur die Speisen, man spürt sie mit Händen, ganz genau und konkret; man nimmt ihren reichen, eindringlichen Geruch wahr; jemand nähert sie uns bis an die Lippen, und dann bewirkt irgendein Umstand, der stets verschieden ist, daß der Akt

Und ich hatte mich doch in Auschwitz wahrlich nicht über Langeweile zu beklagen.
Rudolf Höß, Lagerkommandant

nicht zu Ende gebracht wird. Daraufhin löst sich der Traum auf, zerfällt in seine Bestandteile; doch gleich fügt er sich wieder zusammen und beginnt von neuem in ähnlicher, abgewandelter Form: das alles ohne Unterlaß, bei jedem von uns, in jeder Nacht und für die ganze Dauer des Schlafs.«

Ein Tag in Auschwitz – er begann als Alptraum, und er endete auch so.

12. JANUAR 1945

Die Flucht

Aufrechnung hilft nicht weiter; Gedanken an Rache machen alles noch schlimmer. Irgendeiner muß die Seelengröße aufbringen und sagen: »Es ist genug.«
Sebastian Haffner

»Feuer und Rauch über dem Gelände westlich der Weichsel. Der gefrorene Boden wurde hundertmal aufgerissen, Häuser loderten wie Fackeln auf, Bunker stürzten zusammen, Straßen wurden zerrissen und Menschen zerfetzt.«

Die Erinnerungen eines Augenzeugen vermitteln einen Eindruck vom Grauen eines 107 Minuten dauernden Artilleriebeschusses durch die Rote Armee bei Baranow, rund 100 Kilometer östlich von Krakau. Mit ihm begann am 12. Januar 1945 um 4.35 Uhr die letzte große Winteroffensive des Zweiten Weltkriegs. 45 Tage später standen die sowjetischen Einheiten vor Berlin.

In den Dünen vor Tilsit: Im Oktober 1944 kämpfen sowjetische Truppen erstmals auf deutschem Gebiet.

Erste Flüchtlinge in Richtung Westen: Nur mit dem Notwendigsten versehen, verlassen sie ihre Heimat.

Unter den Truppen der Wehrmacht brach Panik aus. Soldaten flohen im Schutz von Nebel und Schneesturm aus ihren Stellungen. Sie waren der Wucht des Angriffs nicht länger gewachsen. Ein Viertel der bei Baranow in Stellung gegangenen Deutschen starb; zwei Drittel ihrer Artillerie gingen verloren. Die Rote Armee rückte konsequent vor und durchbrach innerhalb weniger Tage die dünnen deutschen Verteidigungslinien an der Grenze zu Ostpreußen.

Eine rechtzeitige und organisierte Räumung fand fast nirgends statt. Vielmehr stellte der Aufbruch der ostpreußischen Bevölkerung meist eine regellose, im letzten Moment ausgelöste und oft völlig wirre Flucht dar.
Aus dem Bericht der Wissenschaftlichen Kommission der Bundesregierung zur Geschichte der Vertreibung

Dort packten die Menschen eilig etwas Kleidung, Proviant, Brot, Konserven und Eingemachtes zusammen, griffen sich rasch ein paar Erinnerungsstücke, spannten Pferde vor ihre Fuhrwerke und verließen die Heimat. In schneidender Kälte brachen sie auf zu einer der größten Völkerwanderungen der Neuzeit. Sie reihten sich ein in die immer länger werdenden Trecks nach Westen, riskierten den Weg über vereiste Landstraßen und durch Schneegestöber, um nicht von der Front überrollt zu werden. Es waren die ersten deutschen Flüchtlinge aus den Ostgebieten des maroden Reiches. Viele von ihnen rechneten damit, nach dem Krieg bald wieder zurückzukehren. Sie sollten sich irren. Für die weitaus meisten war die Flucht aus der Heimat eine Reise ohne Wiederkehr.

Oben: Winteroffensive 1945: Sowjetische Panzerkolonnen auf dem Vormarsch in Ostpreußen.
Unten: Endlose Trecks: Auf der Flucht vor der herannahenden Roten Armee verlassen deutsche Zivilisten ihre Heimat vor Danzig.

Im Dezember 1944 hatte Heinz Guderian, Hitlers letzter Generalstabschef, noch vergeblich vor der massiven Konzentration sowjetischer Streitkräfte gewarnt. »Die Überlegenheit der Russen betrug an Infanterie 11:1, an Panzern 7:1, an Geschützen 20:1. Bewertete man den Gegner im ganzen, so konnte man von einer etwa fünfzehnfachen Überlegenheit der Erdtruppen, von einer mindestens zwanzigfachen in der Luft sprechen, ohne sich einer Übertreibung schuldig zu machen.« Doch Hitler, ganz fixiert auf seine Wahnidee Ardennenoffensive, lehnte es rundweg ab, die Ostfront zu verstärken. Guderians Aufklärung, beschied er ihn brüsk, sei »dem größten Bluff seit Dschingis-Khan« aufgesessen.

Nemmersdorf: Der Name dieses Dorfes wurde zum Symbol für die Greueltaten sowjetischer Soldaten, Oktober 1944.

Daß Hitler die Lage wieder einmal völlig falsch beurteilt hatte, bewies der rasche Vormarsch der Roten Armee: Am 18. Januar kämpften Stalins Truppen schon in Budapest. Krakau und Lodz fielen am folgenden Tag. Im Süden überschritten sowjetische Soldaten die Grenze zu Schlesien.

Auf den Landstraßen vor der Front herrschte Chaos: Die Kolonnen der Fuhrwerke auf den Straßen rissen kaum ab. Zwischen ihnen: Soldaten und Panzer auf dem Rückzug. Die Bahnstationen waren überfüllt mit frierenden Frauen, Kindern und Greisen, die

Bestialisch gewütet: Die Bewohner von Nemmersdorf wurden nach der Rückeroberung durch deutsche Truppen ermordet aufgefunden.

auf einen Zug in Richtung Westen warteten. Die NS-Führer hatten sich buchstäblich bis zum letzten Moment geweigert, die seit Ende 1944 fertig ausgearbeiteten Evakuierungspläne umzusetzen. »Kein echter Deutscher darf auch nur daran denken, daß Ostpreußen in russische Hände fällt«, verordnete Erich Koch, der Gauleiter von Ostpreußen. Vorbereitungen zur Flucht nannte er »Defätismus«. Wer vorsorglich seine Sachen zusammenpackte, mußte mit einem kurzen Verfahren vor einem Sondergericht rechnen.

Tag und Nacht waren alle Plätzchen und Ecken im Bahnhofsgelände besetzt... Überall klebten, hingen und klammerten Menschen in lebensgefährlicher Weise an den einzelnen Wagen, nur um mitzukommen.
Ein Oberstleutnant, Januar 1945

Nemmersdorf war keine Propaganda... Es war so schlimm, wie es nicht schlimmer durch die Propaganda hätte geschildert werden können. Im übrigen haben wir viele Nemmerdorfs... erlebt. Das kann man nicht schildern...
Erich Mende, Minister a. D.

Aber auch Strafandrohungen hielten die Menschen jetzt nicht mehr zurück. Allein im Januar 1945 waren nach Schätzungen der Wehrmacht schon dreieinhalb Millionen Deutsche auf der Flucht. Sie hatten Angst vor der Rache der Roten Armee, fürchteten weitere Greueltaten wie in Nemmersdorf. Der ostpreußische Ort war im Oktober 1944 einige Tage in den Händen der Sowjets gewesen. Nachdem ihn deutsche Truppen zurückerobert hatten, bot sich ihnen ein Bild des Grauens. »Wir fanden in den Wohnungen insgesamt 72 Frauen einschließlich Kinder und einen alten Mann von 74 Jahren, die sämtlich tot waren, fast ausschließlich bestialisch ermordet bis auf nur wenige, die Genickschüsse aufwiesen. Unter den Toten befanden sich Kinder im Wickelalter, denen mit einem harten Gegenstand der Schädel eingeschlagen worden war.« Wie eine Ärztekommission später feststellte, waren vor ihrem Tod sämtliche Frauen, selbst achtjährige Mädchen, vergewaltigt worden.

Nemmersdorf blieb keine Ausnahme. Die Soldaten der Roten Armee zogen marodierend durch die eroberten Landstriche. Sie setzten Häuser, Scheunen und Ställe sinnlos in Brand. Plünderungen und Vergewaltigungen standen auf der Tagesordnung.

Als uns die Russen sahen, nahmen sie uns mit ihren Panzern unter Feuer. Ich sah, wie eine Frau ihren Säugling vor die Panzerketten warf. Sie war nicht die einzige, die den Verstand verlor.
Else Seethaler, Flüchtling aus dem Sudetenland

Nach den Erfahrungen, die diese Männer mit »den Deutschen« gemacht hatten, schienen die eigenen Übergriffe aus ihrer Sicht entschuldbar: »Vor unseren Panzern hat ein Soldat eine deutsche Frau und ihren Säugling erschossen, weil sie sich weigerte, ihm zu Willen zu sein. Es ist fürchterlich. Aber die Deutschen haben bei uns massenhaft noch viel Schlimmeres verbrochen«, schrieb ein sowjetischer Offizier in sein Tagebuch.

Die sowjetische Propaganda tat das Ihre, um das Verlangen nach Rache zu entfachen. »Nicht nur Divisionen und Armeen marschieren auf Berlin. Die Leiden all der Unschuldigen aus den Massengräbern, Gräben und Schluchten marschieren auf Berlin. Die Kohlfelder von Majdanek und die Bäume von Witebsk, an denen die Deutschen ihre unglücklichen Opfer aufhängten, die Stiefel und Schuhe der in Majdanek erschossenen und vergasten Männer, Frauen und Kinder: sie alle marschieren nach Berlin.« Dieser Text stammt von dem bekanntesten Agitator auf sowjetischer Seite, dem Dichter Ilja Ehrenburg, dessen Artikel nicht nur in den renommiertesten Blättern erschienen, sondern auch von Armeezeitungen übernommen wurden. Aggressive Propaganda stimmte auf die große Winteroffensive ein. Die Soldaten überschritten erstmals die Grenze, verteidigten nicht länger die Heimat.

Das brennende Danzig: Frauen versuchen, sich mit ihren Kindern und geringer Habe in Sicherheit zu bringen.

Ein jeder unserer Krieger hat außer den allgemeinen Forderungen des Staates noch eine persönliche Rechnung mit den Deutschen zu begleichen.
Aus einer sowjetischen Instruktion für den Politunterricht vom August 1944

»Hier beginnt es, das verfluchte Deutschland«, stand auf Hunderten von Tafeln, die von Vorauskommandos an der deutschen Grenze in den Boden gerammt worden waren. Nun sollten die Sowjetsoldaten erobern. Dafür, glaubte die Armeeführung, müsse die »Kampfmoral« gestärkt werden: »Die Kommandeure und Politarbeiter begriffen sehr wohl, daß man keinen Feind besiegen kann, wenn man ihn nicht aus tiefster Seele haßt«, heißt es dazu in der offiziösen »Geschichte des Großen Vaterländischen Krieges«.

Für die einheimische Bevölkerung verhieß das nichts Gutes. Wer seine Heimat nicht verlassen wollte oder sich zu spät zur Flucht entschloß, bekam das zuerst zu spüren. Die Berichte ähneln sich: »Als wir gerade den Tisch deckten, kamen drei Russen. Sie lachten, verlangten eine Flasche Schnaps. Dann zerrten sie meinen Vater in das Nachbarzimmer. Kurz darauf fiel ein Schuß. Dann kamen die Soldaten zurück, fielen grölend über meine Mutter, meine Tante, die Schwester her.«

Grundsätzlich blieben auch in diesem Stadium des Krieges Plünderungen und Vergewaltigungen verboten. Aber Vergünstigungen wie die Erlaubnis, Pakete in die Heimat zu schicken, deuteten viele, darunter auch der damalige Kommissar Lew Kopelew, als offenen Freibrief. »Das war direkte, unzweideutige Ermunterung, zu rauben und zu plündern. Was hätte der Soldat sonst nach Hause schicken sollen? Alte Fußlappen? Reste seiner Ration?«

Hinter den sowjetischen Soldaten lagen Tausende brennender Städte und Dörfer, Millionen Tote und Verwundete, trauernde Witwen und verlassene Kinder... Die deutsche Armee hatte auf ihrem Rückzug »verbrannte Erde« hinterlassen. Nun aber rückten die Sowjets in Gebiete vor, die vom Krieg bislang verschont geblieben waren: »Wo wir auch Rast machen, überall in den Kellern findet man herrliche Weine, Eingemachtes, Gebäck. Auf den Höfen treiben sich Schweine, Kühe, Hühner usw. herum«, schrieb ein Rotarmist nach Hause. In einem weiteren Brief in die russische Heimat steht: »Wir sind alle satt, Fleisch ist da und Speck, man kann es kaum mehr sehen. Allerhand Beute machen wir, alles schöne Sachen, und ich glaube, man kann auch etwas schicken...«

Jene, die diese »schönen Sachen« zurückgelassen hatten, drängten sich indes in den Städten und Häfen Ostpreußens. Schulen, Turnhallen oder Gaststätten dienten als Notunterkünfte. An Dönitz' Kriegsmarine erging die Weisung, alle verfügbaren

Schiffe einzusetzen, um die Menschen zu evakuieren. 22 000 Flüchtlinge verließen am 25. Januar mit dem ersten Schiffskonvoi Pillau. Allein in den nächsten drei Wochen folgten ihnen weitere 180 000.

Drei Tage später bestand keine andere Möglichkeit mehr, aus Ostpreußen zu entkommen: Die Rote Armee war bei Elbing zur

Über die Ostsee: Ab Ende Januar 1945 blieb den Flüchtlingen aus Ostpreußen als einzige Rettung der Weg per Schiff.

Flucht übers Frische Haff: Für rund 450 000 Menschen ist dies die letzte Chance, die Ostseehäfen zu erreichen.

Küste vorgestoßen und riegelte die Straßen- und Zugverbindungen zum Reich ab. Was das für die Menschen in Ostpreußen bedeutete, beschrieb Erich Mende, damals Offizier an der Ostfront, im letzten Interview vor seinem Tod: »Das Leid der Bevölkerung war unvorstellbar. Denn dadurch, daß der Gauleiter Erich Koch jede Evakuierung, auch der Randgebiete Ostpreußens, untersagt hatte, war alles voll mit Flüchtlingen, Frauen und Kindern. Etwa zwei Millionen Menschen waren eingeschlossen, als die Rote Armee Elbing erreichte. Und gleichzeitig war auch die Vierte deutsche Armee mit etwa 500 000 Soldaten eingeschlossen. Es gab am Ende nur noch den Weg über die See, die Evakuierung aus Pillau, über Gotenhafen, Danzig…«

Ostpreußen war ein Kessel von Zivilisten und Soldaten.
Erich Mende, Minister a. D.

Wer sich dorthin retten wollte, mußte über das vereiste Frische Haff. Während der stundenlangen Fahrt bei klirrender Kälte starben vor allem Kinder und alte Menschen. Am Ufer und an den Wegen lagen verstreut unzählige Bündel und Hausratsgegenstände, die von den Flüchtlingen zurückgelassen worden waren, um ihre Karren zu entlasten. Äste, die Fischer oder Angehörige der Wehrmacht in das Eis gesteckt hatten, wiesen den Weg über die zugefrorene Meeresbucht. Bei klarer Sicht beschossen sowjetische Tiefflieger die Trecks. Die Überquerung des Haffs gehört für die Ostpreußin Stephanie Lingk wie für viele andere zu den schrecklichsten Erinnerungen ihres Lebens: »Es war eine grauenvolle Fahrt, ich hatte meine beiden kleinen Kinder fest im Arm, weil ich mir sagte, wenn wir getroffen werden, dann hoffentlich alle... Man hat fast gar nicht mehr die Leichen anderer Leute gesehen, weil der eigene Kummer und die eigene Sorge blind dafür gemacht hat.«

Die Fahrt über das Haff war eine Todesfahrt... Überall waren Flüchtlingswagen eingebrochen... Dazu kamen noch die Bombenangriffe.
Ferdinand Groß

Ende Januar war die Rote Armee bis zur Oder vorgedrungen. Im knapp 100 Kilometer entfernten Berlin hörte man ihre Geschütze. In Oberschlesien hatte sie das letzte intakte Industriegebiet des Deutschen Reiches erobert. Nach dem Verlust dieser Waffenschmiede ließ Rüstungsminister Albert Speer seinem »Führer« eine Denkschrift zukommen, die mit dem Satz begann: »Der Krieg ist verloren.« Sie verschwand ungelesen in Bormanns Panzerschrank.

Die Sowjets entschieden, die Offensive in Richtung Berlin zu unterbrechen, um sie erst Mitte April fortzusetzen. Zunächst aber waren die langen Nachschubwege zu organisieren. Der Frontverlauf sollte begradigt werden. Sorgen bereitete der militäri-

Straßen- und Häuserkämpfe: Sowjetische Soldaten in Breslau schießen von Balkonen der Wohnhäuser.

Oben: Eine Kleinstadt in Ostpreußen: Sowjetische Panzer rollen durch Mühlhausen. – Rechts: Letzte Hoffnung: Flüchtlinge warten im Hafen von Kolberg auf Schiffe in den Westen.

schen Führung die Disziplin ihrer Truppen. Betrunkene Soldaten hatten sogar auf die eigenen Leute geschossen. »Panzer waren derartig mit Beutestücken vollgestopft, daß die Besatzungen nicht mehr hineinkamen.« Marschall Iwan Konjew griff durch. Er ließ einige seiner Kommandanten absetzen und in Strafbataillone versetzen.

Die Rote Armee kämpfte sich nun an die Ostsee vor. Anfang März stand sie bei Kolberg, kurz darauf vor Stettin. In den eingekesselten Teilen Pommerns hatten die Menschen nur ein Ziel: die Küste. Trecks und Einheiten geschlagener Soldaten flohen zusammen. Einige dieser zusammengewürfelten Kolonnen wurden von den überlegenen sowjetischen Einheiten angegriffen und überrollt. Ein Flüchtling erinnert sich: »Gegen 14.00 Uhr überraschender Flankenangriff eines starken russischen Panzerverbandes... Große Verwirrung. Die ersten Einschläge der russischen Panzerkanonen zerreißen direkt vor mir Flüchtlingswagen mit Frauen und Kindern. Hohe Ausfälle an Fahrzeugen. Unweit von uns beginnt ein Hochwald, dem alles zuzustreben versucht. Beim Versuch, die Fahrzeuge auseinanderzuziehen, blieb alles hoffnungslos im Schnee stecken... Die Panzer zogen hinter uns auf unsere Straße und fuhren, alles zermalmend, zunächst Richtung Lauenburg.«

Hungrig, fast erfroren, gehetzt und gepeinigt von einer rasenden Angst, viele nahezu wahnsinnig, andere stumpf und gleichgültig vor Entsetzen und Kummer, so kamen die Flüchtlinge nach Pillau.
Ein Bewohner Pillaus

Die Ziele der Überlebenden waren die Häfen Danzig, Gdingen und Pillau. Dort hofften Tausende auf die Überfahrt nach Westen. Die Männer der Marine taten, was sie konnten: »Der Kai

war schwarz vor Menschen. Ich beabsichtigte mitzunehmen, was irgend möglich war«, beschwor ein Kapitän noch einmal ein Bild des Schreckens. »Wir hatten sogar unsere großen Ladenetze über die Bordwand gehängt, an denen Menschen wie Katzen heraufkletterten. Noch beim Ablegen kletterten die Flüchtlinge in dichten Trauben in den Netzen an Bord, es war furchtbar.«

Bis Anfang April brachte die Marine zwei Millionen Menschen nach Westen. Doch nicht alle Schiffe gelangten an ihr Ziel. Patrouillierende Torpedoboote, ausgelegte Minen und Bomberangriffe gefährdeten die Transporte. Ihnen fielen mehr als 33 000 Menschen zum Opfer: davon 6666 beim Untergang der »Goya«, knapp 6000 auf der »Cap Arcona«; auf der »General von Steuben« starben 3500 Menschen; 2414 Passagiere ertranken, als der Dampfer »Thielbeck« sank.

»Ich halte die ostpreußische Tragödie für die schlimmste Tragödie des deutschen Volkes im Zweiten Weltkrieg. Meine Landsleute in Schlesien konnten noch über Land weg; ... die aus dem Sudetenland auch noch, aber hier stand nur mehr der Weg über die Ostsee zur Verfügung, und da hat es die Schiffskatastrophen gegeben, die Untergänge großer Passagierdampfer. Das Leid der ostpreußischen Bevölkerung ist einfach nicht wiederzugeben«, erinnerte sich Erich Mende.

Die Menschen stürmten und drängten, so daß es von vornherein aussichtslos erschien, eine Schiffskarte zu bekommen. Es war einfach sinnlos...
Charlotte Dölling über die Situation in Gotenhafen im März 1945

Am 30. Januar torpedierte ein sowjetisches U-Boot das ehemalige KdF-Schiff »Wilhelm Gustloff«. Menschen ertranken in der eisig kalten Ostsee. Nur 1000 der Schiffbrüchigen konnten an Bord der Begleitboote geholt werden. Einer von ihnen schilderte den Untergang: »Wie ein Orkan pflanzt sich der Schrei von Mund zu Mund fort: ›Das Wasser kommt!‹ ...Das verzweifelte Brüllen... übertönt das dumpfe Gurgeln der Wassermassen... Als das einbrechende Wasser die Trennwände... aufreißt, fallen die Menschen nach Backbord. In ganzen Knäueln fallen sie, sich fest aneinanderklammernd. Das Wasser riß sie fort nach unten.« In der allgemeinen Panik waren die Menschen wie von Sinnen. »Kinder, Mütter und auch ein Matrose waren in unserem Rettungsboot. Neben mir war eine Frau im Wasser, ich wollte die Hände ausstrecken. Da hat man mit den Rudern auf ihre Finger geschlagen, und die Hände sind von dem Boot abgeglitten.«

Es war ein unentwegtes Sterben im Lager. Die kleinen Kinder lagen morgens tot in den Betten. Es gab keine Milch. Sie schliefen wahrscheinlich vor Schwäche ein.
Maria-Monika Dziallas

Hinter den sowjetischen Linien wurden im März die ersten vollendeten Tatsachen für die Zeit nach dem Krieg geschaffen: Im Vorgriff auf die Westverschiebung Polens, die auf der Potsdamer Konferenz im Juli 1945 beschlossen werden sollte, kamen Masuren, Pommern, Nieder- und Oberschlesien unter polnische Verwaltung. Danzig folgte wenig später.

Die Deutschen, die noch in diesen Gebieten lebten, mußten ab Ende Juni ihre Heimat verlassen. Zum Teil wurden sie vor ihrer Vertreibung in Lagern zusammengepfercht. Oft waren die Internierten dort wehrlos der Willkür des Personals ausgesetzt. Im oberschlesischen Lamsdorf mußten sich Ende Juli 900 Menschen zwei kleine Barackenräume teilen. »In der glühenden Julihitze wurde uns der Aufenthalt hier in kurzer Zeit zur Hölle. Kinder wimmerten, Säuglinge schrien, Mütter baten verzweifelt um Wasser, es half nichts... Polnische Miliz... trieb uns auf den Appellplatz hinaus, und dort nahm sie uns sämtliche Sachen ab. Verpflegung erhielten wir erst am vierten Tag, etwa einen halben Liter Suppe...«

Vertriebene aus Aussig: Als Kennzeichnung für Deutsche müssen sie weiße Stoff-Fetzen an ihrer Kleidung tragen.

Andere Deutsche schickte man ohne Vorwarnung auf den Weg. Innerhalb von zehn Minuten hatten sie ihre Sachen zu packen. Danach waren sie wochenlang auf der Landstraße. »Es war ein Elendszug... Wir zogen... Kinderwagen, Leiterwagen, Schiebkarren, Sportwagen, man sah die unmöglichsten Gefährte. Von morgens bis abends um sieben durfte man auf der Landstraße bleiben, dann schlief man entweder im Walde, in schmutzigen Scheunen und leeren Wohnungen«, schildert eine Frau aus Sorau die Strapazen. Für sie endete der Weg in Cottbus, in der sowjetisch besetzten Zone.

Was wir 1945/46 unter Russen und Polen erlebt haben, das war auf die Dauer nicht zu ertragen... Wir lebten nur in Angst... Und so war es nicht verwunderlich, daß uns schließlich das andere Deutschland jenseits der Oder-Neiße-Linie wie ein gelobtes Land erschien.
Hildegard Tauchert

Eine Flüchtlingsfrau mit Kind: Barfuß schleppt sie sich und ihr Kind in das zerstörte Berlin.

Cottbus war wie die anderen »Grenzstädte« Stettin, Frankfurt an der Oder und Görlitz im Sommer 1945 bis zum Bersten überfüllt. Neben den Einheimischen kämpften auch diejenigen ums Überleben, die hofften, in den nächsten Wochen und Monaten in ihre Heimat im Osten zurückkehren zu können. Viele Wohnungen waren zerstört, Lebensmittel kaum aufzutreiben. An Hygiene war unter diesen Umständen nicht zu denken. Typhus und andere Krankheiten grassierten. Läuse und Flöhe waren Dauergäste. »So zog man auf die Dörfer, bettelte um ein paar Kartoffeln, Gurken,

Mohrrüben. Cottbus war eine Stadt des Grauens, eine Stadt des Sterbens. Ich mußte mit ansehen, wie drei sehr gute Bekannte von mir vor meinen Augen verhungerten«, erinnert sich eine Flüchtlingsfrau.

Als sie uns bis Nikolsburg getrieben hatten, mußten wir auf einer Wiese im Freien übernachten. Dann sind Russen gekommen und haben sich Frauen geholt... Am nächsten Morgen hat man uns... über die Grenze nach Österreich abgeschoben.
Maria Stanka über einen der Todesmärsche

In der Tschechoslowakei erging es den Deutschen nicht besser: Als sich die Tschechen am 5. Mai in Prag gegen die deutsche Besatzung erhoben, unterschieden sie nicht zwischen Militär, Beamten und friedlichen Bürgern. Wen die Aufständischen als Deutschen erkannten, der wurde mitgenommen, unter Stockhieben auf Lastwagen getrieben und in Schulen, Kinos oder Kasernen interniert. In den folgenden Tagen brachte man die Deutschen als Zwangsarbeiter aufs Land oder in eines der Lager. Dort hatten sie auf ihre Ausweisung zu warten. Ob es sich bei den Aufgegriffenen um NS-Funktionäre handelte, um Flüchtlinge aus Schlesien oder um Menschen, die schon seit Generationen in Prag lebten, war einerlei.

Die Wut auf die Deutschen mündete in gezielte Diskriminierung: Eine weiße oder gelbe Armbinde mit dem Buchstaben N für »Nemec«, Deutscher, wurde zur Pflicht. Die Armbinde kennzeichnete, wer öffentliche Verkehrsmittel nicht benutzen durfte oder die Sperrstunde einzuhalten hatte. Was wenige Jahre zuvor mit dem gelben Stern den Juden widerfahren war, das fiel nun auf die Deutschen zurück.

Welchen Haß viele Tschechen gegen die ehemaligen Besatzer hegten, zeigte sich in Aussig. Als dort am 31. Juli 1945 ein Munitionslager explodierte, vermutete man einen deutschen Sabotageakt. Eine halbe Stunde später griff eine aufgebrachte Menge Deutsche an, die über eine Brücke von der Arbeit heimkehren wollten. »Das Militär, das aufgefordert worden war, jedes Massaker zu verhindern, folgte dieser Aufforderung nicht und mordete mit. Eine Mutter, die ihr Kind im Wagen über die Brücke fuhr, wurde mit Latten erschlagen, mit dem Kind über das Geländer geworfen, unter Begleitfeuer aus Maschinenpistolen«, berichtete ein Augenzeuge. Unzählige Menschen verloren in Aussig ihr Leben.

Die Vertreibung, seit 1943 eines der Hauptziele der tschechischen Exilregierung, ging mit solch großer Härte vonstatten, daß die Überlebenden sie als »Todesmärsche« bezeichneten. In Brünn wie andernorts ließ man den Deutschen Ende Mai nur wenig Zeit, zusammenzupacken, bevor sie nach Westen getrieben wurden. »Wir durften uns nicht setzen, durften uns nicht ausruhen, kein Schluck Wasser, es war eine fürchterliche Hitze, und da hat eine Mutter nach ihrem Kind geschrien, da haben Kinder nach der Mutter geschrien... Es war furchtbar. Vor Pohrlitz war ein großes Gewitter, und da waren wir durchnäßt bis auf die Haut. Da haben wir in einer leeren Zementfabrik auf dem Zementfußboden gelagert. Dann sind schon die ersten Menschen an der Ruhr erkrankt.« Zu den Strapazen des tagelangen Fußmarschs gesellten sich der allgegenwärtige Nahrungsmangel und die wüsten Beschimpfungen und Schläge durch aufgebrachte Tschechen am Wegrand. Wer nicht mehr weiterkonnte, wurde liegengelassen oder erschossen. Unterwegs wurden die Flüchtlinge wiederholt überfallen, die Frauen mehrfach vergewaltigt. Bei ihrer Ankunft im Westen besaßen die Vertriebenen oft nur mehr das, was sie am Leibe trugen.

In der zweiten Julihälfte trafen sich die Führer der drei Siegermächte Sowjetunion, USA und Großbritannien in Potsdam. Das geschlagene Deutschland wurde zerstückelt. Im Osten verlor es ein Viertel seiner Fläche: Der nördliche Teil Ostpreußens mit der Stadt Königsberg wurde der Sowjetunion unterstellt, das restliche Ostpreußen und die Region östlich von Oder und Görlitzer Neiße kamen unter polnische Verwaltung. Die Zuteilung dieses Territoriums sollte Polen für den Verlust seiner Ostgebiete entschädigen, die sich die Sowjetunion schon 1939 einverleibt hatte.

Die nach unserem Ermessen befriedigendste und dauerhafteste Methode ist die Vertreibung. Sie wird die Vermischung der Bevölkerungen abschaffen, die zu endlosen Schwierigkeiten führen. Mich beunruhigen diese großen Umsiedlungen nicht...
Winston Churchill am 15. Dezember 1944 vor dem britischen Unterhaus

In Artikel 13 des Potsdamer Abkommens heißt es: »Die drei Regierungen... erkennen an, daß die Überführung der deutschen Bevölkerung oder Bestandteile derselben, die in Polen, der Tschechoslowakei und Ungarn zurückgeblieben sind, nach Deutschland durchgeführt werden muß. Sie stimmen darin überein, daß jede derartige Überführung, die stattfinden wird, in ordnungsgemäßer und humaner Weise erfolgen soll.«

Damit wurden die Vertreibungen legalisiert. Im Falle der Sudetendeutschen waren die Alliierten an Zusagen der Kriegszeit gebunden. Damals war geplant, lediglich jene Deutschen auszuweisen, die sich dem neuen tschechoslowakischen Staat gegenüber illoyal verhielten. Nun aber stimmte man der Aussiedlung aller Deutschen zu: insgesamt 3,5 Millionen Menschen.

Die Zahl der Deutschen, die ihre Heimat im Osten verlassen sollten, war zunächst umstritten. Churchill warnte davor, sie massenweise nach Westen zu schicken. Denn dort fehle es bereits an Lebensmitteln. Doch Stalin ließ diesen Einwand nicht gelten. Die meisten Deutschen hätten bereits das Land verlassen. Daß

Potsdamer Konferenz: Im Schloß Cecilienhof entschieden die drei Alliierten über die Zukunft Deutschlands, Juli 1945.

seine Behauptung nicht der Wahrheit entsprach, vielmehr Tausende seit dem Ende der Kämpfe umkehrten und verzweifelt versuchten, in ihre Heimat zurückzukehren, stellte sich erst später heraus.

Von den ersten Berichten über den elenden Zustand der Ankommenden alarmiert, forderten die Westalliierten, die Transfers bis Januar 1946 zu unterbrechen. In der Zwischenzeit wollten sie die Aufnahme der Flüchtlinge vorbereiten. Genaue Direktiven sollten die im Potsdamer Abkommen geforderte geordnete und humane Behandlung der Vertriebenen sicherstellen. Den Sudetendeutschen war nun erlaubt, wenigstens bis zu 50 Kilo Gepäck und 1000 Reichsmark mitzunehmen. Familien sollten nicht auseinandergerissen werden. Die Versorgung mit Lebensmitteln für drei Tage wurde ebenfalls garantiert.

Hoffnungsvoll: Sudetendeutsche vor dem Abtransport in Güterwaggons nach Westen.

Aber auch diese neuen Normen konnten Mißhandlungen oder Plünderungen nicht völlig beenden. Die Flüchtlinge kamen aber nun in Güterwaggons. »Irgendwo auf freier Strecke verlangsamt sich die Geschwindigkeit mehr und mehr, bis zu Schrittempo herab... Ein Schuß kracht, sehr nahe und sehr laut, ...heiseres Gebrüll, die Tür wird aufgerissen, vielstimmig der Aufschrei der Angst, Blendlaternen. Eine Horde stürmt, brandet herein... Die Koffer und Kisten, die Kartons, die geschnürten Bündel bekommen Flügel. Sie fliegen hinaus und davon. Die Horde ihnen nach, Finsternis, Stille... Der Zug ruckt an und rumpelt dahin, als sei nichts geschehen.«

Bei der Ankunft in den Zielbahnhöfen boten die Ausgewiesenen

Ankunft in der Fremde: Erschöpft von den Strapazen verlassen Sudetendeutsche die Waggons.

einen bedauernswerten Anblick. »Die Mehrzahl ist durch die monatelangen Strapazen körperlich verfallen und seelisch zerrüttet. Die meisten Flüchtlinge besitzen weiter nichts als das, was sie am Leib tragen«, berichtete ein Augenzeuge. Die Neuankömmlinge wurden, wie die Flüchtlingsfrau Hildegard Tauchert berichtet, keineswegs mit offenen Armen aufgenommen. »In Westdeutschland waren die Städte zerstört. Es herrschte Wohnungsnot. Es gab keine Arbeit. Und jetzt kamen aus dem Osten noch Millionen Menschen dazu!« Sie waren Konkurrenten um die bereits knappen Nahrungsmittel, Wohnungen und Arbeitsplätze. Die Einquartierungen der Flüchtlinge konnten die zuständigen Kommunalbeamten oft nur mit Polizeiunterstützung durchsetzen.

Als Flüchtling fühlte man sich – trotz der Hilfe und Mühe der Einheimischen – als rechtloser Mensch, als Mensch zweiter Klasse.
Annetrud von Gallwitz

Die Oberpfälzer haben uns Schlesier angenommen, etwas mürrisch... nicht mit offenen Armen. Natürlich, wir waren ja ein paar Millionen, die da über die Grenze gekommen sind... Sie haben zugelassen, daß wir uns integriert haben, obwohl niemand was hatte...
Dieter Hildebrandt, Kabarettist

»Wie man glauben kann, daß das gegenwärtige Deutschland diese hungernde Bevölkerung in einer Größenordnung von bis zu 14 Millionen aufnehmen kann, übersteigt meine Phantasie.« Orme Sargent, Unterstaatssekretär im britischen Außenministerium, war nicht der einzige, der Ende 1945 so dachte. Daß die Integration trotzdem weitgehend gelang, daß die Vertriebenen angesichts ihrer Not nicht in die Arme radikaler Gruppen getrieben wurden – das bezeichnet das eigentliche Wunder der Nachkriegszeit.

Millionen von Vertriebenen schufen sich in den fünfziger Jahren eine neue Existenz. Vor allem im Westen bot sich mit dem wirtschaftlichen Aufschwung, der Millionen neuer Arbeitsplätze schuf, die Chance eines Neuanfangs. 14 Millionen Menschen aus dem Osten haben sowohl die DDR als auch die Bundesrepublik nach dem Krieg mit aufgebaut. Das Deutschland von heute ist auch ihr Werk.

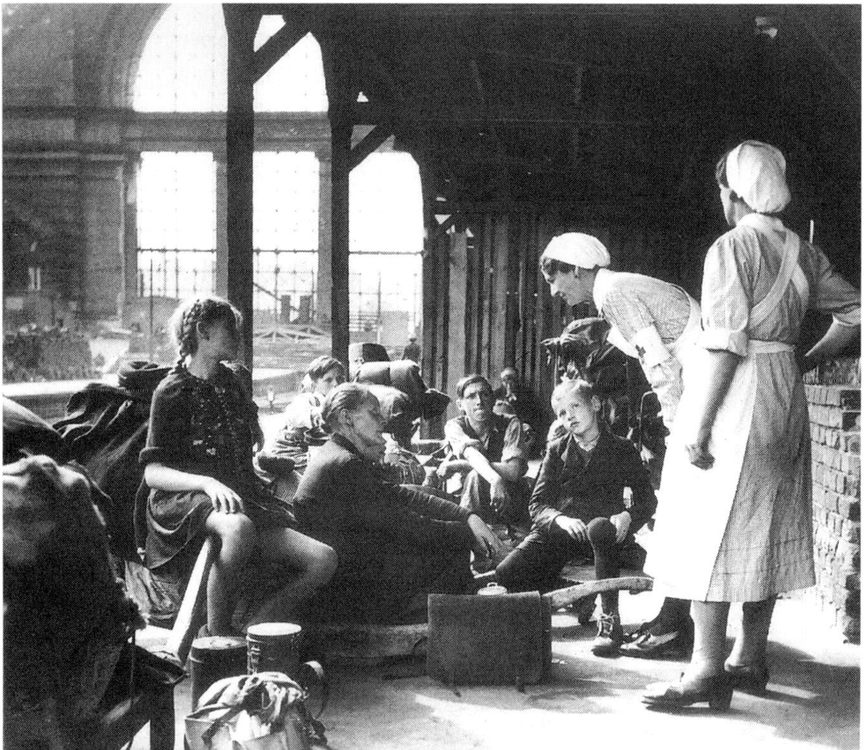

Der Umgang mit den Erfahrungen von Flucht und Vertreibung bereitet allerdings bis heute Probleme: Schon die Besatzungsmächte verboten aus der Sorge heraus, die Not könne die Flüchtlinge radikalisieren, anfangs deren Verbände. Um diesen Vorwurf zu entkräften, erklärten die Vertriebenenorganisationen der Bundesrepublik 1950 in Stuttgart ausdrücklich, auf Vergeltungsmaßnahmen jeglicher Art zu verzichten.

Die Flüchtlinge hatten eine Rache erlebt, der jedes Maß abhanden gekommen war. Stellvertretend büßten sie für Kriegsverbrechen und den Mord an den Juden. Zwei Millionen Menschen, die mit ihnen aufgebrochen waren, kamen nie im Westen an. Sie starben an Hunger, Kälte, Krankheit, Bomben, den Folgen von Mißhandlungen oder Mord. Dabei waren die Menschen, die im Osten des Deutschen Reiches lebten, nicht mehr oder weniger schuldig als alle anderen Deutschen.

Erich Mende, der selbst aus Schlesien stammte, zog im letzten Interview vor seinem Tod folgenden Schluß: »Man kann gewisse

Die meisten Länder wären unter der Last der Aufgabe, die sich infolge des Flüchtlingszustroms stellte, sicherlich zusammengebrochen.
Aus einem Artikel des Daily Telegraph im Dezember 1952

Links: Krankenschwestern in Berlin: Fürsorglich nehmen sie sich einer erschöpften Flüchtlingsgruppe an.
Oben: Notunterkünfte in der Nachkriegszeit: Sogenannte Nissen-Hütten dienen den Menschen als Behausung.

Dinge nicht bildhaft schildern, weil sie zu grausam sind... Aber man sollte sie nicht vergessen, man sollte die Opfer und die Leistungen der Frauen nicht vergessen... Wir haben Schreckliches anderen zugefügt im Krieg, aber wir haben auch... gebüßt: Meist haben Unschuldige gebüßt für das, was andere anderen zugefügt hatten. Daher laßt uns nicht aufrechnen, aber laßt uns überwinden... Denn Krieg ist das größte Verbrechen der Menschen an den Menschen.«

13. FEBRUAR 1945

Der Feuersturm

Wing Commander Maurice Smith drückte seinen zweimotorigen Aufklärer vom Typ Mosquito durch die Wolkendecke. Keine Flak, keine Scheinwerfer, obwohl die Deutschen da unten gewiß schon Alarm gegeben hatten. Stetig an Höhe verlierend, näherte er sich einer nahezu unversehrten deutschen Großstadt, die wegen strikter Verdunkelung in kompletter Finsternis vor ihm lag. Trotzdem hatten Smith und seine Männer per Radar ihr Ziel genau gefunden. Smiths Auftrag als Angriffsleiter lautete, dafür zu sorgen, daß die Pfadfindergruppe – ein viermotoriger Lancaster-Erstmarkierer und acht Mosquitos – das Ziel des heutigen Angriffs korrekt markierten, um den fast 250 viermotorigen britischen Bombern, die sich noch im Anflug auf die Stadt befanden, einen möglichst präzisen Abwurf ihrer Brand- und Sprengbomben zu ermöglichen.

Wer das Weinen verlernt hat, der lernt es wieder beim Untergang Dresdens.
Gerhart Hauptmann

Dresden, die Stadt, die es treffen sollte, hatte dieser Gefahr nicht viel entgegenzusetzen. Alle Flakgeschütze waren abgezogen worden – sie wurden jetzt an den Fronten im Westen und Osten eingesetzt. Und so hatten Flakhelfer wie der sechzehnjährige Johannes Schönherr andere Aufgaben bekommen: Im Luftschutz-Patrouillendienst machte er seine Runden durch die sorgfältig verdunkelte Stadt – voller Angst, denn um 21.39 Uhr hatten die Sirenen die Dresdener Bevölkerung gewarnt. »Vollalarm, das war schauerlich – obwohl wir das Sirenengeheul ja gewöhnt waren«, erinnert er sich.

Als er das Dröhnen von Flugzeugmotoren wahrnahm, ahnte er, daß es an diesem Abend des 13. Februar 1945 seine Heimatstadt treffen würde. Plötzlich standen Leuchtsignale, sogenannte Christbäume, über der Stadt. Der Junge rannte los, es wurde Zeit, sich in einem Schutzraum zu verkriechen. »Die Dunkelheit war kein Problem mehr. Die Stadt war beleuchtet durch die Magnesiumbäume. Ich sah also sehr gut, wohin ich lief.«

Ich will Meier heißen, wenn es auch nur einem einzigen feindlichen Flugzeug gelingt, eine einzige Bombe auf eine deutsche Stadt zu werfen.
Hermann Göring

Die grünen Leuchtkaskaden, die an Fallschirmen über der

Stadt herunterschwebten, erleichterten Johannes Schönherr die Orientierung, aber sie wiesen auch jenen, vor denen er floh, die Zielrichtung: »Siehst du das Grün?« fragte Smith über Funk den Piloten einer der Pfadfinder-Mosquitos, die jetzt über der Stadt waren. »Okay. Ich sehe es.« Der Pfadfinder erkannte in dem Licht, das die Stadt unter ihm erhellte, den entscheidenden Zielpunkt: das Fußballstadion des Dresdner Sport-Clubs, direkt an der Elbe im Großen Ostra-Gehege gelegen. Im Tiefflug stieß er hinab und setzte rote Leuchtbomben über dem Stadion ab.

Elbflorenz Ruinenstadt: Auch architektonische Denkmäler wie das Schloß, die Hofkirche, die Semperoper und der Zwinger sind zerstört.

»Guter Schuß«, lobte Smith, der die Markierung der Stadt leitete. Nun warfen auch die anderen Mosquitos ihre Leuchtkörper über der Sportanlage ab. Die so markierte Arena war der Scheitelpunkt, von dem aus sich das Zielgebiet des Bombenangriffs wie ein großes Tortenstück ausbreitete: Wenn die britischen Bomber von Nordwesten einfliegend über dem Stadion ihre Fracht ausklinkten, trafen die Bomben die dahinter gelegene Altstadt. Genau das war ihr Ziel. Der nüchterne Befehl lautete: »Zerstörung der bebauten Flächen und angrenzender Industrie- und Eisenbahnanlagen«.

Wenige Minuten nach Ankunft der Pfadfinder waren die Bomber über der Stadt. Ihr Kommandeur erteilte seine erste Anweisung um 22.11 Uhr: »Beginnen Sie mit dem Angriff und bombardieren Sie das rote Licht der Zielmarkierer nach Plan.« Damit brach ein routiniert geplantes Inferno über die Stadt herein: Der Bombenangriff auf Dresden ragt aus den Geschehnissen des Bombenkriegs im Zweiten Weltkrieg heraus. Nie zuvor war eine Stadt innerhalb von vier Stunden dermaßen zerstört worden, nie zuvor waren in einer Nacht so viele Menschen umgekommen.

Verkehrszentrum Dresden: Die Carolabrücke ist unbeschädigt, die Bomben haben lediglich Schlamm auf die Brückenauffahrt geschleudert.

Die Katastrophe traf eine Stadt, die im sechsten Kriegsjahr denkbar schlecht auf einen Bombenangriff vorbereitet war. Dresden, das 1945 noch knapp 600 000 Einwohner hatte, war vom totalen Luftkrieg bisher weitgehend verschont geblieben. Und so betrachteten viele Dresdner ihre Stadt als »Reichsluftschutzkeller«. Zwar hatte es kleinere Angriffe gegeben – am 24. August 1944, 7. Oktober 1944 und 16. Januar 1945 –, denen 887 Menschen zum Opfer gefallen waren. Doch während andere deutsche Städte seit Jahren systematisch in Schutt und Asche gelegt wurden, gaben sich die Dresdner trügerischen Illusionen hin.

London wird in drei Monaten ein Trümmerhaufen sein. Mit der englischen Zivilbevölkerung habe ich nicht das geringste Mitleid.
Hitler, 1940 zu Albert Speer

Der Bombenkrieg gegen die Zivilbevölkerung war zur Normalität geworden. In Warschau, Rotterdam, Coventry, London und Belgrad hatte Hitler gezeigt, daß er nicht davor zurückschreckte, seine Luftwaffe gegen Städte und ihre Bewohner rücksichtslos einzusetzen. Seit 1941 warfen die Briten die Brandfackel in das Land des Aggressors zurück. Und sie hatten dem Bombenkrieg eine zentrale Rolle eingeräumt: In nächtlichen Einsätzen attackierten sie mit Flächenbombardements bewußt die Wohngebiete von Städten. »Es ist entschieden worden, daß das Hauptziel Ihrer Operationen sich gegen die Moral der Zivilbevölkerung richtet, insbesondere gegen die der Industriearbeiter«, wurde den britischen Bomberbesatzungen 1942 erklärt. Diesem Beschluß lag folgende Taktik zugrunde: Man wollte den Willen, die Moral der deutschen Arbeiterschaft, welche die deutsche Rüstungsmaschinerie am Leben erhielt, schwächen und ihre Wohnungen zerstören. Aus einer Denkschrift des britischen Luftwaffenstabs vom 9. Juli 1941 wird ersichtlich, worum es ging: »Es muß erkannt werden, daß der Angriff auf die Moral nicht eine Sache des reinen Tötens ist, obgleich Todesfurcht unzweifelhaft ein wichtiger Faktor ist.« Die psychologische Berechnung – die sich so nie erfüllte – wurde mit einem pragmatischen Aspekt verknüpft: Um Verluste durch Flugabwehrgeschütze und Jäger zu vermeiden, mußte man nachts und in großer Höhe angreifen. Präzisionsarbeit war auf diese Weise nicht mehr möglich – das einzige, was sich mittels einer solchen Strategie treffen ließ, waren große bebaute Flächen, insbesondere Stadtzentren. Die rücksichtslose Logik der Militärs: Im modernen Krieg kämpften ganze Nationen gegeneinander, Zivilisten an ihren Arbeitsplätzen waren in die Kriegsanstrengungen ihres Landes verwickelt. Nun wurden sie auch in die aktive Kriegführung verstrickt und gnadenlos ins Visier der Bomber genommen. Der Chef des Bomber Command, Luftmarschall Sir Arthur Harris, hatte diese Strategie zwar nicht erfunden, er verfocht sie aber um so energischer. Zudem sorgte er durch spektakuläre Angriffe dafür, daß die britische Bomberflotte in der Öffentlichkeit als wichtiges Instrument bei der Erringung des Sieges über Deutschland betrachtet wurde. Nacht für Nacht luden britische Bomber ihre todbringende Fracht über dem Reich ab. Bis Anfang 1945 hatten sie 45 der wichtigsten 60 deutschen Städte großenteils zerstört.

Machen wir Schluß mit dem Krieg, indem wir den Deutschen die Seele aus dem Leib schlagen.
Luftmarschall Arthur Harris im Frühjahr 1942

Vor all dem konnten im Februar 1945 auch die Dresdner die Augen nicht verschließen. Doch bis zu diesem Zeitpunkt war es

Verfechter des Luftkrieges: Görings Luftwaffe bombardiert von Anfang an auch Städte. Als die Alliierten zurückschlagen, haben seine Jagdstaffeln ihnen nur wenig entgegenzusetzen.

bei ihnen relativ ruhig geblieben. Gerüchte machten die Runde: Die Briten hätten Respekt vor dem »Elbflorenz« und seinen architektonischen Schätzen. »Städte wie Rom, Paris oder Dresden bombardiert man nicht«, zitiert der Historiker Arnulf Baring, der den Angriff als Zwölfjähriger überlebte, eine weitverbreitete Parole, die in der Stadt kursierte. Weitere Mutmaßungen der Dresdner: Dresden sei, wie Prag, in geheimer Absprache zur offenen Lazarettstadt erklärt worden. Oder: Dresden sei nach der Niederlage als Sitz des alliierten Hauptquartiers vorgesehen. Oder gar: In Dresden wohne eine Verwandte Churchills. All das waren absurde, durch nichts begründete Vorstellungen von Im-

Die Eskalation: Die Kathedrale von Coventry wird 1940 von deutschen Bomben zerstört.

Ein Werk der deutschen Luftwaffe: Ganze Straßenzüge britischer Städte fallen in Schutt und Asche, die Opfer sind Zivilisten.

munität in einer Zeit, in der ringsherum der totale Krieg wütete. Immerhin standen die Russen nur 150 Kilometer vor der sächsischen Metropole, Breslau war eingekesselt, im Westen begannen die Briten und Amerikaner auf deutschem Boden ihren Vorstoß zum Rhein.

Überdies verdrängte man die erschreckende Tatsache, daß in Dresden kaum etwas für den Luftschutz getan worden war. Kompetenzgerangel und der Mangel an Baustoffen hatten wichtige Maßnahmen verhindert. So waren lediglich Straßen untertunnelt worden, um Fluchtwege von Keller zu Keller zu schaffen. Am Bahnhof gab es einen Schutzraum für 2000 Menschen, der nicht einmal mit einer Entlüftungsanlage oder Notausstiegen ausgestattet war, auf größeren Plätzen hatte man Splittergräben ausgehoben. Dazu kamen einige wenige Löschwasserreservoirs, die für eine Stadt dieser Größenordnung bei weitem nicht ausreichten. Auf wirklichen Schutz konnten nur jene Bürger hoffen, die in privater Initiative Luftschutzbunker angelegt hatten. Ansonsten war der Luftschutz – wie in anderen deutschen Städten, die als weniger »luftgefährdet« galten – eher demonstrativer Natur. Im Gegensatz dazu hatte die Stadtverwaltung schon seit 1939 Pläne aufgestellt, wie nach einem Luftangriff große Mengen von Toten

Ein Bunkerbau für die ganze Stadt wurde nicht durchgeführt. Ich mußte zwar mit einem Großangriff… rechnen, aber dann hoffte ich doch wieder, daß Dresden nichts geschehen würde.
Der Dresdner Gauleiter Martin Mutschmann, 1945

Der Perfektionist: Luftmarschall Sir Arthur Harris führt den strategischen Bombenkrieg gegen Deutschland mit fanatischem Eifer.

zu bergen und zu bestatten seien; außerdem wurden mit Fortdauer des Krieges bewegliche Kunstschätze systematisch ausgelagert. Doch all dieses änderte nichts an der einfachen Tatsache, daß die Dresdner 1945, anders als die Menschen im Ruhrgebiet, in Berlin oder in Hamburg, kaum persönliche Erfahrungen mit dem Verhalten im Luftkrieg hatten.

So traf es jene, die am Abend des 13. Februar ängstlich in ihren Kellern kauerten, um so härter. »Achtung! Achtung! Hier spricht die örtliche Luftschutzleitung. Bombenabwürfe über dem Stadtgebiet. Volksgenossen, haltet Sand und Wasser bereit!« lautete die letzte Warnung, die um 22.15 Uhr über Drahtfunk an die Menschen in den Kellern hinausging. Ungehindert von Flak oder Nachtjägern warfen ab 22.13 Uhr 243 britische Bomber ihre Last auf die Dresdner Innenstadt. Die Briten wußten, was sie taten; es war Routine für alle Besatzungen. Ein Stadtzentrum als Ziel irritierte nach vier Jahren Bombenkrieg die wenigsten. »Über den Angriff habe ich mir während des Krieges keine großen Gedanken gemacht. Es war einer von vielen«, bestätigte Dave Davis, Pilot eines Lancaster-Bombers.

Hat Deutschland geglaubt, es werde für die Untaten, die sein Vorsprung in der Barbarei ihm gestattete, niemals zu zahlen haben?
Thomas Mann, 1942, in einer Radioansprache für deutsche Hörer des britischen Rundfunks, kurz nach einem Angriff mit Brandbomben auf seine Heimatstadt Lübeck

Die Angriffsmethode hatte sich schon häufig bewährt: Zuerst rissen Sprengbomben Häuserwände ein, ließen Scheiben zerbersten, deckten Dächer ab. Dann regneten Stabbrandbomben auf die Stadt, die in den Trümmern wirkungsvoller ihre Wirkung entfalten konnten. Seit Jahren setzte das britische Bomber Command auf diese tödliche Kombination. »Nunmehr ist bekannt, daß Feuerschäden weitaus wirksamer als alle anderen Schäden in einem bebauten Gebiet sind, wenn die Brandbomben zeitlich konzentriert werden und ein Ausmaß erreichen, das die Feuerlöschdienste überwältigt«, wurde in einem Grundlagenplan für die Bombergeschwader am 10. November 1941 festgestellt – übrigens eine Erkenntnis, die deutsche Luftkriegsexperten schon seit 1939, nach einer Analyse der Angriffe auf Warschau, in die Praxis umgesetzt hatten. Auf der anderen Seite, beim britischen

Bomber Command, stellte man Ende 1941 eine Liste mit besonders brandanfälligen Städten auf. Lübeck mit seiner Altstadt nahm in dieser Aufstellung einen der vordersten Plätze ein.

Das neue Konzept wurde erstmals in der Nacht vom 28. auf den 29. März 1942 bei einem Angriff auf die Stadt an der Ostsee erprobt. 191 Bomber warfen 144 Tonnen Brand- und 154 Tonnen Sprengbomben ab; allerdings mangelte es der Attacke an Präzision, obwohl dabei 320 Menschen starben. Dieser Angriff war ein Wendepunkt im Bombenkrieg gegen Deutschland: Seit Lü-

Der Preis des totalen Bombenkrieges: Die eingestürzte Frauenkirche ist bis heute das Symbol sinnloser Zerstörung.

beck wurde der massenhafte Brandbombeneinsatz von den Briten konsequent betrieben. Als 1945 Dresden in Schutt und Asche fiel, hatte diese Art der Kriegführung eine schreckliche Perfektion erreicht.

»Die Bomben scheinen jetzt ausgezeichnet zu fallen«, funkte der Hauptmarkierer, der über Dresden kreiste, um 22.20 Uhr lobend an die Besatzungen. 15 Minuten lang rauschten Bombenteppiche herab und bedeckten exakt das Zielgebiet. In den Kellern mußten die Dresdner das für sie völlig ungewohnte Inferno über sich ergehen lassen. Nach dem Angriff verließ der junge Flakhelfer Johannes Schönherr den öffentlichen Luftschutzraum,

Vollalarm. Das war schauerlich, obwohl wir ja an das Sirenengeheul gewöhnt waren. Und im Handumdrehen hörte ich starkes Brummen...
Johannes Schönherr, 16 Jahre alter Flakhelfer

in dem er Zuflucht gefunden hatte. Draußen dann der Schock: »Die Häuser im Zentrum brannten bis zum ersten Stock runter. Es war taghell, glühend heiß, die Straßen waren verschüttet, die Häuser eingefallen. Die Schuttwälle waren fünf, sechs Meter hoch, und der Feuersturm tobte. Ich hatte kaum Luft zum Atmen.« Das Dröhnen ließ nicht nach: Häuser fielen in sich zusammen; Blindgänger, von Flammen erfaßt oder von stürzenden Trümmern erschüttert, gingen hoch.

Trotz dieser Gefahren gab es jetzt nur eines – raus aus den Kellern, denn unzählige Häuser brannten. Viele handelten richtig, waren aber erschüttert über das, was sie draußen erwartete: »Als wir auf die Straße kamen, sahen wir, daß der Ausgang aus unserer Kleinen Zwingerstraße, die ja eine Sackgasse war, mit Trümmern versperrt war. Wir saßen in der Falle. Es waren natürlich noch mehr Menschen auf unserer Straße aus den Kellern gekrochen und merkten, in welcher Lage sie waren. Sie schrien und tobten und waren erst einmal in Panik«, berichtete Hans Köppe, der den Angriff als Elfjähriger erlebte. Er entkam durch einen Tunnel. Auch am Postplatz bot sich ihm ein Schreckensszenario: »Herunterhängende Straßenbahndrähte, brennende Waggons, die Wilsdruffer Straße brannte lichterloh. Da stand eine Feuerwehr, die brannte auch.«

Es war wie bei einem Gewitter, nur aus Feuer. Es tobte ein gewaltiger Sturm, so daß Millionen von Funken fast waagerecht durch die Luft flogen.
Arnulf Baring über die Situation nach dem zweiten Angriff

Wer sich retten wollte, mußte durch diese Feuerhölle. Unzählige Einzelbrände, die keiner mehr bekämpfen konnte, vereinigten sich zu dem gefürchteten Feuersturm, einem physikalischen Phänomen, das in die Schreckensgeschichte des Luftkrieges einging. »Alles, was ich hören konnte, war das Brüllen der Flammen. Ich konnte kaum sehen, weil Funken herumstoben, und überall gab es Flammen und Rauch«, erinnert sich Margret Freyer in ihrem Tagebuch. »Die Feuersbrunst ist unvorstellbar. Ich halte wieder ein nasses Taschentuch vor den Mund, meine Hände und mein Gesicht brennen«, fährt sie mit ihrer Schilderung fort. Wer sich in feuchte Decken oder Tücher hüllte und die Luftschutzräume verließ, hatte eine Chance – wenngleich eine winzige. Viele andere aber vertrauten der trügerischen Sicherheit ihres Schutzkellers. Draußen wütete ein unerträglich heißer Sturm, auf den Treppen der Keller versperrten Trümmer, aber auch brennende Koffer und Taschen den Fluchtweg. Wer brachte schon den Mut auf, sich dem Höllenfeuer auszusetzen? Aber die Keller wurden bei den Großbränden zu Todesfallen, in denen sich Kohlenoxyd und Leuchtgas bildeten und die Menschen erstickten.

Doch auch für jene, die ihre Keller verließen, gab es ungezählte

Oben: Zerbombt, verbrannt, menschenleer: Die Dresdner Innenstadt ist eine Zone vollkommener Vernichtung. – Unten: Der Geist am Boden: Bomben haben das Dresdner Martin-Luther-Denkmal von seinem Sockel gefegt.

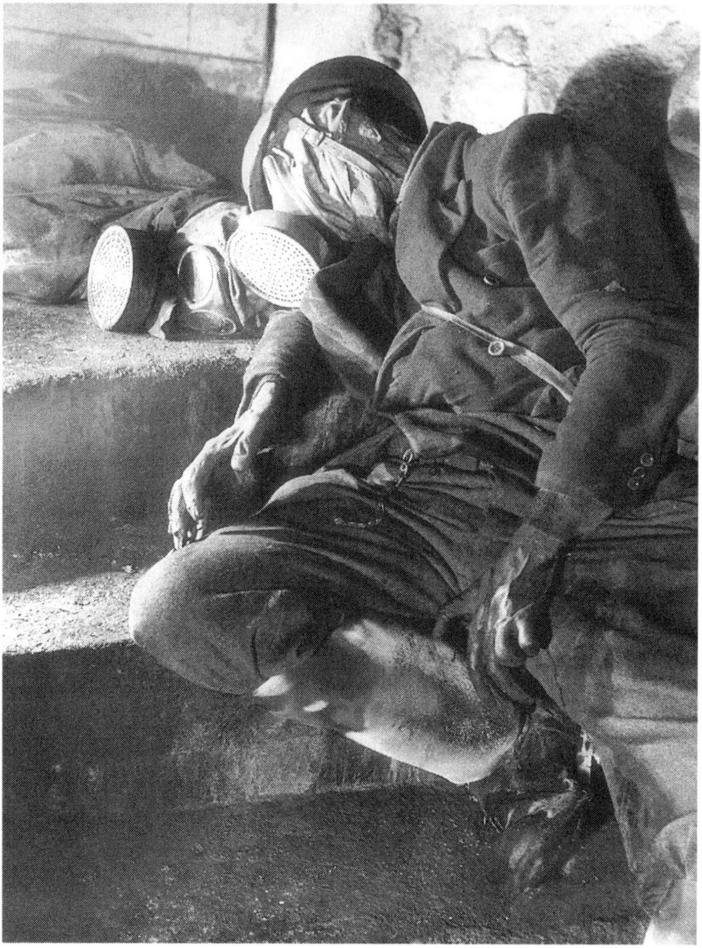

Das Sterben im Bombenkrieg: Dieser Dresdner Luftschutzwart erstickte in seinem Luftschutzkeller, seine Gasmaske erwies sich als wirkungslos.

Als es anfing zu knallen, habe ich die Beine in die Hand genommen und bin über den Altmarkt gerast. Die Stadt war beleuchtet durch die Magnesiumbäume.
Johannes Schönherr, 16 Jahre alter Flakhelfer

Arten des Sterbens. Durch die Straßen und Höfe raste der Feuersturm mit Geschwindigkeiten wie in einem Hurrikan. Diesem Wüten mußten sich die Flüchtenden entgegenstemmen. Der heiße Sturm entwurzelte alte Bäume, bog die Kronen junger Bäume bis zum Boden, wirbelte Balken und Bretter herum, trug Schuttstaub mit sich, Myriaden von Funken peitschten durch die Nacht. Menschen erblindeten im Qualm, in Staub und Funkenregen, verloren die Kraft weiterzugehen und starben den Hitzetod. Wer nicht an dieser sogenannten Hyperthermie zugrunde ging, konnte von windhosenartigen Feuerwirbeln erfaßt werden, verbrannte und schrumpfte zu einem von bröckelnder Asche umhüllten Skelett. Andere suchten Schutz hinter Mauern, Litfaßsäulen oder in Brunnen – doch auch sie fielen der Hitze zum Opfer.

Wer dieser Hölle entkam, wußte instinktiv, wohin. »Mit uns liefen unzählige schreiende Menschen zur Elbe«, beschreibt Hans Köppe den Weg, der vielen Rettung versprach. Die Elbwiesen waren voller Menschen, die sich hier Sicherheit erhofften. Hier sammelten sie sich, rußgeschwärzt, manche notdürftig angezogen, andere mit Gepäck, viele in schützende, angefeuchtete Decken gehüllt; manche löschten brennende Kleider im Wasser der Elbe. Wer sich nicht zum Fluß durchschlagen konnte, versuchte, ein anderes großes, unbebautes Areal zu erreichen, den

Ein Schutzschirm aus Flakgeschossen: Der optische und psychologische Effekt ist stärker als die Wirkung gegen feindliche Bomber.

Großen Garten. Dieser Park grenzte im Südosten an die Altstadt. Unzählige Überlebende hofften hier auf Schutz vor dem Feuersturm.

Doch diese Zuflucht wurde jenen, die das nackte Leben gerettet hatten, nicht gegönnt. Der damals fünfzehnjährige Christian Just hockte mit seiner Mutter am Rande des Großen Gartens: »Auf einmal hörten wir von der Südvorstadt ganz entfernt Sirenengeheul: Fliegeralarm... ich weiß noch, wie manche Menschen leise aufschrien: ›Nein! – Nicht noch einmal!‹« Doch, die Briten kamen noch einmal: Um 1.30 Uhr dröhnte eine zweite Welle

Mit einem Mal aber wurde klar: Ganz Dresden brennt. Ich bekam es mit der Angst zu tun.
Christian Just, damals 15 Jahre alt

heran: 529 viermotorige britische Bomber begannen, die brennende Stadt erneut zu bombardieren. »Die ganze Stadt war ein einziges rasendes Höllenfeuer. Jahre später dachte ich an die Menschen. Aber damals ging alles sehr schnell«, berichtet Peter Goldie, Bordschütze in einer Lancaster, die einer neuseeländischen Staffel angehörte. »Äußerste Turbulenz herrschte über dem Zielgebiet, ich glaube, infolge der extremen Hitze, die sich durch die Brände entwickelte«, notierte ein Lancaster-Pilot später. Der Feuersturm im Kern und im östlichen Teil des Zentrums spie inzwischen eine kilometerhohe Rauchwolke aus, die nach Südosten abzog und einen Teil der Stadt verschleierte. Der Angriffsleiter befahl über Funk, nicht den Brandherd erneut zu bombardieren, sondern die Zielfläche auszudehnen. Im Feuerschein waren diese neuen Zielgebiete gut zu erkennen. So legte sich ein Bombenteppich über die Stadtteile Löbtau und Friedrichstadt, ein anderer traf den Hauptbahnhof und den Großen Garten. Genau dort, wo Überlebende des ersten Angriffs schutzlos im Freien standen, detonierten Dutzende von Sprengbomben. Christian Just war mittendrin: »Aus Angst wird Todesangst und endlich die Erwartung, daß ein Treffer der Qual ein Ende bereitet«, beschreibt er seine Gefühle angesichts des Infernos.

25 Minuten lang fielen die Bomben. Dann stand ein Areal von fünf mal sieben Kilometern in Flammen – »Elbflorenz« brannte. Der Zwinger, die Semper-Oper, die Hofkirche, das Schloß, zahlreiche Palais, barocke Bürgerhäuser – zerstört. Andere Bauten wie die berühmte Frauenkirche stürzten nach dem Brand in sich zusammen. Sie alle fielen einem Akt der Barbarei zum Opfer, gerichtet gegen ein Juwel der gemeinsamen europäischen Kultur. Aber hatten nicht Hitler und seine Mitläufer die europäische Gemeinsamkeit aufgekündigt, war diese Kultur mit der Errichtung von Konzentrations- und Vernichtungslagern nicht schon längst verraten worden?

Das Ziel war aus weiter Entfernung beleuchtet, aber nichts Besonderes.
Peter de Wesselow, Squadron Leader

Der Doppelschlag von 772 Bombern innerhalb von vier Stunden galt weniger der Kulturmetropole als dem Verkehrszentrum Dresden, einer Basis für den Nachschub an die Ostfront und Auffanglager für Flüchtlinge aus Schlesien. »Man hatte uns reinen Wein eingeschenkt. Am Tag vor dem Einsatz hatten wir ein Briefing. Dabei wurde uns gesagt, daß Dresden voller Flüchtlinge sei«, erklärte der Bomberpilot Dave Davis später. In einer Erläuterung, die vorher an die Besatzungen ausgegeben wurde, hieß es: »Der Sinn des Angriffs ist, den Feind dort zu treffen, wo er es am meisten spüren wird: hinter einer schon teilweise zusammenge-

Nachrichten der Überlebenden an Freunde und Verwandte: Wer dem Feuersturm entkommt, flieht in die umliegenden Städte und Dörfer.

brochenen Front.« Man wollte durch das Flächenbombardement Verwirrung stiften, schockieren, die Funktionen der Stadt lähmen – genauso, wie es die britische Strategie seit Jahren vorsah. Also attackierte man nicht die Brücken und Bahnhöfe des Verkehrsknotenpunkts, die man nachts ohnehin kaum traf, sondern das dichtbebaute Zentrum der Altstadt, das garantiert nicht verfehlt werden konnte.

Einfach ohne Widerstand darüber zu fliegen gab einem das Gefühl von Mord. Ich empfand es als feigen Krieg, daß die Leute da unten wehrlos waren.
Roy Akehurst, Bordschütze in einem Lancaster-Bomber

Als die Bomber abdrehten, standen über der Stadt im Feuerschein gigantische Rauchgebirge, in denen die letzten »Christbäume« versanken. Der Lancaster-Heckschütze Peter Goldie beschreibt die Szene, die er hinter sich ließ: »Ich konnte die Flammen 100 Meilen hinter uns lodern sehen. Der ganze Himmel war illuminiert. Das war der einzige Angriff, der mir wirklich etwas ausmachte.«

Der Morgen des 14. Februar – es war der Aschermittwoch, nach nächtlichem Regenfall schien die Sonne trübe hinter einem schmutzigen Schleier aus Rauch – hielt für die übermüdeten, fassungslosen Menschen neue Schrecken bereit. Erst jetzt konnten sie das ganze Ausmaß der Katastrophe wirklich erfassen. Was viele Überlebende mit Entsetzen erfüllte, waren die Massen von Toten, die in den Straßen lagen.

Christian Just machte sich vom Großen Garten aus auf die

Nach der »Julikatastrophe von 1943«: Der Feuersturm hat sich gelegt, aber noch immer schwelen die Brände in der Hamburger Innenstadt.

Suche nach seinem Vater: »Den ganzen Weg, Johann-Georgen-Allee, Albrechtstraße, Bürgerwiese, lagen überall Tote, Tote, Tote. Viele waren durch die explodierenden Bomben scheußlich zugerichtet, manchen nur die Kleider vom Leib gerissen, mitunter die nackten Körperteile dunkel gerötet. Auf der Bürgerwiese stand eine lange Reihe von Luftschutzfahrzeugen des Sicherheits- und Hilfsdienstes. Ich glaube, sie waren nach dem ersten Angriff von auswärts gekommen. Die Mannschaften – wenigstens ein großer

Berge von Leichen, wie die gebratenen Hühner. Es war ein furchtbarer Anblick. Alle Kleider waren weg.
Liesel von Schuch, Kammersängerin und Überlebende des Angriffs

Mit bloßen Händen: Soldaten und andere Helfer bei Aufräumungsarbeiten in Hamburg.

Teil – lagen tot um die Fahrzeuge herum.« Auch Margret Freyer irrte durch die Stadt: »Tote, überall. Manche völlig schwarz wie Holzkohle. Andere, völlig unberührt, lagen da, als ob sie schliefen. Manche in Gruppen sich aneinanderklammernd.«

Den Hauptbahnhof, wo auch am vorangegangenen Abend wieder mehrere Züge mit Flüchtlingen aus dem Osten eingetroffen waren, hatten zum Zeitpunkt des Angriffs zahllose Menschen bevölkert. 750 Leichen wurden später dort geborgen. Götz Bergander, damals 18 Jahre alt, sah, wie die Toten dort aufgeschichtet wurden: »Leichen jeden Alters und in jedem nur denkbaren Zustand. Nackt und bekleidet, verkrampft und gestreckt, blutverkrustet und fleckenlos, verstümmelt und unverletzt.« Hilfsmannschaften der Wehrmacht – ihre Kasernen jenseits der Elbe waren völlig verschont geblieben – gingen an die schauerliche Arbeit, die Leichen zu bergen. Tausende wurden mittels großer Scheiterhaufen auf dem Altmarkt verbrannt, um die Seuchengefahr zu bannen.

Die meisten Überlebenden flohen aus dieser nach Brand stinkenden Zone des Todes, deren Fassadenschluchten mit den leeren Fensterhöhlen noch immer die Hitze des großen Brandes abstrahlten, während sich an vielen Stellen Schwelbrände durch die Trümmer fraßen. »Endlos lange, langsame Züge Vermummter bewegten sich übermüdet tappend aus der Stadt, alle mit rauchgeschwärzten Gesichtern, verdreckten, verbrannten Kleidern«, beobachtete der zwölfjährige Arnulf Baring. Die Menschen suchten bei Verwandten, Bekannten in den Vorstädten oder in umliegenden Orten Zuflucht.

Was als Routine begonnen hatte, führte zum Inferno und hinterließ ein Fanal.
Götz Bergander, Überlebender des Angriffs und Verfasser des Standardwerkes »Dresden im Luftkrieg«

Wer nicht floh, sah sich an diesemTag noch einem weiteren Angriff auf die Stadt ausgeliefert. Um die Mittagszeit, zwischen 12.17 und 12.30 Uhr, bombardierten 311 viermotorige US-Bomber den Verschiebebahnhof Dresden-Friedrichstadt. Dieser Tagesangriff hätte eigentlich am Vortag und als erster der drei Luftschläge gegen die Stadt stattfinden sollen, wurde jedoch wegen schlechten Wetters auf den 14. Februar verschoben. Außer dem Rangier- und Güterbahnhof wurden auch nahe gelegene Wohnhäuser, Fabriken und Werkstätten getroffen, wieder starben Menschen. Wer auch diesen Luftangriff erlebte, mußte sich von den alliierten Fliegern regelrecht verfolgt fühlen. Vielleicht entstand durch diesen weiteren Schock der Eindruck, daß die Flieger Überlebende, die aus der Stadt strömten, direkt ins Visier nahmen. Manche berichteten, daß Tiefflieger die Flüchtenden beschossen hätten. Dies war allerdings in Dresden nicht der Fall.

1000 Bomber gegen eine Stadt: Köln erlebt am 31. Mai 1942 den ersten Großangriff, nach unzähligen weiteren Attacken lag die Stadt am Rhein 1945 vollständig in Trümmern.

Auch der Tagesangriff der Amerikaner war »Routine«, ihm sollte am 15. Februar ein weiterer folgen. Die Alliierten betrieben Arbeitsteilung: Nachts bombten die Briten, tagsüber war die Achte US-Luftflotte im Einsatz. Üblicherweise konzentrierten sich die Amerikaner auf militärisch wichtige Anlagen wie Fabriken und Hydrierwerke oder Bahnhöfe. Aber auch diese Schläge, die die Rüstungsindustrie schwächen sollten, waren oft unpräzise, trafen Wohngebiete und töteten Zivilisten.

...Zahlreiche Brände, Feuerstürme in der Innenstadt. Schwere Häuserschäden im Stadtgebiet... Personenverluste: voraussichtlich sehr hoch...
Meldung des Luftwaffen-Führungsstabs an die Wehrmachtsführung kurz nach den Angriffen

Der Bombenkrieg der Briten, der die Moral der Deutschen untergraben sollte, bezweckte aber während des ganzen Krieges noch etwas anderes. Nicht nur die Deutschen sollten durch Großangriffe beeindruckt werden. Das Bomber Command unter Harris wollte immer auch der eigenen politischen Führung nachhaltig beweisen, daß die Luftwaffe, speziell die Bomber, von kriegsentscheidender Bedeutung war.

Als erste Demonstration dieser Art hatte der Großangriff auf Köln gedient. Bei der »Operation Millennium« waren am 31. Mai 1942 1000 Bomber eingesetzt worden – alles, was fliegen konnte, befand sich in der Luft. Nur die Unerfahrenheit der Besatzungen, die zum Teil noch in der Ausbildung standen, verhinderte, daß dieser Angriff auf Köln für die Deutschen als eine Katastrophe vom Ausmaß Dresdens endete. Die Abwürfe der Brandbomben erfolgten verstreut, die Einzelbrände vereinigten sich nicht zu Flächenbränden. Trotzdem gab es 486 Tote, 45 000 Kölner wurden obdachlos. Churchill betrachtete die Aktion als Erfolg und gratulierte Harris. Die Großangriffe wurden fortgesetzt, die Bomberflotte wurde verstärkt.

Zu diesem Zeitpunkt hatten die Briten an anderen Fronten

Angriffsziel Berlin: Die Reichshauptstadt war ein besonders prestigeträchtiges Ziel für die alliierten Bomberflotten. Auch das Brandenburger Tor (rechts) und der Reichstag wurden getroffen.

keine Erfolge vorzuweisen, und die Aktionen der Bomberflotte führten der eigenen Bevölkerung vor Augen, daß das Empire zu offensiven Schlägen in der Lage war. Außerdem konnte man durch spektakuläre Angriffe den sowjetischen Verbündeten öffentlichkeitswirksam zeigen, daß man seinerseits schon seinen Anteil zur Niederringung Deutschlands leistete. Die Offensive der Bomber hatte also neben den Effekten, die man sich von Zerstörungen erhoffte, auch eine starke symbolische Komponente. Daß für diese Symbolik Zivilisten starben, wurde nicht nur in Kauf genommen, sondern es war sogar erwünscht, da es ja offenbar die deutsche Rüstungsindustrie schwächte. Die brutalisierende Eigendynamik des Krieges, Eitelkeiten der Luftwaffenführung, Propaganda-Effekte – all das verdrängte moralische Prinzipien, denen man sich zu anderen Zeiten verpflichtet gefühlt hätte.

Die grausame Logik militärischer und propagandistischer Berechnungen traf unzählige Städte des Gegners. Eine Steigerung des Bombenkriegs brachte die Nacht vom 29. auf den 30. Mai 1943. Bei einem Angriff auf Wuppertal-Barmen wurde erstmalig ein ungeheurer Feuersturm entfacht, im dichtbebauten, engen Tal

Deutsche Städte 1945: Im jahrelangen systematischen Bombenkrieg der alliierten Luftstreitmacht wurde eine Stadt nach der anderen in Trümmer gelegt.

der Wupper entfalteten unzählige Brände eine katastrophale Wirkung, die etwa 3400 Menschen das Leben kostete.

Einige Monate später folgte jener Feuersturm, der in Hamburg bis heute als die »Julikatastrophe von 1943« bezeichnet wird. Die schon durch frühere Angriffe zertrümmerte Stadt wurde in der Nacht vom 27. auf den 28. Juli von 652 britischen Bombern mit Brandbomben belegt; die sommerlichen Witterungsverhältnisse entfachten einen Feuersturm von bis dahin nie gekannter Dimension. Diese Nacht erlebte den grausamen Höhepunkt einer Serie von sieben Angriffen zwischen dem 24. und 30. Juli, denen über 37 000 Hamburger zum Opfer fielen. Nur knapp 16 000 Tote konnten identifiziert werden. Feuerstürme dieser Art waren nie planbar, konnten nicht beliebig erzeugt werden, doch wurden sie von Militärs, die Brandbomben abwerfen ließen, zumindest in Kauf genommen. So sank Stadt um Stadt in Schutt und Asche, bis Kriegsende starben etwa 450 000 deutsche Zivilisten im Bombenhagel. Und während der Totentanz seinem Höhepunkt zustrebte, hoffte Dresden auf Schonung.

Die RAF bombardierte die Stadt zum ersten Mal – ich glaube nicht, daß der Angriff wiederholt werden muß.
Aus dem Tagebuch eines Piloten der 3. Bomberflotte

Aber die Stadt an der Elbe war für die britischen Planer ein Zielobjekt wie jedes andere – der einzige Unterschied bestand darin, daß dieses noch nicht zerstört worden war. 75 Prozent der wichtigsten deutschen Städte waren bis Anfang 1945 schon zerbombt worden. Doch der Perfektionist Arthur Harris wollte, daß das Bomber Command seinen Auftrag vollständig erfüllte. Im Januar war der alliierte Vormarsch aufgrund der deutschen Ardennenoffensive im Westen ins Stocken geraten. Ein Grund für Premierminister Winston Churchill, den Sowjets, die unaufhaltsam vorrückten, zu beweisen, daß die Briten nicht untätig blieben. Immerhin hatten die Russen ganz allgemein um Unterstützung seitens der alliierten Luftstreitkräfte ersucht. Und so fragte Churchill seine Planer, »ob Berlin und ... andere große Städte in Ostdeutschland jetzt nicht als besonders attraktive Ziele zu betrachten« seien. Bei seinem Treffen mit Stalin in Jalta am 4. Februar wollte er entsprechende Pläne zur Unterstützung der sowjetischen Verbündeten präsentieren. Also machten sich die Luftwaffenstäbe daran, eine passende Strategie auszuarbeiten. Neben Berlin wählten sie, wie gewünscht, Dresden, Leipzig und Chemnitz als Ziele aus. Alle diese großen Städte in Ostdeutschland galten als Verkehrszentren – die Angriffe sollten die Truppentransporte und die Evakuierungen in diesem Teil des Reiches stören. So starteten am 3. Februar 800 US-Bomber, die bei einem Tagesangriff die Berliner Innenstadt in Schutt und Asche legten. Dresden wäre im Falle schlechter Sicht über Berlin ihr Ausweichziel gewesen. Auch für einen vorgesehenen Angriff am 2. Februar, der wegen widriger Witterungsverhältnisse ganz abgesagt wurde, stand Dresden als Ersatzziel in den Befehlen. Wind und Wolken verhinderten also, daß Dresden schon vor der Schicksalsnacht des Karnevalsdienstags 1945 zerstört wurde.

Erst am 13. Februar war der »Reichsluftschutzkeller« Dresden dann das Ziel eines längst überfälligen Angriffs. Die Russen hatten die Briten zwar nicht ausdrücklich um diesen Luftschlag gebeten, aber viele dachten wie Group Captain Peter Johnson, der als Kommandeur einer Pfadfinder-Squadron mitflog: »Zu diesem

Todeskampf unter Trümmern: Acht Tage lang vernehmen die Rettungstrupps Klopfzeichen von Verschütteten in den Kellern des Dresdner Lokals »Bärenschänke«, dann wird es still.

Zeitpunkt war ich persönlich davon überzeugt, daß der Angriff auf Dresden den Russen helfen sollte. In England waren damals viele der Meinung, daß die Russen die Hauptlast des Krieges trugen.« Tatsächlich sollte Hilfe geleistet werden, aber wie so oft wollte man gleichzeitig etwas demonstrieren. So hieß es in der Angriffsbegründung, die an die Bomberbesatzungen ausgegeben wurde: »...nebenbei zeigt der Angriff den Russen bei ihrer Ankunft, wozu das Bomber Command fähig ist«. Die Fähigkeiten einer Bomberwaffe, die sich für kriegsentscheidend hielt, sollten vorgeführt werden, man wollte die Russen beeindrucken. Allerdings ging es wohl weniger darum, sie in einem Vorgriff auf den Kalten Krieg einzuschüchtern, wie oft behauptet wird.

Militärische Standardargumente, gepaart mit der Demonstration von Bündnissolidarität und der protzigen Zurschaustellung eigenen Könnens, kosteten in der Nacht vom 13. auf den 14. Februar 1945 etwa 25 000 Menschen das Leben. Diese Zahlenangabe basiert auf neuesten Untersuchungen des Dresdner Stadtarchivs und stützt sich auf erstmalig ausgewertete Unterlagen der damals für Bergung und Bestattung zuständigen Dresdner Ämter. Die Stadtverwaltung funktionierte auch nach dem Angriff weiter, Bergung und Registrierung der Toten verliefen keineswegs chaotisch, es wurde genau Buch geführt. Die genannte Zahl umfaßt auch 6865 Tote, die zwecks Verhinderung von Seuchen auf dem Altmarkt verbrannt wurden. Daß Tote in Kellern mit Flammenwerfern eingeäschert wurden, wird von damals beteiligten Bergungskräften als Legende angesehen. Berücksichtigung fanden auch 1557 Leichen, die bis 1957 bei Bauarbeiten in Dresden unter den Trümmern gefunden wurden. Die Angaben decken sich übrigens mit anderen offiziellen Dokumenten, die im März 1945 genau die Toten auflisteten, später aber plump manipuliert wurden und so nach dem Krieg für Verwirrung sorgten – ein Fälscher hatte eine Null an alle Zahlen gehängt.

Das was man früher unter Dresden verstand, existiert nicht mehr. Man geht hindurch, als liefe man im Traum durch Sodom und Gomorrha.
Der Dresdner Erich Kästner im Herbst 1945

Bei der Diskussion um die »Gesamtbilanz des Schreckens« wird oft die Frage gestellt, wie viele Flüchtlinge sich zum Zeitpunkt des Angriffs in der Stadt befanden. Vielfach wird behauptet, daß diese in Dresden unbekannten Menschen zu Zehntausenden im Feuersturm umkamen. Daß Flüchtlingstrecks Mitte Februar auf Fuhrwerken durch die Stadt zogen und auf den Plätzen kampierten, wird von keinem Augenzeugen bestätigt. Auch massenhafte Einquartierungen in Dresdner Haushalten konnten nicht nachgewiesen werden. Nur eine solche Maßnahme hätte es ermöglicht, in der Stadt, in der noch knapp 600 000 Einwohner lebten, Hunderttausende von Auswärtigen unterzubringen. Flüchtlinge waren allerdings in großer Zahl in der Nähe der Bahnhöfe zu sehen und außerdem in Gasthöfen, Hotels, Schulen oder anderen Auffangstellen einquartiert. Seriöse Schätzungen gehen davon aus, daß inklusive der knapp 30 000 Kriegsgefangenen und Zwangsarbeiter etwa 100 000 Fremde in der Stadt waren; andere sprechen davon, daß sich im Ballungsraum Dresden, also nicht nur in der Stadt, etwa 200 000 nicht dort ansässige Menschen aufhielten.

Die vielen Kasernen sind natürlich stehengeblieben!... Hätte statt dessen nicht die Frauenkirche leben bleiben können?... Nein, es mußten die Kasernen sein.
Erich Kästner

Einige Kontroversen um die Opferzahlen nahmen in der Vergangenheit makaber-technische Züge an. So wurde gemutmaßt, daß viele Menschen im Feuersturm zu nicht mehr auffindbaren Häufchen Asche verbrannten. Feuerwehrexperten und Gerichtsmediziner beantworten diese Frage inzwischen eindeutig – kaum ein menschlicher Körper verbrennt vollständig zu Asche. Und so müssen sechsstellige Opferzahlen, von denen seit Jahrzehnten die Rede ist, als pure Spekulation betrachtet werden.

Die Diskussionen um die Zahl der Toten – 25 000, 35 000 oder 135 000 – führen ohnehin recht leicht dazu, die Opfer nur als anonyme Masse zu begreifen. Die Kontroverse kann den Blick darauf verstellen, daß jeder Tote ein einzelner Mensch war, daß jeder für sich auf schreckliche Weise umkam. Zudem verkennt diese Art der »Buchhaltung«, daß die bloße Zahl der Opfer nichts mit der grundlegenden moralischen Bewertung des Bombenangriffs auf Dresden zu tun hat. Die Frage bleibt: War der Angriff ein Kriegsverbrechen?

Sogar die Sonne scheint bläßlich, aber sie trägt einen grauen Schleier, den Trauerschleier des Dresdner Aschermittwochs.
Ein Luftschutzpolizist über den Morgen nach den Angriffen

Er war Teil einer seit Jahren routiniert praktizierten Strategie, die sich gnadenlos auch gegen Zivilisten richtete. Die Briten hatten diese Art der Kriegführung seit dem Angriff auf Lübeck im März 1942 systematisch perfektioniert. Dresden wurde zum Extrembeispiel für diese Perfektion: Ein nächtliches Flächenbombardement mit einem gelungenen, konzentrierten Abwurf von Brand- und Sprengbomben, keine Störung durch Flak oder Nachtjäger – das war genau das, was die Planer sich wünschten. Das Ergebnis war in Dresden zu besichtigen. Der Angriff wurde zum Musterbeispiel einer Strategie, die das Augenmaß für die Verhältnismäßigkeit der Mittel längst verloren hatte. Im »totalen Krieg« – von Deutschland ausgerufen und von den Alliierten aufgegriffen – war inzwischen jedes Mittel recht, Erfolge zu erzielen. Das galt auch für die Alliierten, die vorgaben, für die Moral zu kämpfen – jene Alliierten freilich, deren Sieg Europa viel verdankt.

Massengrab Luftschutzkeller: In vielen Dresdner Schutzräumen ersticken die Menschen, die sich unter der Erde vor Bomben und Feuersturm sicher wähnen.

Dresden wurde zum Jahrhundertsymbol sinnloser Zerstörung. Sinnlos deshalb, weil die militärischen Begründungen für den Angriff eher formelhaft klingen; weil die Planungsroutine Dresden ohne großes Nachdenken als Ziel auserkor; weil ein eitles britisches Bomber Command zeigen wollte, wozu es fähig war; weil die Politiker der Westalliierten eine demonstrative Geste der Bündnissolidarität mit den Sowjets wünschten.

Was wir in Dresden angerichtet haben, war ein Greuel.
Lancaster-Pilot Dave Davis in einem Interview im Jahre 1990

Dresden war ein Kriegsverbrechen, und die Sinnlosigkeit des Angriffs wird durch die Tatsache belegt, daß sich viele Verantwortliche später fragten, ob sie das, was in Dresden angerichtet wurde, wirklich gewollt hatten. Am 28. März 1945 verfaßte der britische Premierminister Winston Churchill ein – nicht veröffentlichtes, später verändertes – Memorandum, das die britischen Stabschefs sehr erzürnte. Sie fühlten sich von ihrem politisch verantwortlichen Auftraggeber im Stich gelassen. Darin heißt es: »Mir scheint der Moment gekommen, an dem die Frage der Bombardierung deutscher Städte einfach zur Steigerung des Terrors, jedoch unter anderem Vorwand, zu überprüfen wäre. Sonst werden wir ein total zerstörtes Land übernehmen. Die Zerstörung von Dresden hinterläßt einen ernsten Zweifel an der Art der alliierten Bombardements. Ich halte präzisere Konzentration auf militärische Ziele wie Öl und Verbindungswege hinter der unmittelbaren Kampflinie für notwendiger als bloße Terrorakte und blinde Zerstörung, so eindrucksvoll sie sein mögen.«

8. MAI 1945

Die Kapitulation

Er war gekommen, um mit seiner Unterschrift die Waffen in Europa zum Schweigen zu bringen. Obwohl er mit der Unterzeichnung der Kapitulationsurkunde die totale Niederlage der deutschen Wehrmacht besiegelte, wirkte sein Auftritt wie der eines Siegers. Generalfeldmarschall Wilhelm Keitel, der Chef des Oberkommandos der Wehrmacht, demonstrierte Haltung – die Brust ordengeschmückt, im Auge das Monokel, in der rechten Hand den Marschallstab. Als er am späten Abend des 8. Mai 1945 das Kasino der Festungspionierschule in Berlin-Karlshorst betrat, begrüßte er die Wartenden: Die Hand, die den Marschallstab hielt, schnellte in Schulterhöhe kurz vor, um dann flink wieder zurückgezogen zu werden. Doch der Gruß des Marschalls mit dem Insignium verwehter Macht beeindruckte hier niemanden mehr. Die Geste des Mannes, der in den Augen der Sieger längst als Kriegsverbrecher galt, wirkte seltsam unangemessen. Der sowjetische Marschall Georgi Schukow, der US-Luftwaffengeneral Carl Spaatz, der britische Luftmarschall Arthur W. Tedder und der französische General Jean Lattre de Tassigny blieben auf ihren Plätzen sitzen und ignorierten Keitels selbstbewußten Gruß.

Die Bäume waren so grün und der Himmel so blau wie niemals wieder, als der Krieg zu Ende ging.
Helma Sanders-Brahms, Regisseurin

Der Saal, eher bescheiden mit den vier Fahnen der Siegermächte geschmückt, war voller uniformierter Zuschauer. Offiziere und Kriegsberichterstatter wollten miterleben, wie das Ende des Krieges in Europa offiziell besiegelt wurde. Die Fotografen empfingen die deutsche Delegation mit einem Blitzlichtgewitter, Männer mit Kameras und Blitzgeräten rangelten um die besten Plätze – voller Einsatz für Aufnahmen, die ein Stück Geschichte festhalten sollten. Keitel und seine Begleiter, General Stumpff als Vertreter der Luftwaffe und Generaladmiral von Friedeburg, der die Marine repräsentierte, nahmen an dem kleinen Tisch, der für sie bereitstand, Platz. Die drei Adjutanten der Generäle postierten sich steif hinter ihren Stühlen.

Dieser Tag war eine Zäsur der deutschen und der europäischen Geschichte.
Konrad Stangl, Begleitoffizier bei Keitel

Und dann übernahm der Sieger der Schlacht um Berlin, Mar-

Zweimal sagte Keitel »Jawohl«. Nur zwei Worte, nichts weiter!... Mit diesen Worten hatte Keitel vor der ganzen Welt nichts weniger als den vollständigen Zusammenbruch der Wehrmacht und der deutschen Gesellschaftsordnung kundgetan.
Anatolij Mednikow, sowjetischer Rundfunkkorrespondent in Karlshorst

schall Schukow, die Regie. Ohne die Deutschen anzuschauen, ließ er seinen Dolmetscher die Wehrmachtsdelegation fragen, ob sie sich mit dem Wortlaut der Urkunde, die sie unterzeichnen sollten, vertraut gemacht hätten. Keitel fixierte aufmerksam den sowjetischen Marschall, dem er sich nun unterwerfen mußte, und bejahte. Daraufhin erfolgte die entscheidende Frage: »Sind die Vertreter des Oberkommandos der Wehrmacht einverstanden, die Urkunde über eine totale und bedingungslose Kapitulation zu unterzeichnen?« »Jawohl«, antwortete Keitel. Er kannte den Text bereits: »Der Unterzeichnete, handelnd im Namen des deutschen Oberkommandos, erklärt hiermit die bedingungslose Kapitulation aller Streitkräfte zu Lande, zu Wasser und in der Luft, welche sich in diesem Augenblick unter deutscher Kontrolle befinden, gegenüber dem Obersten Befehlshaber der Alliierten Expeditionsstreitkräfte und gleichzeitig gegenüber dem Oberkommando der Sowjettruppen«, lautete der erste Absatz des Dokuments. Dies war ein zentraler Punkt der Vereinbarung: Ab dem 8. Mai um 23.01 Uhr Mitteleuropäischer Zeit, das hieß ab Mitternacht deutscher Sommerzeit, sollten in Europa die Waffen ruhen.

Nach deutscher Sommerzeit war es schon 0.16 Uhr am 9. Mai, als die Füllfederhalter über das Papier der Dokumente kratzten – die Vertreter der Siegermächte unterschrieben zuerst. Der sowjetische Kriegsberichterstatter Konstantin Simonow beobachtete die deutsche Delegation in diesem entscheidenden Moment: »Während sie unterschreiben, verändert sich Keitels Gesicht schrecklich. In Erwartung der Sekunde, da er an der Reihe ist, zur Feder zu greifen, sitzt er steif und starr da; der große Offizier, der in strammer Haltung, die Hände an der Hosennaht, hinter seinem Sessel steht, weint, ohne daß sich in seinem Gesicht ein Muskel regt. Keitel sitzt gerade da, dann streckt er die Hände aus und ballt sie auf dem Tisch zu Fäusten. Den Kopf legt er immer weiter zurück, als wolle er die Tränen, die hinter den Lidern hervorzubrechen drohen, nach hinten drängen.«

Die Niederlage, die unsere Befreiung war.
Iring Fetscher, Professor für Politikwissenschaft

Als Keitel an der Reihe war, bemühte sich niemand, ihm die Urkunde vorzulegen. Barsch befahl Schukow: »Sie sollen zum Unterschreiben herkommen.« Keitel mußte sich erheben und an der schmalen Seite des Tisches, an dem die Vertreter der Siegermächte saßen, Platz nehmen. Dann unterschrieb auch er – in fünffacher Ausfertigung. Ihm folgten nacheinander Stumpff und von Friedeburg. Nachdem alle drei wieder zu ihren Plätzen zurückgekehrt waren, beendete eine kurze Anweisung Schukows die Zeremonie:

»Die deutsche Delegation kann den Saal verlassen.« Der Krieg, der Europa in Schutt und Asche gelegt hatte und 40 Millionen Europäer das Leben gekostet hatte, war damit offiziell beendet. Das Deutsche Reich war besiegt, besetzt, zerstört und schon unter den Siegermächten aufgeteilt. Deutsche hatten diesen Krieg begonnen und in dessen Windschatten einen unvorstellbaren Völkermord begangen, dem sechs Millionen Juden zum Opfer gefallen waren. Am 8. Mai 1945 vollstreckten die Sieger das Urteil gegen die Verantwortlichen: Mit der bedingungslosen Kapitulation sollte das »Dritte Reich« liquidiert werden.

Es war eine Erlösung und Befreiung, daß dieses sinnlose Sterben ein Ende gefunden hatte.
Konrad Stangl, Begleitoffizier bei Keitel

Doch der große Moment, der den Schlußpunkt unter die mörderischste Phase der europäischen Geschichte setzte, war eine Inszenierung, ein Spektakel, das seinen Wert vor allem aus seiner hohen Symbolkraft bezog: In Berlin streckte die Wehrmacht vor der Roten Armee, die nach unvorstellbaren Opfern schließlich auch die Reichshauptstadt erobert hatte, die Waffen. Die Zeremonie in Karlshorst sollte der Welt vor Augen führen, daß es in erster Linie die Sowjetunion war, die das Nazi-Reich niedergerungen hatte.

Aber wirklich kapituliert hatte die Wehrmacht schon einen Tag

Die Reichshauptstadt am Ende: Der Berliner Stadtkommandant General Weidling wird von sowjetischen Offizieren gefangengenommen.

Der vorletzte Akt: Generaloberst Jodl beim Unterzeichnen der Kapitulation in Reims.

Als die deutsche Delegation nach der Unterzeichnung den Saal verlassen hatte, gab es bei den alliierten Offizieren einen kleinen Ausbruch der Freude. Hurraschreie, Freudenschreie. Ein bißchen so wie bei Fußballfans, die den Sieg ihrer Mannschaft bejubeln.
René Bondoux, französischer Begleitoffizier bei der Kapitulation

zuvor. Und es war nicht die Führung der Roten Armee, die diese Kapitulation entgegennahm, sondern der Oberbefehlshaber der Alliierten Expeditionsstreitkräfte in Europa, General Dwight D. Eisenhower. In seinem Hauptquartier, einem Schulgebäude im französischen Reims, war am frühen Morgen des 7. Mai um 2.41 Uhr von Generaloberst Alfred Jodl das entscheidende Dokument unterzeichnet worden, das dann bei der Zeremonie in Berlin lediglich »ratifiziert« wurde. Die Kapitulation vor Eisenhower hatte Stalin erzürnt: »Die Deutschen haben heute in Reims die bedingungslose Kapitulation unterzeichnet. Da aber die Hauptlast des Krieges das Sowjetvolk und nicht die Alliierten getragen haben, müssen die Deutschen vor dem Obersten Kommando aller Länder der Anti-Hitler-Koalition und nicht bloß vor dem Oberkommando der Verbündeten kapitulieren«, war seine Reaktion auf den Waffenstillstand von Reims. Ihm ging es um die Weltordnung nach dem Krieg – und darin sollte die Sowjetunion eine herausragende Rolle spielen. Deshalb fand in Berlin für die Weltöffentlichkeit die Zeremonie noch einmal statt. Die Russen kamen zu ihrem Recht, jetzt hatte alles seine wohlkalkulierte Ordnung.

Da störte es wenig, daß Eisenhower nicht anwesend war – er persönlich hätte den Sowjets wohl die Ehre erwiesen, aber politi-

Vollzug der Niederlage: Auf ihrem Weg in russische Kriegsgefangenschaft liefern deutsche Wehrmachtssoldaten in Berlin ihre Waffen ab.

sche Berater taten die Zeremonie als Propagandaveranstaltung ab und legten ihm nahe, seinen Stellvertreter zu schicken. Also flog der britische Luftmarschall Tedder am 8. Mai nach Berlin-Tempelhof. Auch ein Amerikaner sollte in Berlin anwesend sein – die Wahl fiel auf den Oberbefehlshaber der US-Luftstreitkräfte in Europa, General Spaatz.

Das war ein historischer Akt. Aber es war auch ein wagnerianisches Spektakel.
René Bondoux, französischer Begleitoffizier bei der Kapitulation

Eisenhowers Berater hatten richtig gelegen – die Sowjets machten aus der Zeremonie in Karlshorst ein Politikum. Als Abgesandter Stalins war Andrej Wyschinskij aus Moskau eingetroffen. Der Mann, der in der Hauptstadt der UdSSR vor dem Krieg berüchtigte Schauprozesse inszeniert hatte, bestritt nun in Berlin dem Amerikaner Spaatz das Recht, seine Unterschrift unter die Kapitulationsurkunde zu setzen. Unterzeichnen sollte der Brite Tedder als Eisenhowers Stellvertreter und der Franzose Lattre de Tassigny – auch die »Grande Nation« sollte einen öffentlichkeitswirksamen Auftritt bekommen. Das war für den Amerikaner Spaatz nicht akzeptabel, und so verhandelte man bis zum späten Abend des 8. Mai. Schließlich einigte man sich auf einen Kompromiß: Schukow und Tedder sollten unterzeichnen, während Spaatz und Lattre de Tassigny als Zeugen ihre Unterschriften leisten, ihre Namen mußten deutlich sichtbar unter denen der Hauptunterzeichnenden stehen.

Mit derartigen Winkelzügen hinter den Kulissen vermittelte die Inszenierung von Berlin-Karlshorst einen Vorgeschmack auf das, was sich in den folgenden Jahren zum »Kalten Krieg« ausweiten sollte. Der sowjetische Kriegsberichterstatter Konstantin Simonow hielt in seinem Tagebuch mit feinem Gespür für die Situation die Stimmung im Kasino von Karlshorst fest: »Die Leute am zentralen Tisch benehmen sich sehr unterschiedlich. Spaatz verzieht keine Miene. Wyschinskij ist übereifrig. Schukow strahlt. Tedder, der neben ihm sitzt, hat ein leichtes Lächeln auf dem angenehmen, aber ausdruckslosen Gesicht. Ich glaube, daß er von allen Anwesenden der einzige ist, der sich eine Portion Ironie für die bevorstehende feierliche Prozedur aufgehoben hat. Lattre de Tassigny scheint bekümmert, daß er später als die anderen eingetroffen ist...«

Die bedingungslose Kapitulation unserer Feinde war das Signal für den größten Freudenausbruch in der Geschichte der Menschheit.
Winston Churchill

Stalins demonstrative Inszenierung der deutschen Kapitulation war der letzte Akt in einem Drama, das sich schon seit einer Woche hingezogen hatte. Am 30. April hatte sich Adolf Hitler um 15.30 Uhr im Bunker unter der Neuen Reichskanzlei in Berlin gemeinsam mit Eva Braun das Leben genommen, während vor dem

Im Zeichen des Sieges: Auf dem Reichstagsgebäude hissen Soldaten der russischen Armee die Rote Fahne als Symbol ihrer Macht, während geschlagene deutsche Soldaten durch die Berliner Straßen in die Kriegsgefangenschaft ziehen.

Gebäudekomplex schon sowjetische Granaten einschlugen. »Ich selbst und meine Gattin wählen, um der Schande der Absetzung oder der Kapitulation zu entgehen, den Tod.« Mit dieser kurzen Erklärung entzog sich der Mann, der durch seine Politik des aggressiven Nationalismus, des mörderischen Rassenwahns und der totalitären Terrorherrschaft Millionen Menschen in den Tod getrieben hatte, seiner Verantwortung. Immerhin machte Hitlers Ableben den Zerfall und Untergang seines »Dritten Reiches« zu einer Frage von Tagen. »Ein Marionettenspieler läßt plötzlich die

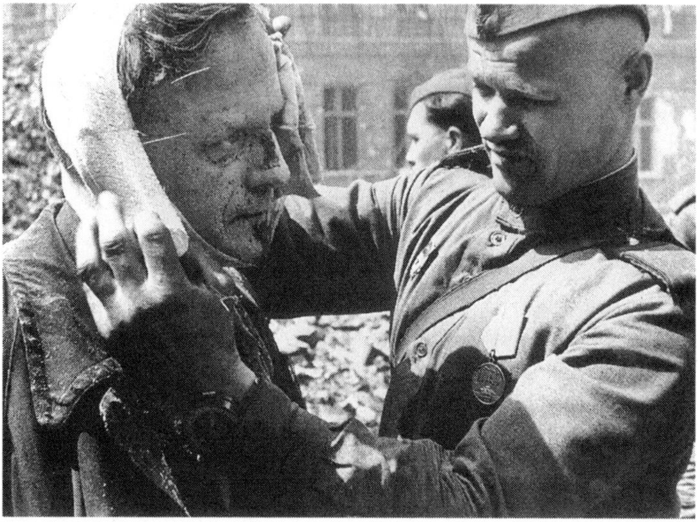

Geste der Humanität: Ein sowjetischer Soldat verbindet einen Berliner, der bei Aufräumarbeiten verwundet wurde.

Fäden los. Auf einmal war da keiner mehr, der befiehlt, was getan wird, der das Leben der anderen mitreißt. Jetzt muß jeder für sich allein entscheiden«, beschreibt Traudl Junge, Hitlers Sekretärin, den Stimmungswandel, der viele plötzlich erfaßte.

Eigene Entscheidungen mußte jetzt auch Großadmiral Karl Dönitz treffen. Er trat am 1. Mai 1945 Hitlers Nachfolge als Reichspräsident und Oberbefehlshaber der Wehrmacht an. Über Funk wurde ihm Hitlers letzter Befehl übermittelt: »An Stelle des bisherigen Reichsmarschalls Göring setzt der Führer Sie, Herr Großadmiral, als seinen Nachfolger ein. Ab sofort sollen Sie sämtliche Maßnahmen verfügen, die sich aus der gegenwärtigen Lage ergeben.« In seinem Hauptquartier in Flensburg-Mürwick beriet sich Dönitz mit dem Rüstungsminister Albert Speer. »Beide

Mein Regierungsprogramm war einfach. Es galt, so viele Menschenleben zu retten wie möglich.
Karl Dönitz

Herren waren der Meinung, daß das Wort ›sämtliche Maßnahmen verfügen‹ bedeuten sollte, den Krieg zu beenden«, berichtete später Dönitz' persönlicher Adjutant, Korvettenkapitän Walter Lüdde-Neurath.

Hitlers Konkursverwalter Dönitz leitete ab dem 2. Mai eine Serie von Kapitulationssondierungen ein. Er wollte die Waffen strecken, aber nur vor den Westalliierten. An der Ostfront sollte so lange wie möglich weitergekämpft werden, um Wehrmachtssoldaten und Zivilisten die Flucht vor der Roten Armee zu ermöglichen. »Meine erste Aufgabe ist es, deutsche Menschen vor der Vernichtung durch den vordrängenden bolschewistischen Feind zu retten. Nur zu diesem Zweck geht der militärische Kampf weiter«, erklärte Dönitz in einer ersten Verlautbarung. Im Westen strebte Dönitz eine Kapitulation auf Raten an, das »Verfahren der zentral gesteuerten, schrittweisen Gesamtkapitulation«, wie er es nannte.

Weit mußte Dönitz' Abgesandter, Generaladmiral Hans-Georg von Friedeburg, am 3. Mai nicht fahren, um einen Gesprächspartner zu treffen. In der Lüneburger Heide, 50 Kilometer süd-

Geste der Macht: Ein Soldat der Roten Armee entreißt einer Berlinerin das Fahrrad.

lich von Hamburg, hatte der britische Feldmarschall Bernard L. Montgomery sein Hauptquartier eingerichtet. Hier wie an allen anderen Fronten waren die Alliierten dabei, Deutschland komplett zu besetzen und die verbleibenden Wehrmachtstruppen in immer kleiner werdenden Enklaven zusammenzudrängen. In Mecklenburg beispielsweise war die Armeegruppe Weichsel, etwa 350 000 Mann stark, in Rückzugsgefechte gegen die Rote Armee verwickelt. Am 2. Mai wurden die Deutschen hier in die Zange genommen. Montgomerys 21. Armeegruppe tauchte in ihrem Rücken auf, die Briten besetzten Lübeck, ihre Spitzen stießen bei Wismar auf die Vorhuten der Roten Armee. Die Armeegruppe Weichsel war nun auf einem 20 bis 30 Kilometer breiten Streifen zusammengepfercht.

Niederlage, Katastrophe, Chaos.
Hubertus Freiherr von Humboldt, Generalstabsoffizier

Auch unter dem Eindruck dieser Entwicklung bot Admiral von Friedeburg Montgomery die Kapitulation aller Verbände in Norddeutschland an. Insbesondere wollte er erreichen, daß die deutschen Truppen, die zwischen den Russen und den Briten standen, sich der britischen Armee ergeben durften. Neben der durch Propaganda, aber auch durch bittere Erfahrung geschürten panischen Angst vor den Sowjets wurde dieser Wunsch von der Illusion genährt, daß sich die Westalliierten bald mit den Deutschen zusammentun würden, um gegen die Russen zu kämpfen – eine vollkommene Fehleinschätzung der alliierten Stimmung nach sechs Jahren Krieg gegen Deutschland.

Montgomery lehnte Friedeburgs Kapitulationsangebot ab. Zwischen den Alliierten war vereinbart worden, keine Teilkapitulationen entgegenzunehmen. Alle Verbände, die gegen die Rote Armee kämpften, sollten sich dieser auch ergeben. Trotzdem wagte Montgomery einen Alleingang. Hinter dem kühlen Äußeren des britischen Feldmarschalls regte sich ein gewisses Verständnis für die verzweifelte Lage der Deutschen. Er sagte von Friedeburg, daß er die Übergabe geschlossener Verbände ablehne, daß seine Truppen wohl aber die massenhafte »individuelle Kapitulation« der Deutschen hinnehmen würden. Montgomery forderte als Voraussetzung dafür die bedingungslose Kapitulation aller deutschen Verbände in Nordwestdeutschland, Schleswig-Holstein, den Niederlanden und in Dänemark.

Friedeburg brauchte die Einwilligung von Dönitz, um auf diese Forderung einzugehen. Am nächsten Tag, dem 4. Mai, unterzeichnete er gegen 18.30 Uhr in einem Zelt in der Lüneburger Heide die erste Teilkapitulation der Wehrmacht in Deutschland. Wirksam wurde der Waffenstillstand mit den Briten am 5. Mai

Das Treffen der Sieger: Am 25. April 1945 feiern amerikanische und russische Soldaten ihr Zusammentreffen in Torgau an der Elbe.

um acht Uhr morgens. An der Front zwischen Berlin und Rostock gelang es durch dieses Abkommen, 350 000 deutsche Soldaten vor der Vernichtung oder der Gefangennahme durch die Russen zu retten – sie verschwanden hinter den britischen Linien im westlichen Mecklenburg.

Im weiter südlich gelegenen amerikanischen Frontabschnitt gab es ähnliche Vorgänge, auch die US-Linien übten eine magnetische Anziehungskraft auf von Osten kommende deutsche Soldaten und Flüchtlinge aus. Die US-Truppen standen an der Elbe, in Sachsen bildete ein anderer Fluß, die Mulde, die Front. An dieser Demarkationslinie hatten die Amerikaner – wie mit den Sowjets vereinbart – ihren Vormarsch nach Osten beendet.

Dönitz' Strategie der schrittweisen Kapitulation im Westen schien aufzugehen. In dieser ersten Maiwoche gelang es, etwa 1,8 Millionen Menschen, darunter die Hälfte der 2,2 Millionen Ostfrontsoldaten, hinter die westalliierten Linien zu bringen. Obwohl die Westalliierten schroff auf einer bedingungslosen Gesamtkapitulation beharrten, gewannen die Deutschen Zeit, weil der Emissär Friedeburg die Prozedur geschickt verzögert hatte. Währenddessen kämpften deutsche Truppen weiter gegen die So-

Die bisherige Führung des deutschen Volkes trägt eine Gesamtschuld an dem Schicksal, das dem deutschen Volk nun bevorsteht.
Albert Speer, 1945

wjets und deckten die Flucht ihrer Kameraden und deutscher Zivilisten nach Westen.

Am 5. Mai schickte Dönitz von Friedeburg nach Reims, dem Hauptquartier von General Eisenhower. Doch der Oberbefehlshaber der Alliierten Expeditionsstreitkräfte in Europa war demonstrativ darauf bedacht, alle Absprachen mit den sowjetischen Verbündeten einzuhalten. Er wollte keine teilweise, sondern die sofortige und gleichzeitige Kapitulation der Wehrmacht an allen Fronten. Zudem verlangte er, daß die Verbände an der Ostfront sich den Sowjets ergeben sollten. Wieder machte Friedeburg angesichts dieser Forderung einen Rückzieher – er fühle sich nicht bevollmächtigt, eine derartige Vereinbarung zu unterzeichnen, erklärte er.

Das Ende in der Form hat man ja kommen sehen, nachdem man die Hoffnung aufgegeben hat, daß ernsthaft mit den Westmächten verhandelt wurde. Insoweit war das eine schwere Niederlage.
Günter Reichhelm, Generalstabsoffizier bei Wenck

Dann, am 6. Mai, entsandte Dönitz den vormaligen »persönlichen Stabschef« Adolf Hitlers, Generaloberst Alfred Jodl, zu Eisenhower nach Reims. Hitlers Handlanger trat dort mit Forderungen auf. Er verlangte von den Alliierten vier Tage Aufschub zwischen der Unterzeichnung und dem Inkrafttreten des Waffenstillstands. Zwischen diesen beiden Terminen sollten die deut-

Beginn einer neuen Zeitrechnung: Eine weitere deutsche Stadt ist von der US-Armee besetzt.

schen Truppen weiterhin volles Bewegungsrecht besitzen, um bis zum 10. Mai möglichst vielen Soldaten des Ostheeres die Chance zu bieten, sich nach Westen durchzuschlagen.

Am frühen Abend des 6. Mai wies Eisenhowers Verhandlungsführer, sein Stabschef General Bedell Smith, die deutsche Forderung strikt zurück. Als die Delegation der Wehrmachtsführung um eine neue Gesprächsrunde bat, war Eisenhowers Geduld erschöpft. »Ich mußte ihnen schließlich mitteilen, daß ich alle Verhandlungen abbrechen, die Westfront dichtmachen und jede weitere Bewegung deutscher Soldaten und Zivilisten nach Westen gewaltsam verhindern werde, wenn sie meine Bedingungen nicht annähmen«, beschrieb Eisenhower später sein Ultimatum. Mit der Drohung, den Bombenkrieg wiederaufzunehmen, unterstrich er seine Forderung. Jodl resignierte und ließ kurz vor 22 Uhr einen Funkspruch an Dönitz in Flensburg absetzen: »Ich sehe keinen anderen Ausweg als Chaos oder Unterzeichnung.«

Am frühen Morgen des 7. Mai, um 2.41 Uhr deutscher Sommerzeit, unterzeichnete er in Reims das entscheidende Dokument zur Beendigung des Krieges in Europa: Ab 0.01 Uhr am 9. Mai sollten die Waffen schweigen. Aus Rücksicht auf die verbündeten Sowjets legte Eisenhower Wert darauf, daß ein Vertreter der Roten Armee, General Iwan Susloparow, bei der Unterzeichnung zugegen war. Neben hochrangigen britischen Militärs und dem US-Luftwaffengeneral Spaatz wurde in letzter Minute auch ein Repräsentant der Franzosen, Generalleutnant François Sévez, hinzugezogen. General Eisenhower selbst nahm an diesem bedeutsamen Ereignis nicht teil. Erst nach dem formellen Akt empfing er die deutsche Delegation. Eisenhower fragte die deutschen Offiziere lediglich: »Haben Sie die Kapitulationsbedingungen verstanden?« Als dies bejaht wurde, beendete Eisenhower das Zusammentreffen mit den Worten: »Detaillierte Anweisungen werden Sie später erhalten. Man erwartet von Ihnen, daß sie genau befolgt werden. Das ist alles.«

Was in Reims stattgefunden hatte, war genau das, was die Anti-Hitler-Koalition als Kriegsziel definiert hatte: die gleichzeitige und bedingungslose Kapitulation der Deutschen. Aber in den Augen der Regierung Dönitz besiegelte Jodls Unterschrift lediglich die militärische Unterwerfung der Wehrmacht. Dönitz betrachtete sich weiterhin als legales Staatsoberhaupt. Ganz anders sahen das die Siegermächte – die »Regierung« in Flensburg spielte für sie keine Rolle mehr. Deutschland war besetzt, und kraft ihres

Ich habe ganz gemischte Gefühle gehabt. Ich hatte erst mal eine wirkliche Trauer, daß dieses Deutschland total vernichtet war. Und ich hatte auch ein Gefühl, daß es ein Glück ist, daß dieser Krieg endlich vorbei ist, daß wir es hinter uns hatten.
Gerd Schmückle, General a. D. und Publizist, 1998

Rechtes als Sieger setzten die Alliierten nun voraus, daß auch die »bedingungslose staatlich-politische Kapitulation« des Reiches erfolgt sei. Sie wollten völlige Handlungsfreiheit bei der Zerschlagung des NS-Regimes und planten, dessen Repräsentanten für Völkermord und Kriegsverbrechen zur Rechenschaft ziehen. Außerdem gedachten sie, Deutschland politisch umzugestalten und die nationalsozialistische Ideologie auszumerzen.

Schokolade vom Feind: Ein amerikanischer Soldat verteilt Süßigkeiten an deutsche Kinder.

Dieser Prozeß der politischen Neuordnung hatte in weiten Teilen des Reiches schon vor der Unterzeichnung der Kapitulationsurkunde begonnen. Jede Besatzungsmacht folgte dabei ihren ganz eigenen Vorstellungen: So war etwa in Berlin am 29. April, noch vor der Kapitulation der Stadt am 2. Mai, die »Gruppe Ulbricht« eingetroffen. Diese Vereinigung deutscher Kommunisten kam aus Moskau und sollte in Zusammenarbeit mit »Volkskomitees«, die man vor Ort ins Leben gerufen hatte, in den eroberten Stadtteilen den Neuaufbau der Verwaltung und des zivilen Lebens steuern. Die »Gruppe Ulbricht« hatte den Auftrag, neben Sozialdemokraten und Kommunisten vor allem auch unbelastete Vertreter des Bürgertums und loyale Fachleute für öffentliche Ämter zu gewinnen. Ganz im Sinne Moskaus gab der Kommunist Ulbricht jedoch intern die Parole aus: »Es muß demokratisch aussehen, aber wir müssen alles in der Hand haben.«

Auch in den Regionen, die von Amerikanern und Briten besetzt worden waren, war von Demokratie noch nicht die Rede. Aber gerade im Westen Deutschland hatte schon lange vor dem 8. Mai eine neue Ära begonnen. In vielen Städten gab es bereits seit Wochen und Monaten US-Stadtkommandanten, die zusammen mit speziell geschulten Militärregierungs-Abteilungen herrschten. Politische Aktivitäten waren den Deutschen zunächst verboten, aber es wurden unbelastete Fachleute für eine Notverwaltung rekrutiert. Schon bald klagten örtliche »Antifa-Komitees«, daß ihre oft eher links gesinnten Mitglieder von den Amerikanern kaum eingebunden wurden. Zur Leitung der Verwaltung ernannten die Amerikaner in jeder Stadt ein kommissarisches Stadtoberhaupt – oft auf Empfehlung örtlicher kirchlicher Würdenträger. Aber die US-Armee hatte auch Namenslisten vertrauenswürdiger Ansprechpartner mitgebracht: So war in Köln beispielsweise schon seit dem 19. März Konrad Adenauer beratend für die Amerikaner aktiv, am 4. Mai übernahm er offiziell wieder das Amt des Oberbürgermeisters.

Die Zivilbevölkerung war ängstlich, eingeschüchtert und verwirrt. Ich habe in diesen Tagen aber auch viel Freundlichkeit und Hoffnung erlebt.
Wolfgang Leonhard, Publizist und Sowjetologe

Ende des Terrors: Befreiung Dachaus durch amerikanische Soldaten, die einen der Lagerleiter abführen, April 1945.

In weiten Teilen Deutschlands änderte sich mit dem Stichtag 8. Mai nur wenig im täglichen Leben der Menschen. Meist war die Besetzung der eigenen Stadt der einschneidende Augenblick für die Deutschen gewesen. Am 8. Mai hatte man sich schon auf neue Realitäten eingestellt. Der damals einundzwanzigjährige Leo Brawand erlebte bei Hannover die Mitteilung von der deutschen Kapitulation: »Während darauf in dem befreiten Russenlager auf dem Gelände der benachbarten Uniformfabrik Jubel-

Hunger und Elend: In der ersten Nachkriegszeit sind die Lebensmittel knapp, in Notquartieren versorgen sich die Deutschen mit dem Nötigsten.

geschrei ausbrach – bis in die Nacht dauerte die Siegesfeier –, nahmen wir die Nachricht schweigend zur Kenntnis, so wie es einen nicht mehr so sehr mitnimmt, wenn der Totenschein ausgestellt wird. Daß Deutschland tot war, wußten wir.«

Trotzdem wurde am 8. Mai das Ereignis der offiziellen Kapitulation von vielen wahrgenommen: Für die meisten war es ein Moment der Erleichterung, aber gleichzeitig fühlten sie sich als Zeugen und Opfer eines bitteren Zusammenbruchs. Erleichtert war man, weil das Schießen und Bomben aufhörte, weil das Sterben und Töten an den Fronten endete. Die Sorge um die Soldaten, die Ehemänner, Söhne und Väter wandelte sich in Hoffnung auf eine Heimkehr, auch wenn sie oft enttäuscht werden sollte.

Da war die Geschichte zu Ende.
Marianne Hoppe, Schauspielerin, 1998

Zusammengebrochen aber waren mit der Kapitulation die letzten Illusionen und Hoffnungen auf eine Kriegswende, an die sich viele geklammert hatten. Die Stunde der bitteren Wahrheit war gekommen – bitter allein deshalb, weil sich die Einsicht durchsetzte, daß so viele Opfer sinnlos gewesen waren. Charlotte Petersen, nach dem Krieg als Journalistin tätig, berichtet zum Stimmungsbild jener Tage: »Und dann kam der 8. Mai. Das Ende. Ich erlebte es mit großem Aufatmen. Wenige verstanden das. Die Menschen waren erschöpft. Jeder hatte seine Last zu tragen. In vielen Familien wurden Söhne vermißt. Wir waren alle arm geworden. Aber trotz allem: Die Hitler-Zeit, die große Schande Deutschlands, war vorbei. Viele empfanden das nicht. Sie klagten nur über die augenblickliche Notlage. Manche schimpften auf die Besatzer. Nun ja, Hitler hatte ihnen persönlich nichts getan, während die amerikanischen Soldaten sie nun schikanierten.«

Wir hatten das Gefühl, es ist einfach unglaublich. Man ist noch am Leben.
Professor Elisabeth Noelle-Neumann, Publizistin und Meinungsforscherin, 1998

Ein eindeutiges Gefühl von Befreiung konnten zu diesem Zeitpunkt wohl nur jene verspüren, die von den Nationalsozialisten verfolgt worden waren und unter ihnen gelitten hatten. Das waren neben den wenigen deutschen Oppositionellen vor allem die Menschen, die von den Alliierten in den Wochen zuvor aus Gefangenen- und Konzentrationslagern befreit worden waren. Hierzu zählten zum Beispiel Überlebende des KZ Dachau, das die Amerikaner erst am 29. April erreicht hatten. Wer so ein Lager überlebt hatte, empfand am 8. Mai vielleicht Genugtuung – wenn er überhaupt die Kraft dazu hatte. Denn in diesen ersten Wochen nach der Befreiung war das Elend immer noch unbeschreiblich. Das KZ Dachau, in dem sich noch über 31 000 ehemalige Häftlinge befanden, war unter Quarantäne gestellt: In dem Lager gab es 800 Fälle von Typhus, und es grassierte die Ruhr. In den ersten Tagen nach der Befreiung starben täglich noch

Erstmals seit langer Zeit fehlte es mir an beinahe nichts: Ich wurde aufs beste gefüttert, getränkt, umsorgt und hatte nichts mehr zu fürchten.
Bernt Engelmann, Schriftsteller, 1945 aus dem KZ Dachau befreit

Wir schauten stumm auf unsere Befreier. Zum Jubeln hatten wir keine Kraft.
Renate Lasker Harpprecht, 1945 aus dem KZ Bergen-Belsen befreit

mehr als 100 der vollkommen geschwächten Insassen. Die Amerikaner hatten Zehntausende von Armeerationen herangeschafft, hinzu kamen tonnenweise Lebensmittel aus deutschen Beständen. Die Tagesration wurde schrittweise um 500 bis 600 Kalorien heraufgesetzt. Mobile Hospitäler der US-Armee mit einigen hundert Betten waren aufgestellt worden, es wurden umfassende Impfaktionen durchgeführt, die Amerikaner desinfizierten alles mit DDT-Pulver. Ein internationales Häftlingskomitee sorgte für Disziplin und Ordnung unter den Ex-Gefangenen – etwa 10 000 Polen, 4500 Russen, ebenso viele Franzosen, 3000 Slowenen, 2000 Italiener, 1600 Tschechen, 1400 Deutsche und Österreicher sowie Belgier, Ungarn, Holländer, Dänen, Griechen und Albaner wurden in Dachau befreit. Deutschland war bis zuletzt das Land gewesen, das für viele Europäer Gefangenschaft, Versklavung, Mißhandlung und Tod bedeutet hatte. Elf Millionen Kriegsgefangene und Zwangsarbeiter zählte man nach der Kapitulation im Deutschen Reich. Für sie war der 8. Mai ein Jubeltag, gleichbedeutend mit Erlösung und Befreiung.

Für Millionen deutsche Soldaten indes konnte am 8. Mai von Befreiung nicht die Rede sein.Tragisch war der Stichtag für die Heeresgruppe Mitte in Böhmen, welche die US-Front an der Linie Budweis–Pilsen–Karlsbad erreichen wollte. Die Dritte US-Armee »versiegelte« ihre Front mit dem Inkrafttreten der Waffenruhe um 0.01 Uhr am 9. Mai. Die Kapitulationsbestimmungen verboten weitere deutsche Truppenbewegungen nach diesem Zeitpunkt. Eine Million Mann gingen in sowjetische Gefangenschaft.

Auch 150 000 Soldaten der in Jugoslawien stationierten Heeresgruppe E erreichten die westlichen Linien nicht mehr vor dem 9. Mai. Nach vier Jahren brutaler deutscher Besatzungsmaßnahmen und eines blutigen Partisanenkriegs auf dem Balkan gingen sie einem grausamen Schicksal entgegen.

Im heutigen Lettland kämpfte die Heeresgruppe Kurland zwischen den Ostseehäfen Windau und Libau mit dem Rücken zum Meer. Am 9. Mai mußten sich dort 200 000 Mann der Roten Armee ergeben. Bis zuletzt hatte man versucht, möglichst viele Angehörige der Heeresgruppe vor diesem Schicksal zu bewahren. Noch am Vormittag des 8. Mai hatten Tanker, Fischkutter, Schnellboote und Minenräumboote Soldaten aufgenommen, während sie aus der Luft angegriffen und von Artillerie beschossen wurden. Bis 22 Uhr gelang es vier Geleitzügen, die Häfen zu verlassen. Sie brachten noch 25 000 Mann nach Westen, am 11. Mai trafen sie in der Kieler Förde ein.

Ähnliche Dramen spielten sich in der Danziger Bucht ab. Auf der Halbinsel Hela warteten Zehntausende von zivilen Flüchtlingen und Soldaten auf Rettung. Am 7. Mai machte sich von Kopenhagen ein Geleitzug von sieben Zerstörern und fünf Torpedobooten auf den letzten Weg nach Hela. Unter permanenten Luftangriffen und Beschuß vom Land her nahmen sie letztmalig 20 000 Menschen auf, mit denen sie am 8. Mai abends in Glücks-

Leben auf der Straße: Im letzten Kriegsjahr ist halb Deutschland auf den Straßen des maroden Reiches unterwegs.

burg festmachten. 60 000 Deutsche blieben auf Hela zurück, in der Weichselmündung waren es noch einmal 40 000. Während die Zivilisten einem ungewissen Schicksal entgegenharrten, gingen die Soldaten für lange Jahre in russische Gefangenschaft – ein Leidensweg, den viele nicht überlebten.

Was erwartete die Wehrmachtssoldaten, die es geschafft hatten, sich zu den Westalliierten durchzuschlagen? Wer bei Kriegsende in Norddeutschland in britische Gewalt geriet, erlebte eine relativ erträgliche Art der Gefangenschaft. Die Briten sammelten 1,4 bis 1,9 Millionen deutsche Gefangene in vier Internierungsgebie-

Wir haben geheult wie die Kinder. Befreiung. Unbeschreibliche Befreiung. Jedenfalls keine Kapitulation.
Heinrich Albertz, im Krieg Obergefreiter, später Pfarrer, 1963–66 Regierender Bürgermeister in Berlin

ten an der deutschen Nordseeküste. Michael Thomas, britischer Offizier deutscher Herkunft, erlebte in Wilhelmshaven den merkwürdigen Schwebezustand zwischen Kapitulation, der Übergabe geschlossener Verbände und deren Entwaffnung: »Es gibt Tausende deutsche Soldaten auf den Straßen; sie sind noch bewaffnet und mitten unter uns. Manche sehen sehr niedergeschlagen aus, die meisten jedoch fröhlich. In zerbrechlichen Pferdekarren oder zu Fuß ziehen sie durch die Straßen. Wilhelmshaven ist gänzlich zerstört. Zwei Marineoffiziere salutieren, ich erwidere, und wir kommen ins Gespräch. Am Ende strecken sie die Hand aus. Ich

Zigarettenwährung: Ein deutscher Zivilist versucht mit einem amerikanischen Soldaten ins Geschäft zu kommen.

darf nicht akzeptieren: Wir haben unseren Non-Fraternisierungs-Befehl. Es ist ein sehr peinlicher Augenblick für mich, und ich versuche, den Befehl zu erklären.« Die deutschen Einheiten standen in den Internierungsgebieten weiterhin unter der Befehlsgewalt ihrer Kommandeure, während die Briten das Nötigste an Nahrungsmitteln anlieferten. Um eine Hungersnot in diesen ohnehin mit Flüchtlingen aus Ostdeutschland überfüllten Gebieten zu vermeiden, wurden die Gefangenen aus den Internierungsräumen ab dem 4. Juni in größerem Umfang entlassen.

Den Soldaten, die bei Kriegsende in amerikanische Gefangenschaft gingen, standen noch schwere Wochen und Monate bevor. Sie wurden in Zügen und auf Lastwagen in riesige, primitive La-

Kohle gegen Kälte: Der Diebstahl des kostbaren Brennstoffs gehört bald zum Alltag im Nachkriegsdeutschland.

ger am Westufer des Rheins gebracht. In 17 »Kriegsgefangenen-Übergangslagern«, von den Deutschen »Rheinwiesenlager« genannt, lebten eine Million Gefangene wochenlang auf großen, mit Stacheldraht umzäunten Feldern und Wiesen. Nur selbstgegrabene Erdlöcher boten Schutz vor den Witterungsbedingungen. Die Gefangenen wurden zudem vollkommen unzureichend verpflegt. Man nimmt an, daß in diesen Lagern zwischen 8000 und 40 000 Gefangene starben.

Wenn es noch irgendeinen Sinn geben sollte, dann den: nach Hause, die Trümmer abräumen, auch die geistigen, etwas lernen und mithelfen, unser Land wieder in Ordnung zu bringen.
Hellmuth Buddenberg, ehem. Vorstandsvorsitzender der Deutschen BP

Der damals einundzwanzigjährige Soldat Hellmuth Buddenberg erlebte die Verkündung der Kapitulation im Lager Remagen: »Plötzlich, mitten hinein in die Morgengeräusche des Lagers, fielen Schüsse – vereinzelt zuerst, dann lange Feuerstöße. Warum schossen die da draußen? Hatten einige von uns ausbrechen wollen? GIs auf einem Jeep kurvten mit flatterndem Sternenbanner durch das Lager – und ein Megaphon sagte, was zu sagen war. ›The German Army has surrendered!‹ Der Krieg war vorbei. Waren wir glücklich? Dafür ging es uns zu schlecht. Aber wir waren erleichtert. Doch nach außen hin wurde wenig Reaktion sichtbar. Es gab keinen Aufschrei. Der Jeep drehte seine Runde, fuhr zurück, wir krochen in unsere Erdlöcher, und so dämmerte der erste Friedensmorgen über uns herauf. Das war's; dann hatte uns der triste Lageralltag wieder.«

Andere Gefangene erlebten das Kriegsende weit weg von ihrer Heimat. Max von der Grün saß mit 19 Jahren in einem Prisoner-of-war-Camp in Monroe im US-Bundesstaat Louisiana. Der Schriftsteller schrieb über die Reaktion seiner Kameraden auf die förmliche Kapitulation: »Ich gewann den Eindruck, die Hälfte der Lagerinsassen stünde der anderen Hälfte feindlich gegenüber. Auf der einen Seite die gedemütigten Helden, denen der Krieg unvergänglichen Ruhm versprach, auf der anderen Seite die endlich erlösten, die der Krieg gedemütigt hatte.«

Hans-Jochen Vogel, der später als Politiker Karriere machen sollte, war als neunzehnjähriger Unteroffizier Gefangener eines US-Lagers im italienischen Pisa. Er schildert einen anderen Aspekt der Gefühlslage: »Eins ist mir in Erinnerung geblieben: die allgemeine Überzeugung, daß wir den Rest unseres Lebens in ärmlichen Verhältnissen zubringen würden.«

Noch dominierte Hoffnungslosigkeit angesichts eines ungewissen Schicksals. Doch der Schnitt, der am 8. Mai vollzogen wurde, konnte auch von Gefangenen als Chance begriffen werden: Wer wollte, konnte sich selbst befreien – und zwar von der Verblendung und den Irrtümern der Vergangenheit.

Vergangene Insignien der Macht: In Trier werden unter alliierter Bewachung Überbleibsel des »Dritten Reiches« entfernt, Mai 1945.

Befreiung oder Niederlage, das mußte jeder für sich selbst entscheiden – eine kollektive Befindlichkeit gab es kaum. Gemeinsam aber war allen Deutschen, daß sie in ihrem zerstörten Land täglich einen Kampf um die nackte Existenz führten – etwa in Berlin: Die Stadt, in der am 8. Mai die deutsche Delegation zur Unterzeichnung der bedingungslosen Kapitulation eintraf, war

Am 8. Mai gab es noch keine Zukunft, sondern nur den Tag. Der Krieg war zu Ende, und wir lebten.
Kurt Biedenkopf, Jurist und CDU-Politiker, Ministerpräsident von Sachsen

ein Trümmerfeld. Nach dem Chaos tagelanger Straßenkämpfe bildete die einstige Metropole eine grausige Kulisse für den letzten Akt des Zweiten Weltkriegs. Trümmer, Tote, zerschossenes, zerfetztes und verbranntes Militärgerät zeugten von den Kämpfen. Doch diese Kulisse war eine Großstadt, in der noch zwei Millionen Menschen lebten. Und diese Menschen lebten im Elend. Die Schriftstellerin Ingeborg Drewitz erlebte jene Tage als Zweiundzwanzigjährige in Berlin: »Der 8. Mai war ein Tag wie jeder andere in diesem Mai, unvorstellbar blauer Himmel über den trümmerübersäten Straßen, den abgeblühten Kastanien. Die Straßenbahnen noch umgekippt, die Barrikaden bis auf schmale Durchgänge noch nicht weggeräumt, um die Pferdekadaver herum immer fünf, sechs Menschen, die sich das Fleisch mit Taschenmessern heraussäbelten, an den Löschteichen immer welche, die das schmutzige Löschwasser schöpften.«

Ein sowjetischer Offizier meldete an seine Vorgesetzten: »In Berlin irren viele Frauen und Kinder durch die Straßen. Ihr Aussehen spricht von Hunger und Entbehrungen. Sie sammeln sich wie Fliegen um unsere Feldküchen und bitten um Brot.« Viele Russen halfen und linderten die Not. Andere verbreiteten Schrecken: Sie wollten Beute machen und ihre Macht ausleben.

Trümmerfrauen: Deutsche Frauen leisteten Unvorstellbares für den Wiederaufbau der zerstörten Städte.

Fraternisierung: Trotz Verbots entstehen enge Freundschaften zwischen den umworbenen deutschen »Fräuleins« und US-Soldaten.

Das erschütterndste Kapitel dieser Tage waren die massenhaften Exzesse gegen Frauen und Mädchen. Die Journalistin Margret Boveri führte damals ein Tagebuch. Offenbar schon an die Schrecken gewöhnt, schreibt sie: »Die üblichen Vergewaltigungen – eine Nachbarin, die sich weigerte, wurde erschossen. In einem Geschäft gegenüber hatten die Russen 8000 Liter Wein gefunden, was natürlich zu einer entsprechenden Sauferei mit den bekannten Folgen Anlaß gab.« An anderer Stelle heißt es: »Frau Giese und ihre vier reizenden Töchter und eine Frau v. Sydow und deren Tochter waren erhängt im Keller. Dazwischen lag ein schnarchender Russe. Die Frauen waren aber nicht durch das Erhängen getötet worden, sondern vorher vergewaltigt und übel zugerichtet worden.« Jetzt nahmen viele Russen trotz der Androhung scharfer Strafen durch ihre Führung Rache für das, was die Deutschen in ihrer Heimat begangen hatten – und sie rächten sich an Wehrlosen.

Der 8. Mai 1945 war ein Anfang und eine Chance, so schwer die Niederlage auch wog… Damals galt es, die Trostlosigkeit der ersten Nachkriegsjahre materiell und ideell zu überwinden.
Liselotte Funcke, FDP-Politikerin, ehem. Bundesbeauftragte für Ausländerfragen

Zerstörung, Elend, Hunger und Willkür beherrschten die Atmosphäre in der Stadt, in der am 8. Mai für die Weltöffentlichkeit der Krieg in Europa beendet wurde. Die Zeremonie in Berlin-Karlshorst war eine Inszenierung, bei der im Hintergrund Stalin die Regie geführt hatte. Am 9. Mai brauchte niemand mehr Regie zu führen – die Soldaten der Roten Armee inszenierten die

Jetzt mußte man erst mal die Toten zählen und kam damit nicht zu Rande, es waren zu viele.
Stephan Hermlin, Schriftsteller und Emigrant

Siegesfeier selbst. Berlin wurde zu ihrer Bühne, lieferte die Requisiten und die Zutaten für die Feier: »Im Park wurden Tische aufgestellt, mit einem Eimer wurde Wein aus der Kellerei einer Weinfabrik geholt«, erinnert sich der damals zwanzigjährige russische Panzersoldat Leonard Buchow. Auch der norwegische Korrespondent Theo Findahl erlebte diesen Tag in Berlin: »Den ganzen Tag über singen die Russen patriotische Lieder vom großen Rußland, der Gesang wird immer stärker, je mehr sich der Tag seinem Ende zuneigt. Die Soldaten erhalten Extrazuteilungen von Branntwein. Die Deutschen kriechen in Kellern und auf Böden zusammen, um ihre Frauen zu beschützen. Gegen halb neun Uhr am Abend feuern die Russen große Böllerschüsse ab. Die Flakartillerie dröhnt, Kriegsflugzeuge brausen durch die Luft, noch einmal wird des Krieges wohlbekannte und fürchterliche Melodie aufgespielt, diesmal als ein brausender Siegesmarsch für die Rote Armee.«

20. JUNI 1948

Das D-Mark-Wunder

Drei Jahre, einen Monat und zwölf Tage nach Kriegsende herrscht Alarmstimmung in den westlichen Besatzungszonen Deutschlands. In der Nacht vom 19. zum 20. Juni 1948, Punkt 0.00 Uhr, ertönen in Hunderten Kasernen Trillerpfeifen. Das Schlußkapitel einer geheimnisvollen Operation namens »Bird Dog« (Spürhund) nimmt seinen Lauf. Tausende GIs hasten aus ihren Unterkünften, nehmen Pistolen, Karabiner, Maschinenpistolen und Maschinengewehre in Empfang – Szenen wie bei einer kriegsmäßigen Mobilmachung. Briten und Franzosen sind nicht mit von der Partie, obwohl die Operation auch auf ihrem Gebiet stattfindet. Sie haben dem US-Kommando die Genehmigung erteilt, sich frei zu bewegen, und das will etwas heißen.

Einen Tag nach der Währungsreform hat man sich erst gewundert und dann geärgert. Wo und wer hatte das gehortet? Wo kam das plötzlich alles her auf Knopfdruck? Es hat uns nie jemand darauf eine Antwort gegeben.
Marianne Hoppe, Schauspielerin, 1998

Berge von Holzkisten stehen in den Kellern der Landesbanken zur Abholung bereit. Die Kisten sind handlich, die Soldaten bilden Reihen wie bei einem Feuerwehreinsatz, reichen die Fracht bis zu den Armeetransportern durch, wo sie in Windeseile verladen werden: Klappe zu, und los geht die Fahrt mitsamt den Wächtern auf der Ladeplattform. Hunderte Konvois sind am frühen Morgen des 20. Juni auf den Straßen Westdeutschlands unterwegs – eigentlich nichts Besonderes für ein besetztes Land. Doch diesmal transportieren alle Fahrzeuge die gleiche Fracht, alle Besatzungen haben denselben Auftrag und hüten dasselbe Geheimnis. Im Morgengrauen erreichen sie die Zielorte – Verteilerstellen für Lebensmittelmarken, die nun einem anderen Zweck dienen sollen: der Ausgabe des neuen Geldes, der Deutschen Mark. Es ist Sonntag, der 20. Juni 1948. Es ist der Tag X – der Tag der Währungsreform.

Unmittelbar nach dem Ende des Krieges war die deutsche Wirtschaft nichts anderes als eine leere Wüste. Die Bevölkerung lebte am Existenzminimum, und was sie produzieren durfte, wurde von den strengen Richtlinien der Reparationszahlungen eingeschränkt.
Walt Rostow, amerikanischer Nationalökonom

Vor Ort stehen Bankangestellte und Mitarbeiter deutscher Behörden und kommunaler Einrichtungen bereit, um die wertvolle Fracht unter dem Schutz von US-Soldaten und deutscher Polizei in Empfang zu nehmen. Die Notenbündel in den Kisten müssen noch gezählt werden, dafür bedarf es buchhalterisch zuverlässiger amtlicher Kräfte.

Obwohl diese riesige Aktion unter größter militärischer Geheimhaltung ausgetragen wurde, ist es immer noch ein Wunder, daß es keine Pannen und Sicherheitslecks gab.
George C. Dawley, US-Colonel

Daß eine Reform der Währung bevorstand, ahnten die meisten Zeitgenossen. Der genaue Zeitpunkt und die konkreten Bestimmungen hingegen zählten zu den am besten gehüteten Geheimnissen der Nachkriegsjahre. Am Freitag, dem 18. Juni, abends, nachdem alle Geldinstitute geschlossen hatten, erfuhr die deutsche Öffentlichkeit zum ersten Mal Einzelheiten. Die drei Militärgouverneure der Westzonen ließen per Rundfunk den Währungsschnitt verkünden. Tageszeitungen druckten in Extra-

Geheimoperation in Deutschland: Noch spekuliert Otto Normalverbraucher über das neue Geld.

Erster Kontakt mit der neuen Währung: Übergabe der Geldsäcke in Hamburg, 20. Juni 1948.

blättern den identischen Text: »Alles Altgeld mit Ausnahme von Kleingeld tritt am Montag außer Kraft... Die neue Währung, allein gültig vom 20. Juni an, heißt die Deutsche Mark. Zunächst erhält jeder Einwohner der drei Westzonen einen Kopfbetrag von 60 Deutsche Mark im Umtausch gegen 60 Mark Altgeld. 40 davon werden sofort, die übrigen 20 einen Monat [tatsächlich aber erst zwei Monate] später ausgezahlt. Der Umtausch erfolgt am Sonntag auf den Lebensmittelkartenstellen.«

Es gab Anhaltspunkte dafür, daß eine Währungsreform in Vorbereitung war ... Daß sie so radikal werden würde, das wußte man in der Tat nicht.
Edzard Reuter, späterer Daimler-Benz-Vorstandsvorsitzender

Es wurden noch weitere Maßnahmen angekündigt, doch die vermochte Otto Normalverbraucher auf den ersten Blick kaum zu durchschauen, Hauptsache war zunächst einmal: »Das neue Geld ist da.« Ab acht Uhr morgens konnte sich jede »natürliche Person unabhängig vom Alter« ihre 40 D-Mark Kopfgeld abholen.

Meine ersten vierzig Mark waren ganz schnell weg, da ich einen Strafzettel für zu schnelles Fahren bekam.
Annemarie Renger (SPD), spätere Bundestagspräsidentin

Tatsächlich ging das Gedränge schon ein bis zwei Stunden früher los. Die Menschen konnten es kaum erwarten, die alte Reichsmark gegen die nagelneue D-Mark einzutauschen. Die erste Bekanntschaft mit der neuen Währung aber geriet oft unversehens zum Duschbad: Wochenschaubilder vom Tage zeigten

Die Spannung wächst: Wann kommt endlich die langersehnte Reform?

Warteschlangen im Dauerregen. Allen düsteren Wolken zum Trotz versuchte der Wochenschausprecher dem Ereignis dennoch Würde abzugewinnen: »Es ist der Start in einen neuen Abschnitt des Daseins.« In der *Süddeutschen Zeitung* war tags darauf eher Tristes zu lesen: »Bis zu acht Stunden standen bei strömendem Regen Hunderttausende in Schlangen, deren Länge alles bisher Dagewesene überbot. Da und dort kam es zu aufgeregten Szenen, zu Ohnmachtsanfällen und Schlägereien. Es wurde viel und kräftig geschimpft.« Kein Wunder, nur 70 Prozent der Deutschen kamen gleich am ersten Tag zum Zuge. Die Schalter schlossen um 20 Uhr, zahlreiche Menschen mußten bis zum Morgen danach warten.

Viele, die damals in den Schlangen ausharrten, erinnern sich heute noch, mit welch großem Optimismus sie dem neuen Geld entgegensahen: »Es war wie eine zweite Befreiung.« – »Eine Spannung wie vor Geburtstag und Weihnachten zusammen.«

Am Tag Null plus eins füllten sich die Schaufenster, und plötzlich war das, was man vorher nur auf dem Schwarzmarkt bekommen konnte, wieder in den Läden. Von Lebensmitteln bis zu Gebrauchsgütern und Kleidung. Es war ein Gefühl des Neuanfangs, ein Schritt weg von diesem schrecklichen System, in dem nur die Cleveren und Ausgebufften zu Wohlstand kommen konnten.
Edzard Reuter

Kein Ereignis in der Nachkriegszeit hat sich tiefer in das kollektive Gedächtnis der Deutschen eingeprägt. Die Währungsreform war für die meisten ein Urerlebnis, eine Zäsur wie der Zusammenbruch drei Jahre zuvor – nur unter völlig gewandelten Vorzeichen. Und sprichwörtlich über Nacht geschah das sogenannte »D-Mark-Wunder«. Waren die Auslagen der Schaufenster bis zu jenem Sonntag noch gähnend leer, so prangten die Regale am Montag morgen in strotzender Fülle. Unglaubliches gab es da plötzlich zu kaufen: Butter, Fleisch, aber auch Kochtöpfe und Fahrradschläuche – Dinge, von denen man bislang nur träumen konnte und dachte, daß es sie nirgendwo mehr gab. Die Warenschwemme brach unverhofft aus und erschien vielen wie »Manna« nach schweren Zeiten der Entbehrung: »Wir kamen uns vor wie im Schlaraffenland.« – »Plötzlich gab es wieder alles.« – »Es war so, als hätte jemand den Zauberstab geschwungen.«

Zauberei war nicht im Spiel; die Gründe und Motive, die zu der Warenfülle führten, waren wenn auch nicht immer die edelsten, so doch leicht nachvollziehbar. Die Besitzer der Geschäfte hatten gehortet, was das Zeug hielt; die Vorratslager waren bis zum Bersten angeschwollen. Es war das große Warten auf Geld, das wieder etwas wert war; die Reichsmark hatte ausgedient.

Das Schönste, aber auch Empörendste war, daß am nächsten Tag die ganzen Schaufenster der Läden voll waren.
Annemarie Renger

Dann kam das neue Geld. Die Schaufensterfotos vom Morgen nach dem Tag X gingen um die Welt. Sie halten die Erinnerung wach: staunende Gesichter vor prall gefüllten Auslagen der Geschäfte. Die Bilder schufen den Mythos, der bis heute in den Köpfen steckt: daß mit der Währungsreform geradezu katapultartig der westdeutsche Aufschwung begann, das sogenannte »Wirtschaftswunder«. Und mehr noch: Der Vater jenes »Wunders«, der spätere Bundeswirtschaftsminister Ludwig Erhard, sei gleichfalls Schöpfer der neuen Mark gewesen. Das meint auch heute noch laut Umfragen die Mehrheit der Deutschen. Aber was ist da dran? Wie erfolgreich war die Mark nach ihrem Start wirklich, und wem haben wir sie zu verdanken?

Daß es nach dem Krieg einer neuen Währung bedurfte, war zum einen das Ergebnis der Verwüstungen auf deutschem Boden. Überdies hatte Hitler seine Feldzüge mit Hilfe der Notenpresse fi-

Warten: Schon in den frühen Morgenstunden bilden sich vor den Ausgabestellen des neuen Geldes lange Schlangen.

Oben: Über Nacht zu Altpapier: Bündel wertloser Reichsmarkscheine stapeln sich in den deutschen Banken. – Unten: 20. Juni 1948: Ausgabe der Deutschen Mark – prüfende Blicke auf das ungewohnte neue Geld.

Gähnende Leere in den Schaufenstern: Das Hortungsfieber der angeblich ausverkauften Geschäfte bringt die Lebenssituation der Bevölkerung im Frühjahr 1948 auf einen Tiefpunkt.

nanziert. Die Währung war gründlich ruiniert. Für 70 Milliarden Reichsmark, die in Umlauf waren, gab es keinen entsprechenden Gegenwert.

Nach der Kapitulation mangelte es an Gütern, mehr noch als zuvor. Die Alliierten sahen sich gezwungen, die Zwangsbewirtschaftung, eine Kombination aus Rationierung und Preiskontrolle, zunächst beizubehalten. Bezugsscheine und Lebensmittelkarten waren neben der Reichsmark und dem sogenannten Besatzungsgeld die offiziellen Währungen. Diese Maßnahmen regelten zwar die Verteilung, sie brachten jedoch kein Pfund Butter mehr auf die Tische in dem heruntergewirtschafteten Land. Der Mangel regierte. 1500 Kalorien waren die Tagesration von Otto Normalverbraucher im Frühjahr 1948. Obwohl der Krieg bereits drei Jahre zurücklag, fristeten die Menschen noch ein Dasein, das sich nur unwesentlich von der Situation unmittelbar nach der Niederlage unterschied. 59 Kilogramm Lebendgewicht brachte

Viele in Deutschland waren der Meinung, daß eine Währungsreform eine Grundvoraussetzung für das wirtschaftliche Gedeihen des Landes war. Es wäre unmöglich gewesen, eine funktionierende Wirtschaft auf die inflationären Verhältnisse des vorherigen Regimes zu basieren.
Walt Rostow, amerikanischer Nationalökonom

der Durchschnittsdeutsche damals auf die Waage. Gegen die Vorlage von Bezugsscheinen und Lebensmittelkarten erhielt man zum Sterben zuviel und zum Leben zuwenig. Reichsmark hingegen gab es zur Genüge. Da die Preise festgesetzt waren, versuchten die Händler ihre Waren lieber zu horten oder auf schwarzen und grauen Märkten loszuwerden.

Die Frage des Hortens und des Hamsterns unter ethischen Gesichtspunkten zu sehen, ist ganz schwierig. Die Bedingungen, die damals vorhanden waren, haben auch nicht ethischen oder Effizienzgesichtspunkten entsprochen. Wir alle mußten uns helfen, so gut wir konnten.
Reinhard Mohn, Unternehmer

Wer mit den legalen Zahlungsmitteln nicht satt wurde – und das war bei den meisten der Fall –, suchte sein Glück auf dem Schwarzmarkt oder beim Hamstern. Beides war illegal. Manches wurde geahndet, oft drückten die Behörden jedoch ein Auge zu.

Auf dem Schwarzmarkt galt vor allem der Tausch Ware gegen Ware. »Für ein Pfund Butter mußte man soundsoviele andere Güter liefern; mit Reichsmark ging gar nichts«, erinnert sich der Unternehmer Reinhard Mohn. »Getauscht wurden Pelzmäntel, Kochtöpfe, abgelegte Schuhe und Galoschen gegen Schokolade, Kartoffeln, Milch oder Mehl«, berichtete ein erstaunter US-Korrespondent: Auch interzonale Pässe oder andere gefälschte Papiere, die zur Erlangung amtlicher Vorteile nützlich sein konnten, waren begehrt. Hauptwährung aber war die Zigarette: »Mit der

Szenen, die wenige Tage zuvor noch wie Trugbilder gewirkt hätten: Die Bevölkerung stellt sich der ungewohnten Warenflut.

Nach dem Tag X: Waren sind wieder frei verkäuflich und Lebensmittelgeschäfte gefüllt wie seit über zehn Jahren nicht mehr.

konnte man wirklich alles bekommen«, bestätigt die damalige Münchener Stadträtin Hildegard Hamm-Brücher.

Wie kompliziert der »Kompensationshandel« sein konnte, zeigt das Beispiel einer Gruppe von Oberpfälzer Lehrlingen, die 1948 eine Fahrt an den Tegernsee unternahm. Als »Zahlungsmittel« für ihre Unterbringung hatten sie sich in Weiden schönes Porzellangeschirr besorgt, das der achtzehnköpfige Trupp im Handwägelchen von einem oberbayerischen Wirtshaus zum anderen hinter sich herzog, wobei sich der Bestand sichtlich verringerte. Auch Kabarettist Dieter Hildebrandt erinnert sich an außergewöhnliche Tauschformen: »Wir haben einen alten Teppich getauscht gegen eine Ziege, denn der Teppich gab keine Milch.« Deutschland schien in den archaischen Zustand der Naturalwirtschaft zurückgefallen. Dahinter verbarg sich das Schicksal vieler Menschen, die große Not litten.

Die D-Mark kam aus heiterem Himmel. Es hat ja keiner geahnt. Man rechnete in Zigaretten und nicht in Geld. Geld war nichts wert, aber die Zigaretten. Mit denen konnte man sich zum Beispiel einen Anzugstoff kaufen.
Dieter Hildebrandt, Kabarettist

Die Initiative zu einer Besserung dieser Zustände konnte nur von den alliierten Militärverwaltungen ausgehen, die in Deutschland die oberste Regierungsgewalt innehatten. Erst Anfang 1946 wurden auf Anregung der Amerikaner wirklich ernsthafte und längerfristige Überlegungen für eine Bereinigung der deutschen Währungs-, Finanz- und Wirtschaftsmisere angestellt. Im Auftrag des amerikanischen Militärgouverneurs Lucius D. Clay

Schon bald zeichnete es sich ab, daß eine ökonomische Genesung Europas nicht ohne den wirtschaftlichen Aufbau Deutschlands möglich war.
Walt Rostow

befaßten sich der Bankier Joseph M. Dodge sowie die beiden deutschstämmigen Wirtschaftswissenschaftler Gerhard Colm und Raymond W. Goldsmith mit den Geldproblemen des besetzten Deutschland. Sie legten den Colm-Dodge-Goldsmith-Plan (CDG-Plan) vor, der Ende August 1946 von General Clay als Arbeitsgrundlage für weitere Verhandlungen in den Alliierten Kontrollrat eingebracht wurde. Der CDG-Plan erwies sich später als entscheidende Weichenstellung für die Währungsreform von 1948.

Die Experten waren der Auffassung, daß die fortgesetzte, »schleichende Lähmung des Wirtschaftskörpers« nur durch eine sehr einschneidende Währungsreform zu beenden sei. Die Reform sollte eher zu hart als zu weich ausfallen, um den Erfolg zu garantieren. Konkret hieß das: Die absturzgefährdete Reichsmark sollte im Verhältnis von zehn zu eins auf eine neue stabile Währung umgestellt werden.

Ohne die Sowjets wäre die Währungsreform vielleicht schon im Jahr 1946 eingeführt worden. Man realisierte aber sehr schnell, daß der zeitliche und organisatorische Aufwand einer solchen Reform längere Zeit und Logistik in Anspruch nehmen würde, als ursprünglich angenommen.
Taylor Ostrander, damaliger Chef der Preisbehörde

Im Alliierten Kontrollrat, dem gemeinsamen Verwaltungsorgan der vier Besatzungen, zeichnete sich jedoch schon 1946 ein grundlegender Dissens ab. Während den USA an einer möglichst raschen Umsetzung der Pläne lag und sie dabei mit der Zustimmung der Briten rechnen konnten, signalisierten die französische und die sowjetische Regierung eher Ablehnung. Ihr Ziel war nicht die schnelle wirtschaftliche Gesundung ihres Besatzungsgebiets, vielmehr stand die Befriedigung ihrer Reparationsansprüche aus der eigenen Zone im Vordergrund. Moskau trieb zudem konsequent die Sowjetisierung seiner Besatzungszone voran. Laut Potsdamer Kommuniqué wollten die Siegermächte die wirtschaftliche Einheit Deutschlands wahren. Doch zeichnete sich zunehmend deutlicher ab, daß dies eine Illusion war.

Die USA pochten auf eine schnelle Genesung der Westzonen. Der ehemalige amerikanische Präsident Herbert Hoover verfaßte Anfang 1947 – nach einer Deutschlandreise – ein vielbeachtetes Memorandum: »Die Produktivität Europas kann nur wiederhergestellt werden, wenn ein gesundes Deutschland zu dieser Produktivität beiträgt.« Hoover ging davon aus, daß jeder amerikanische Steuerzahler 600 Dollar jährlich nur dafür aufbringen müsse, um die deutsche Bevölkerung vor dem Hungertod zu bewahren. Die Versorgung mit Nahrungsmitteln hatten die Besatzungsmächte nach wie vor zu gewährleisten.

Schon Außenminister James Francis Byrnes hatte in seiner legendären Stuttgarter Rede im September 1946 angekündigt: »Wir sind für eine wirtschaftliche Einheit Deutschlands; wenn

Oben: Frühjahr 1948: Wer mit legalen Zahlungsmitteln nicht satt wird, sucht sein Glück auf dem Schwarzmarkt.
Unten: Razzia! Mit mäßigem Erfolg versuchen die alliierten Militärbehörden den florierenden Schwarzmarkt zu unterbinden.

eine vollständige Vereinigung nicht zustande kommen kann, so werden wir alles tun, um die größtmögliche Vereinigung zu erreichen.« Schließlich kam es am 1. Januar 1947 zum wirtschaftlichen Zusammenschluß der britischen und der amerikanischen Besatzungszone. Im aufkommenden Kalten Krieg war aus Sicht der USA eines deutlich geworden: Um den sowjetischen Einfluß zurückzudrängen, mußten die Westzonen wirtschaftlich und politisch zusammenwachsen. Washington dachte auch an die Zukunft, die mögliche Zuspitzung des Konflikts mit Moskau. Dazu brauchten die USA einen zuverlässigen Partner an der Nahtstelle zwischen West und Ost.

Trotz des Auseinanderdriftens der Mächte herrschte noch bis Ende 1946 Übereinstimmung in der Währungsfrage. Oder wurde nur der Schein gewahrt? Wer wollte schon die Verantwortung dafür übernehmen, eine gesamtdeutsche Währung verhindert zu haben? Der Teufel lag dann im Detail. Wer sollte den Notendruck kontrollieren, wo sollte er stattfinden? Darüber konnte keine Einigung erzielt werden.

Im Ost-West-Schlagabtausch wurde die nächste Runde eingeläutet. In seiner berühmten Rede an der Harvard-Universität propagierte der amerikanische Außenminister George C. Marshall im Juni 1947 ein umfassendes Hilfsprogramm für Europa. Das Angebot richtete sich auch an Länder im sowjetischen Machtbereich, doch Moskau blockte ab. Natürlich ging es den USA vor allem um die Konsolidierung Westeuropas und Deutschlands. Hierfür aber war eine baldige Neuordnung der Währung in den Westzonen unabdingbar.

Große Pläne: Lucius D. Clay, Militärgouverneur der US-amerikanischen Besatzungszone.

Angesichts der hinhaltenden Taktik der Sowjets vermuteten die Amerikaner, es gehe Moskau darum, die Zeit für sich spielen zu lassen, denn die Notlage kam eher der Errichtung einer Plan- als einer Marktwirtschaft entgegen. Washington setzte deshalb auf den Alleingang. Die Entscheidung, einseitig mit dem Notendruck zu beginnen, fiel im Oktober 1947:

Die »American Bank Note Company« in New York und das »Bureau of Engraving and Printing« in Washington erhielten den Auftrag zur Herstellung der neuen deutschen Banknoten. Daß man die Hoffnung auf einen Kompromiß mit dem Kreml dennoch nicht völlig aufgegeben hatte, zeigt die Gestaltung der Banknoten: unverfänglich, ohne Unterschrift, ohne Nennung von Ausgabebehörde und Ausgabeort.

Es war eine sehr schnell durchgeführte Aktion. Vor allem sah die neue D-Mark auch wirklich aus wie Geld. Die Qualität war gut, der Druck war klar lesbar – sehr im Gegensatz zur Reichsmark. Wir waren davon beeindruckt und offensichtlich waren es die Deutschen auch.
George C. Dawley, US-Colonel

Die Vorbereitungen für eine separate Währungsreform blieben den Sowjets natürlich nicht verborgen. So wappneten auch sie sich für den Schritt zur eigenständigen Reform. Wegen Papiermangels ließ die Sowjetische Militäradministration in Deutschland (SMAD) jedoch keine neuen Geldscheine drucken, sondern nur Kupons. Mit diesen sollten im »Ernstfall« die alten Reichsmarkscheine überklebt werden. Die Verhandlungen im Kontrollrat liefen unterdessen weiter.

Im Januar 1948 unterbreitete General Clay seinen letzten Vorschlag für eine gemeinsame Währungsreform. Zur großen Überraschung der Amerikaner ging Marschall Wassilij Sokolowski, der Chef der SMAD, darauf ein. Nun jedoch war die US-Regierung nicht mehr an einer einvernehmlichen Lösung interessiert.

Zum Schwur kam es nicht: Weil die sowjetischen Vertreter am 20. März 1948 durch ihren demonstrativen Auszug aus dem Alliierten Kontrollrat das Instrument der gemeinsamen Verantwortung für Deutschland lahmlegten, ersparten sie den Amerikanern die Peinlichkeit, erkären zu müssen, daß sie sich von der Währungsreform für ganz Deutschland verabschiedet hatten.

Die Sowjets verließen den Kontrollrat nach der Londoner Konferenz der Westmächte, weil sie über deren Ergebnisse nicht informiert worden waren. Dies hatte seine Gründe: Hier fielen wesentliche Entscheidungen für die Gründung eines deutschen Weststaates.

So nahmen die USA bald auch den offenen Bruch in Kauf: »Wir hatten schließlich keine Bedenken mehr, durch die Währungsreform die deutsche Einheit zu opfern. Die Einheit war schon durch das Handeln der Sowjets im Zeitraum von 1946 bis 1947 aufs Spiel gesetzt worden«, erklärt Taylor Ostrander, der Chef der Preisbehörde im Jahre 1948. Das Experiment, nach der Zerschlagung des NS-Reichs gemeinsam mit der Sowjetunion in Deutschland zu regieren, war gescheitert.

Die deutsche Währungsreform war die größte logistische Operation der US-Army seit der alliierten Landung in der Normandie.
Edward A. Tenenbaum, Währungsbeauftragter aus dem Stabe General Clays

Die technische und logistische Durchführung der Währungsreform hatte unter dem Tarnnamen »Bird Dog« längst begonnen.

Gulden, Flori oder Taler. Im Angesicht dieses Reichtums an Namensvorschlägen für die neue deutsche Währung kann ich getrost behaupten: Ich habe den Namen »Deutsche Mark« geprägt und ausgewählt.
Edward A. Tenenbaum

Ein junger US-Leutnant rückte in den Mittelpunkt des Geschehens: Edward A. Tenenbaum (1921-1975) – ihn kann man als den eigentlichen »Vater der D-Mark« bezeichnen. Der damals siebenundzwanzigjährige Besatzungsoffizier jüdischer Herkunft, dessen Eltern aus Polen nach Amerika emigrierten, war dem Abteilungsleiter für Finanzfragen in der amerikanischen Militärregierung, Jack Bennett, als brillanter Kopf aufgefallen. So fiel ihm das Projekt Währungsreform gewissermaßen in den Schoß. Unter normalen Umständen wäre Tenenbaum für diesen »Job« kaum in Frage gekommen. Er beherrschte zwar sechs Sprachen und hatte sein Studium an der Universität mit einer hervorragenden Untersuchung zum Thema »Nationalsozialismus und internationaler Kapitalismus« abgeschlossen, doch mangelte es ihm an jeglicher praktischen Erfahrung in Geld- und Währungsfragen. Noch heute erklärt seine Frau Jeanette die Berufung ihres Mannes mit der besonderen Situation des Jahres 1948: »Es waren außergewöhnliche Zeiten. Es herrschte ein Vakuum. Mein Mann war einfach zur richtigen Zeit am richtigen Ort. So etwas passiert nur einmal. Und dabei war es erst sein zweiter Job.«

Der junge US-Leutnant verlieh der neuen Währung auch den Namen. »Mein Mann«, erinnert sich Jeanette Tenenbaum, »schlug ›Deutsche Mark‹ vor. Das klang gut. Er fragte mich, ob mir die Bezeichnung ›Deutsche Mark‹ gefalle, und ich meinte: ›Ja, phantastisch.‹«

Der »Vater der D-Mark«: Der 27 Jahre junge Leutnant Edward A. Tenenbaum gab der neuen Währung ihren Namen.

Wo aber blieb der Beitrag der Besiegten? Erst in der Schlußphase der Vorbereitungen erschien es den USA opportun, für den reibungslosen Ablauf der Währungsreform auch deutschen Sachverstand einzubeziehen. Allerdings ging es darum, deutsche Experten vor allem als »Formulierungshelfer« einzusetzen – für möglichst hieb- und stichfeste Durchführungsbestimmungen, Merkblätter und Verordnungen. Jede zeitraubende Diskussion über grundsätzliche Fragen sollte tunlichst vermieden werden. Die Amerikaner waren an präzisem Beamtendeutsch interessiert.

Am 20. April wurden Juristen, Wirtschafts- und Währungsexperten, die vom Wirtschaftsausschuß der Bizone nominiert wor-

Währungsexperten unter sich: Edward A. Tenenbaum (Mitte) im Kreise seiner deutschen Sachverständigen, Rothwesten, April 1948.

den waren, unter strengster Geheimhaltung zu einer Veranstaltung transportiert, die nach dem Ort des Geschehens – einem Fliegerhorst bei Kassel – als »Konklave von Rothwesten« in die Geschichte einging:

»Wir wurden in einer grünen Minna mit mattierten Scheiben mit unbekanntem Ziel in Marsch gesetzt«, erinnert sich der Teilnehmer Professor Möller. »Wir hofften natürlich, in einer schönen Luxusvilla zu landen, wo wir mit den Amerikanern und Engländern und Franzosen zusammenzuarbeiten hätten. Wir waren aber dann doch sehr überrascht, als wir in einem amerikanischen Kasernengelände ankamen. Dort waren wir vollkommen abgeschlossen von der übrigen Kaserne, durften nur unter

In Rothwesten herrschte strengste Geheimhaltung. Es wurde also gezielt ein Gerücht gestreut, daß diese versammelten Männer an Atomwaffen arbeiten würden. Nach Hiroshima war man überzeugt, daß die Bevölkerung solchen Geheimwaffenkram schlucken würde. … Aber die Tarnung funktionierte.
Jeanette Tenenbaum

Tenenbaum war für die amerikanische Militäradministration ein Glücksfall. Obwohl er keine besondere Ausbildung in praktischen wirtschaftlichen Fragen genossen hatte, war sein Ansatz zwar unorthodox, aber immer brillant.
Taylor Ostrander, damaliger Chef der Preisbehörde

Bewachung aus diesem gesonderten Trakt herausgehen und haben wegen der Geheimhaltung auch keine Kontakte nach außen aufnehmen dürfen.«

Den einberufenen Sachverständigen war zunächst nicht klar, daß die Pläne für den Währungsschnitt bereits fix und fertig in amerikanischen Schubladen lagen. Tenenbaum hatte ihnen eine maßgebliche Beteiligung bei der Ausgestaltung der Maßnahmen zugesichert. Als nun die deutschen Experten über den fortgeschrittenen Stand der Planungen informiert wurden, löste dies einen Eklat aus, das Konklave drohte zu platzen. Niemand zwang sie zu bleiben, doch sie blieben. Vielleicht konnten sie ja doch noch ein Wörtchen mitreden. Ihnen schwebte eine weichere Reform vor, als die USA sie planten, mit weniger krassen Umtauschquoten und verbunden mit einem Lastenausgleich zwischen Arm und Reich. Daraus wurde nichts: Erst die Reform, dann der Ausgleich, hieß die klare Maxime der US-Experten. Der Lastenausgleich sollte erst nach Verabschiedung des gleichlautenden Gesetzes von 1952 voll zum Zuge kommen.

Die deutschen Experten waren äußerst skeptisch. Aber bitte, das Konklave war auch nicht als eine demokratische Veranstaltung gedacht. Sie wurden nicht zum Bleiben gezwungen. Aber sie taten es.
Jeanette Tenenbaum

Der spätere Bundesbankpräsident Helmut Schlesinger sah die Amerikaner als »wohlwollende Diktatoren«: »Die amerikanischen Besatzungsbehörden wollten, daß die Reform im engeren Sinne ein Erfolg wird. Ob soziale Ungerechtigkeit dabei entsteht und wie man damit umgehen soll, sollte dann Sache der Deutschen sein.«

Als die Teilnehmer des Konklaves am 8. Juni 1948 ihre Arbeit beendeten, gaben sie eine Erklärung ab, in der sie jede Verantwortung für die bevorstehende Währungsreform ablehnten. Ausdrücklich wiesen sie darauf hin, daß sie eine andere Lösung anstrebten. Sie hatten ein »Schlußwort« formuliert, das Taylor Ostrander als eine »bürokratische Sicherheitsmaßnahme« wertet: »Mit dem Bestreiten jeder Verantwortung beabsichtigten die deutschen Experten, im Falle eines Flops ihr Hinterteil zu retten.« In der Tat ist davon auszugehen, daß das Abschlußmemorandum innenpolitisch motiviert war: Die Währungsreform, die für Sparer einer Enteignung gleichkam und Sachwertbesitzer bevorzugte, sollte dadurch klar und deutlich als das erscheinen, was sie tatsächlich war – ein »Oktroi der Westalliierten«.

Aller Geheimhaltung zum Trotz nahmen im Frühjahr 1948 die Gerüchte zu, daß eine Währungsreform unmittelbar bevorstehe. »Es hieß, daß die Zeit der Reichsmark vorbei sei. Man rechnete jede Woche mit einer Währungsreform, nur der genaue Termin stand nicht fest«, erinnert sich der damalige Student Erich Mende. Auch die Printmedien nahmen teil an den Spekulationen. Ende April meldeten *Zeit* und *Spiegel*, daß die Währungsreform an einem Sonntag im Juni stattfinden werde.

Die Produzenten, Konsumenten und Händler stellten sich darauf ein. Das Hortungsfieber stieg bedenklich an, für die alte Reichsmark gab es kaum noch etwas zu kaufen. Helmut Schlesinger berichtet, die Situation für den Normalverbraucher sei im Frühjahr 1948 sogar »schlechter gewesen als unmittelbar nach dem Krieg. Es war eine Zeit, in der man nicht einmal Kartoffeln oder Kraut auf dem Markt erstehen konnte.« Typisch war auch die Anzeige einer Schuhfabrik, mit der die Kunden auf die Zeit nach dem erwarteten Währungsschnitt vertröstet wurden: »Heute vorwiegend für den Export – bald auch wieder für Sie, Qualitätsschuhe!« Die Gaststätten wimmelten ihre uninteressante Reichsmark-Kundschaft ebenfalls ab. Immer häufiger hieß es schon am Vormittag: »Mittagessen ausverkauft!« Während die SPD zu einer »Enthortungskampagne« aufrief, bekundete Ludwig Erhard, damals Direktor der Verwaltung für Wirtschaft in der Bizone, sogar Verständnis: Schließlich müsse am Tag X der Handel in der Lage sein, für »gutes Geld« gute Ware in ausreichenden Mengen anzubieten.

Es war so, daß der Kolonialwarenhändler uns vor der Währungsreform eigentlich betrogen hat, denn er hatte den ganzen Keller voll mit gehorteten Waren, die er aufgespart hat für diesen Tag. Der Ärger war daraufhin sehr groß.
Dieter Hildebrandt

Das »gute Geld« made in USA befand sich inzwischen längst auf deutschem Boden. Unter strengsten Sicherheitsvorkehrungen waren von Februar bis April 23 000 Kisten mit druckfrischen DM-Noten – angeblicher Bestimmungsort: Barcelona – per Schiff nach Bremerhaven gebracht worden. Von dort aus erfolgte der Weitertransport nach Frankfurt am Main, wo die DM-Kisten im Keller der neugeschaffenen »Bank Deutscher Länder« zwischengelagert wurden. Davon wußten freilich die meisten Mitarbeiter der Bank nichts – nur sechs von ihnen waren eingeweiht. 800 Lastwagen und mehrere Eisenbahnzüge rollten in den Tagen vor der Reform über notdürftig geflickte Straßen und Schienenwege, um die neue Währung in die Filialen der Landeszentralbanken zu transportieren. Von dort aus erfolgte am 20. Juni die Verteilung in die Lebensmittelkartenstellen.

Der Codename »Bird Dog« war eine Gesamtbezeichnung für den ganzen Prozeß: Gelddruck, Verschiffung aus den Vereinigten Staaten, Entladung in Bremerhaven und den Transfer nach Frankfurt.
Taylor Ostrander

Nicht ohne Grund sprach Tenenbaum später von der »größten logistischen Operation der US-Army seit der alliierten Landung in der Normandie«. Damals hatten viele Beteiligte nicht die geringste Ahnung, woran sie mitwirkten, zum Beispiel Colonel George C. Dawley. Wie seine Mitarbeiter hielt auch er den Inhalt der versiegelten Kisten für »eine neue Serie unseres Militärgeldes«.

Plötzlich war alles im Schaufenster. Erst zu diesem Zeitpunkt haben wir gedacht, diese Schweinehunde, die hatten doch alles vorher, warum haben die das nicht ins Fenster gestellt? Aber dann wurde uns klar, daß das alte Geld für die Geschäftsleute überhaupt nichts wert war, man konnte sich damit nichts kaufen. Erst dann haben die Leute verstanden.
Rainer Barzel, früherer CDU/CSU-Fraktionsvorsitzender

Wir haben am Tag vor der Währungsreform alles auf den Kopf geschlagen, was wir überhaupt an Reichsmark hatten. Wir haben alles ausgegeben, denn jeder wußte schon, ab morgen ist es nichts mehr wert.
Hermann Rappe, früherer IG-Chemie-Vorsitzender

Die seit Monaten aufziehende »Reichsmarksdämmerung« erreichte in den Tagen vor der Reform ihren grotesken Höhepunkt. In ganz »Trizonesien« kannte jeder nur noch ein Ziel: die Reichsmark loswerden! Besonders Schlaue versuchten, ihre Schulden in der alten Währung zu begleichen und Steuern, Löhne und Pachtgelder gleich im voraus zu bezahlen. Ex-Bundestagspräsident Richard Stücklen berichtet: »Ich habe ein ganz untrügliches Zeichen gehabt. Wir hatten eine CSU-Kreisversammlung, und da mußten die Mitgliedsbeiträge bezahlt werden. Und da blätterten die meisten schon für die nächsten Jahre das Geld hin.«

Der »Run auf die Sachwerte« mündete in ein bizarres Finale: Panikartig wurden auch unnütze Waren in absurden Mengen aufgekauft. Eine Hausfrau in München erwarb Dr. Oetkers »Tortin« packenweise, ausreichend für 2800 Tortenböden. Einige Damen ließen sich schnell noch Dauerwellen machen »auf Vorrat«. Ein Mann bestürmte seinen Zahnarzt mit dem dringlichen Wunsch nach einem zweiten künstlichen Gebiß, ein anderer bestand auf Vergoldung eines gesunden Zahns.

Je größer der Ansturm, desto mehr mauerte der Handel. In den Läden, so die Zeitgenossin Marianne Hoppe, habe es fast nichts mehr gegeben, »außer den Waren, die auf Lebensmittelkarten bezogen werden konnten«. Am 17. Juni hieß es in der Zeitung *Die Welt:* »Die wirtschaftliche Tätigkeit ist inzwischen überall weitgehend erlahmt.« Zu guter Letzt wurde die Reichsmark schließlich als das behandelt, was sie faktisch war – als Abfall. Fünfzigmarkscheine wurden demonstrativ als Zigarettenanzünder verwendet. Und in den Toiletten unter der Frankfurter Hauptwache hatte ein Witzbold Zwanzigmarkscheine auf den Toilettenrollenhalter gesteckt und mit einer »Gebrauchsanweisung« versehen: »Nimm Schacht-Papierchen zart und weich, als letzten Gruß vom Dritten Reich!« (Hjalmar Schacht war von 1923 bis 1930 und von 1933 bis 1939 Reichsbankpräsident gewesen.)

Am 19. Juni 1948 wurde der Schleier der Geheimhaltung gelüftet. Im Stil der noch aus Kriegszeiten bekannten Sondermeldungen folgte die wohl wichtigste Bekanntmachung der US-Militärregierung seit Kriegsende. Die Menschen hielten den Atem an, als US-Militärsprecher Robert Lochner nüchtern und sachlich das »Gesetz zur Neuordnung des Geldwesens« verkündete.

Bei der neuen Mark konnte man sich eines respektvolleren Umgangs gewiß sein. War sie doch mit Wirkung vom 21. Juni laut »Währungsgesetz« alleiniges Zahlungsmittel.

Das Vertrauen in die neue Währung war vorhanden. Angst bestand gegenüber Entwicklungen, die mit der Verteilung des Geldes zu tun hatten, nicht aber gegenüber dem neuen Geld an sich.
Hermann Rappe

Der Wert der am 20. Juni ausgezahlten Banknoten im Gesamtgewicht von 500 Tonnen betrug 5,7 Milliarden D-Mark. Wer das Geld sofort »auf den Kopf hauen« wollte, war in den Kneipen willkommener Gast. Dort wimmelte es plötzlich nur so von freundlichem Personal, und statt »wäßrigem Dröppelbier« gab es nun auch guten Wein und hervorragenden Schnaps. Geschäftsleute, die es gar nicht mehr erwarten konnten, hatten ihre Verkaufsstände in der Nähe der Ausgabestellen aufgebaut. In den Läden selbst durfte am Sonntag nur dekoriert, aber nicht verkauft werden. Die große Mehrheit der neugebackenen DM-Besitzer nahm das Geld jedoch mit nach Hause. Viele Familien beratschlagten bis tief in die Nacht, wie es am besten anzulegen sei. Schon allein der Anblick war für manche eine Attraktion: »Wir haben zu Hause allesamt unser Geld auf den Tisch gelegt, haben es angeguckt, die neuen Banknoten, ganz picobello waren die, sauber sah das alles aus«, berichtet der spätere Gewerkschaftsführer Hermann Rappe.

Bestimmungsort UdSSR: Die Befriedigung ihrer Reparationsansprüche aus der eigenen Besatzungszone steht bei der sowjetischen Deutschlandpolitik im Vordergrund.

Von ihrer Gestaltung her glich die D-Mark der Dollarnote. Die Symbole Zahnräder, Marmorsockel und Titanen stammten von den amerikanischen Eisenbahnaktien. Neutral gestaltet, sollte die neue D-Mark-Note, so es doch noch zu einer gesamtdeutschen Währung gekommen wäre, kein Hindernis dafür bieten.

Diese Illusion war nun endgültig dahin. Nur im Westen wurde die Deutsche Mark eingeführt, die bald darauf in Umlauf gegebene Ostmark hatte nicht die Kaufkraft, und so war auch das sogenannte D-Mark-Wunder ein reines Westerlebnis. Wohl niemand in der sowjetischen Zone dürfte so verblüfft gewesen sein wie zum Beispiel Dieter Hildebrandt: »Daß es so etwas geben konnte – volle Schaufenster: Zigaretten, Schokolade, Alkohol, Schnaps, Wein, einfach alles. Wir trauten unseren Augen nicht.«

Man konnte nun mit dem Geld, das man hatte, etwas kaufen, ohne Marken dafür geben zu müssen. Man konnte ohne Umwege in einen Laden gehen und sagen, ich möchte jetzt ein halbes Pfund Wurst oder einen Ring Wurst haben. Das war vorher nicht möglich.
Marianne Hoppe, Schauspielerin

Das Schlimmste war die Qual der Wahl: »Was machste mit der Mark?« Einige Antworten: »Als wir das Geld hatten, hab' ich gesagt: So, jetzt wird erst mal richtig schön gegessen. Wir hatten Hunger. Ganz einfach«, sagt die Schauspielerin Marianne Hoppe. »Und das erste, was ich gemacht habe, als Student damals, ein Pfund Wurst gekauft und in einem Stück heruntergeschlungen«, so der vormalige Staatssekretär und Erhard-Assistent, Otto Schlecht.

Ex-Bundesminister Erich Mende: »Ich kaufte also ein halbes Pfund Butter, sechs Eier, einen Blumenkohl, ein Pfund Kirschen und machte mir dann Kartoffelpüree mit Spiegeleiern, brauner Butter und gekochtem Blumenkohl. Und dann schließlich zum Nachtisch die köstlichen Kirschen. Das Ganze kostete mich vier Mark und war für mich das Festessen zum Tag der neuen Währung.«

Dieter Hildebrandt setzte auf einen anderen Genuß: »Soweit ich mich erinnere, habe ich nur Zigaretten gekauft, mehr nicht.« Er rauchte sie und trug mit dazu bei, was die britische Zeitung *News Chronicle* folgendermaßen kommentierte: »In dieser Woche ist die stabilste Währung in Europa zerstört worden: Es ist die Währung der Zigarette.«

Verblüffend genau erinnern sich Zeitzeugen an jenen Schicksalstag – im Gegensatz zu damaligen Wahlen, neuen Verfassungen und der Regierungsbildung. Die Währungsreform markiert für viele das Ende des Elends, die Wegmarke zum eigenen persönlichen Aufstieg.

Wer den Westdeutschen die D-Mark bescherte, ist jedoch kaum in Erinnerung geblieben. Ludwig Erhard, der vermeintliche Schöpfer, war nur mittelbar beteiligt. Er plädierte schon für die Reform, als nicht nur in der SPD, sondern bis weit hinein in die CDU planwirtschaftliches Gedankengut dominierte. Insofern war sein Standpunkt geradezu revolutionär. Bei der Geburt der D-Mark war er jedoch nicht mit von der Partie. Daß man nicht ihren Ehemann, sondern den späteren Wirtschaftsminister »Vater« der D-Mark nennt, daran hat sich Jeanette Tenenbaum gewöhnt. Erhard selbst habe sich schließlich in diese Position manövriert. »Als mein Mann starb, erhielt ich zwei Telegramme aus Deutschland. Und in einem hat sich Erhard des langen und breiten darüber ausgelassen, was Mr. Tenenbaum und ich gemeinsam geleistet hätten. Er hat den eigenen Mythos aufgesogen. Ludwig Erhard war zweifellos ein wichtiger Mann – danach. Aber gerade die Währungsreform war eben nicht sein Werk.«

Arbeit lohnt sich wieder! Wie kein anderes Ereignis der Nachkriegsgeschichte ebnete die Währungsreform den Weg für das spätere Wirtschaftswunder.

Die Stunde des Mannes mit der Zigarre schlug bei der flankierenden Wirtschaftsreform zur Währungsreform – und das war entscheidend genug. Seit Frühjahr 1948 war Erhard Direktor der Verwaltung für Wirtschaft beim Wirtschaftsrat in Frankfurt am Main – eine Art Vorparlament der künftigen Bundesrepublik. Davon überzeugt, daß die Reform nur dann funktioniere, wenn auch die Preise als wichtigstes Steuerungsmittel der Marktwirtschaft freigesetzt würden, legte er dem Wirtschaftsrat einen Gesetzesentwurf vor. In der Nacht zum Freitag, dem 19. Juni, zwei Tage vor dem Tag X, stimmte die Ratsmehrheit im großen Saal der Frankfurter Börse für das sogenannte »Leitsätzegesetz«, Er-

Erhard hat Bremsklötze weggeräumt und hat die Freiheit zum Inhalt des Wirtschaftens gemacht. Das ist seine Leistung.
Georg Leber, Gewerkschafter und Bundesminister

hard hatte sich gegen die SPD durchgesetzt. Eine weitgehende Lockerung der Preiskontrollen stand in Aussicht. Allerdings fehlte die für solche Fälle obligate Zustimmung der Alliierten. Die Zeitnot geschickt nutzend, schuf Erhard vollendete Tatsachen. Er besaß sogar die Chuzpe, noch am »Währungssonntag« über den Rundfunk die Aufhebung der Zwangsbewirtschaftung für den darauffolgenden Tag anzukündigen. Er hatte damit nicht nur die Spielregeln zwischen Siegern und Besiegten mißachtet, sondern die Westalliierten auch noch unter Druck gesetzt.

Als General Clay den Wirtschaftsdirektor zur Rede stellte und ihm die eigenmächtige Änderung der Bewirtschaftung vorhielt, soll Erhard geantwortet haben: »Ich habe sie nicht geändert, ich habe sie aufgehoben.« Trotz erkennbarer Verstimmung durfte sich der Mann mit der Zigarre auch weiterhin der Unterstützung des Militärgouverneurs erfreuen; die Maßnahmen kamen der marktwirtschaftlichen Ausrichtung der US-Regierung durchaus entgegen.

Der 20. Juni 1948 war schon eine Stunde Null. Es ist aber eine absolute Mär der Geschichte, daß mit der Währungsreform automatisch … der Wohlstand in Deutschland ausgebrochen ist.
Edzard Reuter

Von der Währungsreform im Westen erfuhr man, daß es wie angekündigt sich um einen Schnitt handelte, bei dem vorwiegend die Wirtschaft begünstigt werden sollte, und die für den kleinen Mann gewaltige und schlimme Einschränkungen bedeutete…
Fritz Schenk, ehemaliger SED-Funktionär

Wer glaubt, daß damit eine rasante Erfolgsstory ihren Anfang nahm, irrt. Der Währungsschnitt war zwar marktwirtschaftlich sinnvoll, doch für große Teile der Bevölkerung sozial nur schwer erträglich. Wer Reichsmarkguthaben angespart hatte, war der große Verlierer. Letztlich lief es auf ein Umstellungsverhältnis von 100:6,5 hinaus. All jene, die viel besaßen, Sachwerte, Häuser, Grundstücke, waren die Gewinner. Die Geschichte von den gleichen Startchancen ist jedenfalls ein Märchen. Die Preise stiegen erheblich, im Durchschnitt um 17 Prozent, auch bei lebensnotwendigen Gütern. »Vor der Währungsreform war Geld da, und es wurde nichts angeboten. Nun gab es Waren in Fülle und Fülle, aber das Geld reichte in den meisten Haushalten nicht aus«, sagt der Unternehmer Hans Imhof.

Doch gab es eine Alternative? Die frühere Bundestagspräsidentin Annemarie Renger meint: »Die Währungsreform war notwendig, aber nicht gerecht. Es konnte nicht angehen, daß die einen nur ein paar Pfennige besaßen und die anderen durch die Warengüter überproportional wohlhabend waren. Diese Entwicklung konnte sicherlich nicht richtig sein. Auf der anderen Seite ist es schwer vorstellbar, wie die eigentliche Planung und Durchführung der Währungsreform hätte anders verlaufen sollen.«

Am 12. November 1948 riefen Gewerkschaften und SPD zum Protest »gegen die Anarchie auf den Warenmärkten und gegen das weitere Auseinanderklaffen von Löhnen und Preisen« auf. Etwa neun Millionen Arbeiter folgten der Aufforderung, legten für 24 Stunden ihre Arbeit nieder. Im Dezember ergaben Umfragen, daß sich 70 Prozent der Deutschen wieder Preiskontrollen wünschten. Erhard war wegen der »Wucherpreise« laut Allensbacher Meinungsforschern unversehens zum unpopulärsten Mann in Deutschland geworden.

Die sozialen Folgen der Währungsreform haben die kleinen Leute mit Lohnzurückhaltungen und hohen Preisen bezahlt. Ihr Lebensstandard erhöhte sich in den ersten Jahren nicht, eine solche Entwicklung konnte man erst in den fünfziger Jahren beobachten.
Hermann Rappe

Nur allmählich begann sich abzuzeichnen, daß die Volkswirtschaft von der Währungs- und Wirtschaftsreform entscheidend profitierte. Bis August 1948 hatte sich die Industrieproduktion um mehr als ein Viertel erhöht. Auch die Produktivität anderer Sektoren stieg erheblich, die Investitionen legten zu. Doch solche Tatsachen schlugen beim Verbraucher noch nicht zu Buche. Für ihn kam das »Wirtschaftswunder« erst nach ein paar Jahren Durststrecke. Bis dahin galt das Prinzip Hoffnung. Immerhin – »es hatte wieder Sinn, selber Hand anzulegen«, erinnert sich Hildegard Hamm-Brücher.

Eine Bürde aber blieb: die Teilung der Nation. Die Spaltung der Währung geriet zum Symbolakt für das Auseinanderleben der Deutschen in Ost und West. Auf dem Territorium der späteren DDR wurde im Gegenzug zur D-Mark die »Tapeten- oder Kuponmark« eingeführt, da neue Geldscheine noch nicht vorlagen; erst Ende Juli gab es die »Deutsche Mark der deutschen Notenbank«, auch »Ostmark« genannt.

Die neue Währung in der SBZ nützte nichts, es gab nichts zu kaufen. Wir mußten weiterhin tauschen.
Hans Lützgendorf, lebte bis 1954 in der SBZ

Von Anfang an verfügte die neue Ostwährung nur über einen Bruchteil der Kaufkraft der D-Mark, die Läden blieben leer: »Man bekam nicht viel mehr als vorher. Wir mußten weiterhin tauschen«, erinnert sich der damalige SED-Funktionär Fritz Schenk: »Der Ostmark stand die Bevölkerung sehr skeptisch gegenüber. Sie war nichts wert. Es stellte sich sehr schnell heraus, daß sie gegenüber der D-Mark abfiel. Dies dämpfte natürlich das Bewußtsein vom Wert des eigenen Geldes ganz gewaltig und war typisch für die Grundstimmung, daß man den kürzeren Zipfel erwischt hatte.«

Die Blockade Berlins war vom sowjetischen Standpunkt aus eine adäquate Antwort. Die Spaltung der Währung bedeutete die Spaltung Deutschlands, und so wollte die sowjetische Führung Westberlin von Westdeutschland isolieren.
Wolfgang Leonhard, Publizist und Sowjetologe

In Berlin spitzte sich die Lage zu. Schon am 18. Juni hatte die sowjetische Regierung auf die Ankündigung der Westreform mit ersten Blockademaßnahmen reagiert. Und während die Währungsreform Berlin ursprünglich ausklammerte, versuchte die SMAD am 23. Juni ihrerseits den Geltungsbereich der Ostmark einseitig auf die gesamte Stadt auszudehnen. Die westlichen Alliierten gaben daraufhin am 24. Juni in ihren Sektoren die sogenannte »Bären-DM« aus. D-Mark-Scheine mit einem aufgestempelten »B« als Parallelwährung zur Ostmark. Erst am 20. März 1949 endete in Westberlin die Zeit der Doppelwährung. Die D-Mark galt fortan auch in den Westsektoren.

Wir spürten die Luftbrücke hautnah und auch die Kraft und Macht, die dahinterstand. Unser Dienstleiter, der Genosse Erich Paterne, sagte: »Die bringen alles an. Die Amerikaner verstehen vom historischen Materialismus manchmal mehr als wir.«
Wolfgang Leonhard

Auf die Blockade Berlins antworteten die Westmächte mit der Luftbrücke. Die »Rosinenbomber« waren ein handfester Beweis für die wachsende Solidarität zwischen Siegern und Besiegten. Die Gründung der Bundesrepublik Deutschland wurde dadurch beschleunigt – und damit die Teilung des einstigen Deutschen Reiches. Die beiden Währungen blieben eine wesentliche Facette der Spaltung. Erst 42 Jahre nach dem Tag X sollte die D-Mark Symbol für die Einheit der Deutschen sein.

1948 setzte die Währungsreform zumindest für einen Teil der Nation »einen Schlußstrich unter das, was gewesen war«, erinnert sich der spätere Verkehrsminister Georg Leber: »Nicht nur das wertlose Geld, sondern auch die Trümmer, das Elend der Heimatvertriebenen, Hunger und Wohnungsnot begannen langsam zu versiegen. Das war der erste große Hoffnungsschimmer in einer Zeit, in der die Deutschen noch nicht selbst über sich bestimmen konnten. Die Währungsreform ließ die Menschen aufschauen, nach vorne sehen und gab ihnen wieder Hoffnung.«

23. MAI 1949

Die Staatsgeburt

Es schien, als hätten sie Verständnis für das, was an diesem Tag geschah. Mit einem zustimmenden Lächeln blickten die beiden Goldengel einander an. Den geflügelten Boten aus Edelmetall war die wichtige Aufgabe zugedacht, bei der bevorstehenden Zeremonie die kristallene Tintenschale zu halten. Die Tinte wurde zur Unterzeichnung der »Geburtsurkunde« benötigt. Das Grundgesetz für die Bundesrepublik Deutschland sollte am darauffolgenden Tag in Kraft treten.

Wir haben die Aufgabe, im politischen Raum uns zum Maß, zum Gemäßen zurückzufinden und in ihm unsere Würde neu zu bilden.
Theodor Heuss, Bundespräsident, 1949

In einem Holzkästchen dicht neben den Engeln auf dem Pult der Unterzeichnung befanden sich – aneinandergereiht wie Zigarren – zwölf Füllfederhalter. Viel weniger durften es nicht sein, denn die gesamte »Elternschar« war aufgerufen, zu unterschreiben. Und das Grundgesetz hatte immerhin 66 hauptamtliche Vä-

Geburtshelfer der Republik: Unter Leitung der Militärgouverneure Sir Brian Robertson, Pierre Koenig und Lucius D. Clay (v. l.) beschließen die Westmächte 1948 die Gründung eines westdeutschen Staates.

ter und vier Mütter: die Mitglieder des Parlamentarischen Rates. Neun Monate war das Kind ausgetragen worden, von einer Frühgeburt – im wörtlichen Sinne – konnte mithin wirklich nicht die Rede sein.

Nüchtern war das Ambiente für den prominenten Anlaß – immerhin die Gründung einer Republik. Der barock anmutende Tintenbehälter, den man sich aus dem Kölner Ratszimmer entliehen hatte, fiel aus dem Rahmen, wirkte in dem kargen Saal wie ein Fremdkörper. Alles erschien etwas improvisiert. Doch was tat

Beethovenstadt am Rhein: Am 10. Mai 1949 wählt der Parlamentarische Rat Bonn zur provisorischen Bundeshauptstadt.

das schon? »Provisorisch bleiben« – so lautete auch die Parole der Zeit. Die Zweite Republik wurde in einer pädagogischen Akademie geboren, in einer Stadt, die erst in diesem Moment so richtig ins Rampenlicht der Geschichte rückte. Der 23. Mai 1949, ein deutscher Schicksalstag, war von nun an untrennbar mit dem Namen »Bonn« verknüpft.

Noch nie war der geistige Zusammenklang der Deutschen aus allen Schichten, Stämmen und Landschaften so tief und feierlich wie in dieser Stunde.
Karl Arnold (CDU), Ministerpräsident von Nordrhein-Westfalen, 23. Mai 1949

Wenige Minuten nach 16 Uhr eröffnete der Präsident des Parlamentarischen Rates, Dr. Konrad Adenauer, die feierliche Sitzung. Er konnte noch nicht wissen, daß er einmal der erste Bundeskanzler des neuen Staatsgebildes sein würde. Ob er es jetzt schon ahnte?

Bei der feierlichen Versammlung anwesend waren neben den parlamentarischen Ratsmitgliedern auch die Ministerpräsidenten der elf neuen Bundesländer sowie Vertreter der westalliierten Militärregierungen. Einziger Tagesordnungspunkt: die Annahme, Ausfertigung und Verkündung des Grundgesetzes. Vor dem Pult war die schwarz-rot-goldene Flagge aufgestellt. Die Farben der deutschen Demokratie markierten den einzigen bunten Fleck in der ansonsten fast ausschließlich schwarz gekleideten Versammlung.

Wie die geisterhafte Erscheinung eines nach verfehltem Leben unglücklich Abgeschiedenen hat die Weimarer Verfassung die Bonner Beratungen erfüllt und bedrückt.
Werner Weber, Staatsrechtler

Väter und Mütter des Grundgesetzes: In der letzten Lesung des Parlamentarischen Rates wurde es mit 53:12 Stimmen angenommen, 8. Mai 1949.

Der Gründungsakt an diesem Tag war der dritte demokratische Aufgalopp der deutschen Geschichte. Ein Jahrhundert zuvor, im Jahr 1849, hatte die Paulskirchenversammlung getagt. Sie scheiterte, wenn auch ihre Ideen lebendig blieben. Die Weimarer Verfassung von 1919 war freiheitlich und demokratisch, blieb aber ungeliebt und wurde 1933 vom NS-Usurpator Adolf Hitler hinweggefegt. Nun stand der dritte Versuch an: die Bewährungsprobe der Zweiten Republik – allerdings nur auf einem Teil des deutschen Territoriums, mit Siegermächten, die nicht nur als Geburtshelfer fungierten, sondern auch weiterhin die Kontrolle über die innere und äußere Ordnung ausübten.

Das Grundgesetz beruht auf dem freien Willen und der freien Entscheidung des deutschen Volkes.
Konrad Adenauer, Präsident des Parlamentarischen Rates, 23. Mai 1949

Zur Eröffnung des Festakts erklang ein Orgelspiel, die »Phantasie in g-moll« von Johann Sebastian Bach. »Heute am 23. Mai beginnt ein neuer Abschnitt in der Geschichte unseres Volkes«, eröffnete Konrad Adenauer seine Festansprache – die Bundesrepublik Deutschland trete nun in die Geschichte ein.

Daß sich in diesem Moment nicht nur ein deutscher Staat manifestierte, sondern zugleich auch die Teilung Deutschlands, war den Anwesenden bewußt. Wer aber trug die Verantwortung? Es war klar, wen Adenauer meinte, als er sagte: »Durch Kräfte, die stärker sind als der Wille des deutschen Volkes, ist es heute unmöglich gemacht, das ganze Deutschland zu einem Staat zusammenzufassen.« Das galt den Entscheidungsträgern östlich des Eisernen Vorhangs. Auf keinen Fall durfte das neue Staatsgebilde als ein vollendetes erscheinen. In Adenauers Rede tauchte deshalb nicht ein einziges Mal das Wort »Verfassung« auf. Es sei schlicht ein »Grundgesetz« – »für eine Übergangszeit eine neue Ordnung«, hieß es noch zurückhaltender in der Präambel.

Nach seiner Ansprache forderte Adenauer die Abgeordneten auf, die Urkunde zu unterschreiben. Im Blitzlicht der Fotografen unterzeichnete der Dreiundsiebzigjährige als erster. Der alte Mann von Rhöndorf hatte gewiß nicht die allerbeste Garderobe aus dem Schrank geholt. Er trug einen einfachen schwarzen Anzug mit grauer Krawatte – dem Provisorium angemessen.

Nach ihm leisteten die Vizepräsidenten ihre Unterschrift, dann unterzeichneten die Abgeordneten in alphabetischer Reihenfolge. Daß es unter ihnen Verweigerer gab, war schon vorher bekannt, allen voran die beiden kommunistischen Mitglieder des Parlamentarischen Rates. Als der Abgeordnete Heinz Renner zur Unterzeichnung aufgerufen wurde, rief er prompt zurück: »Ich unterschreibe nicht die Spaltung Deutschlands.« Der Abgeordnete Max Reimann gab erst gar keine Begründung ab, sondern antwortete kurz und knapp: »Nein«. Für die beiden zählte das Argument, es müsse einen Weststaat geben, um wenigstens einen Teil Deutschlands demokratisch aufzubauen, nicht. Aus kommunistischer Sicht existierte die wahre Demokratie ohnedies nur im Osten. Würde man diese auch im Westen zulassen, so wäre die Einheit längst vollzogen. Eine Einheit unter kommunistischen Voraussetzungen aber kam für die Entscheidungsträger westlich des Eisernen Vorhangs nicht in Frage.

Tatsache ist, daß die Spaltung des deutschen Volkes nicht durch die Uneinigkeit der Deutschen, sondern der Besatzungsmächte verursacht ist.
Martin Niemöller, Kirchenpräsident der Landeskirche Hessen-Nassau, 1948/49

Und die hatten in Bonn das Sagen, wie einer von ihnen es jetzt unter Beweis stellte: »Gemäß Artikel 145 verkünde ich im Namen und im Auftrag des Parlamentarischen Rates unter Mit-

Die Kontrahenten: Carlo Schmid (SPD), Vorsitzender des Hauptausschusses bei der Unterzeichnung, Konrad Adenauer (CDU, Mitte unten), Präsident des Parlamentarischen Rates, verkündet das Grundgesetz, 23. Mai 1949.

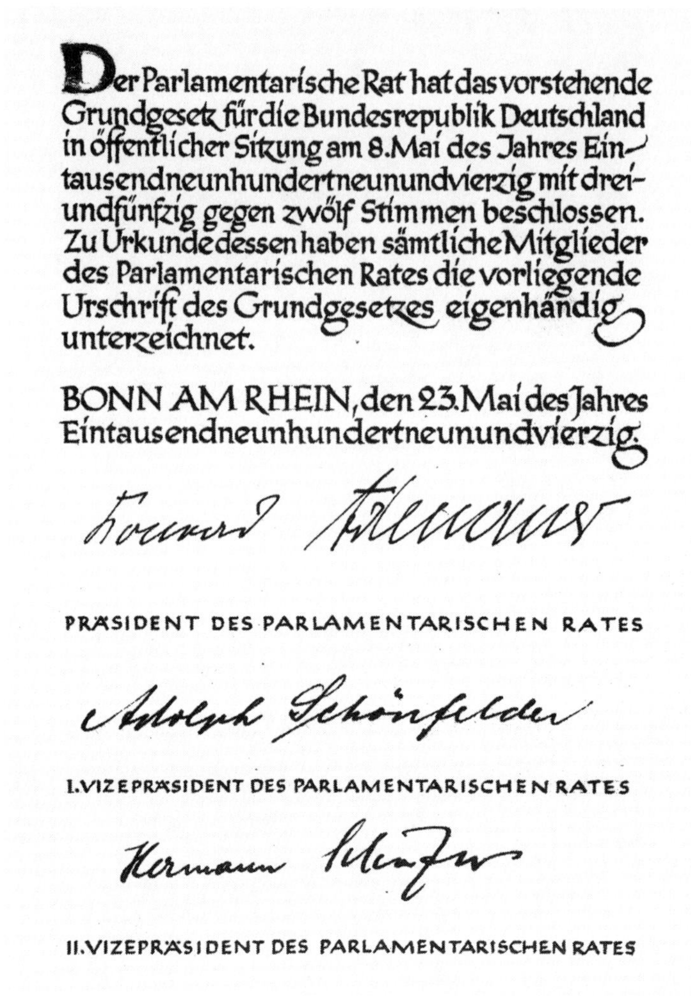

Der Parlamentarische Rat hat das vorstehende Grundgesetz für die Bundesrepublik Deutschland in öffentlicher Sitzung am 8. Mai des Jahres Eintausendneunhundertneunundvierzig mit dreiundfünfzig gegen zwölf Stimmen beschlossen. Zu Urkunde dessen haben sämtliche Mitglieder des Parlamentarischen Rates die vorliegende Urschrift des Grundgesetzes eigenhändig unterzeichnet.

BONN AM RHEIN, den 23. Mai des Jahres Eintausendneunhundertneunundvierzig.

Konrad Adenauer

PRÄSIDENT DES PARLAMENTARISCHEN RATES

Adolph Schönfelder

I. VIZEPRÄSIDENT DES PARLAMENTARISCHEN RATES

Hermann Schäfer

II. VIZEPRÄSIDENT DES PARLAMENTARISCHEN RATES

Das Grundgesetz: Zuerst unterzeichnen die Mitglieder des Parlamentarischen Rates, gefolgt von den Abgeordneten Groß-Berlins, den Minister- und Landtagspräsidenten und dem Oberbürgermeister Berlins.

wirkung der Abgeordneten Groß-Berlins das Grundgesetz.« Es war ein Etappensieg für Adenauer, denn er hatte schon früher als andere für den Weststaat plädiert. Für ihn war es kein Widerspruch, als er hinzufügte: »Wir sind der festen Überzeugung, daß wir durch unsere Arbeit einen wesentlichen Beitrag zur Wiedervereinigung des ganzen deutschen Volkes... leisten. Wir wünschen und hoffen, daß bald der Tag kommen möge, an dem das ganze deutsche Volk wiedervereint sein wird.« Die Mehrheit im

Parlamentarischen Rat hatte sich der Auffassung angeschlossen, daß die Einheit Deutschlands in Freiheit nicht anders zu erreichen sei als über die Gründung eines demokratischen »Kernstaates« im Westen. Man hoffte nun, daß eine konsolidierte Bundesrepublik einen solch starken Einfluß auf die »SBZ« ausüben könne, daß diese sich früher oder später anschließen würde. »Magnettheorie« nannte man das.

Mochte diese Theorie Jahrzehnte später wie pure Selbsttäuschung erscheinen – an jenem 23. Mai rechnete niemand mit einer langen Teilung. »Sehr viele Menschen konnten sich nicht vorstellen, daß 20, 30, 40 Jahre später Deutschland noch geteilt sein würde«, erinnert sich der Zeitgenosse Egon Bahr. »Deshalb hat man schließlich ›Ja‹ gesagt zum Provisorium.«

Dieses Westdeutschland wird das Kernstück eines geeinten Deutschlands, wird der eigentliche Bewahrer der europäischen Demokratie, wird der Träger des offensiven Geistes der Freiheit gegenüber der sowjetischen Besatzungszone.
Kurt Schumacher, Vorsitzender der SPD, 1949

Am Schluß des Festakts anläßlich der Unterzeichnung des Grundgesetzes erklang die Orgel noch einmal. Die meisten Abgeordneten sangen, wenn auch nicht ganz textsicher, nach besten Kräften mit. Weil das frisch getaufte Staatswesen noch keine eigene Hymne hatte, mußte ein anderes Lied herhalten: »Ich hab' mich ergeben mit Herz und mit Hand.« Es war Carlo Schmid, dem es mit knapper Müh und Not gelungen war, dem Organisten Hubert Brings die Noten für das eigentlich vorgesehene »Kaiser-Quartett« zu entreißen. Der Verfassungsvater fürchtete, daß ansonsten die Alliierten, die ja alles abzusegnen hatten, nicht mehr mitspielten. Das im »Dritten Reich« mißbrauchte »Deutschlandlied« war zu diesem Zeitpunkt noch verpönt.

Die Einwirkung der Alliierten ist von Anfang an spürbar gewesen. Es ist eine Illusion zu glauben, daß die Deutschen in reiner freier Selbstbestimmung sich ein Grundgesetz gegeben hätten.
Hansheinz Bauer (SPD), ehemals Parlamentarischer Rat, 1989

»Ich hab' mich ergeben mit Herz und Hand«? Wir wissen heute, daß nicht wenige Politiker in jenem feierlichen Augenblick an die Doppeldeutigkeit der Verse dachten. Was hatte es da nicht alles gegeben an Bedingungen und Zwängen, denen sie sich beugen mußten. War da nicht der stete Druck der Westalliierten, die Staatsgründung voranzutreiben? Dann die Entwicklung der SBZ, die Sowjetisierung im Osten und damit die Angst, daß davon auch der Westen nicht verschont bleiben könnte? Und schließlich die labile Situation in Berlin, dessen Westsektoren gerade die Blockade über sich hatten ergehen lassen müssen? Gab es überhaupt eine andere Wahl, als der Staatsgründung zuzustimmen? Zurück lagen immerhin vier Jahre gescheiterter Deutschlandpolitik.

Einmal muß ein Anfang gemacht werden, einmal muß Schluß sein mit dem ewigen Weiterwursteln und Auseinanderfallen.
Konrad Adenauer, 1949

Am 8. Mai 1945 wurde Deutschland nicht nur besetzt, sondern es geriet auch zum Objekt der Siegermächte, die über uneingeschränkte Regierungsgewalt verfügten. Sie hatten nun in allen

Deutschland als Ganzes betreffenden Fragen zu entscheiden. Dann zeichnete sich ein Hoffnungsschimmer ab. Die vier Mächte annektierten oder teilten das besetzte Gebiet nicht, wie dies bei früheren Kriegen der Fall war, sondern gingen von der Einheit Deutschlands aus – wenngleich die Ostgebiete de facto abgetrennt wurden. In den vier Besatzungszonen wollten die Siegermächte in allen wesentlichen Fragen gemeinsam regieren, der Alliierte Kontrollrat hatte einstimmig Entscheidungen zu treffen und dabei für ein »einheitliches Vorgehen« Sorge zu tragen. Die »wirtschaftliche Einheit« sollte gewahrt werden.

Führende Köpfe der Nachkriegszeit: Kurt Schumacher, Carlo Schmid und Konrad Adenauer (v. l.) bestimmen maßgeblich den Kurs ihrer Parteien.

Es gab also durchaus Ansatzpunkte, die Einheit Deutschlands zu erhalten, doch fanden sich auch Sollbruchstellen, die auf eine Teilung hindeuteten. Laut Abschlußkommuniqué der Potsdamer Konferenz von 1945 hatten sich die Mächte zwar grundsätzlich auf eine gemeinsame Demokratisierung, Denazifizierung, Demilitarisierung und Deindustrialisierung Deutschlands geeinigt. Doch die Formulierungen ließen zahlreiche Interpretationen zu und überdeckten die unterschiedlichen Auffassungen. Ganz klar verstand Truman unter Demokratie etwas anderes als Stalin, der sich bei seiner Definition freilich auf den Deutschen Friedrich Engels berufen konnte: »Demokratie ist heutzutage der Kommunismus.«

Seit der Jahreswende 1945/46 wurde Deutschland mehr und

mehr zum Schauplatz des ideologischen und machtpolitischen Konflikts zwischen Ost und West – mit den Hauptkontrahenten Sowjetunion und USA. Es stellte sich heraus, daß der Pakt zwischen den Westalliierten und Moskau vor allem ein Zweckbündnis zur Bekämpfung Hitler-Deutschlands war. Nach dessen Niederlage trat der Gegensatz offen zutage.

Bei der politischen Demokratisierung der Zonen orientierte sich jede Besatzungsmacht am eigenen politischen System. Die Wirtschaftseinheit fiel dem Konflikt über die vor allem von der Sowjetunion geforderten Reparationen zum Opfer. Der Kreml beurteilte die von der US-Regierung vorgeschlagene wirtschaftliche Vereinigung der Besatzungszonen ebenso wie später den Marshall-Plan als gezielte Maßnahme des amerikanischen Wirtschaftsimperialismus. Die Deutschlandpolitik der UdSSR wiederum wurde von den USA als Versuch betrachtet, ganz Deutschland der sowjetischen Einflußsphäre einzuverleiben. Washington meinte schließlich vor der Wahl zu stehen, entweder auch noch die drei westlichen Besatzungszonen an die Sowjetunion zu verlieren oder zumindest einen Teil durch eine West-Staatsbildung zu sichern – unter Inkaufnahme der Teilung.

Der amerikanische Deutschlandexperte George F. Kennan notierte schon 1945: »Die Idee, Deutschland gemeinsam mit den Russen regieren zu wollen, ist ein Wahn. Wir haben keine andere Wahl, als unseren Teil von Deutschland zu einer Form von Unabhängigkeit zu führen, die so befriedigend, so gesichert, so überlegen ist, daß der Osten sie nicht gefährden kann.«

Es ist ganz falsch, alles auf den kalten Krieg und auf die Ost-West-Spannung zu setzen, es gab einfach bei den westlichen Alliierten... die Erkenntnis, wir dürfen den Fehler wie nach dem Ersten Weltkrieg nicht wieder machen. Diesmal behandeln wir die Deutschen nicht als Besiegte, sondern als demokratische Partner.
Rainer Barzel, CDU-Politiker, 1989

Wie sahen das die Betroffenen, die Besiegten? Ihnen verblieb zunächst nur ein geringer Handlungsspielraum, der sich nach Gutdünken der Siegermächte Schritt für Schritt vergrößerte. Diese übertrugen ihren Zöglingen am Anfang lediglich die Verantwortung für eine halbwegs funktionierende Verwaltung. Im Januar 1946 fanden im Westen die ersten Gemeindewahlen statt, bald folgten Wahlen zu den Länderparlamenten. Auf behutsamem Wege lernten die Westdeutschen wieder Demokratie.

Energischer trieben die Sowjets die politische Ausrichtung ihrer Zone voran. Die »Gruppe Ulbricht«, in Moskau systematisch auf ihre Arbeit nach dem Krieg vorbereitet, war dazu ausersehen, die politischen und wirtschaftlichen Verhältnisse in der sowjetischen Besatzungszone nach dem Willen der Sowjetischen Militäradministration (SMAD) umzugestalten. Dazu gehörte vor allem eine umfassende Land- und Bodenreform, die zunächst

Erste Wahlschlacht: Vier Jahre nach dem Untergang der Diktatur findet wieder ein Wahlkampf auf Bundesebene statt.

unter dem Deckmantel der Enteignung des Besitzes ehemaliger Nazis und/oder Kriegsverbrecher begonnen hatte und bald zu einer Beschlagnahmung der gesamten Industrie in Mittel- und Ostdeutschland führte. »Es muß demokratisch aussehen, aber wir müssen alles in der Hand haben«, lautete die von Ulbricht ausgegebene Parole. Die Sowjets achteten darauf, daß an den wichtigsten Schaltstellen der neuen Verwaltung loyale deutsche Helfer saßen. Unter dem Vorwand der Entnazifizierung »säuberten« sie den öffentlichen Dienst von Nichtkommunisten.

Demokratie! Im ersten Deutschen Bundestag sind zehn Parteien und Parteilose vertreten. Die Fünfprozentklausel wird erst 1953 eingeführt.

In allen Zonen wurden politische Parteien zugelassen, hüben wie drüben, meist sogar unter den gleichen Namen. Lag hier ein Scharnier zur Erhaltung der Einheit?

Im März 1946 kam es zum Schwur. Ulbricht verfocht in der SBZ verstärkt die Vereinigung von KPD und SPD. Bei der einzigen freien Abstimmung darüber, die im März 1946 in den Westsektoren Berlins stattfand, sprachen sich 82 Prozent der SPD-Mitglieder gegen die Vereinigung aus. Doch es half nichts: Am 21. und 22. April 1946 fand in Berlin der sogenannte »Vereini-

Mobilisierte Jugend: Mitglieder der Freien Deutschen Jugend (FDJ) nehmen an einer Massenkundgebung zur Gründung der DDR auf dem August-Bebel-Platz teil.

gungsparteitag« statt; die Ost-SPD mußte sich dem Druck von KPD und SMAD beugen und wurde mit der KPD zur »Sozialistischen Einheitspartei Deutschlands» (SED) zwangsvereinigt.

Daraufhin folgte die innerdeutsche Spaltung auf Parteiebene. Kurt Schumacher lehnte einen Zusammenschluß kategorisch ab: »Eine sozialdemokratische Partei unter kommunistischer Führung«, sagte er, sei »eine kommunistische Partei«. Die West-SPD vollzog die organisatorische Trennung von ihren östlichen Genossen, bald gefolgt von CDU und Liberalen – es waren innerdeutsche Meilensteine auf dem Weg zur Teilung.

Deutschlands Unglück begann immer mit Deutschlands Spaltungen.
Arnold Zweig, Schriftsteller, März 1949

»Deutsche an einen Tisch«, die das Schicksal Deutschlands selbst in die Hand nahmen – das blieb weiterhin der Wunschtraum vieler Landsleute in Ost und West. Mehrmals hatten die Ministerpräsidenten der amerikanischen und der britischen Zone entsprechende Vorstöße unternommen. Im Juni 1947 kam es zur ersten gesamtdeutschen Ministerpräsidenten-Konferenz. Die Vertreter der sowjetischen Zone nahmen die Einladung an. Die bayerische Regierung schlug vor, die Gelegenheit zu nutzen, um »durch diese Tagung den Weg zu ebnen für eine Zusammenarbeit aller Länder Deutschlands im Sinne wirtschaftlicher Einheit und künftiger politischer Zusammenfassung«.

Die Sowjets hatten den Ministerpräsidenten ihres Besatzungsgebiets erstmals die Teilnahme an Gesprächen mit ihren Kollegen aus dem Westen gestattet. Zugleich legten sie ihnen jedoch einen Sprengsatz mit ins Gepäck: Ulbricht sollte einen Antrag auf Erweiterung der Tagesordnung stellen, wenn diese den eigenen Standpunkten »in bezug auf die Einheit Deutschlands« nicht entspreche. Die westlichen Ministerpräsidenten verfolgten eine strikte taktische Marschroute, Ulbrichts Forderungen wiesen in die Gegenrichtung. Die Konferenz war beendet, bevor sie offiziell begonnen hatte. Das Treffen platzte. Nach seiner Flucht in den Westen erklärte der thüringische Ministerpräsident Rudolf Paul später: »Die SED ist von vornherein darauf aus gewesen, die Konferenz ›hochgehen‹ zu lassen.«

Wir sind hier das Stück Deutschland, das sprechen kann. Und wir sagen den anderen: Tua res agitur!
Theodor Heuss (FDP) im Parlamentarischen Rat, 2. September 1948

Für die Bemühungen um eine Wiederherstellung der deutschen Einheit war dies ein erheblicher Rückschlag. Der bayerische Ministerpräsident Hans Georg Ehard stellte bedauernd fest: »Dieser

Staatsgeburt Ost: Volkskongreß und Volksrat beschließen am 7. Oktober 1949 die Gründung der DDR.

Vorfall bedeutet die Spaltung Deutschlands.« Schon nach zwei Jahren der Besatzung schienen sich die Deutschen in Ost und West auseinanderbewegt zu haben. Ministerpräsident Hinrich Kopf aus Niedersachsen glaubte zu verspüren, »daß wir anfangen, verschiedene Sprachen zu sprechen«.

Etwas Positives blieb jedoch nach dem Scheitern des Versuchs: Mit der Konferenz der Ministerpräsidenten entstand ein Gremium, das sich als Gesprächspartner der Besatzungsmächte anbot – auch wenn es nur die drei westlichen Alliierten waren.

Ich glaube, daß sich die Siegermächte im Prinzip einig waren, Deutschland nicht als Einheit wiedererstehen zu lassen.
Egon Bahr, 1989

Am 23. Februar 1948 begann in London eine Konferenz, die den Startschuß für den Weststaat gab. Im Old India Office, dem Ort, von dem aus die Briten jahrzehntelang ihre indische Kolonie regiert hatten, trafen sich die Repräsentanten von sechs Staaten, um über das Schicksal der von ihnen abhängigen deutschen Gebiete zu entscheiden. Neben den drei westlichen Siegermächten nahmen auch Vertreter der Beneluxländer an den Beratungen teil, da die Franzosen auf einer internationalen Kontrolle des Ruhrgebiets bestanden. Nicht anwesend war hingegen die vierte Siegermacht Sowjetunion.

Die USA, Großbritannien und Frankreich kamen auf der »Sechs-Mächte-Konferenz« überein, ihre Zonen zusammenzulegen und den Westdeutschen das Angebot zu unterbreiten, einen Staat aufzubauen – unter Beachtung alliierter Vorgaben. Die Sowjets begleiteten die Gespräche aus der Ferne mit einem publizistischen Störfeuer. Die Zeit der offiziellen Schuldzuweisungen hatte begonnen. Für Stalin war die Sache klar: Der Westen hatte die gemeinsame Politik einseitig aufgehoben. Daß der Kremlchef mit der Sowjetisierung seiner Zone die Teilung schon weiter vorangetrieben hatte, sagte er nicht. Längst galt der Leitsatz »Cuius regio, eius religio« – auf Nachkriegsdeutsch: »Wessen Zone, dessen System.«

Der sowjetische Oberbefehlshaber verließ aufgrund der Londoner Konferenzbeschlüsse den Alliierten Kontrollrat, wodurch die Vier-Mächte-Verwaltung Deutschlands praktisch erlosch. Es kam zu ersten Störungen des Berlin-Verkehrs durch die Sowjets. Die eigentliche Blockade Berlins setzte unmittelbar nach der Währungsreform (West) ein – sie zog sich hin vom 26. Juni 1948 bis zum 12. Mai 1949. Der Währungsschnitt war eine weitere wesentliche Etappe zur wirtschaftlichen Konsolidierung der Westzonen, aber auch zur deutschen Spaltung. Hatten die westdeutschen Politiker bislang nur wenig mitzureden, so sollte sich das nun ändern.

Die Deutschen brauchen die Deutschen, ganz gleich, in welcher Zone sie leben!
Otto Grotewohl, Vorsitzender der SED, Herbst 1948

»Empfehlungen« hatten die sechs Mächte ihre Londoner Anweisungen genannt. Die Reaktion der Politiker in den Westzonen aber fiel eher frostig aus: Es handle sich um ein »unzureichendes Mittel, Deutschland in seiner politischen und wirtschaftlichen Konsolidierung zu helfen«, hieß es in einer ersten Stellungnahme des SPD-Parteivorstands. Selbst Konrad Adenauer prophezeite 1948: »Ich sehe mit Sicherheit den Zeitpunkt herankommen, an dem den Deutschen nichts anderes übrigbleibt, als durch Verweigerung von Mitarbeit wenigstens ihre Ehre vor der Nachwelt zu retten.«

Skurrile Umgebung: Im Naturkundlichen Museum Alexander Koenig tritt am 1. September 1948 der Parlamentarische Rat zur Eröffnungsfeier zusammen.

Angesichts der Londoner Empfehlungen standen die Deutschen an einem Scheideweg. Die Gretchenfrage lautete: Wieviel Weststaat soll es sein, wie hältst du's mit der Einheit?

Die Frage stellte sich um so dringlicher, je mehr der Zug in Richtung Staatsgründung an Tempo aufnahm. Im Visier feindlicher Propaganda aus dem Osten (»Die Alliierten sind die Heilige Allianz der imperialistischen Reaktion des 20. Jahrhunderts«) trafen die westdeutschen Ministerpräsidenten am 1. Juli 1948 im alliierten Hauptquartier in Frankfurt ein. Dort nahmen sie aus den Händen der drei Militärgouverneure offiziell die sogenannten »Frankfurter Dokumente« entgegen – die Londoner Beschlüsse in Schriftform. Ihnen zufolge hatten die Deutschen bis zum 1. September 1948 eine »Verfassunggebende Versammlung« einzuberufen, die eine »demokratische Verfassung« ausarbeiten sollte. Einem Referendum in den Ländern blieb es vorbehalten, der Verfassung zuzustimmen. Letzte Station war dann das Ein-

Die Ministerpräsidenten wurden nach Frankfurt zitiert. Dort übergab man ihnen das Dokument. Sie sollten eine demokratische Verfassung für die drei Besatzungszonen erarbeiten. Das war wie ein Befehl.
Richard Stücklen, 1949 CSU-Abgeordneter, 1998

verständnis der Alliierten. »Wir Deutsche sind ja in einem schweren Konflikt«, klagte Reinhold Maier, der Ministerpräsident von Württemberg-Baden. Natürlich wollten auch die Ministerpräsidenten die staatliche Konsolidierung der Westzonen. Welche Auswirkungen aber würde die Staatsgründung auf die deutsche Einheit haben?

Beide Probleme beherrschten die Diskussion auf einer Konferenz, zu der sich die Ministerpräsidenten vom 8. bis zum 10. Juli 1948 trafen. Der Tagungsort, das Koblenzer »Hotel Rittersturz«, verhieß nichts Gutes. Hier hatte sich in grauer Vorzeit ein von Feinden bedrängter Ritter in die Tiefe des Rheintals gestürzt, was einen Teilnehmer zur sorgenvollen Frage veranlaßte: »Wer weiß, wann wir springen müssen und ob wir unten lebend ankommen?«

Bevor der Parlamentarische Rat begonnen hatte, war klar, daß die sowjetische Besatzungszone sich nicht mit den anderen drei zu einem ungeteilten Deutschland zusammenschließen würde.
Richard Stücklen, 1998

Nicht die Gründung eines Staates, sondern eines »Zweckverbands administrativer Qualität« schlug der SPD-Rechtsexperte Carlo Schmid als Kompromißformel vor. Das klang unverbindlicher, als es in den Frankfurter Dokumenten vorgeschlagen worden war. In den alliierten Dokumenten war auch von einer »Verfassunggebenden Versammlung« die Rede. Auch das hörte sich zu offiziell an für einen Staat, der nur ein Provisorium sein sollte. Wie sich die Ministerpräsidenten um den Begriff »Verfassung« herummogelten, beschrieb später einer der Landesväter, Reinhold Maier: »Da kam irgend jemand mit dem Wort Grundgesetz anstelle von Verfassung. Wie vom Himmel gefallen stand das Wort vor uns und bemächtigte sich unserer Köpfe und Sinne, gewiß nicht der Herzen. Das neue jungfräuliche Wort vermochte so schon trügerisch von der Realität jener Tage wegzuführen.«

Das »jungfräuliche Wort« stammte von Max Brauer, dem Hamburger Sozialdemokraten. Keine Verfassung sollte es sein, sondern ein Grundgesetz, keine Verfassunggebende Versammlung, sondern ein Parlamentarischer Rat, der von den Landtagen gewählt wurde. Das waren die wesentlichen Antworten der Ministerpräsidenten auf die Frankfurter Dokumente. In der offiziellen Begleitnote erläuterten die Deutschen ihre Haltung: »In Anbetracht der bisherigen Unmöglichkeit einer Einigung der vier Besatzungsmächte über Deutschland müssen die Ministerpräsidenten besonderen Wert darauf legen, daß bei der bevorstehenden Regelung alles vermieden werde, was geeignet sein könnte, die Spaltung zwischen West und Ost weiter zu vertiefen.«

Diese zögerliche Haltung empörte vor allem die Amerikaner, die erwartet hatten, daß die Deutschen auf ihr Angebot begeistert

Der Repräsentant der Republik: Nach seiner Vereidigung zum Bundespräsidenten hält Theodor Heuss eine Ansprache, 12. September 1949.

eingehen würden. Clay fühlte sich brüskiert: »Ich als Vertreter einer Siegermacht will den Deutschen Vollmachten geben, und die Deutschen erklären, diese Vollmachten gar nicht in Anspruch nehmen zu wollen. Sie haben eine goldene Chance verpaßt... Die Russen werden jetzt darauf hinweisen, daß die Deutschen den Weststaat nicht wollten und daß nur die Amerikaner ihn wünschten.«

Wirf mich ins Wasser, aber mach mich nicht naß – so schien sich die Position der Deutschen erklären zu lassen. Die Ministerpräsidenten steckten in der Klemme, Clays Reaktion zeigte jedoch Wirkung. Ein deutscher Ausschuß sollte gebildet werden, der sich mit Verfassungsfragen beschäftigte. Der Verfassungskonvent von Herrenchiemsee war geboren. Dem elfköpfigen Gremium oblag es, alle wichtigen Fragen für eine Konstitution zu klären, die keine Verfassung sein durfte. Nicht politische Entscheidungen sollten die Teilnehmer treffen, sondern Lösungsmöglichkeiten erarbeiten. Eine originelle Aufgabenbeschreibung gab Carlo Schmid einem Reporter: »Ich bin hier, um alles kaputt zu machen.« Erich Kuby erinnert sich später an ein Gespräch mit Schmid, in dem dieser ihm seine Intention erläuterte: »Er wollte sagen, ich bin hier, um zu verhindern, daß hier ein Staat entsteht.«

Es war schließlich nicht das Insistieren der USA, das den Meinungsumschwung herbeiführte. Das Unbehagen über einen Weststaat wurde wesentlich durch ein Argument des Berliner Oberbürgermeisters Ernst Reuter ausgeräumt, der lakonisch feststellte: »Die Spaltung Deutschlands wird nicht geschaffen, sie ist schon vorhanden.« Eindringlich wies er darauf hin, daß die durch die Blockade hart bedrängte alte Reichshauptstadt den neuen Weststaat geradezu erwarte. Nur wenn ein solcher Kern bestehe, schließe sich die Ostzone ihm fast zwangsläufig an. Nun lag die Hemmschwelle niedriger.

Wir spalten nicht, wir führen zusammen und einigen.
Christian Stock (SPD), Ministerpräsident von Hessen, 1. September 1948

Für die letztliche Entscheidung sorgte aber ein anderes Gremium: der Parlamentarische Rat, der das Grundgesetz für die künftige Bundesrepublik Deutschland ausarbeiten sollte. Er trat am 1. September 1948 zu seiner Eröffnungssitzung im Lichthof des Bonner Zoologischen Museums Koenig zusammen. Zur Feier des Tages erschienen neben den Abgeordneten die Regierungschefs der Länder und Freien Städte, die Spitzen der Bizonen-Verwaltung und Vertreter der Militärregierungen.

Begleiteten am Chiemsee bayerische Mückenschwärme die Versammlung, so steckten im Museum Koenig sehr viel größere

Karriere im Alter: Konrad Adenuer leitet die konstituierende Sitzung des Parlamentarischen Rates in der Pädagogischen Akademie am 1. September 1948. Ein Jahr später, am 15. September 1949, vereidigt ihn Bundestagspräsident Erich Köhler zum ersten Bundeskanzler.

In der Halle dieses in mächtigen Quadern hochgeführten Gebäudes standen wir unter den Länderfahnen – rings umgeben von ausgestopftem Getier aus aller Welt. Unter den Bären, Schimpansen, Gorillas und anderen Exemplaren exotischer Tierwelt kamen wir uns ein wenig verloren vor.
Carlo Schmid, 1979

und höhere Tiere den Rahmen ab: Die ausgestopften Kreaturen waren bei der Eröffnungsfeier nicht zugelassen, man stellte sie in die Ecke, mit dem Kopf zur Wand, manche wurden auch mit Stoff drapiert. Nur die Giraffe schaffte Probleme: Über Blumen und Girlandenschmuck hinweg äugte sie erstaunt auf die 70 Abgeordneten herab. »Wohl kaum hat je ein Staatsakt, der eine neue Phase der Geschichte eines Volkes einleiten sollte, in so skurriler Umgebung stattgefunden«, beschrieb Carlo Schmid in seinen Erinnerungen die ungewöhnliche Kulisse.

Der Parlamentarische Rat war nicht, wie von den Alliierten ursprünglich vorgesehen, vom Volk gewählt, sondern er erhielt sein Mandat von den Landtagen. Zwei Drittel der Abgeordneten kamen aus den Länderparlamenten, außerdem gehörten dem Rat zwölf Minister beziehungsweise Staatssekretäre an; zwei Drittel waren Akademiker, meist Juristen. Es gab nur vier Frauen und keinen einzigen Arbeiter.

Die ersten Ämter waren schnell verteilt. Der Rat wählte Konrad Adenauer einvernehmlich zu seinem Präsidenten. »Für die Öffentlichkeit und für die Besatzungsmächte wurde er damit zum ersten Mann des zu schaffenden Staates, noch ehe es ihn gab«,

Die Unterzeichnung: Die Urkunde der provisorischen Verfassung liegt zur Unterschrift bereit, Federhalterablage und Tintenfaß stehen heute im Haus der Geschichte der Bundesrepublik Deutschland.

stellt Carlo Schmid später fest – nicht ohne bedauernden Unterton. Adenauer stand in ständigem Kontakt mit den Militärgouverneuren, die sich in Verfassungsfragen das letzte Wort vorbehalten hatten. Professor Carlo Schmid, SPD-Fraktionschef im Parlamentarischen Rat, beschied sich mit dem Vorsitz des Hauptausschusses. Er war nicht nur ein hervorragender Staatsrechtler, sondern auch ein Schöngeist aus tiefster Seele. Seine Formulierungskünste sollten Theodor Heuss zu einer Ode über Schmid inspirieren: »Der Carlo celebriert wie ein Gedicht / die hohen Worte seines Staatsfragments, / auf jedem Comma wuchtet sein Gewicht, / jetzt die Cäsur, dann fühlsam die Cadenz.«

In den Sitzungen des Parlamentarischen Rats ging es dann eher prosaisch als poetisch zu. Während Carlo Schmid immer wieder das »Provisorische, Übergangshafte« betonte, pochte Adenauer auf eine möglichst solide Staatlichkeit, und das so schnell wie möglich. Wiederholt trieb er die Abgeordneten mit den Worten an, sie hätten nicht über die »zehn Gebote« zu beschließen, sondern über ein Gesetz »für eine Übergangszeit«.

In den wesentlichen Fragen bestand von vornherein ein Grund-

Die Teppichszene: Konrad Adenauer macht seine Ansprüche bei seinem Antrittsbesuch auf dem Petersberg bei den alliierten Hohen Kommissaren geltend, indem er sich ebenso wie diese auf den Teppich stellt.

Eine Demokratie, die die Tyrannei so widerstandslos aus sich heraus entläßt, ist nicht wert, noch einmal geschaffen zu werden.
Gerhard Kroll (CSU) über die Weimarer Verfassung, 1949

Die Würde des Menschen ist unantastbar. Sie zu achten und zu schützen ist Verpflichtung aller staatlichen Gewalt.
Grundgesetz für die Bundesrepublik Deutschland, Artikel 1.1

konsens. Zur parlamentarischen Republik gab es praktisch keine Alternative. Der Untergang der Weimarer Republik, die Erfahrungen der NS-Zeit standen den meisten noch lebhaft vor Augen, die Konfrontation mit dem Bolschewismus war tägliche Erfahrung.

Das Grundgesetz richtete sich gegen jede Art von Extremismus und geriet zu einer Art Gegen-Weimar. Die Verfassungsväter wollten vor allem Vorsorge treffen, daß die Demokratie nicht noch einmal an sich selbst zugrunde geht. Bonn sollte nicht Weimar werden.

Die Grund- und Menschenrechte wurden verbindlich für den neuen Staat festgeschrieben und erhielten damit einen weitaus höheren Rang als in der Weimarer Verfassung. Alle politischen Organe sowie die Parteien wurden auf die Verfassung verpflichtet, die Richter des Bundesverfassungsgerichts zu Hütern des Grundgesetzes bestellt. An die Stelle des Reichspräsidenten trat ein entmachteter Bundespräsident. Anders als der Reichskanzler in der Weimarer Zeit sollte der Bundeskanzler nur durch ein »konstruktives« Mißtrauensvotum abgelöst werden können. Statt einer »reinen« rückte mehr die »repräsentative« Demokratie in den Vordergrund – ohne plebiszitäre Elemente wie Volksbegehren oder Volksentscheid.

Mit alledem konnten die Siegermächte gut leben. So hielt sich der Streit in Grenzen. Gravierende Eingriffe der Besatzer waren ohnedies kaum zu befürchten. Sie konnten sich ein Scheitern der Gesetzgebung ebensowenig leisten wie die Deutschen. Reibungen gab es vor allem bei Fragen der Kompetenzverteilung zwischen Bund und Ländern und beim künftigen Verhältnis zwischen den Alliierten und den Deutschen (im Rahmen eines Besatzungsstatuts). Franzosen, Bayerns Christsoziale sowie einige Christdemokraten wollten den Bund möglichst schwach, die Länder möglichst stark machen. Die Briten hingegen plädierten gemeinsam mit den Sozialdemokraten für eine stärkere Zentralgewalt. Ansonsten, drohte die SPD, werde sie das Gesetzeswerk ablehnen: »Wir wollen unter keinen Umständen ... einen Bund deutscher Länder. Wir wollen immer nur einen Bundesstaat.« SPD-Chef Schumacher bleute den Abgeordneten seiner Partei ein: »Jetzt heißt es festzubleiben.«

Es kommt mir vor, wie wenn ein Jüngling, der um ein Mädchen freit, zwar den Gang zum Standesamt verweigert, es aber trotzdem seiner unverbrüchlichen Treue versichert.
Thomas Dehler, FDP-Abgeordneter im Bayrischen Landtag, am 19. Mai 1949 über das Verhalten der CSU

Der SPD-Chef setzte sich durch. Weder Sieger noch Besiegte wollten die Staatsgründung daran scheitern lassen. Bayern aber pochte bis zuletzt auf seine föderale Eigenständigkeit und verweigerte dem Grundgesetz, weil dieses nicht den Vorstellungen in München entsprach, seine Zustimmung.

Bedenken bezüglich der deutschen Einheit wurden durch die Präambel des Grundgesetzes ausgeräumt. Diese hatte, wie Konrad Adenauer in seinen Erinnerungen schrieb, klarzustellen, »daß es sich bei dem vorliegenden Gesetz nur um ein Provisorium handele, das Geltung nur bis zu dem Tag haben sollte, an dem Deutschland wiedervereinigt sei«. Die Präambel trug bezeichnenderweise nicht die Handschrift Adenauers, sondern die seines Rivalen Carlo Schmid.

Am 8. Mai 1949, dem vierten Jahrestag der bedingungslosen Kapitulation der deutschen Wehrmacht, verabschiedete der Parlamentarische Rat das Grundgesetz für die Bundesrepublik Deutschland. Bei 53 Ja-Stimmen votierten zwölf Abgeordnete der CDU, des katholischen Zentrums, der rechtskonservativen »Deutschen Partei« und der KPD mit Nein. In kurzer Folge stimmten die Landtage dem Grundgesetz zu – mit einer Ausnahme: Bayern, das es mit 101 gegen 63 Stimmen ablehnte. Doch Ministerpräsident Ehard versicherte, trotz der Ablehnung fühle sich sein Land »zugehörig zu dem Ganzen«. Am 10. Mai, zwei Tage vor Beendigung der Berliner Blockade, erteilten die drei westlichen Besatzungsmächte ihr Einverständnis. Vorbehalte insbesondere zur äußeren Souveränität wurden im sogenannten »Besatzungsstatut« geregelt.

Es ist wohl in Wahrheit… für uns Deutsche der erste frohe Tag seit dem Jahre 1933.
Konrad Adenauer, 8. Mai 1949

Fast schon paradox mußte für viele Zeitgenossen anmuten, daß

Die andere Staatsführung: Staatspräsident Wilhelm Pieck (links) und Ministerpräsident Otto Grotewohl.

die Außenminister der vier Siegermächte ausgerechnet an jenem 23. Mai in Paris zusammentrafen, um über die deutsche Frage zu verhandeln – zum ersten Mal wieder nach einer Unterbrechung von anderthalb Jahren. Eine knappe Stunde nach der Verkündung des Grundgesetzes begannen Beratungen, ob die deutsche Einheit noch zu verwirklichen sei oder nicht. Das Treffen geriet zur Farce. Aber niemand wollte sich den Vorwurf zuziehen, es nicht noch mal versucht zu haben. Signale der Sowjets, sich eventuell mit einem geeinten, aber neutralen Deutschland zufriedenzugeben, stießen im Westen auf Ablehnung – man mißtraute Stalin.

Kabinett Ost: Erste Führungsriege der Deutschen Demokratischen Republik nach ihrer Bestätigung durch die Volkskammer.

Mit jeder Stunde wird klarer, daß die Bedrohung für den Frieden, hervorgerufen durch die Spaltung Deutschlands seitens der angloamerikanischen Imperialisten…, nur durch die Bildung einer deutschen Regierung mit dem Sitz in Berlin… überwunden werden kann.
Erich Honecker, damaliger Vorsitzender des Zentralrates der FDJ, 3. Okt. 1949

Moskau zog nun in seiner Besatzungszone nach. »Die Russen werden sofort mit einem Oststaat antworten«, hatte Ministerpräsident Lorenz Bock von Württemberg-Hohenzollern schon nach der Londoner Konferenz vorausgesagt. Zu dieser Zeit beanspruchte der von der SED inszenierte »Volkskongreß für Einheit und gerechten Frieden« noch lautstark, für ganz Deutschland zu sprechen. Je mehr die Chancen für die Einheit schwanden und je weniger die Einheitspartei auf ihren eigenen Machtanspruch verzichten wollte, desto vehementer gebärdete sich die SED als Anwalt der deutschen Sache. Doch aller Einheitsrhetorik zum Trotz trieben die Einheitssozialisten die Gründung eines Oststaates weiter voran. Fünf Tage vor der Bonner Grundgesetz-Verkündung trat in Ostberlin der vom »Deutschen Volkskongreß« gewählte »Deutsche Volksrat« zusammen. Er billigte einen von der SED vorgelegten Verfassungsentwurf. Eine Woche nach der westdeutschen Staatsgründung nimmt der Dritte Deutsche Volkskongreß die Verfassung an. Am 7. Oktober wird sie durch die Provisorische Volkskammer in Kraft gesetzt. Auf deutschem Boden existierten von nun an zwei verschiedene Konstitutionen: eine freiheitlich-demokratische und eine sozialistische.

Nach demokratischen Grundsätzen wählten dann die Bürger der Bundesrepublik am 14. August 1949 den ersten Deutschen Bundestag. Die CDU/CSU wurde mit 31 Prozent stärkste Fraktion, die SPD erreichte mit 29,2 Prozent nur den zweiten Rang.

Die DDR hatte schon ein halbes Jahr früher gewählt – allerdings nach sozialistischen Wahlprinzipien auf der Grundlage einer Einheitsliste, bei der das Votum zugunsten der SED bereits feststand. Regierungsbildungen in West und Ost schlossen sich an: Konrad Adenauer wurde am 15. September mit einer Stimme Mehrheit – seiner eigenen – erster Kanzler der Bundesrepublik Deutschland, drei Tage zuvor hatte die Bundesversammlung

Kabinett West: Die Minister der ersten Regierung der Bundesrepublik Deutschland im September 1949.

Die Provisorische Volkskammer der Deutschen Demokratischen Republik hat mich auf Grund des Artikels 92 der Verfassung der Deutschen Demokratischen Republik beauftragt, eine provisorische Regierung zu bilden. Ich habe diesen Auftrag angenommen.
Otto Grotewohl, 10. Oktober 1949

Theodor Heuss im zweiten Wahlgang zum Bundespräsidenten gewählt. In der DDR wählte die Volkskammer, die sich selbst gleichfalls »provisorisch« nannte, Otto Grotewohl zum Ministerpräsidenten; Wilhelm Pieck wurde Präsident der Republik.

In der DDR gab es damals keine Demoskopen, die das Volk nach ihrer Meinung fragen konnten. Vom deutschen Staatsvolk (West) wissen wir, daß der 23. Mai im Bewußtsein der Menschen fast spurlos vorübergegangen ist. Die Meldung »Grundgesetz der Bundesrepublik Deutschland verkündet« war den großen Tageszeitungen nicht einmal einen Aufmacher wert, meist versteckte sie sich irgendwo inmitten der Textspalten.

Die Umfragen in den Westzonen redeten eine deutliche Sprache. Zwei Fünfteln der Bürger war die neue Verfassung gleichgültig. Nur ein Drittel wußte überhaupt, worum es ging. Von den Menschen in der SBZ konnte man allenfalls erfahren, daß sie sich nun völlig abgeschrieben fühlten.

Die Staatsgründung am 23. Mai war kein Gründungserlebnis, das zur Identifikation taugte – im Gegensatz zu anderen Nationen, die den Verfassungstag Jahr für Jahr mit großem Aufwand feiern: Frankreich den 14. Juli (Sturm auf die Bastille) oder die USA den Tag der Unabhängigkeit.

Nach mehr als vier Jahrzehnten ist das deutsche »Provisorium« glücklich überwunden und die Einheit in Freiheit vollendet.

Das Grundgesetz wurde als Provisorium bezeichnet, weil man der Meinung war, die Einheit Deutschlands müsse kommen. Dann hätte es allerdings angepaßt und erweitert werden müssen.
Richard Stücklen, 1949 CSU-Abgeordneter, 1998

Und es gibt inzwischen Tage, welche die Gemüter mehr bewegen als der 23. Mai – vor allem jene, die nicht für die Teilung, sondern für die Einheit aller Deutschen Zeugnis ablegen: der 9. November 1989 oder der 3. Oktober 1990. Doch was wären diese Tage ohne den 23. Mai 1949? Die Verfassung für das wiedervereinigte Deutschland blieb – nach den einigungsbedingten Anpassungen – das Bonner Grundgesetz. Es ist keine Verfassung, die sich die Deutschen erkämpfen mußten – und deshalb kein Zündstoff, der die Herzen entflammt. Doch es ist die beste Verfassung, die die Deutschen jemals hatten.

Der Aufstand

Unter den Linden herrscht angespannte Ruhe, so wie elektrisch geladene Luft vibriert, kurz bevor der Blitz einschlägt. Vor dem Brandenburger Tor haben sich sowjetische Militärfahrzeuge postiert. Ihre Besatzungen beobachten mit ausdruckslosen Gesichtern die Straße. Auf der westlichen Seite des Tores patrouillieren britische Militärpolizisten, ihre Maschinengewehre schußbereit – Kalter Krieg in Wartestellung. Auf einmal ist Lärm zu hören – Stimmen, Rufe: Eine große Menschenmenge strömt auf die frühere Berliner Prachtstraße. Sie bildet einen geschlossenen Demonstrationszug, der die ganze Straßenbreite ausfüllt. Die Demonstranten in der vorderen Reihe haben sich untergehakt. »Ulbricht, Pieck und Grotewohl, daß euch drei der Teufel hol'«, skandieren mehrere tausend Demonstranten wie aus einer Kehle, und: »Wir sind am Ende unserer Qualen, wir fordern freie

Die Arbeiter – und sie bildeten die Vorhut und das Gros der Aufbegehrenden – rebellierten gegen ein System, das der Sklaverei den schäbigen Mantel eines mißbrauchten, angeblichen »Sozialismus« umgehängt hatte.
Willy Brandt im Rückblick auf den 17. Juni

EXTRA-BLATT Kostenlos!

Der Abend

EINE ZEITUNG FÜR BERLIN

DIENSTAG, 16. JUNI 1953

Ostberliner Arbeiter rufen zum Generalstreik gegen ihre Unterdrücker auf

Riesendemonstration vor dem Regierungssitz – „Minister" Selbmann niedergeschrien

BERLIN, 16. Juni (AP/DPA)

Fünftausend am Bauprojekt Stalinallee beschäftigte Arbeiter protestierten heute mittag in einem Demonstrationszug zum Alexanderplatz gegen die von der SED und der Sowjetzoneuregierung angeordnete Erhöhung der Arbeitsnormen. Die Volkspolizei griff nicht ein. Anfangs nahm man an, daß es sich um eine genehmigte Aktion im Rahmen des allgemeinen Eingeständnisses begangener „Fehler" handelt.

„wir fordern freie geheime Wahlen". Auf Beschwichtigungsversuche des Sowjetzonen-Ministers für Erzbergbau und Hüttenwesen, Fritz Selbmann (SED), rief die Menge immer wieder „Wir sind nicht nur gegen die Normen-Erhöhungen, wir wollen frei sein."

Die Vopo schritt nicht ein

Provokation westlicher Kriegstreiber? Am 16. Juni sorgt die Nachricht vom Arbeiterprotest in der DDR für Schlagzeilen.

Wahlen!« Vor dem Brandenburger Tor – dem Wahrzeichen Berlins in der Mitte der geteilten Stadt – kommt die Menge zum Stehen.

Es gibt keine Macht der Erde, die das deutsche Volk auf die Dauer zu einem Sklavenvolk erniedrigen kann. Wir werden der Welt zeigen, daß es möglich ist, auch mit einem totalitären Regime fertig zu werden...
Ernst Reuter, Regierender Bürgermeister von Berlin, 17. Juni 1953

Hoch oben auf der nackten Plattform ist statt der Quadriga nur eine acht Meter hohe Fahnenstange aufgepflanzt. Weithin sichtbar flattert eine regennasse rote Fahne träge im Wind. »Man müßte sie runterholen«, sagt einer der Demonstranten. »Das geht uns nichts an. Laßt die Russen aus dem Spiel«, antwortet ein anderer. Auf einmal geht ein Wogen durch die Menge. Zwei junge Männer erscheinen oben auf der Plattform. Vor den Augen der Sowjetsoldaten kriechen sie auf allen vieren auf die Fahne zu. Horst Ballentin, ein 22 Jahre alter Lastwagenfahrer aus Ostberlin, will den »roten Lappen« herunterholen. Er hat ein Messer in der Hand. Nur wenige Schnitte, dann ist die Fahne abgeschnitten. »Wir grüßen das freie Berlin«, ruft er. Die Menge tobt. »Vorsicht!« gellt es plötzlich von unten. »Am Adlon geht ein Maschinengewehr in Stellung!« Ballentin wirft die Fahne herunter. Wie ein nasser Sack fällt die Trophäe zwischen die Menschen, die sich

Einigkeit und Recht und Freiheit...: Arbeiter marschieren am 17. Juni mit schwarz-rot-goldenen Fahnen durch das Brandenburger Tor.

wie Furien auf sie stürzen, sie in Stücke reißen und schließlich unter Jubel verbrennen. Unbehelligt steigen Ballentin und sein Gefährte wieder von dem Monument herunter. Begeistert klopft man ihnen auf die Schultern, reicht ihnen Blumen, feiert die beiden Helden.

Weg mit den Insignien der Macht! Zwei Ostberliner holen die rote Fahne vom Brandenburger Tor herunter.

Vorläufiger Triumph: Die rote Fahne, Symbol der kommunistischen Herrschaft, wird von der wütenden Menge verbrannt.

Gegen Mittag erreichte der Aufstand seinen Höhepunkt. Die Kampfrufe hatten nur noch politischen Inhalt. Statt »Weg mit den Normen!« hörte man fast nur noch »Weg mit Ulbricht!«. Auch der Ruf nach freien Wahlen verstummte nicht mehr…
Fritz Schenk, damals SED-Funktionär

Es ist elf Uhr morgens am 17. Juni 1953, dem Tag, an dem zum ersten und zum letzten Mal vor der Revolution 1989 die Bevölkerung der DDR spontan gegen das SED-Regime aufbegehrt und lautstark ihre Rechte einfordert. Am Brandenburger Tor ist kein einziger Schuß gefallen. »Die Freiheit hat gesiegt«, denkt Ballentin. Doch er täuscht sich.

Nur wenige Stunden später erfüllen lautes Kettenrasseln und ein dumpfes Motorengedröhn die Straßen von Ostberlin. Von allen Seiten fahren sowjetische Panzer in die Menge der Demonstranten, die Kanonenrohre drohend auf die Menschen gerichtet. Für einen jungen Mann ist es zu spät: Die Ketten eines Panzers haben ihn erfaßt und zermalmen ihn. Als eine Panzerkolonne auf den Potsdamer Platz rollt, fliegen Steine. Schüsse peitschen durch die Luft: Sowjetsoldaten und DDR-Volkspolizisten feuern mit

Maschinenpistolen und Gewehren auf die Menschen. Die Demonstranten rennen in panischer Angst auseinander, suchen verzweifelt hinter Mauerresten und Trümmerhaufen Deckung. Manche bleiben getroffen am Boden liegen. Doch nach dem ersten Schock versammeln sich wieder junge Arbeiter auf der Straße, haken sich unter und marschieren den Panzern entgegen. Einzelne klettern auf die Panzer, schlagen mit Holzlatten auf die Kanonenrohre ein, brechen die Funkantennen ab oder versuchen, Eisenstangen in die Ketten der Tanks zu stecken. Um 13 Uhr wird der Ausnahmezustand verhängt. Am späten Abend ist der Aufstand blutig niedergeschlagen. An diesem denkwürdigen Tag siegen nicht die Arbeiter und Bauern in ihrem Staat. Es siegt die Gewalt.

Es war schaurig anzusehen, wie die Salven hintereinander losgingen und die Menschenmassen zu Boden stürzten. Man sah gleich einige auf dem Boden sich wälzen, blutüberströmt, und alles hat nach Sanitätern gerufen.
RIAS-Reporter

In einem spontanen Aufschrei des Protestes entluden sich am 17. Juni 1953 in der DDR Wut und Verzweiflung der Bevölkerung. Die Lunte, die das Pulverfaß zum Explodieren brachte, hatte die SED, mit Stalins Gnaden zum wichtigsten politischen Entscheidungsträger in der DDR avanciert, im Vorjahr selbst gezündet. Im Juli 1952 hatte Walter Ulbricht, Generalsekretär der SED, auf

Schall und Rauch: Auch mit Propagandaparolen der SED entfachen Demonstranten auf offener Straße ein Feuer.

der II. Parteikonferenz der SED eine »neue Politik« angekündigt, womit er zum ersten Mal Farbe bekannte: beschleunigter Aufbau des Sozialismus nach stalinistischem Vorbild und verstärkte militärische Aufrüstung. Was bis dahin nur unter Tarnung erfolgen konnte, war auf einmal offiziell: Die DDR sollte kommunistisch, die Terrordiktatur in Moskau Leitbild werden.

Es offenbarte sich eine wesentliche Schwäche des Politbüros: der Mangel an Massenverbundenheit und fehlender Mut zur Wahrheit.
Karl Schirdewan, Mitglied des ZK

»Sechs Stunden lang dozierte er, wie immer in sächsischem Tonfall, strohtrocken und ohne jeden leidenschaftlichen Impuls«, erinnert sich ein Zeitzeuge. Wie ein Schulmeister verkündete der blasse, spitzbärtige kleine Diktator Maßnahmen, die »18 Millionen Mitteldeutsche in ›Sowjetmenschen‹ verwandeln sollten«, und schloß mit den Worten: »Lang lebe unser weiser Lehrmeister, der Bannerträger des Friedens und Fortschritts in der ganzen Welt, der große Stalin!«

Von diesem Tag an wehte ein scharfer Wind im »Arbeiter-und-Bauern-Staat«. Er legte den Keim für eine Unzufriedenheit, die sich am 17. Juni 1953 entladen sollte. Der Beschluß, im Eiltempo den »Aufbau des Sozialismus« durchzupeitschen, hatte verheerende Auswirkungen. Nach sowjetischem Beispiel sollten die Reste der Privatwirtschaft weiter zurückgedrängt und dafür der »volkseigene« Sektor ausgeweitet werden. Bauern sollten »frei-

Keine Grenzen! Schilder, die den Ostsektor markieren, werden kurzerhand abgerissen.

Großer Bruder, nein danke: Der Volkszorn richtet sich auch gegen den sowjetischen Diktator Stalin.

willig« ihre Höfe in Landwirtschaftliche Produktionsgenossenschaften, die LPGs, einbringen. Sträubte sich ein Landwirt, so wurden ihm kurzerhand die Pflichtablieferungen an den Staat erhöht, um ihn in die Knie zu zwingen. Eine Massenflucht gen Westen setzte ein. Allein 1953 verließen 37 000 Bauern ihre Höfe.

Die Folgen waren fatal: Die Lebensmittel wurden knapp. Butter, Fleisch und Zucker waren noch immer rationiert, Obst und Gemüse absolute Mangelware. Stundenlanges Schlangestehen vor den Geschäften gehörte wieder zum Alltag. Da Ulbricht getreu nach sowjetischem Vorbild die Leichtindustrie zugunsten der Schwerindustrie vernachlässigte, fehlte es bald auch an Konsumgütern. Naiv glaubte die SED-Führung dennoch, in wenigen Jahren den Lebensstandard der Bundesrepublik überflügeln zu können: Planwirtschaft für eine schöne neue Welt.

Darüber konnten die Ostberliner nur gequält lächeln. Volle Schaufenster und die ersten Glanzlichter des wirtschaftlichen Aufschwungs im Westteil der Stadt ließen ihnen die dünne Kartoffelsuppe zu Hause um so erbärmlicher erscheinen. Doch die von vielen ersehnte deutsche Einheit rückte in immer weitere Ferne: Abschottung und Aufrüstung lautete die Devise. Zwar schrieb sich die SED-Propaganda weiterhin die Schaffung eines demokratischen, friedliebenden und vor allem einheitlichen Deutschland auf die Fahnen. Doch seit 1952 wurden die Sicherungsmaßnahmen an der Grenze verschärft, Reisen in den Westen erschwert. Da Adenauer in der Bundesrepublik die Westintegration vorantrieb und seine Unterschrift unter den »Generalkriegsvertrag« gesetzt hatte, wie im SED-Jargon die europäische Verteidigungsgemeinschaft genannt wurde, fiel es den Ostberliner Propagandakriegern nicht schwer zu behaupten: »Die Spalter sitzen in Bonn.« Stalins neuer Linie folgend, sollte die DDR in Zukunft das politische und militärische Bollwerk gegen den »westlichen Imperialismus« sein. Die Kasernierte Volkspolizei (KVP), 70 000 Mann stark, erhielt den Auftrag, die »Aufbauleistungen in der DDR gegen Aggressoren zu verteidigen«. Gewaltige Summen – umgerechnet zwei Milliarden D-Mark bis Mitte 1953 – flossen in die Aufrüstung. Für die kriegsmüden Deutschen klang all das nicht nach Versöhnung, sondern nach dauerhafter Teilung.

Der Spitzbart muß weg! Generalsekretär Walter Ulbricht treibt das Volk mit dem »Aufbau des Sozialismus« auf die Barrikaden.

Es gab diesen schrecklichen Satz »Lieber hundertmal mit der Partei irren als sich einmal gegen die Partei stellen«… *Erich Loest, Schriftsteller*

Im Staatshaushalt entstand bald ein riesiges Loch, das die SED mit einem rücksichtslosen »Feldzug für strenge Sparsamkeit« zu stopfen versuchte. Soziale Vergünstigungen wie der ermäßigte Fahrpreis zum Arbeitsplatz oder die Zulage für Schwerstarbeit fielen weg, drastische Preiserhöhungen und eine Kampagne zur »freiwilligen Normerhöhung« traten an ihre Stelle: Lohnverzicht aus Einsicht, ganz im Sinne des »aufgeklärten« Realsozialismus. Viele Familien sahen sich auf einmal am Rande des Ruins.

Doch nicht genug damit, daß die Menschen den Gürtel enger schnallen mußten. Auch der Klammergriff des totalitären Staates wurde immer härter. »Verschärfter Klassenkampf«, lautete Ulbrichts Forderung. Wer Kritik übte, wurde diffamiert als »Kriegshetzer« und »Spion im Dienst der USA«. »Innere Feinde« und »Saboteure« waren nicht nur Bauern oder Unternehmer, die ihr Abgabesoll nicht erfüllten. Verstärkt ging das Regime nun auch dazu über, Blockparteien, Akademiker und die Kirche von »Gegnern des Sozialismus zu säubern« und in Schauprozessen zu verurteilen. Von Juli 1952 bis zum Frühjahr 1953 verdoppelte sich die Anzahl der Häftlinge in den Gefängnissen der DDR auf rund 60 000. Verzweifelt packten viele Bürger die Koffer und suchten ihr Heil im Westen. Seit Ulbricht den »Aufbau des Sozialismus« verkündet hatte, kehrten bis zum Juni 1953 rund 330 000 Menschen dem sozialistischen Experiment den Rücken.

Unter den Verbliebenen gärte die Unruhe. Immer häufiger kam es zu Tumulten vor Untersuchungsgefängnissen, zu Demonstrationen und Streiks gegen die Normerhöhungen. Die SED registrierte »negative Reaktionen«, »schlechte Stimmung« und »Verständnislosigkeit« besonders unter Arbeitern, Rentnern und Hausfrauen. Die Spannung wuchs. Im Februar 1953 verbarrikadierte sich die engere Führungsspitze der SED »aufgrund der verschärften politischen Lage« im »Regierungsstädtchen« in Pankow, erhöhte die Sicherheitsvorkehrungen und verteilte Waffen an die Funktionäre.

Der Boden der Unzufriedenheit war so weit bereitet, daß ein Funke genügte, um den Brand zu entfachen.
Gustav Just, Sektionsleiter in der Kulturabteilung des ZK

Doch Ulbricht hielt nicht nur unbeirrt an seinem harten Kurs fest – er verschärfte ihn sogar noch: Wenn die Arbeiter nicht freiwillig bereit waren, ihre Normen zu steigern, dann mußten sie eben dazu gezwungen werden. Kurzerhand beschloß das Zentralkomitee die Durchsetzung einer zehnprozentigen Normerhöhung, während Ulbricht zu Härte und unerbittlichem Haß gegen »Volksschädlinge« aufrief. Am 28. Mai 1953 wurde der Beschluß verkündet. Rechnet man die Normerhöhungen und Preissteigerungen mit ein, dann hatten manche Arbeiter so ein um 25 Prozent geringeres Einkommen. In den Betrieben wurden erste Proteste laut.

In dieser Krise wurde Ulbricht unvermittelt von Moskau zurückgepfiffen. Seit Stalins Tod im März 1953 wehte hier ein versöhnlicherer Wind. Die neue Sowjetführung, mit der Troika Georgij

Panzer walzen den Aufstand nieder: Um 12.30 Uhr rollen sowjetische Panzer an. Sowjetsoldaten und DDR-Volkspolizisten feuern mit Maschinenpistolen in die panische Menge. Mit Steinen versuchen die Verzweifelten die Panzer abzuwehren.

94

83
84

Die Verbindung mit den Massen sollte wiedergefunden werden, unvernünftige, überstürzte Maßnahmen sollten rückgängig gemacht, größere Freiheiten ermöglicht werden. Der neue Wind nach Malenkows Regierungsantritt wehte aus Moskau.
Gustav Just

Malenkow, Lawrentij Berija und Nikita Chruschtschow an der Spitze, hatte eine neue Phase der Innen- und Außenpolitik eingeleitet. In der UdSSR begann die allmähliche Entstalinisierung. Den Westmächten gegenüber bemühte sich die sowjetische Führung um moderatere Töne im Kalten Krieg. Die Beendigung des Koreakriegs setzte erste Zeichen. Über Nacht war Stalins Musterschüler Ulbricht auf einmal zur Persona non grata geworden. Sein Führungsstil nach stalinistischem Vorbild und die spürbare Unzufriedenheit der DDR-Bevölkerung paßten nicht zum »Neuen Kurs«. Anfang Juni zitierten ihn die neuen Kremlherren zusammen mit Ministerpräsident Otto Grotewohl und dem »Chefideologen« der SED, Fred Oelssner, nach Moskau und übergaben ihnen den Beschluß »Über die Maßnahmen der Gesundung der politischen Lage in der DDR«. Vernichtend beurteilte die Sowjetführung darin Ulbrichts »fehlerhafte politische Linie« und forderte eine radikale Wende um 180 Grad. Ulbricht war wie vor den Kopf geschlagen und fügte sich zähneknirschend. Insgeheim hatte die Sowjetführung bereits »beschlossen, Ulbricht aus der Führung zu entfernen. Sogar der Termin stand fest: Es sollte noch im Juni sein«, erinnert sich der sowjetische Diplomat Valentin Falin, der schon 1953 für die deutschen Belange mit zuständig war.

In Ulbrichts engstem Umkreis bot die sowjetische Kritik willkommenen Anlaß, am Thron des Generalsekretärs zu sägen. Oelssner forderte prompt eine »Lockerung der Diktatur« und die »Aufgabe der Bevormundung«. Politbüromitglieder wie der Stasichef Wilhelm Zaisser und der Chef des SED-Zentralorgans *Neues Deutschland,* Rudolf Herrnstadt, kritisierten die Parteiführung, die durch »Befehl und Gehorsam«, »Geheimnistuerei« und den »Verlust an Eigenverantwortlichkeit« geprägt sei, und warfen Ulbricht »Drang zum Kommandieren« vor. Höhnisch forderte der sowjetische Hohe Kommissar Wladimir Semjonow, Ulbricht solle seinen sechzigsten Geburtstag am 30. Juni, für den eine pompöse Feier geplant war, doch bitte bescheiden ausrichten.

Durch den 17. Juni bekamen Ulbricht und seine Leute, die bereits ins Abseits gedrängt werden sollten, wieder Oberwasser.
Gustav Just

Noch am 11. Juni veröffentlichte Herrnstadt im *Neuen Deutschland* kommentarlos ein Kommuniqué, in dem der »Neue Kurs« bekanntgegeben wurde. Damit wurde ein Stein ins Rollen gebracht, der sich zu einer Lawine ungeheuren Ausmaßes entwickeln sollte. Statt die aufgeheizte Atmosphäre abzukühlen, stürzte die Nachricht die Menschen in maßlose Verwirrung. Treue SED-Funktionäre witterten Verrat oder RIAS-Propaganda.

Andere sahen die Zugeständnisse als Schwäche der SED an und forderten den Rücktritt der Regierung. Gerüchte gingen um, Pieck und Ulbricht seien von den Sowjets verhaftet worden. Hoffnung auf eine Wiedervereinigung wurde laut, als die SED alle Losungen, die das Wort »Sozialismus« enthielten, entfernen ließ. Am meisten erregte die Arbeiter, daß die Normerhöhungen mit keinem Wort erwähnt worden waren. Die Erklärung hierfür war einfach: Sie waren in Moskau nicht konkret besprochen worden.

Als Ulbricht am 15. Juni hörte, daß Streiks und Demonstrationen für die Senkung der Normen geplant waren, schlug er Augenzeugenberichten zufolge erregt mit der Faust auf den Tisch und schrie: »Das kommt überhaupt nicht in Frage. Wir werden keinen Rückzug antreten!« Doch das Ticken der Zeitbombe ließ sich nun nicht mehr anhalten. »Es war 5 Minuten nach 12 Uhr, und so traf der Zorn der empörten Massen wie ein Blitz die Parteiführung«, schreibt das ehemalige Politbüro-Mitglied Karl Schirdewan.

Aus ihrem Protest der ersten Stunde gegen unerträgliche Arbeitsbedingungen wurde sehr rasch ein Volksaufstand gegen kommunistische Gewaltherrschaft und für mehr Freiheit. Die Menschen erhoben sich gegen ein unmenschliches System und gegen die Unterdrückung durch das SED-Regime, sie erhoben sich auch gegen die Teilung Deutschlands.
Bundeskanzler Helmut Kohl, Gedenkfeier 1993

Das Signal zum Aufstand in der ganzen DDR gaben die Bauarbeiter Ostberlins. Ermutigt durch einen Kommentar Herrnstadts, in dem er sich gegen die »Holzhammermethoden« bei der Durchsetzung der neuen Normen wandte, schickten die Brigaden der Baustelle Friedrichshain am 15. Juni einen Protestbrief an den Ministerpräsidenten Grotewohl und forderten die Rücknahme der Normerhöhung. Herablassend beschloß man jedoch im Büro Grotewohl: »Auf keinen Fall klein beigeben!« Den letzten Funken, der das Pulverfaß zum Explodieren brachte, zündete am 16. Juni das Gewerkschaftsblatt *Tribüne,* das die Erhöhung der Arbeitsnormen für »in vollem Umfang richtig« befand. Damit war das Maß voll.

Spontan stellten die Bauarbeiter am Block 40 der Stalinallee ihre Arbeit ein und zogen im Protestmarsch über die »erste sozialistische Straße Deutschlands« zum Regierungsviertel. Ihr Anliegen hatten sie in knappen Worten auf Transparente gepinselt: »Nieder mit den Normerhöhungen.« Als der Protestzug das Haus der Ministerien in der Leipziger Straße erreichte, war die Menge auf 10 000 Menschen angeschwollen. »Der Platz brodelte von Gesprächen, Rufen, bis sich dann allmählich Sprechchöre formierten. Ulbricht oder Grotewohl sollten kommen, forderten sie«, erinnert sich Gustav Just, damals Angehöriger der Kulturabteilung des ZK.

Die Aktion der Bauarbeiter am 16. Juni war spontan, daran kann kein Zweifel bestehen.
Gustav Just

Lange Zeit geschah nichts, das Gebäude blieb verschlossen.

Die Staatsführung war wie gelähmt – und verpaßte ihre letzte Chance, das Feuer im Ansatz zu ersticken. Die Stimmung schlug um. Industrieminister Fritz Selbmann, in die Schlacht geschickt, um die Arbeiter zu beschwichtigen, wurde niedergeschrien. »Die ruhige, friedliche und geordnete Demonstration verwandelte sich zusehends in eine emotionsgeladene, unkontrollierte Protestveranstaltung.«

Putsch – das ist eine Übertreibung. Es war die Reaktion der Menschen auf die groben Fehler der Führung des Landes, ein Geschwür, das unter den gegebenen Umständen aufbrechen mußte.
Jewgeni Pitowranow, Leiter der Residentur in Karlshorst, 1993

Was als Arbeiterprotest begonnen hatte, steigerte sich zu einem Aufschrei der Entrüstung gegen das ganze Regime. Selbst als Lautsprecherwagen das Einlenken der Regierung verkündeten, kühlten die erhitzten Gemüter nicht ab. Die Demonstranten waren zwar mit ihrer Forderung nach Rücknahme der Normerhöhung durchgedrungen, nun aber zielten ihre Parolen auf das politische Mark des Ulbricht-Regimes. »Freiheit!« – »Nieder mit der Regierung!« – »HO macht uns k.o.!« skandierte die Menge. Dennoch wäre der führungs- und ziellose Aufruhr wohl bald wieder verebbt, hätte nicht ein entscheidendes Schlagwort die Runde gemacht: »Generalstreik!« tönte es am Nachmittag aus einem Lautsprecherwagen, den sich die Aufständischen erbeutet hatten. »Macht mit! Seid nicht feige! Wir haben es satt!« Wie ein Lauffeuer verbreitete sich die Nachricht: Treffpunkt am 17. Juni, sieben Uhr, Strausberger Platz.

Zur gleichen Zeit am 16. Juni herrschte im amerikanischen Radiosender RIAS im Westteil Berlins helle Aufregung. Revolution lag in der Luft. Der Sturz der SED-Regierung, ja sogar die erträumte Wiedervereinigung schien greifbar nahe. »Die Stimme der freien Welt« wollte ihren Teil dazu beitragen. Am Nachmittag war eine Delegation Ostberliner Bauarbeiter in die Redaktion gekommen und hatte zusammen mit Mitarbeitern des RIAS, unter ihnen Chefredakteur Egon Bahr, eine Resolution ausgearbeitet: Sie forderten die sofortige Reduzierung der Normen, Senkung der Lebenshaltungskosten, freie und geheime Wahlen und Amnestie für die Streikenden. Der Sender, so wollten es die Bauarbeiter, sollte ihr Sprachrohr sein und den Generalstreik verkünden.

Am selben Tag sendete der RIAS Resolution und Streikaufruf – und löste bei den Amerikanern Panik aus. »Do nothing that could provoke the Soviets« (Tun Sie nichts, was die Sowjets provozieren könnte), lautete die prompte Direktive aus Washington. »Am Abend kam der amerikanische Direktor und verlangte von uns, wir sollten den Aufruf ›Nächsten Morgen, Strausberger

Oben: Hilflose Wut: Mit einer Latte versucht ein Demonstrant einen Panzer aufzuhalten. – Unten: Ein anderes Volk wählen..: Eine Absperrkette der Volkspolizei riegelt den Potsdamer Platz ab.

Platz, 7 Uhr‹ nicht mehr senden, weil der amerikanische Militärgouverneur McCloy aus Bonn angerufen und gefragt habe: ›Seid ihr verrückt? Wollt ihr den Dritten Weltkrieg anfangen?‹«, berichtet Egon Bahr.

Doch die Hörer in Ostdeutschland hatten die Nachricht schon vernommen. In den Industriezentren hatte es schon seit Wochen gebrodelt. Die Nachrichten aus Berlin waren lediglich das Signal zum Aufbruch, auf das man gewartet hatte. Noch in der Nacht bildeten sich in vielen Großbetrieben der DDR Streikkomitees.

Der Aufstand kam für uns unerwartet. Dann sind die beiden Konkurrenten Chruschtschow und Berija ausgesprochen aggressiv geworden. Jeder wollte zeigen, daß er am besten unsere Position verteidigen kann. Deswegen hat Berija den Sicherheitsorganen den Befehl gegeben, so hart durchzugreifen wie nur möglich.
Valentin Falin, 1998

Verlogen pries Grotewohl abends auf der Parteiaktivtagung im Friedrichstadtpalast die Verbundenheit der Partei mit der Bevölkerung: »Wir sind Blut vom Blute der Arbeiterklasse und Fleisch vom Fleische unseres Volkes.« Während die SED-Führung sich noch in Sicherheit wähnte und nichts unternahm, um die sich abzeichnende Katastrophe abzuwenden, schrillten in Moskau die Alarmglocken. Der drohende Zusammenbruch der SED-Regierung schien zu offenbaren, wie instabil der Einfluß der Sowjetunion in Mitteleuropa war. Jegliche Pläne für ein neutralisiertes Gesamtdeutschland und eine liberalere DDR wurden kurzerhand über Bord geworfen. Noch in der Nacht fiel die Entscheidung für den Einsatz der Truppen. »Es war eine Blitzreaktion auf eine Blitzsituation«, schildert Valentin Falin die Reaktion der Sowjets, »der Aufstand als solcher kam für uns völlig überraschend.«

Auch Einheiten der Kasernierten Volkspolizei, inzwischen zu einer Truppe von 113 000 Mann angewachsen, wurden noch in der Nacht vereinzelt alarmiert. Zum Generalangriff wurde aber nicht geblasen. Noch befand sich diese Streitmacht im Aufbau, mit der Organisation haperte es, es fehlte an Waffen. Den Sowjets war sie eher suspekt. »Man war nicht sicher, inwieweit die Polizei von Sympathisanten des Westens infiltriert war, und zum anderen fürchteten wir, daß der Einsatz der Volkspolizei zu einer Spaltung der DDR-Gesellschaft führen würde«, sagt Valentin Falin. Würden die Soldaten wirklich gegen die Arbeiter vorgehen oder einfach überlaufen? Die Sowjets trauten ihnen nicht. Noch am 16. Juni verboten die sowjetischen Besatzungsbehörden dem Ostberliner Polizeipräsidenten, die Demonstration der Bauarbeiter durch die KVP gewaltsam auflösen zu lassen. Die meisten Einheiten kamen erst am Nachmittag des 17. Juni zum Einsatz, als das Schlimmste schon vorbei war.

Schon im Morgengrauen des 17. Juni strömten die Arbeiter aus allen Teilen Berlins ins Stadtzentrum. Allein aus dem Stahl- und

Das verhaßte System am Pranger: Das Columbushaus am Potsdamer Platz, in dem ein großer HO-Laden und eine Polizeiwache untergebracht sind, wird von Demonstranten in Brand gesetzt.

Walzwerk Hennigsdorf im Norden Berlins brachen 12 000 Arbeiter zum Marsch in die Innenstadt auf. Sie zogen los, wie sie gerade waren, »einige in Holzpantinen, andere mit nacktem Oberkörper, die Schutzbrillen in die Stirn geschoben, viele mit

Schürhaken und anderen Werkzeugen«, erinnerte sich Willy Brandt. Vergeblich versuchten die von der SED ausgesandten Agitatoren, die Arbeiter zu beschwichtigen. Doch sie redeten gegen den Wind. »Von der Sinnlosigkeit waren wir alle überzeugt«, erinnert sich Gustav Just, »es war, als hätte man uns den Auftrag erteilt, mit einem Teelöffel den Schermützelsee auszuschöpfen.«

Die Demonstration weitete sich zusehends zu einer allgemeinen Erhebung aus... Die »Anführer«, die »Rädelsführer« der Demonstranten waren keineswegs mehr Herr der Situation; sie führten eine Aktion, die in Stunden, ja in Minuten über ihre ursprünglichen Ziele hinausgewachsen war.
Heinz Brandt, Sekretär der SED-Bezirksleitung Berlin

Um sieben Uhr wurde in fast allen Betrieben gestreikt. Im Stadtzentrum versammelten sich bei strömendem Regen immer mehr Menschen: Schüler, Studenten, Hausfrauen, Angestellte und Rentner schlossen sich den Arbeitern an. Die Erregung wuchs von Minute zu Minute. Schon längst hatten die Streikführer, soweit es welche gab, die Kontrolle über die Menge verloren. Die Erhebung hatte eine neue Dimension erreicht: Das ganze verhaßte System stand am Pranger. Wütend zerstörten die Menschen die Insignien seiner Macht. Transparente mit Propagandaparolen und rote Fahnen wurden heruntergerissen, SED-Parteilokale und Zeitungskioske in Brand gesteckt, Schaufensterscheiben der staatlichen HO-Geschäfte eingeschlagen, Autos von SED-Funktionären und Regierungsmitgliedern umgekippt. Eine Masse von 50 000 Menschen zog durch das Brandenburger Tor, vornweg gingen drei junge Arbeiter mit schwarz-rot-goldenen, blumengeschmückten Fahnen. Euphorisch sangen Tausende die dritte Strophe des »Deutschlandlieds«: »Einigkeit und Recht und Freiheit ...«

Alles was ich in diesen Stunden, in diesen Straßen sah, waren immer wieder Arbeiter und Arbeiterinnen, die ihre »volkseigenen« Betriebe verlassen hatten, weil sie die Stunde für gekommen hielten, eine Ordnung zu ändern, die ihnen unerträglich geworden war, sich einer Obrigkeit zu entledigen, die sie nicht mehr dulden wollten.
Heinz Brandt

Insgesamt stand der Ruf nach Einheit freilich nicht im Mittelpunkt des Tages. Vor dem Regierungssitz, der von einem fünffachen Polizeikordon abgesperrt war, kam es zu Zusammenstößen. Die Polizisten gingen mit Knüppeln auf die Demonstranten los. Einige brachen blutend zusammen, andere wurden in Handschellen abgeführt. »Die Vorderen schrien auf die Volkspolizisten ein und versuchten, sie auf ihre Seite zu ziehen. ›Schämt ihr euch nicht‹, hörte ich einen Hünen mit Bärenstimme brüllen, ›diese Strolche auch noch zu verteidigen? Das will eine Arbeiterregierung sein, die sich vor uns verschanzt? Werft die Russenuniformen weg und macht mit uns mit!‹«, erinnert sich der ehemalige SED-Funktionär Fritz Schenk. Tatsächlich rissen sich vereinzelt Volkspolizisten die Uniformen vom Leib und wechselten die Seite. Den vor Angst schlotternden Vopos gelang es kaum noch, dem Ansturm standzuhalten, als sich sowjetische Panzerspähwagen näherten.

Während sich das Augenmerk der westlichen Welt auf den Brennpunkt Ostberlin richtete, tobte im ganzen Land ein Flächenbrand, der den Staat in seinen Grundfesten erschütterte. In über 270 Orten der DDR, vor allem in den Industriezentren, aber auch auf dem Land, gingen etwa 300 000 Menschen auf die Straße. Schon am frühen Morgen hatten die Arbeiter in Leipzig, Halle, Merseburg, im Raum Magdeburg, in Brandenburg und Görlitz Streikleitungen gebildet und brisante Forderungskataloge erstellt: Freie Wahlen, Rücktritt der Regierung und die Rücknahme der Normerhöhung verlangten alle. Manche gingen noch weiter: Sie forderten die Auflösung der DDR-Streitkräfte, Beseitigung der Zonengrenze, Freiheit für die politischen Gefangenen, die

Man hätte Parteiabzeichen von der SED, Mitgliedsbücher… körbeweise einsammeln können. Das haben die Leute alles weggeworfen.
Wilhelm Grothaus, Vorsitzender des Dresdner Streikkomitees

Klare Worte nicht erwünscht: Dem Regierenden Bürgermeister Ernst Reuter wird die Rückkehr nach Berlin verwehrt.

Wiedervereinigung Deutschlands. Politische und nicht nur ökonomische Forderungen standen bei den Aufständischen an erster Stelle. Erschreckt erkannte das Ministerium für Staatssicherheit: »Des Gegners Hauptziel besteht darin, die Losung des Sturzes der Regierung und die unmittelbare Durchführung von Neuwahlen in die Masse zu tragen.« Wie in Ostberlin nahm die Erhebung den Charakter eines Volksaufstands an: Spontan schlossen sich Passanten den Arbeitern an, die mit Transparenten und Sprechchören durch die Straßen marschierten.

Nicht von Berechnung – von Emotionen wurde die Revolte getragen. Dies war kein geplanter Aufstand mit dem Ziel eines gewaltsamen Umsturzes. Nur in Görlitz besetzten die Aufständischen öffentliche Gebäude, brachten Telefonverbindungen unter ihre Kontrolle, bildeten eine neue Stadtverwaltung und eine bewaffnete Arbeiterwehr. Andernorts regierte Ziellosigkeit, teilweise sogar das Chaos. Für eine organisierte Machtübernahme der Aufständischen fehlten die zentrale Führung und vor allem Waffen.

Wie in Berlin richtete sich die Wut der Unterdrückten gegen die Sinnbilder der willkürlichen SED-Herrschaft. Mit der Parole »Heraus mit den politischen Gefangenen!« setzte ein wahrer Sturm auf die »Bastillen« ein: In dramatischen Befreiungsaktionen wurden über 1300 Gefangene aus den DDR-Gefängnissen geholt. Daß sich unter den Häftlingen auch Kriminelle befanden, wurde später von der SED-Propaganda als Beweis für die These vom »Putschversuch faschistischer und krimineller Elemente« ausgeschlachtet.

Der 17. Juni war der erste unterirdische Stoß gegen das stalinistische Nachkriegsimperium. Ein Angriff, der erschütterte und schließlich zu seinem Untergang führte.
Anatoli Kowaljow, 1953 Berater des Hohen Kommissars der UdSSR in Berlin

Am Nachmittag des 17. Juni brach der Volkszorn alle Dämme. Geschäfte wurden geplündert, Gebäude gingen in Flammen auf. Im blutrünstigen Rausch der Revolte wurden vereinzelt verhaßte Funktionäre auf offener Straße vom Mob gelyncht.

Die SED-Regierung war wie gelähmt. Fassungslos starrten die Funktionäre auf »ihr« Volk, das sich gegen seine Führung erhob. Die Prominenz hatte sich bereits am frühen Morgen im sowjetischen Hauptquartier in Karlshorst verkrochen. »Wer soll denn später den Kommunismus aufbauen, wenn wir der Konterrevolution zum Opfer fallen?« soll Honecker gesagt haben. Die SED-Spitze hatte jegliche Kontrolle verloren. Auch die Volkspolizei war völlig überfordert. Mangelnde Ausbildung, schlechte Ausrüstung, fehlende Waffen und Munition machten einen wirkungsvollen Polizeieinsatz fast unmöglich. Sogar der Staatssicherheitsdienst unter Wilhelm Zaisser versagte kläglich.

Da sprang der »Große Bruder« in die Bresche. Panzer und Soldaten der Sowjetarmee waren schon in den frühen Morgenstunden des 17. Juni in Stellung gegangen. In der ganzen DDR war die Hälfte der 22 stationierten Divisionen alarmiert. Jetzt erhielten sie gleichsam die Lizenz zu töten. »Es mag 12 Uhr gewesen sein, als General Wladimir Semjonow, der Hohe Kommissar der Sowjetunion in Deutschland, wieder einmal erschien und berichtete: ›Moskau hat die Verhängung des Ausnahmezustandes ab ein Uhr mittag angeordnet. Jetzt ist der Spuk sehr schnell vorbei. Ein paar Minuten nach ein Uhr ist die ganze Sache erledigt‹«, erinnert sich Rudolf Herrnstadt. In 167 der 217 Stadt- und Landkreise wurde der Ausnahmezustand verhängt. Moskau schickte seinen Spitzenmann, um den deutschen Satelliten wieder unter Kontrolle zu bringen: Nur wenige Stunden später landete Marschall Wassilij Sokolowski, der Generalstabschef der sowjetischen Armee, in Berlin.

Dann kamen auch schon die ersten sowjetischen Lastwagen mit Fliegern in Infanterieausrüstung im Werk an. Die empörte Menge beschrie die Soldaten mit Pfuirufen. »Was wollt ihr hier, macht, daß ihr fortkommt!« – »Nennt ihr das Demokratie?«
Friedrich Schorn, Rechnungsprüfer in den Leuna-Werken

Das Drama begann: Flammen, Panzer, Steine in den Straßen Ostberlins. »Dann peitschten Maschinengewehrsalven durch die Luft, Panzer kamen die Leipziger Straße herauf mit dröhnenden Motoren, rasselnden Ketten und quietschenden Rädern – doch alles wurde übertönt von den Panikschreien der vielen wehrlosen Menschen, die die stählernen Kolosse vor sich hertrieben«, schildert Fritz Schenk die Szene. »Doch während Jugendliche und Frauen sich zur Flucht wenden, haken sich die Arbeiter unter und gehen so auf die schießenden Besatzungstruppen zu«, erinnerte sich Willy Brandt. »Hier und dort wankt die Reihe, einige Arbeiter sind von Kugeln getroffen und müssen abgeschleppt werden, aber die Masse steht wie eine Mauer.«

Wenngleich die Besatzungseinheiten wohl den Befehl erhalten hatten, unnötiges Blutvergießen zu vermeiden, und sich der Aufruhr an vielen Orten schon vor der militärischen Machtdemonstration wieder gelegt hatte, forderten die gewaltsamen Zusammenstöße etwa 125 Tote; 48 von ihnen waren Menschen, die standrechtlich hingerichtet wurden. 18 sowjetische Soldaten sollen erschossen worden sein, weil sie den Befehl zur Niederschlagung des Aufstands verweigert hätten. Die Zahl der Verletzten ging in die Hunderte. Massenverhaftungen und Todesurteile erstickten den Aufruhr mit Gewalt. Die Fäuste blieben jedoch geballt. Noch Wochen nach dem 17. Juni flackerten hier und dort von neuem Proteste, Tumulte und Streiks auf. So erreichten die Protestaktionen im Buna-Werk Schkopau Mitte Juli größere Ausmaße als einen Monat zuvor. Eine Wende ließ sich aber auch da-

Es ist mir ein Bedürfnis, Ihnen in diesem Augenblick meine Verbundenheit mit der Sozialistischen Einheitspartei auszusprechen.
Bertolt Brecht in einem Brief an Ulbricht

durch nicht mehr erzwingen. Der größte Arbeiteraufstand dieses Jahrhunderts auf deutschem Boden fügte sich ein in die Reihe der gescheiterten Revolten.

Dieser Marionettenregierung ist die demokratische Maske vom Gesicht gerissen worden. Das Renommee ist hin, hin für immer. Keine noch so ausgeklügelte Formulierung oder dialektische Phrase wird es wieder herstellen.
Fritz Schenk, SED-Funktionär

Die DDR-Regierung war »selbstverständlich« mit dem Einsatz sowjetischer Panzer einverstanden. Einige Genossen standen jedoch erkennbar unter Schock, wie Fritz Schenk berichtet: »›Kann mir jemand sagen, wessen Blut heute geflossen ist?‹ murmelte ein Berliner SED-Politiker. ›Waren das Kapitalisten, die heute die Straßen füllten und jetzt zusammengeschossen werden?‹ Er erhielt keine Antwort und hatte wohl auch keine erwartet.« Resi-

Ungezählte Opfer: Ein verwundeter Demonstrant wird von Freunden fortgetragen.

gniert kommentierte der SED-Funktionär Heinz Brandt: »Jetzt begrüßen wir die Panzer Unter den Linden, die uns von den Arbeitern befreien, die wir befreien wollen.«

Der eindeutige Sieger des Tages war Walter Ulbricht. »Die Neuerer im Kreml, in Fraktionskämpfe verstrickt, wagten in dieser Situation nicht, Ulbricht als Sündenbock fallenzulassen», meint dazu Heinz Brandt. »So ergab sich ein historisches Paradoxon: Aus den Trümmern seiner Politik, die ihn nach menschlichem Ermessen hätte begraben müssen, stieg Ulbricht – ein seltsamer Phoenix aus der Asche – zu gefestigter Macht empor.« Ebenjener Ulbricht bestimmte, nachdem er rigoros seine politischen Gegner ausgeschaltet hatte, als einflußreichster Mann der DDR noch zwei Jahrzehnte lang die Geschicke des Landes und wappnete sich fortan gegen sein Volk. Binnen weniger Jahre entstand aus der KVP eine schlagkräftige Armee, die NVA. Die »Stasi« wurde als »Schild und Schwert der Partei« unter Erich Mielke zu jenem perfiden Unterdrückungsapparat aufgebaut, als der sie zu trauriger Berühmtheit gelangt ist. Einen zweiten 17. Juni sollte es in der DDR-Geschichte nie mehr geben.

Wäre es da
Nicht einfacher, die
Regierung
Löste das Volk auf
und
Wählte ein anderes?
Bertolt Brecht zum 17. Juni

Wenn die SED-Führung gekonnt hätte, wie sie es gerne wollte – sie hätte sicherlich Bertolt Brechts ironischen Vorschlag angenommen und »ein anderes Volk gewählt«. So aber machte sie sich daran, jeglichen Widerstand brutal zu unterdrücken und ein Gespinst aus Propagandalügen über die Ereignisse des 17. Juni zu legen. Um etwaige Schulddiskussionen im Keim zu ersticken, erfand Ulbricht zusammen mit dem sowjetischen Hohen Kommissar die Legende vom »Tag X«: Der Aufstand sollte als »faschistische Provokation« dargestellt werden, als ein Plan der »Imperialisten«, an einem »Tag X« von Berlin aus die DDR »aufzurollen« und eine »faschistische Macht« zu etablieren. Die Verantwortung für die Taten und Toten hätten allein die »ausländischen Kriegstreiber« zusammen mit der »faschistischen Brut« in Westdeutschland zu tragen. Der »Tag X« blieb bis zum Fall der Mauer die einzige offizielle Begründung für den Aufstand am 17. Juni.

Die feindlichen Agenturen in Westberlin versuchen mit Hilfe faschistischer Provokateure, die sich anbahnende Verständigung unter den Deutschen zu stören.
Hermann Axen, Leiter der Agitationsabteilung des ZK, in einer Presseerklärung

Fortan regierte politischer Terror. Rund 10 000 angebliche »Provokateure« und »Rädelsführer« wurden unmittelbar nach der Revolte von Stasi und Volkspolizei festgenommen und etwa 2000 zu meist mehrjährigen Haftstrafen verurteilt.

Milde war von der Justiz seit dem 17. Juni nicht zu erwarten: Der Justizminister Max Fechner wurde wegen »staatsfeindlicher

Der 17. Juni war der Anfang des geistigen, ideologischen, politischen und im wesentlichen wirtschaftlichen Niedergangs der DDR. Man hat aus den Prozessen, die den Ereignissen zugrunde lagen, nicht die adäquaten Schlußfolgerungen gezogen.
Valentin Falin, 1998

Tätigkeit« eingekerkert, weil er versichert hatte, daß das Streikrecht »verfassungsmäßig garantiert« sei und keiner für seine Tätigkeit in einer Streikleitung verurteilt werden dürfe. Als seine Nachfolgerin waltete nun Hilde Benjamin, genannt die »rote Guillotine«, ihres Amtes. Zur Abschreckung wurden ohne lange Beweisaufnahme zwei Todesurteile gefällt, eines davon gegen eine Frau, deren Identität nie geklärt wurde, die aber als »KZ-Kommandeuse Erna Dorn« von der SED zur NS-Legende hochstilisiert wurde. Viele saßen wegen Nichtigkeiten jahrelang hinter Gittern, etwa weil sie eine rote Fahne heruntergerissen hatten. Die Bauarbeiter von der Stalinallee, die das Signal zum Aufstand gegeben hatten, wurden zu Zuchthausstrafen zwischen vier und zehn Jahren verurteilt. Wie viele DDR-Bürger aufgrund von Urteilen sowjetischer Militärtribunale hinter Zuchthausmauern verschwanden, ist bis heute nicht erfaßt.

Die französischen, britischen und amerikanischen Kommandanten erklären deutlich, daß weder die alliierten Behörden noch die Westberliner Behörden derartige Manifestationen mittelbar oder unmittelbar hervorriefen oder begünstigten.
Kommuniqué der alliierten Kommandantur in Berlin am 17. Juni

Statt Freiheit folgte der Erhebung Repression, anstelle der Einheit vertiefte sich nur die Spaltung. Die bitterste Enttäuschung des Tages war für viele Beteiligte die Untätigkeit des Westens. Die Alliierten vermieden alles, was Öl ins Feuer gießen konnte. Als die sowjetischen Panzer durch Ostberlin rollten, krümmte kein Amerikaner, Brite oder Franzose auch nur einen Finger. Die inbrünstig proklamierte Doktrin der neuen amerikanischen Regierung unter Präsident Dwight D. Eisenhower und Außenminister John Foster Dulles, den Gegner nicht mehr »einzudämmen«, sondern »zurückzutreiben«, entpuppte sich zumindest in der DDR als Luftblase.

Die Angst vor einem Dritten Weltkrieg ließ alle in Erstarrung verharren. Dem Bürgermeister von Berlin, Ernst Reuter, einem Freund klarer Worte, der sich am 17. Juni in Wien aufhielt und nach Berlin zurückkehren wollte, wurde sogar ein Platz in einer US-Militärmaschine verweigert. In Berlin rief der Bundesminister für gesamtdeutsche Fragen, Jakob Kaiser, die Ostberliner zur Besonnenheit auf. Polizeikräfte schützten die Grenzen der Westsektoren und versuchten, die Teilnahme von Westberlinern an den Demonstrationen zu verhindern. Vorsichtig äußerte Bundeskanzler Adenauer Sympathie für »die große Bekundung des Freiheitswillens des deutschen Volkes in der Sowjetzone«, hoffte jedoch, daß sich keiner »durch Provokationen zu unbedachten Handlungen hinreißen« ließe. »Eine wirkliche Änderung« könne nur durch »die Wiederherstellung der deutschen Einheit in Freiheit« herbeigeführt werden. »Wir gehen heute noch auf einem

Grat, von dem wir mit einem Fehltritt abstürzen können«, erklärte der CDU/CSU-Fraktionsvorsitzende Heinrich von Brentano später die Brisanz der Lage: »Wir haben am 17. Juni gesehen, daß ein kleiner äußerer Anlaß dazu führen kann, daß aus dem Kalten Krieg ein heißer Krieg wird.«

Für andere Zeitgenossen war der 17. Juni ein bestürzender Beweis für die harte Wirklichkeit des Kalten Krieges im geteilten Europa: »Trauer, Mitleid, Empörung und Scham über die deut-

Trauer um die Toten: Erde, Kies und ein zusammengenageltes Holzkreuz markieren die Unglücksstelle, an der ein Demonstrant von einem Panzer überrollt worden ist.

sche Handlungsunfähigkeit sowie die lähmende Gewißheit, daß die Amerikaner bei keinem Aufstand im anderen Teil Deutschlands wirklich eingreifen würden, kennzeichneten die Stimmungslage«, erinnerte sich Franz Josef Strauß. Tatsächlich konnte die SED-Führung davon ausgehen, daß eine westliche Intervention in Zukunft nicht mehr zu befürchten war.

Damals ist einem die ganze deutsche Ohnmacht wieder bewußt geworden.
Franz Josef Strauß

Wohl kaum ein Datum in der Geschichte der beiden deutschen Staaten geriet so nachhaltig zum Gegenstand von Legenden, Mythen und Fälschungen wie der 17. Juni 1953. In der Bundesrepublik wurde er als Kampf der Deutschen für Freiheit und Demo-

Was wir hier in Berlin und was wir in der Ostzone erleben, ist eine Mahnung, ist ein Fanal für die ganze freie Welt.
Ernst Reuter, 18. Juni 1953

kratie verklärt und nur wenige Wochen nach der Erhebung als »Tag der deutschen Einheit« zum Nationalfeiertag erhoben. In der DDR wurde die Erinnerung an die Ereignisse konsequent getilgt. In den Geschichtsbüchern fand der Aufstand höchstens als »faschistische Provokation« Erwähnung. Noch heute streiten sich die Geister über die Bewertung des 17. Juni 1953: War er ein Volksaufstand oder eine Arbeitererhebung? War er ein Kampf gegen wirtschaftliche Ausbeutung oder der Ruf nach Einheit und Freiheit? »Er war von jedem etwas«, meint ein Beteiligter von damals. Fest steht: Ohne das Eingreifen der Sowjetpanzer wäre der Aufstand erfolgreich verlaufen.

36 Jahre später, im heißen Herbst des Jahres 1989, blieben diese Panzer in den Kasernen. Nun wurde Wirklichkeit, was sich am 17. Juni 1953 noch als Utopie erwiesen hatte.

4. JULI 1954

Das Fußballwunder

Drei Stunden lang nieselte der Regen ununterbrochen auf das Berner Wankdorf-Stadion herab. Bundestrainer Sepp Herberger kam beinahe um sein gebratenes Hähnchen; es zog ihn schon vor dem Spiel in die Arena des WM-Finales. Eindringlich musterte er den Rasen, der sich von Stunde zu Stunde veränderte. Die genaue Inaugenscheinnahme der Spielfläche hatte taktische Gründe. Würde in dem alles entscheidenden Spiel »Fritz-Walter-Wetter« herrschen oder nicht? Herbergers bester Mann, der »alte Fritz«, Kapitän der deutschen Elf, spielte am besten auf feuchtem Grund.

Deutschland hat um seine Anerkennung in der Welt gekämpft. Man fühlte sich als Notgemeinschaft. Insofern war diese Fußballnationalmannschaft Fleisch von unserem Fleisch.
Norbert Blüm

Der »Chef« kam, sah und siegte: Sepp Herberger nach dem WM-Sieg auf dem Höhepunkt seiner Karriere.

Zu einer Zeit, da Zank und Hader vielfach über das Zusammengehörigkeitsgefühl triumphieren, gibt der Fußball eine Lektion, die zur Hoffnung berechtigt, daß sich Mittel und Wege finden, die Einheit der Völker zustande zu bringen.
Jules Rimet, FIFA-Ehrenpräsident

Den weniger kundigen Fans war der nasse Segen nicht so willkommen. Wer auf den Rängen des Stadions Platz nehmen wollte, mußte sich seinen Weg durch einen Wald voller Regenschirme bahnen. Erst kurz vor dem Anpfiff schloß der Himmel seine Pforten, der Boden aber blieb dem »Fritz« gewogen.

Als die Mannschaften unter dem Jubel der 60 000 Schlachtenbummler das Spielfeld betraten, lüftete sich ein weiteres Geheimnis. Der absolute Star der Ungarn war mit von der Partie – bis zuletzt herrschte Unsicherheit darüber, ob Ferenc Puskas seine Verletzung würde auskurieren können. Er hatte sich die Blessur im ersten Spiel gegen die Deutschen zugezogen. Es war der Preis, den die Ungarn dafür zahlen mußten, daß sie den Herberger-Schützlingen in den Gruppenspielen eine vernichtende 8:3-Niederlage zugefügt hatten. Nun war die Mannschaft der Magyaren wieder komplett. Und es schien bei aller Anerkennung für die Leistungen der Deutschen auf dem Weg zum Finale keinen Zweifel zu geben, wer Weltmeister werden würde.

Der Schweizer Präsident Rubattel und die anwesende FIFA-Prominenz begrüßten die Spieler. Für Deutschland stand das bewährte Team mit Turek, Posipal, Kohlmeyer, Eckel, Liebrich, Mai, Rahn, Morlock, Schäfer sowie Ottmar und Fritz Walter auf dem Feld, für Ungarn Grosics, Buzansky, Lantos, Boszik, Lorant, Zakarias, Czibor, Kocsis, Hidegkuti, Toth und Puskas.

Deutschland im Endspiel der Fußballweltmeisterschaft. Das ist eine Riesensensation, das ist ein echtes Fußballwunder.
Herbert Zimmermann, Rundfunkreporter

Nach dem Anpfiff ergriffen die Ungarn sofort die Initiative, mußten aber auf die Konter der Deutschen aufpassen: ein Schuß knapp über die Querlatte und eine gefährliche Ecke. Dann schien alles so zu kommen, wie es allgemein erwartet wurde: die kalte Dusche für Herbergers Mannen. In der 6. Minute stockte den bundesdeutschen Schlachtenbummlern zum ersten Mal der Atem: Kocsis schoß, der Ball prallte von Liebrich ab – und knallhart verwandelte Puskas zum 1:0. Kaum hatte sich die deutsche Mannschaft von dem Schock einigermaßen erholt, kam der zweite Schlag. Torhüter Turek ließ den Ball aus den Fingern gleiten, und Czibor, der schnelle Rechtsaußen, hatte keine Mühe, die Lederkugel aus nächster Nähe ins Tor zu schieben: 2:0 in der 8. Minute.

Auf den Straßen deutscher Städte wurde es immer ruhiger. Dennoch gab es viele Zeitgenossen, die an diesem Tag nicht an den Radios saßen, sondern mit dem Fahrrad oder der Bahn unterwegs waren. Sie bekamen den Spielstand auf den Bahnsteigen oder von den neu Zugestiegenen mitgeteilt. Auch Fußballfan

Ungarns Fußballgiganten: Vor dem Kantersieg gegen Deutschland präsentiert sich das mit der Endspielelf nahezu identische Team.

Das Debakel: Spielszene aus der Vorrundenbegegnung Ungarn gegen Deutschland – 8:3.

Norbert Blüm gehörte an diesem Tag zu den Zugreisenden: »Ich war damals neunzehn und fuhr mit der Bahn zu einem Betriebsrätekurs nach Königswinter. Als wir an einem Stellwerk bei Rüdesheim vorbeifuhren, hängten die Bahnwärter dort ein Schild raus. 1:0 für Ungarn, dann einige Kilometer weiter hing wieder ein Schild, 2:0. Es wurde ziemlich still im Abteil.«

Da die Fenster vieler Häuser an diesem warmen Sommertag in Deutschland weit geöffnet waren, bekamen auch die Passanten das Wichtigste mit. Zunächst das Raunen nach den Führungstreffern der Ungarn und immer wieder die Stimme des Rundfunkreporters Herbert Zimmermann, die kaum zu überhören war. Ein Zeitzeuge berichtet, wie ein Straßenbahnfahrer kurzerhand sein öffentliches Verkehrsmittel zum Stehen brachte und mitsamt der Fahrgemeinschaft die nächste Gaststätte aufsuchte, um wenigstens die Schlußphase des Finales am Radio mitzuverfolgen und aus der Ferne den Daumen zu drücken.

Deutschlands Erfolgsaussichten auf den Weltmeistertitel waren im Vorfeld als minimal eingestuft worden. Die Mannschaften aus Ungarn und England galten als unbesiegbar. Brasilien, vielleicht auch Uruguay und Österreich zählten noch zum Kreis der Favoriten, die Deutschen jedenfalls nicht. Bei den Qualifikationsspielen im Vorjahr hatte die Herberger-Truppe nicht gerade für Furore gesorgt. Die ausländische Presse nahm Deutschlands Kicker gar nicht richtig wahr. Aber das schreckte Sepp Herberger nicht. In aller Stille ging er daran, eine Mannschaft zu formen, die es eines Tages spielerisch und kämpferisch in sich haben sollte.

Fritz Walter galt als Herbergers »verlängerter Arm« auf dem Spielfeld – obwohl er am liebsten schon 1952 das Handtuch geworfen hätte. Warum?

Die WM in Bern war das erste Ereignis, wo Deutschland international wieder positiv hervortreten konnte und eben nicht als die bösen Nazis, als die bösen Deutschen, sondern mit einem positiven Image auftreten konnte.
Martin Herzog, Köln

»Wir hatten 1952 ein wichtiges Spiel in Paris und verloren 3:1. Ich hab' so schlecht gespielt, schlechter konnte man gar nicht mehr spielen. Und eine Zeitung schrieb sogar: ›Auf halblinks stand der Wäschereibesitzer Fritz Walter‹ – meine Frau und ich hatten uns gerade 'ne Wäscherei angeschafft. Da hab' ich gesagt: ›Herr Herberger, es hat keinen Wert mehr, lassen Sie mich weg.‹ Und da hat er gesagt: ›Fritz, reden Sie kein dummes Zeug, bleiben Sie.‹ Und ich blieb.«

Kein Wunder, daß der »alte Fritz« so gerne über seinen »Chef« spricht. Herberger war eine echte Vaterfigur für seinen Friedrich – Stratege, Pädagoge und Seelentröster in einem. In Fritz Walter hatte er einen hochsensiblen, aber auch gelehrigen Schüler, mit dem er die Guerillataktik Mao Tse-tungs auf das Spielfeld umzusetzen wußte: »Dort, wo der Ball ist, mußt du stärker als der Gegner sein.« Nicht umsonst galt Herberger als »Fußballweiser von der Bergstraße«. »Der Ball ist rund, und ein Spiel dauert neunzig Minuten«, lautete sein bis heute unwiderlegter Leitsatz Nummer eins. Nicht ohne Grund verglich Kabarettist Dieter Hildebrandt Sepp Herbergers Eigenschaften mit denen Konrad Adenauers: »Auch Herberger kam mit einem ganz geringen

Wortschatz aus. Er hat sich sehr volkstümlich gegeben und aus dem Nichts wieder eine Mannschaft geformt, die plötzlich wunderbar spielte.« Zwei wichtige Vaterfiguren also: Bundeskanzler und Bundestrainer.

Im Juli 1954 war der Bundestrainer zweifellos der wichtigere Mann. »Selbst wenn wir mal verloren hatten, sagte er: ›Männer, nach dem Spiel ist vor dem Spiel.‹ Er hat schon wieder ans nächste Spiel gedacht. Das war der Chef«, erinnerte sich sein Schüler Fritz.

Jeder von uns war fit bis in die Stiefelspitze. Niemals hatten wir so hart trainiert, niemals aber auch so gern... Wir brannten auf diese WM und konnten nicht erwarten, bis es losging.
Sepp Herberger

Der Favorit wird seinem Ruf gerecht: In der Vorrunde hat Deutschland gegen Ungarn in Basel das Nachsehen.

Diese Haltung war dringend notwendig. Schon in der Vorrunde trafen die Deutschen auf den haushohen Favoriten Ungarn. Und Ungarn war eine perfekt funktionierende Balletttruppe, in mehr als 30 Spielen ungeschlagen, das »Wunderteam« Europas. Im November 1953 noch hatten die Magyaren England zum ersten Mal auf dessen eigenem Boden im Londoner Wembley-Stadion bezwungen und damit Fußballgeschichte geschrieben.

60 000 Zuschauer kamen zum Gruppenspiel ins Basler Sankt-Jakobs-Stadion, davon die Hälfte Schlachtenbummler aus der Bundesrepublik. Schon zu Beginn gab es Pfiffe wegen Herbergers Mannschaftsaufstellung. Denn auf dem Spielfeld fehlten Supertorhüter Toni Turek sowie die Sturmspitzen Max Morlock, Ottmar Walter und Hans Schäfer.

Nun trat das ein, was viele befürchtet hatten: Das Spiel geriet zu einem Fiasko. Die Magyaren entfachten einen wahren Pußta-Sturm, eine ungarische Rhapsodie mit einem bunten Reigen von Toren – 8:3, das Desaster schien perfekt. Ersatztorwart Kwiatkowski wird heute noch mulmig, wenn er an das Spiel zurückdenkt: »Ich will ganz ehrlich sein – ich hab' mich einfach geschämt, acht Tore reingekriegt zu haben. Bei so einer Menge hätte ich fast schon Kerben in die Pfosten machen können.«

Der Ungar Ferenc Puskas hat es mir später oft erzählt: »Bei den Deutschen ragten damals aus den Augen spitze Dolche heraus.« *Max Merkel, späterer Meistertrainer*

Doch was die Spieler und Zuschauer nicht wußten – die Niederlage war einkalkuliert. Bislang unveröffentlichte Herberger-Notizen belegen, daß er sechs Wochen vorher schon geplant hatte, gegen Ungarn in der Vorrunde zu verlieren, um seine Karten nicht aufzudecken und seine Stammelf zu schonen. Denn der Sieg im nächsten Spiel – gegen dieTürkei – würde ausreichen, um eine Runde weiterzukommen.

Die Presse sah das anders und forderte Herbergers Kopf. »In die Wüste schicken«, empfahlen zahlreiche Blätter. »Auf das braungebrannte Haupt des kleinen, versonnen blickenden Mannes von 57 Jahren, der still am Rand des Spielfelds hockte, schien sich in diesem Augenblick ein graues Verhängnis zu senken. Seit Monaten schien der Zeitpunkt unerbittlich näher zu rücken, an dem die wiedererwachte Nation den verräterischen Bundestrai-

Österreich wird abserviert: Deutschland deklassiert die Wiener Ballkünstler im Halbfinale mit 6:1.

ner Josef Herberger an einem sauren Apfelbaum würde aufhängen müssen«, schrieb der *Spiegel* geradezu lyrisch über die Baseler Katastrophe.

Woher sollten die Kritiker auch wissen, daß echte »Wunder« wie das von Bern zunächst auch Stunden der Erniedrigung voraussetzen. Der »Opfergang von Basel« war so eine Stunde. Doch der »Chef« ließ sich nicht beirren, und die Rechnung ging auf. Nach Siegen gegen die Türkei und Jugoslawien erreichte das deutsche Team das Halbfinale. Die Fußballwelt begann den Außenseiter ernst zu nehmen. Man spürte, daß hier eine eingeschworene Mannschaft Fußball spielte.

Das kam nicht von ungefähr. Das Kreativ-Duo Walter und Herberger sorgte für eine Atmosphäre, der später ein mysteriöser Name anhaften sollte: der »Geist von Spiez«. In Spiez am Thuner See hatte Herbergers Mannschaft ein ideales Quartier gefunden. Von hier aus konnte die WM-Elf binnen kurzer Zeit alle Spielorte erreichen. Das war der äußere Rahmen von »Spiez«.

Und was war mit dem legendären »Geist«?

»Den ›Geist von Spiez‹ haben wir eigentlich aus Kaiserslautern mitgebracht und auf die Nationalmannschaft übertragen«, erklärt Fritz Walter. »Wir bildeten vor dem Spiel einen Kreis mit allen Spielern und Betreuern, schauten uns in die Augen und riefen uns zu: ›Männer – einer für alle, alle für einen.‹ Für unseren Erfolg damals war das entscheidend, weil wirklich das Wort gestimmt hat: ›Elf Freunde müßt ihr sein.‹ Das stärkte unser Gemeinschaftsgefühl.«

Ich wußte, daß Herberger den totalen Fußball erfunden hatte… Wir kamen wie die Sieger auf den Platz und hatten schon verloren.
Gyula Lorant, ungarischer Mittelläufer

»Elf Freunde müßt ihr sein« und »Einer für alle«: Die Parolen von damals würden im heutigen Fußballgeschäft wohl eher antiquiert anmuten. Doch seinerzeit war der »Geist von Spiez« der »zwölfte Mann« im Walter-Team.

Die Erziehungsarbeit in diesem Geiste begann mit der Belegung der Zimmer im Quartier am Thuner See. Es gab nur Doppelzimmer für das Team. Das jeweilige »Doppel« wurde nach psychologischen Kriterien gebildet. Fritz Walter war zwar der Souverän auf dem Feld, galt aber auch als Nervenbündel, das zu Depressionen neigte. Er wurde mit Helmut Rahn zusammengelegt. Der Rechtsaußen der Nationalelf hatte nicht nur einen Schuß, »daß man den Torwart mit dem Ball aus dem Netz schweißen mußte« (Norbert Blüm), sondern »auch Nerven wie Klaviersaiten, egal was da drauf kommt, es kommt immer eine Mordsstimmung dabei heraus« *(Der Spiegel)*. Fritz Walter spricht noch heute davon, wie die Stimmungskanone Rahn ihn »mitgerissen« hat.

Es war die eindrucksvollste deutsche Mannschaftsleistung nach dem Krieg. Basel kann nichts mehr überbieten.
Hans Fiederer im »Sport-Magazin«

Das erste »kleine« Wunder geschah im Halbfinalspiel Deutschland gegen Österreich. Herbergers Truppe spielte Austrias Mannen nach allen Regeln der Kunst in Grund und Boden. Hans Schäfer schoß das 1:0, Max Morlock das 2:0. Ein Elfmeter von Fritz Walter, und es stand – nach einem Gegentor der Österreicher – 3:1. Dann eine Ecke von Fritz und der Kopfball von Bruder Ottmar: 4:1 für Deutschland. 6:1 lautete schließlich das Endergebnis. Die Fußballnation war aufgerüttelt. In den Reporterkabinen herrschte helle Aufregung. In Berlin starb ein siebenundfünfzigjähjriger Feuerwehrmann an einem Herzinfarkt unter den Augen seiner plötzlich verstummten Kollegen.

Selbst der skeptische Sepp Herberger zeigte sich an diesem Tag voll zufrieden. Nie zuvor war eine deutsche Fußballnationalelf besser, und in der internationalen Presse hieß es: »Die Deutschen können nicht nur rennen und kämpfen, sie können sogar ein bißchen Fußball spielen.« Der italienischen *Gazzetta dello Sport* war das Ergebnis des Spiels fast unheimlich: »Das war Deutschland wieder einmal, wie es leibt und lebt. Teutonische Unberechenbarkeit, die sich auf den Fußballrasen geschlichen hat…« – »Eine Orgie«, schrieb selbst die Londoner *Times* zum »Österreich-Massaker«.

Zwischen den Alpen und Flensburg gab es nun kein anderes Thema mehr. Die ganze Nation schien nur noch aus Fußballfans zu bestehen, wenigstens vorübergehend.

Und Sonntag mittags, nach dem Essen, kam der Max Morlock noch rein und hat gerufen: Fritz, es regnet, Fritz-Walter-Wetter – und dann konnte fast nix mehr schiefgehen.
Fritz Walter

Und dann kam der heißersehnte und bang erwartete Endspieltag, der 4. Juli 1954. Fast 30 000 deutsche Schlachtenbummler pilgerten in das Berner Wankdorf-Stadion. Deutschlands Straßen waren wie leergefegt. Millionen schalteten ihre Radios ein – und zum ersten Mal auch die Fernsehgeräte. Die NWDR-Reporter, beglückt von dem unverhofften Segen, verkündeten: »Jetzt hat das Fernsehen wirklich begonnen.« Auf mehr als 30 000 Mattscheiben feierte an diesem Tag auch der TV-Fußball fröhliche Urständ. Kneipeninhaber, die über ein Gerät verfügten, machten am 4. Juli 1954 das Geschäft ihres Lebens.

Der Himmel hielt zu den Deutschen, denn es nieselte, und der Rasen war feucht, eben Fritz-Walter-Wetter! »Ich hab' halt lieber bei Regen gespielt. Ich war Soldat auf Sardinien, Korsika und Elba, und dort bekamen wir alle Malaria. Deshalb mochte ich keine Hitze. Wenn es regnete, fühlte ich mich wohl. Außerdem konnte ich als guter Techniker auf nassem Rasen besser spielen.«

Obschon der Wettergott dem deutschen Team wohlgesinnt war, wäre es doch ungewöhnlich gewesen, wenn die Deutschen

Gipfeltreffen: Fritz Walter und Ferenc Puskas tauschen die Wimpel aus.

Tor! Tor für Deutschland! Tor! Es steht nur noch zwo zu eins... Gott sei Dank, es steht nur noch zwo zu eins für Ungarn.
Herbert Zimmermann

in ihrer Schicksalsstunde nicht auch noch eine technische Wunderwaffe ins Feld geführt hätten. Adi Dassler, der Schuster der Nationalmannschaft, hatte just für die WM einen neuen Zauberschuh entwickelt. Bisher mußten die Stollen in die Schuhsohle eingenagelt werden. Jetzt wurden – passend zu jeder Witterung – verschiedene Stollen einfach eingeschraubt. Solchermaßen präpariert gab Herberger seiner siegreichen Elf aus dem Halbfinale eine erneute Bewährungschance. Kurz vor 15 Uhr liefen die beiden Mannschaften, angeführt vom englischen Schiedsrichter Ling, auf das Spielfeld.

Die Stimme: Der unvergessene Rundfunkreporter Herbert Zimmermann.

Der deprimierende 2:0-Rückstand schien die deutsche Elf zunächst aus dem Konzept gebracht zu haben. Die ungarischen Schlachtenbummler hatten schon den Sieg vor Augen. Doch bereits in der 10. Minute setzte sich Rahn am rechten Flügel durch, paßte den Ball zu Schäfer, der diesen hart und flach in die ungarische Abwehr drosch, Lorant verfehlte, Morlock war da – fast im Spagat grätschte er den Ball in die Maschen: der Anschlußtreffer zum 2:1. Die Aufholjagd ging weiter. In der 18. Minute hämmerte Rahn nach einem Eckstoß von Fritz Walter das Leder volley ins Netz – 2:2. Herbert Zimmermanns Stimme überschlug sich fast vor Begeisterung: »Ja ist es denn zu glauben? Wir haben ausgeglichen gegen Ungarn, die großartigste Technikerelf, die man kennt.«

Das war schon eine gelinde Überraschung – und dann ertönte der Halbzeitpfiff: »Jetzt hatten wir zum ersten Mal das Gefühl: Diese ungarische Mannschaft ist zu schlagen«, schildert Fritz Walter die Stimmung innerhalb der Mannschaft.

Und auch die Deutschen in der Heimat schöpften Hoffnung. Fußballfans von damals erinnern sich an den denkwürdigen Tag.

Josef Neckermann: »Mir läuft es heute noch kalt den Rücken herunter, wenn ich an die Übertragung des Endspiels denke. Ich

»Elf Freunde sollt ihr sein«: Die deutsche Nationalmannschaft kurz vor Spielbeginn.

habe sie zu Hause im Kreise meiner Familie erlebt. Auf den Straßen war keine Menschenseele mehr.«

Berti Vogts: »In unserer Gaststätte gab es den einzigen Fernseher im Ort. Es gab da auch eine Kegelbahn. Ich durfte ganz vorne in der ersten Reihe sitzen, damals schon – und da hab' ich dieses Spiel gesehen. Die Stimmung war einfach unbeschreiblich.«

»Ob in Hamburg, ob in München, ob in Bonn, ob in Köln, ob in Frankfurt – Sie alle, alle, die Sie einen Lautsprecher haben, Sie werden hoffentlich dabeisein und die Daumen drücken für unsere tapferen Jungs.« Herbert Zimmermanns beschwörende Worte verhallten nicht ungehört. Sei es zu Hause am Radio oder am Fernseher, im Zug oder im Hinterzimmer eines Theaters – Millionen gerieten an diesem Tag in den Bann des Fußballs. Sogar die Musen mußten zurückstecken, wie Dieter Hildebrandt reumütig einräumt: »Wir probten für ein Theaterstück, und ich spielte die Hauptrolle. Ich habe vor dem Endspiel gesagt: ›Nein, das Proben geht vor.‹ Aber dann, immer wenn die anderen gerade ihren Part einübten, habe ich mich entschuldigt, ich müsse mal wieder pinkeln gehen. Und dann habe ich in einem Nebenzimmer das Radio angedreht, um ja zu wissen, wie's gerade steht.«

Nach der Halbzeitpause wurde es noch spannender. Zunächst hatten die Ungarn wieder mehr vom Spiel. Torhüter Turek bewährte sich mehrmals als Retter in der Not: »Toni, du bist ein Teufelskerl, du bist ein Fußballgott«, rief Zimmermann ins Mikrofon.

Dann kam die Wende.

So ist das im Fußball: drauf mit dem Fuß und dann hinein mit dem Ball, wenn die Chance da ist. Ich wußte beide Male, daß der Ball im Netz landen würde.
Helmut Rahn

»Kopfball, abgewehrt – aus dem Hintergrund müßte Rahn schießen. Rahn schießt, Tooooor, Tooooor, Toooor, Toooor, Tooor für Deutschland. Linksschuß von Rahn, Schäfer hat sich gegen Boszik durchgesetzt. 3:2 für Deutschland, fünf Minuten vor dem Spielende. Halten Sie mich für verrückt, halten Sie mich für übergeschnappt – ich meine, auch Fußballer sollten ein Herz haben.«

Herbert Zimmermanns Herzfrequenz jedenfalls schien mehrmals bedenklich in die Nähe der Infarktgrenze zu geraten, als er mit wahren Wortkaskaden, einprägsamen Wiederholungen und kippender Stimme das Geschehen auf dem Spielfeld schilderte. Und als der erlösende Schlußruf über den Äther ertönte: »Auus – auuus – aus! Das Spiel ist aus! Deutschland ist Weltmeister, schlägt Ungarn mit drei zu zwo Toren im Finale in Bern«, da kannte die Begeisterung keine Grenzen mehr.

Selten hat ein »O-Ton« soviel Jubel ausgelöst. Rundfunkreporter Zimmermann hatte aus den letzten Minuten der Begegnung ein spannendes, bewegendes Drama gemacht. Keiner kommentierte das Spiel so mitreißend wie er. Seine Stimme drang bis in die abgelegensten Wohnstuben der Bundesrepublik. Das unsterbliche »Finale furioso« des rasenden Reporters nach dem Schlußpfiff des Schiedsrichters traf genau die Stimmungslage der Nation. Das Wunder war perfekt, David hatte Goliath besiegt, die Bundesrepublik war Weltmeister und die Bevölkerung völlig aus dem Häuschen.

Das achte Weltwunder: Deutschland ist Weltmeister.
»Bild-Telegraf« (Wien)

Die Sensation war perfekt. Den Westdeutschen schlug in Bern ihre erste Sternstunde. Und es geschah, was geschieht, wenn ein Außenseiter unerwartet Gewinner einer Weltmeisterschaft wird: landauf, landab ein wahrer Freudentaumel! Und das alles wegen eines Fußballspiels?

Für die im Aufbau befindliche Bundesrepublik war der WM-Titel mehr als ein sportlicher Erfolg. Es ging um internationale Anerkennung; darauf waren die Westdeutschen damals dringend angewiesen. Sie hatten lange genug im Abseits gestanden, waren geächtet, weil sie Hitler und seine Verbrechen zugelassen hatten. Kein Wunder, daß da manchem Zeitgenossen der Gewinn der

Wenige Mattscheiben für viele Fußballfans: Zum Zeitpunkt des WM-Finales gibt es in Deutschland nur 30 000 Fernsehgeräte.

Wir sprachen darüber, daß wir eventuell verlieren können, aber eingestellt waren wir darauf nicht. Wir glaubten immer, das Spiel zu gewinnen.
Ferenc Puskas, ungarischer Stürmer

Weltmeisterschaft wie ein Durchbruch erschien. Für viele war er Ausdruck eines neu erwachten Selbstbewußtseins: »Wir sind wieder wer!«

Am Anfang der Weltmeisterschaft hätte wohl kaum jemand auch nur einen Pfifferling auf die deutsche Mannschaft verwettet, so gering schienen ihre Chancen gegen die großen Favoriten. Deshalb mutete der Sieg viele Zeitgenossen wie ein Märchen an. Für manche war er noch mehr: nämlich ein »Wunder« – das »Wunder von Bern«.

Oben: Mit letzter Kraft: Max Morlock gibt dem Ball den entscheidenden Tick.
Unten: Die Wende: Rahn trifft zum 2:2, die Ungarn fassungslos.

Der größte Jubel galt denen, die dieses »Wunder« vollbracht hatten. Da war zunächst der Bundestrainer, Sepp Herberger. Er war der unbestrittene Vater des Erfolgs. Dann war da die Nationalelf, die »elf Helden von Bern«, welche die Ungarn das Fürchten lehrten – und schließlich ihr legendärer Spielführer Fritz Walter, der auf dem besten Wege war, neben Max Schmeling der beliebteste deutsche Sportler aller Zeiten zu werden. Sein Foto von damals verdeutlicht wie kein anderes, was dieser Sieg für Deutschlands Fußballfans bedeutete: Ein glücklicher Fritz Walter thront auf den Schultern seiner Mannschaftskameraden. »Als die Nationalhymne gespielt war, hab' ich den Jungs gesagt: Alles klar, nehmt den Chef auf die Schultern. Und da haben sie Sepp Herberger hoch genommen, der Ottmar, der Rahn, die Kräftigsten der Mannschaft, und plötzlich war ich auch mit auf den Schultern. Wenn ich das Bild sehe, bekomme ich nach wie vor 'ne Gänsehaut. Es war schon sensationell. Unwahrscheinlich.«

Das Fußballfieber trieb allerorten den Pulsschlag der Nation in die Höhe. Menschen, die sich nie zuvor gesehen hatten, umarmten und küßten sich. Fenster wurden aufgerissen, die Deutschen winkten sich mit bunten Laken und Tüchern zu. Innerhalb von wenigen Minuten waren die Gasthäuser bis auf den letzten Platz gefüllt. Viele wollten diesen Augenblick der Freude mit anderen Menschen teilen.

Auch die Hauptakteure dieses Tages verwandten alle Energie, die ihnen das aufreibende Spiel noch gelassen hatte, darauf, den Rasen in einen Festplatz zu verwandeln.

Ein großartiger Erfolg des westdeutschen Fußballsports, ja, man kann ihn als den größten in der Geschichte des Fußballsports überhaupt bezeichnen.
»Junge Welt« (Ostberlin) nach dem Finale

Fritz Walter erinnert sich: »Für uns alle war es der absolute Höhepunkt und die Krönung unserer Fußball-Laufbahn, vor allen Dingen auch für mich. Man hatte ja vorher geschrieben: ›Fritz Walter ist zu alt. Herr Herberger soll ihn zu Hause lassen.‹ Er hat mich Gott sei Dank mitgenommen. Ich war 34 Jahre alt. Wir hatten schon zwei deutsche Meisterschaften mit dem 1. FC Kaiserslautern gewonnen – aber daß wir auch mal Weltmeister werden würden, damit hat niemand gerechnet. Ich auch nicht.«

Beim Abspielen der Nationalhymne gab es allerdings eine unangenehme Überraschung. Die deutschen Fans sangen statt der bundesamtlich erlaubten dritten Strophe des »Deutschlandlieds« jene Zeilen der ersten lautstark mit, die sie noch allzugut im Ohr hatten: »Deutschland, Deutschland über alles«. Die Gastgeber waren düpiert. Der Schweizer Sender »Telefon-Rundspruch« schaltete sich prompt aus der Live-Übertragung aus. Neun Jahre nach dem Krieg waren den Schweizern solche Töne noch zu unheimlich.

Zwei der »Helden von Bern«: »Fußballgott« Toni Turek (links} und »Boß« Helmut Rahn (rechts). Turek brachte mit seinen Paraden die Ungarn im Endspiel zur Verzweiflung, während Rahn sie mit seinen Toren zum 2:2 und 3:2 aus allen WM-Träumen riß.

Es ist anzunehmen, daß das Ausland nun dem deutschen Wirtschaftswunder das deutsche Fußballwunder hinzufügen wird. Vom Wunder sprechen immer nur die andern, wir selber nicht. Wir tun unser Bestes, in der Arbeit wie im Spiel. Man sollte da nicht von Wunder reden, sondern es als Leistung anerkennen.
»Die Welt«,
5. Juli 1954

Dieter Hildebrandt hat Verständnis für die Landsleute damals: »Die kannten den Text der dritten Strophe doch gar nicht. Was hätten sie denn sonst singen sollen?«

Sportjournalisten diktierten im Überschwang der Gefühle Berichte voller Pathos in die Rotationsmaschinen. In der *Westdeutschen Allgemeinen Zeitung* stand am Tag nach dem Sieg: »Wir können es nicht fassen, uns zittern die Knie, die Hände, uns lacht das Herz – was sind das alles für schwache Ausdrücke für dieses ungeheure Wunder. Nein, es war kein Wunder, es war der Sieg von elf deutschen Kameraden, einer Elf, die bis zum Umfallen kämpfte und nicht das Gewehr ins Korn warf.« Mochte hier die Wortwahl auch erstaunen – es war wohl eher Freude als Chauvinismus, die den Ton beherrschte.

Diejenigen, die das »Wunder« vollbrachten, übten Zurückhaltung. In der deutschen Kabine herrschte nach der Siegerehrung Stille. Es war eine leise Freude, die sich unter den frischgebackenen Weltmeistern ausbreitete. Unter Tränen schildert Ottmar Walter heute noch den Moment, als Sepp Herberger nach dem

Rahn macht das »golden goal«: Ungarns Torwart Grosics streckt sich vergeblich nach dem harten und plazierten Schuß des deutschen Torjägers. Die Sensation ist perfekt, der haushohe Favorit geschlagen.

Finale zur Mannschaft kam und sagte: »Männer, ihr habt für Deutschland etwas Einmaliges geschafft. Ich danke euch.«

Es ist ein herrliches Gefühl, wenn eine Mannschaft das Vertrauen in ihre Leistung belohnt.
Sepp Herberger

Krisenstimmung hingegen herrschte im Lager der Magyaren. Sie hatten ihr »blaues Wunder von Bern« erlebt und konnten es immer noch nicht ganz begreifen. Doch das wirklich schlimme Nachspiel fand in ihrer Heimat statt. Der Mißerfolg wurde wie eine nationale Katastrophe aufgenommen. Budapest glich einer belagerten Stadt; Straßenbahnen wurden umgestürzt, Schaufenster eingeschlagen, öffentliche Gebäude gestürmt. Es kam zu Massendemonstrationen nicht nur gegen die Führung des Fußballverbands, sondern überdies auch gegen das Regime. Paul Lendvai, heute Intendant von »Radio Österreich International«, damals Dissident, erinnert sich an die gespannte Situation: »Erbitterte, erschütterte, wütende Menschen haben zum ersten Mal seit der kommunistischen Machtübernahme spontan demonstriert. Dies war der Vorbote zum ungarischen Aufstand zwei Jahre später.«

In der ungarischen Kabine ging es zu, wie in einer Räuberhöhle. Vor der Rückkehr mußten alle einen Schwur ablegen, darüber zu schweigen.
Sandor Kocsis, ungarischer Stürmer

Oben: Abgekämpfte Helden: Die deutschen Spieler kurz nach dem Schlußpfiff.
Unten: Ein fairer Verlierer: Der ungarische Kapitän Puskas auf dem Weg, Fritz Walter zu gratulieren.

Oben: Glück und Pech, wie nah liegt das beieinander! Fritz Walter passiert das Spalier aus ungarischen und deutschen Spielern.
Unten: Die Macher: Sepp Herberger und Fritz Walter auf den Schultern der Mannschaftskameraden.

Als Ungarns Fußballer heimkehrten, wartete eine aufgebrachte Menge auf sie. »Die sind doch alle von Mercedes bestochen« – so und ähnlich versuchten die enttäuschten Fans das Unfaßbare zu erklären. Doch einem tatkräftigen Ausbruch des Volkszorns hatten die Organisatoren sicherheitshalber einen Riegel vorgeschoben. Die Mannschaft verließ klammheimlich schon in einem Vorort von Budapest den Zug. Es war die Kehrseite des Berner Wunders. Hat die ungarische Mannschaft unverdient verloren?

Jungens, das habt ihr herrlich gemacht.
Peco Bouwens, DFB-Präsident

»Wir wissen, daß diese Mannschaft besser war, als sie gespielt hat. Sie hätte es auch verdient gehabt, Weltmeister zu werden«, sagt Fritz Walter, »aber die Behauptung, wir hätten nur mit Glück gewonnen, geht an der Realität vorbei. Wenn man gegen eine solche Weltklasse-Mannschaft nach sieben Minuten schon 2:0 zurückliegt, dann den Ausgleich erzielt und danach noch imstande ist, sechs Minuten vor Schluß das alles entscheidende Tor zu schießen, dann hat man nicht nur mit Glück gewonnen, sondern auch mit Können. Und darauf sind wir heute noch stolz.«

Wer hat damals eigentlich gewonnen? Nur elf Fußballspieler – oder Deutschland?

»Es gab eine Sache, die der ›Chef‹ immer an uns herangetragen hat: ›Männer, denkt daran, daß ihr nicht nur den deutschen Fußball, sondern auch unser Land innerhalb und außerhalb des Spielfeldes ehrenvoll vertretet.‹ Und das ist uns gelungen«, meint Fritz Walter.

Dort spielten sich Szenen ab, wie sie die bayerische Hauptstadt – selbst unter dem Nationalsozialismus, als sie Hitlers bevorzugte Stadt war – noch nie erlebt hat.
Der »Zürcher Sport« zum Empfang der Deutschen in München

Bei der Rückkehr der deutschen Mannschaft in die Heimat überboten sich die Städte in triumphalen Empfängen. Bundespräsident »Papa« Heuss gratulierte im Berliner Olympiastadion den »Helden« väterlich und überreichte ihnen die höchste deutsche Sportauszeichnung, das Silberne Lorbeerblatt. Ganze Berge von Geschenken türmten sich vor den Spielern und ihren Begleitern auf. Von der Zigarrenkiste bis zum Motorroller lockten nach dem Fußballwunder nun die Früchte des beginnenden nachkriegsdeutschen Wirtschaftswunders. Doch die deutschen Kicker hatten weder für Geld noch Präsente »made in Germany« gespielt, sondern für die Ehre – anders als die hochbezahlten Kicker heute. Gleiches galt auch für Sepp Herberger, der in seinem Heimatort zum Ehrenbürger ernannt wurde.

Die Euphorie in Deutschland bezog sich nicht nur auf die Sieger und ihren fußballerischen Volltreffer. Der sportliche Triumph von Bern war nach der Währungsreform auch das erste große Gemeinschaftsereignis der »Zweiten Republik«.

»Das haben wir ganz stark empfunden«, erinnert sich Fritz Walter, »selbst die Oma und der Opa, die sich nie für Fußball interessiert hatten und das Spiel nur am Rande mitverfolgten, haben gesagt: ›Wir sind wieder wer.‹ Und das galt für das ganze deutsche Volk.« Fußballfan Norbert Blüm drückt es noch drastischer aus: »Deutschland hat um seine Anerkennung in der Welt gekämpft. Man fühlte sich als Notgemeinschaft. Insofern war diese Fußballnationalmannschaft Fleisch von unserem Fleisch.«

Die deutsche Mannschaft vollbrachte eine grandiose Leistung.
Jules Rimet, FIFA-Ehrenpräsident

Triumphfahrt: Die deutsche Mannschaft wird in München begeistert empfangen.

Ein rundes Leder und elf Ballkünstler als gesellschaftliches Wunderheilmittel? Die deutsche Nachkriegsgesellschaft empfand die Anerkennung auf dem Spielfeld als Balsam für verletztes Selbstbewußtsein. Nicht-Fußballfan Wolf Biermann, damals in Hamburg am Radiogerät, hält das noch heute für Verdrängung: »Es war für die Deutschen ein historischer Tag, denn damit war für viele Landsleute diese Lappalie Nazi-Vergangenheit vergessen, weggeschossen mit einem Tor – von Seeler? Nein, von Rahn. Ja, so hieß er. Jedenfalls, es war ein deutscher Fuß.«

Waren die Westdeutschen auch Weltmeister im Verdrängen? Solchen Vorwürfen hatte sich die junge Bundesrepublik zu stel-

Neben dem Fall der Mauer hat wohl nur ein einziges Ereignis der deutschen Nachkriegsgeschichte wahrhaft nationalen Überschwang ausgelöst: der Gewinn der Fußballweltmeisterschaft in Bern am 4. Juli 1954!
Der SPIEGEL, 1984

len. Die jüngste Vergangenheit machte auch vor dem Fußball nicht halt.

Eine andere Bürde der Geschichte rückte wenigstens für ein paar Tage in den Hintergrund: die Teilung der Nation. In der gemeinsamen Freude war Deutschland nach dem Siegestreffer ein einig Fußball-Land. Dem SED-Regime war die offene Sympathiebekundung der Deutschen im Osten für den Fußballsieg des Westens ein Dorn im Auge – mehr Solidarität mit den unterlegenen sozialistischen Brüdern, den Ungarn, wurde erwartet. Doch die ostdeutschen Zeitungen taten sich schwer, gegen die deutschdeutschen Emotionen anzugehen. Nichts- und zugleich vielsagend war die Überschrift im Ostberliner *Vorwärts* am Tag nach dem Triumph – lapidar stand da auf Seite sieben als Überschrift: »Die 90 Minuten im Berner Wankdorf-Stadion«. Das DDR-Blatt *Deutsches Sport-Echo* nahm zwei Wochen Anlauf und sprang schließlich über den eigenen Schatten: »Die Begeisterung der Menschen im Osten und Westen unseres Vaterlandes kannte ob dieses Sieges keine Grenzen.«

Mögen all die deutschen »Nachkriegswunder« die Nation eher gespalten haben – das »Wunder von Bern« war ein Ereignis, das die Deutschen für einen Moment wiedervereinte.

5. AUGUST 1955

Das Wirtschaftswunder

Das Aufgebot war standesgemäß für einen Millionen-Rekord. Die Kapelle des Wachregiments der britischen Königin Elizabeth II. spielte sich mit dem Marsch »Alte Kameraden« in die Herzen der 140 000 Gäste. Die Schottenröcke wirbelten nur so durch die Sommerluft, als die Dudelsackpfeifer auf der Tribüne des Wolfsburger VW-Stadions eine schottische Polka anstimmten. Auch die Musikanten des Leibregiments der schwedischen Königin brachten ein Ständchen.

Es war ein feudales Programm für eine Arbeiterstadt – und das alles nur wegen eines buckligen Kleinwagens. Die *Wolfsburger Allgemeine* berichtete in einer Sonderausgabe ausführlich über das Jubelfest aus Anlaß des millionsten Käfers und beschrieb den Freudentag, den 5. August 1955, in den schillerndsten Tönen. Die »Rhythmen Afrikas«, die »unter den flinken braunen Händen der Farbigen auf dem Fell der langen Trommeln entstanden«, erfuhren höchste Anerkennung, mehr noch aber die »schlanken, kaffeebraunen Brasilianerinnen«, die zu den Mambos und Sambas tanzten und »die Arbeiterherzen nur so dahinschmelzen« ließen. Auch die Siegermacht Frankreich hatte ihre angeblich »schönsten Beine« geschickt: Tänzerinnen aus dem Pariser »Moulin Rouge« vom Montmartre. Anschließend marschierte die im ganzen Land bekannte Blaskapelle der 61. US-Army ein und brachte mit einem Potpourri aus beliebten Tanzmelodien die Ränge des Stadions endgültig zum Swingen.

Es war nicht bloß der Jubel über einen internationalen Auto-Exportschlager, der Menschen aus aller Welt in Wolfsburg zusammenbrachte – die Deutschen waren wieder wer, nicht nur gute Handels-, sondern auch frischgebackene Bündnispartner.

Drei Stunden lang dauerte die Show in Wolfsburg. Den Höhepunkt des Spektakels bildete das grandiose Schlußbild. Alle Beteiligten stiegen über die Treppe der großen Tribüne zunächst auf die oberste Plattform, um dann unter Begleitung sämtlicher Or-

Es gibt die These, daß die politische Großmannssucht des Dritten Reichs… sich in den fünfziger Jahren auf die Wirtschaftsleistung umgepolt hat. Ich finde diese Interpretation gar nicht schlecht. Man wollte wieder zu den Besten und Größten gehören, und dieser schöne Spruch »Wir sind wieder wer« hatte offenbar auch eine doppelte Bedeutung… Wir sind zwar wieder wer, aber wer wir sind, das wußten wir nicht.
Hildegard Hamm-Brücher, Politikerin

Der Käfer symbolisierte für Deutschland, daß wir es wieder geschafft hatten, etwas waren.
Carl Hahn

Das ist kein Feld- und Wiesenautomobil, wie sie überall mehr oder weniger geschickt und erfolgreich zusammengezaubert werden. Dieser Wagen ist eine Persönlichkeit, eigenwillig und ungewöhnlich.
Heinrich Nordhoff über den Käfer

chester Stufe um Stufe hinunterzutreten – ein Szenario voller bunter Kostüme, Fahnen, Uniformen. Ein roter Läufer teilte die Abschlußkulisse aus Menschen vieler Kontinente und Nationen. Durch den frei bleibenden Gang schritt VW-Chef Nordhoff gleichsam wie ein moderner Fürst. Und seine Worte waren angesichts des internationalen Aufgebots wohl kaum erstaunlich: »Meine lieben Freunde, wir haben heute einen Blick in die Welt getan, die der VW in friedlicher Weise erobert hat und die er weiter erobern wird.«

Gegen solche Eroberungszüge hatte die Welt nichts. Nur die internationale Konkurrenz auf dem Automobilmarkt grollte. Während Nordhoff das Fest vorbereitete, mußten sich britische Autofabrikanten über streikende Eisenbahner und Dockarbeiter ärgern.

Der millionste Käfer war ein Prunkstück, das festlich, aber auch etwas kitschig daherkam. Außen vergoldet, die Stoßstangen mit Diamantstaub überpudert, innen verziert mit Brokatstoff, lief er unter dem Jubel der Belegschaft im Zeitlupentempo vom Band. Es war in der Tat nicht das Jubiläumsauto der Wolfsburger, das hier im Blitzlichtgewitter gefeiert wurde: Der millionste Käfer

Der Jubelkäfer: In Wolfsburg läuft am 5. August 1955 der millionste Volkswagen vom Band.

galt als Symbol für den Aufstieg der Deutschen nach dem Krieg schlechthin – für den Aufschwung aus Trümmern zu Rekorden. Volksnah war der Käfer allemal, nicht nur weil er einigermaßen erschwinglich blieb, sondern auch weil er eine typisch deutsche Karriere zu verkörpern schien.

Als Wunschkind Hitlers wurde der Käfer unter dem Namen »Volkswagen« geboren – im Krieg war er als Kübelwagen gefechtserprobt. Die Stadt, deren Name zufällig mit »Wolf« begann wie Hitlers selbstgewählter Beiname, lag 1945 mitsamt ihren Industrieanlagen in Trümmern, wie die meisten Städte Deutschlands. Zehn Jahre später erstrahlte die Volkswagenstadt in neuem Glanz und stolzer denn je – bezeichnenderweise an der Zonengrenze, mitten im Kalten Krieg, der den Aufschwung erst möglich machte.

Kein Geschäft, diese motorisierte Schildkröte... In Leistung und Ausführung ist der Käfer völlig uninteressant..., viel zu häßlich und zu laut...; den Wagen kommerziell herzustellen, wäre ein unrentables Unterfangen... und deshalb ist auch die Konkurrenz auf den Weltmärkten nicht zu fürchten, wenn dieses Auto in Deutschland hergestellt wird.
Urteil britischer Experten, 1946

Die Deutschen im Westen waren nach der Not der Nachkriegsjahre glücklich, sich endlich mal wieder selbst feiern zu können. Überall im Land wurden Produktionsrekorde zelebriert – nicht nur in der Automobilindustrie: der tausendste Kühlschrank, die hundertste Lokomotive oder das zehnte vom Stapel gelassene Frachtschiff. Es waren unverfängliche Symbole eines neuen Selbstwertgefühls. Nach Anerkennung waren die Deutschen damals süchtig – galten sie doch wegen Auschwitz als die Parias der Welt.

Die internationale Zunft der Psychologen hatte ein dankbares Studienobjekt gefunden, ihnen war der rasante westdeutsche Aufschwung ein Rätsel: Waren hier wieder die typisch deutschen Tugenden am Werk – Pflichtbewußtsein, Disziplin, Pünktlichkeit und Gründlichkeit –, diesmal nur unter anderen, positiveren Vorzeichen? Ein britischer Wissenschaftler bescheinigte in einer Studie, daß harte Arbeit nach der großen Katastrophe die wohl beste Therapie für das besiegte Volk sei. Der Chef der Stollwerck-Schokoladenfabrik, Hans Imhoff, sieht es weniger akademisch: »Der entscheidende Faktor war, daß Millionen Menschen froh waren, aus dem Dreck rauszukommen, der ja da war.« Der Unternehmer Otto Wolff von Amerongen meint: »Wir wollten von der schlimmen Zeit nichts mehr hören, nichts mehr wissen, und das war eine enorme Triebfeder. Das war gleichzeitig der Antrieb des Vergessenwollens in Form von Aufbauarbeit für dieses neue Deutschland.«

Ist das der Grund für die rasanten Fortschritte – bloße Psychologie? Jedenfalls setzte sich der Aufschwung der »Zweiten Repu-

Das »Wirtschaftswunder« wurde zum Kern des neuen deutschen Selbstbewußtseins der fünfziger und sechziger Jahre. Nach der Niederlage im Krieg, der Erfahrung des Nachkriegselends und der Vernichtung der traditionellen nationalen Identifikationsmuster war das ein Weg, eine neue Identifikation zu gewinnen.
Dietrich Thränhardt, Politologe

blik« mit beachtlichem Tempo fort. 1955 gab es wieder mehr als zehn Prozent Wirtschaftswachstum. Allenthalben standen die Zeichen auf Konsolidierung – politisch, gesellschaftlich und vor allem wirtschaftlich. Und so suchten die Beobachter im In- und Ausland nach Erklärungen, um das Phänomen des deutschen Wachstums auf einen Nenner zu bringen. Ein Schweizer schien die passende Bezeichnung für das scheinbar Unbegreifliche gefunden zu haben: das »deutsche Wirtschaftswunder«.

Die Formel war griffig und klang schmeichelhaft – doch sie blieb umstritten. Der »Vater« des sogenannten »Wunders«, Bundeswirtschaftsminister Ludwig Erhard höchstpersönlich, erhob Einspruch: Das »Wirtschaftswunder« sei in erster Linie die »Konsequenz ehrlicher Anstrengung eines ganzen Volkes«, der Lohn harter Arbeit. »Natürlich«, bescheinigt uns ein früherer Mitarbeiter Erhards, der damalige Staatssekretär Otto Schlecht, habe der Minister den Begriff auch deshalb nicht gemocht, weil ein »Wunder« als Erklärung das eigene historische Verdienst geschmälert hätte.

Der wesentliche Grund für das Wirtschaftswunder ist nach meiner Überzeugung das Wirtschaftssystem, welches die Interessen der vielen im Land in der Tat dezentralisiert hat. Wer etwas wollte, konnte es.
Fritz Schenk, Mitglied der staatlichen Planungskommission der DDR

Ein Schlüssel zum Erfolg lag zweifellos im Wirtschaftssystem. Die soziale Marktwirtschaft, die Erhard wesentlich mitprägte, schien zu halten, was ihr Name versprach. Was Wirtschaftstheoretiker an ihren Schreibtischen ausgeheckt hatten, bewährte sich in der Realität: ein Ausgleich zwischen den rauhen Gesetzen des freien Marktes und der Forderung nach sozialer Gerechtigkeit. Die Ziele waren hoch gesteckt: Vollbeschäftigung, stabile Preise, Wachstum, gerechte Einkommensverteilung und soziale Sicherheit für jedermann. Zehn Jahre nach dem Krieg war man zwar noch weit entfernt von manchen Zielen, doch die Zwischenbilanz konnte sich sehen lassen.

Voraussetzung für zunehmenden Wohlstand war das Wirtschaftswachstum. Bis 1950 hatte die Bundesrepublik den Stand der Vorkriegsproduktion erreicht. 1952 lag die Steigerungsrate schon im westeuropäischen Durchschnitt. Von diesem Zeitpunkt an schnellte die Wachstumsrate weit über die anderer Europäer hinaus. Ein Grund dafür lag klar auf der Hand: Nach all den Jahren der Entbehrung war der Bedarf riesengroß. »Wir hatten praktisch nichts mehr«, erinnern sich heute noch all diejenigen, die Bombenkrieg, Flucht oder Vertreibung am eigenen Leib erfahren haben. »Es konnte nur aufwärts gehen.«

»Wohlstand für alle« hieß Erhards Devise – zuerst aber traf das in erster Linie für die Unternehmen zu. Sie sollten hohe Gewinne erwirtschaften und gleich wieder neu investieren. Voraussetzungen hierzu waren sowohl niedrige Steuern als auch geringe Lohn- und Lohnnebenkosten, die das Startkapital belasteten. Die Bundesrepublik mauserte sich zu einem attraktiven Industriestandort, der viele Investoren aus dem Ausland anlockte und zu einem beliebten Tummelplatz für internationalen Handel wurde. Motor des Wirtschaftswachstums blieb das Automobil. Autos waren – wie die meisten technischen Produkte »made in Germany« – ein weltweit begehrter Exportschlager. 1950 verzeich-

Erhards Konzept der sozialen Marktwirtschaft funktionierte nicht gleich. Es gab zunächst steigende Preise, die Arbeitslosigkeit nahm eher zu… Dann, ab 1951, ging es zügig voran, der Wohlstand für alle wurde geschaffen – mit zweistelligen Wachstumsraten der Wirtschaft und Mitte der fünfziger Jahre bereits Vollbeschäftigung.
Otto Schlecht, Mitarbeiter Ludwig Erhards

Plant Hilfe zur Selbsthilfe: US-Außenminister George C. Marshall bei seiner Ankunft in Moskau, 15. März 1947.

Wir hatten damals einen Exportanteil von fast 60 Prozent. Wir haben damals bewußt den Inlandsmarkt etwas vernachlässigt. Export war eine ganz wesentliche Voraussetzung, eine Grundlage für den wirtschaftlichen Aufschwung Deutschlands und hatte auch nach unserer Einschätzung die größten Expansionschancen.
Carl Hahn, VW-Vorstandsvorsitzender 1981–1992

Hilfe aus Amerika: Mit 20 Milliarden D-Mark unterstützt der Marshallplan den Wiederaufbau in Westdeutschland.

nete der Außenhandel noch ein Defizit von rund drei Milliarden Mark. Fünf Jahre später meldete die deutsche Wirtschaft einen Überschuß in Höhe von einer Milliarde – Tendenz weiter steigend.

Wichtigster Gradmesser für die Wirtschaft war die Industriemesse von Hannover. 1955 versammelten sich dort etwa 4000 Aussteller aus 18 Ländern. Wirtschaftsminister Ludwig Erhard fühlte sich wie ein stolzer Gastgeber beim Schlendern durch die Messehallen, vor allem beim Durchschreiten der »Alleen«, in denen sich die deutschen Güter türmten. Wochenschauen jener Tage zeigten den Mann mit der Zigarre am liebsten dort, wo es etwas einzuweihen oder anzukurbeln gab, umringt von internationalem Publikum.

Die Brände sind gelöscht, die Schuttberge beseitigt, die Schrecken des apokalyptischen Strafgerichts verflogen… Die Verzweiflung über das Geschehene und die Furcht vor dem Kommenden sind dem Maschinenlärm des Wiederaufbaus gewichen.
Walter Muschg, Literaturwissenschaftler

Die Medien trugen mit dazu bei, daß der Aufschwung von damals auch heute noch so wundersam erscheint: »Die Journalisten betonten den Aufstieg, sie beschrieben, daß es aufwärts geht, hatten Freude daran, alles, was auf irgendeine Weise gut und erfolgreich war, zu schildern, so daß ein allgemeines Gefühl sich ausbreitete: ›wunderbar‹«, berichtet die Meinungsforscherin Elisabeth Noelle-Neumann.

Mochte der Schein der Bilder jener Jahre manchmal trügen – der rasante Aufschwung war sinnfällig. Unerklärlich war er keineswegs. Pate stand der Kalte Krieg. Der Zerfall der Siegerallianz hatte die Fronten nach dem heißen Krieg verschoben, nicht nur politisch. Die Westmächte wollten eine wirtschaftlich starke Bundesrepublik als künftigen Bündnispartner an der Nahtstelle der Blöcke. Statt weiterer Demontagen wurde dem Westen Hilfe durch den Marshallplan zuteil. Mit Erreichen der Summe von 20 Milliarden D-Mark endete die Aufbauhilfe Ende 1954. Bis dahin stand die bundesdeutsche Wirtschaft auf eigenen Füßen.

Es war eine Ironie des Schicksals: Weil ein großer Teil der Industrieanlagen in Deutschland während des Zweiten Weltkriegs zerstört oder später demontiert wurde, zogen die Westdeutschen mit einem von Grund auf erneuerten Maschinenpark an der internationalen Konkurrenz vorbei. Kein Wunder, daß die Produktion in den meisten Branchen um zweistellige Steigerungsraten emporschnellte. Auch der Korea-Boom half mit, international herrschte nach dem Krieg in Fernost große Nachfrage, die Westdeutschen bekamen freien Zugang zu den Weltmärkten. Bald zählte die D-Mark zu den härtesten Währungen Europas. Und die Westmächte profitierten ebenfalls vom eigenen Entgegen-

Bald nach Ende des Zweiten Weltkriegs begann der »kalte Krieg«... Der hat dazu geführt, daß die Westalliierten, die ursprünglich Westdeutschland klein halten wollten, der Meinung waren, sie müßten Westdeutschland wieder in das westliche Bündnis einbeziehen. Und deshalb haben sie... den Marshallplan eingeführt.
Otto Schlecht, Mitarbeiter Ludwig Erhards

Auf Trümmern wachsen neue Heime: Der Wohnungsbau boomt, der Traum vom eigenen Haus wird 100 000mal im Jahr Wirklichkeit.

Vater des Aufschwungs: Ludwig Erhard, der jedoch mahnt, trotz des neuen Wohlstands Maß zu halten.

Exportschlager nach Übersee: Der VW-Käfer wird zum vielbestaunten Symbol des Wirtschaftswunders.

Die sozialen Differenzen waren möglicherweise nicht viel kleiner als heute. Aber sie wurden nicht so empfunden – einfach weil es für alle aufwärts ging...
Otto Schlecht

Was in den Jahren ab 1950 bei einem ganz normalen Geburtstagskaffee an Kuchen verzehrt wurde, ist aus heutiger Sicht schier unvorstellbar. Zwei bis drei Stück Sahnetorte und ebenso viele Stücke Marmor-, Butter- oder Streuselkuchen waren eher ein Durchschnittsquantum.
Karl-Heinz Willenborg, Politologe, Historiker und Soziologe

Die Frau wollte wieder Frau sein. Die geänderten Klamotten waren ja nicht das, was sie sich vorstellte... Sie wollte chic sein. Make-up gab es wieder, den Friseur und Schuhe. Und jetzt herrschte der Wunsch, als Frau, als anbetungswürdige und verehrungswürdige Frau, am Leben teilzunehmen.
Heinz Oestergaard, Modeschöpfer

kommen – sie hatten sich auf deutschem Boden einen neuen Markt erschlossen.

Über eines aber konnten die Erfolgsbilanzen nicht hinwegtäuschen. Die Kluft zwischen Arm und Reich war in der jungen »Zweiten Republik« größer als heutzutage. Erst allmählich schlug sich der Aufschwung auch auf den Gehaltszetteln der Arbeiter nieder. Seit der Währungsreform im Jahre 1948 waren die Reallöhne um rund 50 Prozent gestiegen, einige Lohngruppen lagen sogar weit über dieser Quote. Gleichzeitig füllten sich die Regale in den Geschäften. Nicht nur das Warenangebot stieg, sondern auch die Kaufkraft bei minimaler Inflation. Knapp 500 Mark im Monat verdiente 1955 ein Arbeiterhaushalt im Durchschnitt – davon gingen noch etwa 80 DM für Steuern ab. Das klingt nach wenig, doch nach den entbehrungsreichen Nachkriegsjahren genügte das schon für einen bescheidenen Wohlstand. 200 Mark schluckte in der Regel schon der Einkauf fürs Essen. Jeder wollte satt werden nach der Erfahrung des Hungers. Eine regelrechte »Freßwelle« schwappte über das Land. Petra Schürmann, die Miss World 1956, war, was das anbelangte, schon damals Außenseiterin: »Was mir aufgefallen ist, war, daß die Leute um einen herum immer dicker geworden sind, wirklich sehr, sehr dick.« 3000 Kalorien verdrückte der Durchschnittsdeutsche täglich. Gegessen aber wurde vor allem am heimischen Herd; der Geldbeutel erlaubte nur selten einen Gang ins Restaurant.

Weitere »Wellen« erfaßten die Deutschen. Auf die Freßwelle folgte die Bekleidungswelle, dann die Einrichtungswelle und schließlich die Auto- und Reisewelle. Auch hier bot das Einkommen nur wenig Spielraum für Luxus. In der Mode hatte jahrelang der Zwang zum Sparen den Trend diktiert. Nun machte Konfektionsware aus Kunstfaser modischen Schick für immer mehr Kunden erschwinglich und löste einen überraschenden Boom aus. 1946 hatten Statistiker noch schwarzmalerisch vorhergesagt, daß sich jeder Deutsche künftig nur alle 40 Jahre einen Anzug, alle zehn Jahre ein Oberhemd und alle fünf Jahre eine neue Zahnbürste leisten könne. Doch 1955 hatte der Durchschnittsbürger seine Garderobe schon im Schrank und träumte von neuen Möbeln, schicken Autos und Reisen in ferne Gegenden – Träume, die so abwegig nicht mehr waren.

Das Automobil war damals vor allem Exportgut. Bei weitem nicht jeder, der eines baute, konnte sich auch eines leisten. Insgesamt nur jeder fünfzehnte Bundesbürger kam Mitte der fünfziger

Frei und flott: Zweiräder jeder Art stehen hoch im Kurs, da die wenigsten sich ein Auto leisten können.

Und dann gab es das erste Auto bei uns in der Straße. Das war damals schon viel! Wir kauften unser erstes Auto 1952, gebraucht von unserem Schwager. Ein Neuwagen war damals unvorstellbar. Aber damit war man schon König.
Ilse Kühn, Hamburg

Jahre in den Genuß eines vierrädrigen Untersatzes. Ein Zeitzeuge, der es wissen muß, Ex-VW-Chef Carl Hahn, sagt dazu: »Das Automobil war etwas Unerreichbares bei Löhnen, die zum Teil noch unter einer Mark pro Stunde lagen. Das Beste, was sich ein Normalverbraucher leisten konnte, war ein Motorrad. Schon ein Fahrrad kostete weit mehr als einen Monatslohn.«

Und auch dafür wurde geschuftet und geschwitzt: für den Traum von Bella Italia – bei gerade 14 Tagen Jahresurlaub. Doch nur wenige trieb die Reisewelle bis an die Riviera. »Das Wort Urlaub oder das Wort Italien kannten wir nur von Goethe und von Bildern, aber plötzlich fuhren Leute in die Ferien nach Italien und legten sich dort in die Sonne und hatten auch noch genug Geld, es zu bezahlen«, wunderte sich der Kabarettist Dieter Hildebrandt. In der Tat mußten die meisten Bundesbürger ihre Sommerfrische in deutschen Landen verbringen, ob in Oberbayern, im Garten oder am Baggersee – vor allem Camping war »in«.

Von Massenwohlstand konnte noch lange nicht die Rede sein. Fast ein Fünftel der Bevölkerung lebte mit 250 D-Mark Monatseinkommen am Rande des Existenzminimums. Lediglich jeder zehnte Bundesbürger besaß einen Kühlschrank oder eine

Hell, leicht und freundlich: Die alten schweren Möbel werden ausgetauscht gegen Nierentisch und Clubsessel.

Adrett und sauber: Ein »kultivierter Haushalt« soll es sein.

Waschmaschine. Das Geld war meist knapp und die Zeit, es auszugeben, sowieso. Es gab noch keine 40-Stunden-Woche. Nur wenige kamen in den Genuß eines freien Samstags. Radio, Illustrierte und gelegentliche Kinobesuche am Feierabend oder an den kurzen Wochenenden mußten zur Unterhaltung genügen. Fernsehgeräte zählten noch zu unerschwinglichen Luxusartikeln. Das sollte sich bald ändern, denn immerhin hatte fast jeder Arbeit.

Und die gab es zur Genüge. Noch war laut Statistik eine halbe Million Menschen arbeitslos gemeldet, doch dieser Quote stand nun eine Viertelmillion offener Stellen gegenüber, was praktisch Vollbeschäftigung bedeutete. Die Erfolge im Export hatten auf alle Wirtschaftsbereiche stimulierend gewirkt. Ein großer Teil der Gewinne wurde sofort wieder investiert. Dadurch wurde der Arbeitsmarkt praktisch leergefegt. Die Arbeitslosenzahl sank innerhalb von vier Jahren um zwei Drittel.

Was die Lage Westdeutschlands zunächst dramatisch verschlimmert hatte, erwies sich nun als großer Vorteil: der Zustrom von insgesamt rund zwölf Millionen Vertriebenen und Flüchtlingen. Es zeigte sich, daß die Wirtschaft bei anhaltendem Wachs-

Es ging wie ein Aufatmen durch unser Land, daß ehrliche Arbeit wieder Sinn und Nutzen verhieß.
Ludwig Erhard, 1957

tum nicht ohne eine große Zahl zusätzlicher Arbeitskräfte auskommen konnte. Schon herrschte in einigen Branchen Mangel an geeigneten Facharbeitern. Zum Glück verfügte ein großer Teil der Vertriebenen über eine gute Ausbildung, so konnten sie ihre Qualifikationen gewinnbringend einsetzen. Ihre Tüchtigkeit und Mobilität trugen wesentlich zum Wirtschaftswunder bei.

Die Vertriebenen müssen doppelt soviel arbeiten, sie müssen doppelt so intelligent sein und sie müssen doppelt so skrupellos sein, um auf die hohen Positionen zu kommen. Und in der Beziehung haben die Schlesier nicht lange gefackelt, die haben sofort angepackt, zugepackt und das hat sich natürlich auch in einer gewissen Anerkennung niedergeschlagen.
Dieter Hildebrandt, Kabarettist und Schlesier

Daß ihre Integration gelang, das ist das eigentliche Nachkriegswunder. Ex-Bundesminister und Gewerkschafter Georg Leber meint dazu: »Die größte Leistung der Deutschen nach diesem Krieg war die Aufnahme von zwölf Millionen Menschen,

Endlich wieder satt! Nach den Jahren des Hungers nimmt der Deutsche durchschnittlich 3000 Kalorien am Tag zu sich.

die, weil sie Deutsche waren, ihre Heimat verlassen mußten. In einer Zeit, in der wir selbst Hunger hatten, viele keine Wohnung hatten, in Not waren, gliederten sie sich in Westdeutschland ein, ohne daß es dadurch zu Streit gekommen ist. Und es hat nur weniger Jahre bedurft, bis man nicht mal mehr die Grenzen zwischen Neu- und Altbürgern erkennen konnte.«

Die Integration der Vertriebenen geschah auf der Grundlage eines umfassenden Gesetzes, des sogenannten Lastenausgleichs. Zwischen den Deutschen, die im Krieg ihr Hab und Gut verloren hatten, und denen, die verhältnismäßig viel besaßen, sollte ein finanziellerAusgleich geschaffen werden. Seit 1952 flossen jährlich rund vier Milliarden Mark von der Seite der Besitzenden auf die Seite der Opfer.

Ein weiterer Notstand, unter dem nicht nur die Vertriebenen zu leiden hatten, war die allgemeine Wohnungsknappheit. Trotz der regen Bautätigkeit war diese Folge des Bombenkriegs fast überall noch spürbar. Seit 1950 förderte das Wohnungsbaugesetz im großen Maßstab den Bau von Sozialwohnungen. Eine halbe Million »Wohneinheiten« jährlich konnten fertiggestellt werden.

Das Häuschen im Grünen war ein Traum... Man wollte sich ein schönes Zuhause..., ein kleines Idyll, das, was man so lange entbehrt hatte, aufbauen.
Luise Gräfin von Schlippenbach, Wirtschaftsjournalistin

Neuer Wohlstand, alte Rollen: In eleganter Abendgarderobe vor gefülltem Kühlschrank.

Für viele Familien hieß das: endlich heraus aus Baracken und Behelfswohnungen.

Dennoch ließ die Unterbringung oft zu wünschen übrig. Mehr als 65 Prozent der Bevölkerung lebten nach wie vor in Ein- bis Zweieinhalbzimmer-Wohnungen; oft fehlten Bad und WC; Zentralheizungen waren meistens reiner Luxus. »Alles eine Frage der Zeit«, lautete auch hier die Parole – denn in Sachen Bauwirtschaft war die Bundesrepublik längst Spitzenreiter im europäischen Vergleich. Größter Wunsch von vielen Deutschen jener Jahre aber war: im Wiederaufbauland sein eigener Bauherr zu sein. Jährlich entstanden etwa 100 000 Eigenheime.

Mit Sicherheit mußten die Arbeitnehmer am Anfang auf vieles verzichten, was den Ertrag der gemeinsamen Anstrengungen ausmachte. Aber es mußte investiert werden.
Georg Leber, Gewerkschafter

Der rasante Aufschwung weckte bei vielen Arbeitnehmern die Erwartung, vom Wohlstandskuchen einen größeren Anteil abzubekommen – in Form von höheren Löhnen und vor allem mehr Freizeit. Immerhin mußte ein Arbeiter im Durchschnitt 48 Stunden pro Woche am Fließband oder an der Werkbank verbringen, Samstage inbegriffen. Der Ruf nach weniger Arbeitszeit und die Aussicht, den biblischen Ruhetag Sonntag zu einem erholsamen Wochenende zu erweitern, fanden Anklang in der Bevölkerung. Laut Umfragen befürworteten 54 Prozent der Bundesbürger die Einführung der 40-Stunden-Woche bei vollem Lohnausgleich. Doch bis es soweit war, sollten noch etwa zehn Jahre ins Land gehen. Selbst der Bundespräsident und die Kirchen machten sich für den freien Samstag stark – die Kirchen vor allem deshalb, weil der Sonntag nicht der einzige Tag zur Erholung sein sollte, sondern der »Tag des Herrn«.

Um die Investitionskraft der Unternehmen nicht zu gefährden, hatten sich die Gewerkschaften in ihren Forderungen nach mehr Sozialleistungen und höheren Löhnen bis Mitte der fünfziger Jahre zurückgehalten. Dadurch trugen sie entscheidend zum »Wirtschaftswunder« bei. »Wir müssen an einem Strang ziehen«, dachten damals 60 Prozent der Arbeiter laut Allensbach-Umfragen. Dagegen meinte nur jeder fünfte: »Wir müssen kämpfen, wir müssen uns mit allen Mitteln, sei es auch mit Streiks, durchsetzen.«

In den fünfziger Jahren gab es zweistellige Wachstumsraten, an denen die Arbeitnehmer über die Lohnentwicklung auch Anteil hatten. Aber die Gewerkschaften waren damals sehr vernünftig, haben sich zusätzlich in den Lohnvereinbarungen zurückgehalten – auch weil sie sich so hohe Produktionssteigerungen, wie sie dann eingetreten sind, gar nicht vorstellen konnten.
Otto Schlecht, Mitarbeiter Ludwig Erhards

Das Hauptaugenmerk richteten die Gewerkschaften zunächst auf die Mitbestimmung in den Betrieben. 1955 verpackte der DGB seine Forderungen in ein »Aktionsprogramm«, das vor allem auf den Ausbau des sozialen Netzes zielte: höhere Kranken- und Rentenversicherung und bei Arbeitslosigkeit 75 Prozent Lohnfortzahlung. Doch wie im Falle der Arbeitszeit stellten sich auch hier die Arbeitgeber zunächst stur: Die Forderungen seien unmäßig und gefährdeten nicht nur das Wachstum, sondern außerdem die internationale Konkurrenzfähigkeit der Bundesrepublik. Doch davon konnte keine Rede mehr sein. Nach den erfolgreichen Aufbaujahren war die Zeit reif für Kompromisse. Die Arbeitgeber ließen die Löhne allmählich steigen, die Arbeitszeit wurde schrittweise verkürzt. Die Gewerkschaften verzichteten ihrerseits auf alte Forderungen wie die nach der Verstaatlichung von Schlüsselindustrien und nahmen Abschied von überholten Klassenkampfparolen.

Bella Italia: Nur wenige können sich schon in den fünfziger Jahren den Urlaubstraum Italien erfüllen.

Die Stabilität der jungen »Zweiten Republik« bot der Wirtschaft Rückhalt – und umgekehrt. Mit dem Wohlstand stieg die Anerkennung des Systems, das ihn gebar. Die bekannten großen Krisen – Inflation und Massenarbeitslosigkeit – blieben aus, die soziale Marktwirtschaft etablierte sich. Neun von zehn Bürgern wählten demokratische Parteien. Zwischen Regierung und Opposition herrschte bei allem politischen Dissens eine immer größere Übereinstimmung in grundsätzlichen Fragen.

Gab es plötzlich nur noch gute Demokraten? »Politisch gesehen bin ich der Meinung, daß es gar nicht goldene Jahre waren, sondern eher schlimme Jahre, eine Restauration, die nicht nur eine konservative deutschnationale Stimmung hochgebracht hat, sondern auch die Rückkehr der Nazis in den öffentlichen Dienst. Schlimm belastete Leute kamen wieder zu Ehren und in große verantwortliche Positionen«, sagt Hildegard Hamm-Brücher. Doch war bald schon klar, daß Bonn nicht Weimar werden würde. Die Bundesrepublik wurde ein aktiver Teilhaber westlicher demokratischer Kultur.

Es hat auch im Osten ein Wirtschaftswunder gegeben, und zwar früher als in den Westzonen und der späteren Bundesrepublik; denn in Mitteldeutschland waren jene deutschen Wirtschaftszweige ansässig, die für eine Friedenswirtschaft geradezu prädestiniert waren. Dort war der modernste Teil des deutschen Automobilbaus, einschließlich der Zulieferer … der modernste Teil der Elektrotechnik, Feinmechanik, Optik, graphischen Industrie, der einschlägige Maschinenbau…
Fritz Schenk, Mitglied der SED-Planungskommission

Was demgegenüber »real existierender Sozialismus« bedeutete, bekamen die Deutschen in der DDR zu spüren. Der Blick über den Eisernen Vorhang weckte bei den Bürgern »drüben« das Gefühl, daß der Aufschwung nur im Westen stattfand. Die politische Situation seit dem gescheiterten Aufstand vom 17. Juni 1953 ließ sie die Lage als doppelt unerträglich empfinden. Zigtausende kehrten dem Regime für immer den Rücken. Die Flüchtlingszahlen stiegen rapide. Es war ein Teufelskreis – flohen doch in erster Linie diejenigen, die für den wirtschaftlichen Aufbau der DDR dringend benötigt wurden: die Fachkräfte.

Die Grundlagen für den Wiederaufbau in der DDR waren ohnehin weit ungünstiger als in der Bundesrepublik – schon wegen der Beschaffenheit des Wirtschaftssystems: »Den Konsumbedarf der Menschen oder überhaupt den gesamten gesellschaftlichen Bedarf einer Produktion über einen Plan steuern zu können, das geht nicht. Diese Schlußfolgerung haben wir viel später ziehen müssen«, räumt heute einer der einst führenden Planer des SED-Regimes, Gerhard Schürer, ein.

Zudem bremsten im Osten jahrelang Demontagen und Reparationsleistungen an die Sowjetunion die Konjunktur – während im Westen der Marshallplan half. Dennoch – trotz der erschwerten Ausgangslage nahm die Volkswirtschaft der DDR eine Spitzenstellung unter den sozialistischen Systemen ein, standen die

»Ossis« den »Wessis« in ihrem Fleiß nicht nach. So kam auch hier ein wenig Stolz auf. Der Ostberliner Kabarettist Peter Ensikat schildert, wie: »Verglichen mit Polen und der Tschechoslowakei hatten wir auch so eine Art Wirtschaftswunder. Bei uns wurde aus nichts wenig gemacht, aber immerhin: Das wenige war noch mehr, als andere Nachbarn hatten. Insofern gab es auch bei uns die deutsche Vorbildrolle.«

Höhere Produktivität, höhere Erträge und höhere Reallöhne, nirgendwo im Ostblock war der Lebensstandard so hoch wie in der DDR – ein kleines Wirtschaftswunder Ost?

Streikposten: Arbeiter fordern ihren Anteil am Wirtschaftswunder – höhere Löhe und geringere Arbeitszeit.

Die meisten Menschen jenseits der Blockgrenze empfanden das nicht so. Allenthalben herrschte Mangel an Konsumgütern. Dabei hatte Ostberlin nach dem 17. Juni 1953 vollmundig versprochen, die Regale binnen kurzer Zeit zu füllen. Eine Zeitzeugin, die Dresdnerin Ingeborg Lehmann, erinnert sich, »daß es nach 1953 zunächst etwas aufwärts ging – da hatten wir in den Geschäften auch Obst. Es gab Ananas, Apfelsinen, auch Feigen und so. Das

Gerade die Flüchtlingsunternehmer begannen mit der Produktion in Westdeutschland, die aus der DDR vertrieben worden waren. Das löste das Wirtschaftswunder im Westen aus und ließ die DDR auf der Strecke bleiben.
Fritz Schenk

hat aber nur eine ganz bestimmte Zeit angehalten, dann ging es wieder im alten Trott wie eh und je.«

Devisenmangel machte dem Traum ein Ende, die Konsumgüter waren auf Pump eingekauft worden. In vielen Bereichen der Produktion standen die Räder still, weil Rohstofflieferungen nicht bezahlt werden konnten. Der erste Fünfjahresplan der DDR, der im Zeitraum von 1951 bis 1955 die Industrieproduktion verdoppeln sollte, wurde nicht erfüllt. Gleichwohl nahm sich die SED-Führung für den zweiten Fünfjahresplan besonders viel vor: Die DDR sollte mit der Bundesrepublik wenigstens gleichziehen. Doch die Hoffnung, solche Verheißungen könnten den andauernden Flüchtlingsstrom noch bremsen, erwies sich als trügerisch. Monat für Monat kehrten bis zu 30 000 DDR-Bürger dem Arbeiter-und-Bauern-Staat für immer den Rücken, aus Mangel an Wohlstand, vor allem aber aus Mangel an Freiheit.

Im Westen dagegen wog man sich bereits in Sicherheit, im »besseren Deutschland« zu leben. Und es schien, als bräuchte man nur zu warten, daß die »Sowjetzone« eines Tages an sich selbst zugrunde ging. Eilig hatte man es damit nicht. Auch in Sachen Wohlstand schien der Leitspruch zu gelten: Lieber ein halbes Deutschland ganz als ein ganzes Deutschland halb – oder gar nicht. Jedenfalls hatten die Bundesbürger vor allem ihr eigenes »Wirtschaftswunder« im Blick. Sie waren erfaßt von einem neuen »Wir-sind-wieder-wer«-Gefühl und glaubten, daß es immer weiter aufwärts gehen würde, erst mal im Alleingang, der immerhin in einem Teil Deutschlands Demokratie und Wohlstand garantierte.

Der »Wohlstand für alle« hieß für Erhard auch Maßhalten für alle – etwas, das er ununterbrochen versuchte den Menschen klarzumachen: Maßhalten beim Preis, Maßhalten aber auch bei den Löhnen.
Luise Gräfin von Schlippenbach, Wirtschaftsjournalistin

Bundeswirtschaftsminister Erhard warnte vor Übermut. Daß der Aufstieg nicht vom Himmel fiel, wußte keiner besser als er, der nicht müde wurde zu mahnen, »daß wir einsichtig genug sind, die heutige Volkswirtschaft nicht zu überfordern, sondern die Maße zu achten und nicht der Maßlosigkeit zu verfallen«. Nach Ansicht des früheren Präsidenten des Deutschen Bundestages, Richard Stücklen, wurde er falsch interpretiert: »Als Erhard vom ›Maßhalten‹ sprach, da haben ihn manche bewußt falsch verstanden. Sie haben an den Maßkrug gedacht. Gemeint hat Erhard aber etwas anderes: ›Nicht über die Verhältnisse leben.‹« Es war ein frommer Wunsch, der immer weniger erfüllt wurde.

13. AUGUST 1961

Die Mauer

Conrad Schumann ahnte noch nicht, daß er Geschichte machen würde. Der Neunzehnjährige war Unteroffizier der Nationalen Volksarmee (NVA) in Berlin, der Frontstadt des Kalten Krieges. Kampfmaßnahmen kannte Schumann bisher nur in Form propagandistischer Wortgefechte. In dieser Nacht zum 13. August 1961 änderte sich das schlagartig. Es war stockfinster draußen, als in der NVA-Kaserne plötzlich die Lichter aufflammten. »Los, aufstehen, Mensch, wir müssen an die Grenze!« Minuten später saßen Schumann und seine sechs Kameraden im Schützenpanzer, das Sturmgepäck auf dem Rücken, die sowjetische Maschinenpi-

Berlin hätte damals zum Ausgangspunkt eines globalen Krieges werden können; nie zuvor und nie danach war die Welt dem Dritten Weltkrieg näher...!
Valentin Falin, früherer Botschafter der Sowjetunion in Bonn

Symbol der Teilung: Am frühen Morgen des 13. August 1961 sperren Volkspolizisten das Brandenburger Tor.

Deutsche gegen Deutsche: Bewaffnete Betriebskampfgruppen der DDR machen am 14. August 1961 in der Mitte Berlins das letzte Schlupfloch dicht.

stole im Arm, geladen mit scharfer Munition. »Es war das erste Mal, daß ich nicht zu einem Manöver, sondern zu einem Ernstfall ausgerückt bin«, erinnerte sich Schumann. »Es war ein merkwürdiges Gefühl, vielleicht auch ein bißchen Angst. Ein Kamerad flüsterte: ›Vielleicht gibt es Krieg!‹«

Die Erhaltung des Friedens erfordert, dem Treiben der westdeutschen Revanchisten und Militaristen einen Riegel vorzuschieben.
Beschluß des Ministerrates der DDR vom 12. August 1961

Am Brandenburger Tor waren kurz vor zwei Uhr morgens die Scheinwerfer ausgegangen. Im Schutz der Dunkelheit herrschte rege Aktivität. Der Pariser Platz wimmelte von Männern mit Gewehren, schwer beladenen Jeeps und Lastwagen. Das rasselnde Dröhnen der Schützenpanzer erfüllte die Stille der nächtlichen Straßen. »Die Panzer haben in einigem Abstand geparkt«, erinnerte sich Schumann. »Es kamen immer mehr Lastwagen angerollt. Wir mußten Stacheldrahtrollen und Betonpfeiler abladen. Immer neue Befehle wurden ausgegeben. Es war eine irgendwie unwirkliche, gespenstische Situation.«

Plötzlich schoben sich Panzerspähwagen in die fünf Bogen des Tores. NVA-Soldaten in voller Kampfausrüstung brachten schwere Maschinengewehre in Stellung und richteten die Mündungen auf drei Westberliner Polizisten, die mit offenen Mündern

Gefangenes Volk: Ulbrichts Soldaten als Gefängniswächter.

dem Treiben zusahen. Als die Soldaten begannen, Stacheldrahtrollen zu entladen, faßte sich einer der Polizisten ein Herz: »Ich bin bis an die Sektorengrenze gegangen und habe einen Oberleutnant gefragt, was das Ganze denn soll. Der guckte mich nur todernst an, nahm seinen Preßlufthammer und fing an, mit ohrenbetäubendem Lärm den Asphalt aufzureißen.«

Ihr seid doch auch Deutsche! – Ihr seid ein schöner Friedensstaat, mit Panzern und mit Stacheldraht!
Sprechchöre an der Mauer

Während die Berliner noch in ihren Betten lagen, wurde eine Operation vollzogen, die Berlin »ohne Narkose« brutal in der Mitte durchschnitt. Binnen weniger Stunden materialisierte sich in Form von Stacheldraht, Betonpfeilern und spanischen Reitern der so oft beschworene »Eiserne Vorhang«. Die Mauer wurde Symbol für die Teilung der Welt in zwei Blöcke. Für die Deutschen bedeutete sie für unbestimmte Zeit die Teilung ihrer Nation. Von der DDR-Propaganda als »moderne Friedensgrenze und antiimperialistischer Schutzwall zum Schutz der eigenen Bevölkerung« schön geredet, war sie 28 Jahre lang nichts anderes als ein kaum überwindbarer Gefängniswall für 17 Millionen Insassen.

Wer jenen schwülen Sommer in Berlin nicht miterlebt hat, kann sich die unheimliche Spannung vor dem schwarzen Sonntag (13. August) schwer vorstellen. Die täglichen Flüchtlingszahlen stiegen in die Tausende. Jeder, der nur etwas nachdachte, konnte sich ausrechnen, daß das Regime in der DDR zu entscheiden haben würde, ob es das Risiko eingehen könnte, die Grenzen hermetisch abzuriegeln.
Pfarrer Heinrich Albertz, damals Chef der Senatskanzlei in Berlin

Der Bau der Mauer auf deutschem Boden ist sicherlich der Gipfelpunkt des Kalten Krieges. Überraschend kam er nicht. Seit dem

Todesstreifen: Zwischen beiden deutschen Staaten darf es kein Grün mehr geben – ein Arbeiter aus Ostberlin streut Pflanzengift.

Sie ließen den Vorhang fallen: Kremlchef Nikita Chruschtschow (links) gab Walter Ulbricht, dem Staatsratsvorsitzenden der DDR, grünes Licht.

Volksaufstand am 17. Juni 1953 war die Kluft zwischen Bürgern und DDR-Regime immer größer geworden. 1959 erreichte die Zahl der Flüchtlinge einen neuen Rekord: 145 000 Menschen setzten sich in den Westen ab. Die meisten waren jünger als 25 Jahre – und der Strom riß nicht ab. Es war ein Aderlaß für den »Arbeiter-und-Bauern-Staat«.

Daß die DDR dem nicht mehr lange zusehen konnte, lag auf der Hand. Weil, wie Ulbricht forderte, »die Verschärfung des Klassenkampfes unvermeidlich ist und die Werktätigen den Widerstand der feindlichen Kräfte brechen müssen«, ging im innerdeutschen kleinen Grenzverkehr schon längere Zeit so gut wie gar nichts mehr.

Anders in Berlin. Die alte Reichshauptstadt wurde von den vier Siegermächten kontrolliert – und war der Dreh- und Angelpunkt im Kalten Krieg der beiden Militärblöcke. Hier spiegelten sich wie in einem Brennglas die Einflußzonen der USA und der Sowjetunion wider. Im Westteil gab es die D-Mark und die Bindung an die Bundesrepublik, im Ostteil die Ostmark und den Anspruch, »Hauptstadt der DDR« zu sein. Noch lief der Grenzverkehr hier reibungslos. Fast 12 000 Westberliner pendelten täglich zu ihren Arbeitsstellen im Osten, mehr als 50 000 Ostberliner waren im Westteil der Stadt beschäftigt. Kontrolliert wurde sel-

Menschen unserer Sprache, unserer Herkunft und – wenn man so sagen darf – der gleichen Kultur, Deutsche also, haben sich bereit gefunden, ihre eigene Hauptstadt einzukreisen, Sperren zu errichten, Stacheldrahtverhaue aufzubauen und so kriegerisch zu verfahren, als lebten wir im finstersten Mittelalter.
Friedrich Luft, Berliner Kulturkritiker, am 13. August 1961

ten, mit der Folge, daß Berlin das letzte verbliebene Schlupfloch für »Republikflüchtlinge« war. Immer lauter tönte es Anfang 1961 aus dem Osten, Berlin sei ein »Pfahl im Fleisch der DDR« und gefährde die »Vollendung des sozialistischen Aufbaus«.

Krieg oder Frieden, das liegt nun in Ihrer Hand. – Wenn Sie eine Division nach Berlin schicken, schicke ich zwei!
Chruschtschow zu Kennedy, 16. Juni 1961

Seit Beginn der Teilung war Berlin der Zankapfel im Kalten Krieg. Der steuerte nun seinem eisigen Höhepunkt zu. Bei ihrem ersten Gipfeltreffen in Wien hatte Chruschtschow dem neugewählten amerikanischen Präsidenten John F. Kennedy am 4. Juni 1961 ein Ultimatum gestellt: Er forderte eine entmilitarisierte »Freie Stadt Westberlin«, sonst werde die UdSSR noch vor Jahresende einen Separatfrieden mit der DDR unterzeichnen. Ein Friedensvertrag: Das hieß volle Souveränität für die DDR, die damit auch die volle Kontrolle über alle Zufahrtswege nach Berlin – zu Lande und in der Luft – erhalten würde. Ob dies eine Blockade des freien amerikanischen Zutritts nach Westberlin bedeute, fragte Kennedy. »Genau das!« antwortete der Kreml-Chef und ließ sich zu einer bis dahin noch nie geäußerten Drohung hinreißen: »Ich wünsche den Frieden, aber wenn Sie einen Atomkrieg haben wollen, dann können Sie ihn haben!« Auf den an knallharte Politiker wie Truman und Eisenhower gewöhnten Chruschtschow hatte Kennedy fatalerweise den Eindruck eines »Sonnyboy« gemacht: »Chruschtschows Vorgehen in Berlin war kalkuliertes Risiko und Bluff zugleich. Kennedy hat es in Wien versäumt, mit Nikita zu feilschen. Das war gefährlich! Nikita hielt ihn für einen schwachen Mann. Er sah, daß er ihn sogar einschüchtern konnte. Das hatte Auswirkungen auf unseren Minderwertigkeitskomplex gegenüber Amerika: Der psychologische Effekt war enorm«, erinnert sich Arkadij Schewtschenko, ehemals Moskaus Experte für internationale Politik.

Washingtons Antwort auf das Ultimatum ließ lange auf sich warten. Schon in Wien hatte Kennedy die drei »Essentials« genannt, die ihm am Herzen lagen: Verbleib der Westmächte in Berlin; freier Zugang nach Berlin; Freiheit und Lebensfähigkeit für die Bürger Westberlins. Chruschtschows Wiener Forderungen waren nicht neu: Bereits 1958 hatte er einseitig den Viermächtestatus der einstigen Reichshauptstadt gekündigt und gefordert, Berlin in eine »entmilitarisierte freie Stadt« zu verwandeln. Die Krise war damals ohne Konsequenzen geblieben. Doch wie sollte man jetzt auf Chruschtschows neue Strategie der Einschüchterung reagieren?

Im Gegensatz zu Amerikas bisheriger Doktrin des »massiven atomaren Gegenschlags« vertrat Kennedy die »flexible response«,

Perfide Perfektion: Nach und nach werden die provisorischen Sperren zwischen Ost und West durch vorgefertigte Betonmauern ersetzt.

eine abgestufte Reaktion. Die »Falken« im Weißen Haus setzten dennoch auf Härte: Berlin dürfe auf keinen Fall preisgegeben werden. Die »Tauben« aber drangen auf Konzessionen.

Mitten in den Diskussionen sickerte der sogenannte »Pentagon-Plan« über die Medien nach außen und sorgte für gefährlichen Zündstoff: Auf dem Papier übten die USA schon die Evakuierung amerikanischer Bürger aus westdeutschen und französischen Städten, sorgten für die Verstärkung der US-Divisionen in Deutschland und spielten mit dem Gedanken, Atomwaffen in Stellung zu bringen. Lapidar ließ Chruschtschow daraufhin die Bemerkung fallen, sechs sowjetische Wasserstoffbomben würden völlig ausreichen, um England auszulöschen, für Frankreich würden neun genügen. Krieg lag in der Luft.

1961 hatte ich meine Zweifel, ob Kennedy, dem außenpolitische Erfahrungen offenkundig fehlten, genug Urteils- und Entschlußkraft zur Bewältigung internationaler Krisen besitzen würde.
Helmut Schmidt

Den Bürgern der DDR wurde bei dieser Propagandaschlacht immer mulmiger. Würde jetzt der letzte Weg nach Westen auch noch versperrt? Im Sog der Torschlußpanik setzte eine wahre Flüchtlingswelle ein. Waren es 1960 schon über 199 000, so stieg die Flüchtlingszahl jetzt monatlich: Von Januar bis August 1961 kehrten 180 000 Menschen ihrer Heimat den Rücken. Das Aufnahmelager Marienfelde verzeichnete allein am 12. August 2400 Flüchtlinge.

Zu allem Überfluß begann die SED eine Hetzkampagne gegen Berufspendler. »Grenzgänger« mußten sich registrieren lassen, waren von ärztlicher Behandlung in der DDR ausgeschlossen und sollten ihre Miete fortan mit D-Mark bezahlen.

Vertrauenskrise: Wachsam verfolgt ein Vopo die Arbeit seines Volksgenossen am »antifaschistischen Schutzwall«.

Wenn gewisse Leute fürchten, daß ihnen das Hintertürchen verschlossen wird, durch das sie bisher ihre Konterbande – Spionage, Sabotage und Menschenhandel – in die Deutsche Demokratische Republik einschmuggeln konnten, dann besteht diese Furcht zu Recht.
Walter Ulbricht, 7. August 1961

Am 15. Juni fiel zum ersten Mal das Wort »Mauer« in der Öffentlichkeit. Auf die Frage einer Journalistin, ob die Bildung einer freien Stadt bedeute, daß dic Staatsgrenze am Brandenburger Tor errichtet werde, formulierte Ulbricht die Lüge des Jahrhunderts: »Die Bauarbeiter unserer Hauptstadt beschäftigen sich hauptsächlich mit Wohnungsbau, und ihre Arbeitskraft wird dafür voll eingesetzt. Niemand hat die Absicht, eine Mauer zu errichten.«

Dann, ganze sechs Wochen nach Chruschtschows Ultimatum, traf die Antwort aus Washington ein: abgelehnt. Doch in einer Fernsehrede an die amerikanische Nation bekräftigte Kennedy seinen »Weg der Mitte« – und machte damit ungewollt den Weg frei für den Mauerbau: »Schon vor langer Zeit haben wir unser Wort gegeben, daß wir jeden Angriff auf Westberlin als einen gegen uns alle gerichteten Angriff betrachten werden. Denn Westberlin ist mehr als ein Schaufenster der Freiheit, ein Symbol, eine Insel der Freiheit inmitten der kommunistischen Flut. Es ist noch weit mehr als ein Bindeglied zur Freien Welt, ein Leuchtfeuer der Hoffnung hinter dem Eisernen Vorhang und ein Schlupfloch für Flüchtlinge. Westberlin ist darüber hinaus – mehr denn je zu-

Berliner Tragödien: Verzweifelt winkt eine Mutter aus Westberlin ihrem Kind. Es hatte am Vorabend des Mauerbaus bei der Oma im Ostteil übernachtet.

vor – zum großen Prüfstein für den Mut und die Willensstärke des Westens geworden.«

Zwar trug Kennedy einen umfangreichen militärischen Maßnahmenkatalog vor, zeigte sich jedoch zugleich verhandlungsbereit: »Ich muß noch mal betonen, daß wir nicht nur zwischen Widerstand und Rückzug, zwischen Atomkatastrophen und Kapitulation zu wahlen haben.Wir werden auf die Berlin-Krise keineswegs nur militärisch oder negativ reagieren. Wir werden zu allen Zeiten zu Gesprächen bereit sein.« Weil Kennedy vor allem seine »drei Essentials« für Westberlin bekräftigte, stand für Chruschtschow fest: Westberlin durfte nicht angetastet werden. Ein Abriegeln des Ostsektors der Stadt, um die Weltkriegsbeute DDR zu retten, würde jedoch kaum den »casus belli« heraufbeschwören.

»Die Mauer muß weg!« – »Ich bin ein Berliner!« – leere Formeln! Denn im Juni hatte Kennedy sozusagen die Erlaubnis zum Mauerbau gegeben, in dem er die »three essentials« formulierte...
Alfred Grosser, Politikwissenschaftler

Die Errichtung der Grenzkontrolle brachte Ordnung und Disziplin in das Leben der Ostdeutschen, und Disziplin haben die Deutschen von jeher geschätzt.
Nikita Chruschtschow

Ulbricht hatte zwar das Konzept der Mauer entwickelt und mit der Sowjetführung abgestimmt, aber die gesamten organisatorischen und militärischen Vorbereitungen sowie die Entsprechungen für die Errichtung der Mauer lagen in den Händen Erich Honeckers.
Wolfgang Leonard, Publizist und Sowjetologe

Die Kommunisten machten nun Nägel mit Köpfen. Auf der Moskauer Gipfelkonferenz vom 3. bis 5. August malte Ulbricht die Situation der DDR in den schwärzesten Farben: Westliche »Menschenhändler und Kopfgeldjäger« entvölkerten das Land. Die DDR werde ihre Lieferleistungen nicht aufrechterhalten können, falls nicht Maßnahmen gegen die Massenflucht beschlossen würden. Der »Spitzbart« schlug vor, entweder eine Mauer um ganz Berlin herum zu ziehen oder eine Mauer quer durch die Stadt zu errichten.

»Man einigte sich darauf, einen Stacheldraht quer durch Berlin zu ziehen. Und nur dann, wenn dieser von den Westmächten geduldet und nicht weggeräumt würde, sollte mit dem Mauerbau begonnen werden«, schildert Wolfgang Seiffert, damals Rechtsberater der DDR-Führung, die Spekulationen des Ostblocks. Ulbricht bekam grünes Licht für seine »Operation Chinesische Mauer«. Mit der »Aktion X« wurde ein schmächtiger Parteifunktionär betraut, den dieses Werk bis an sein Lebensende mit Stolz erfüllen sollte: Erich Honecker.

Während die Politiker der Westmächte sich ihrem Sommerurlaub widmeten und lediglich die eigens eingerichtete »Berlin Task Force« des State Department über die nächsten Schritte des Gegners spekulierte, frohlockte Chruschtschow auf einem Galadiner: »Wir machen Berlin dicht! Wir werden Stacheldraht ausrollen, und die Westmächte werden dastehen wie dumme Schafe! Und während sie noch so dastehen, bauen wir eine Mauer!«

In Westberlin wurde man sich in der Nacht zum 13. August, dem »schwarzen Sonntag«, nur langsam der beginnenden Katastrophe bewußt. In immer kürzeren Abständen gingen auf den Polizeiwachen beunruhigende Meldungen ein: »Die DDR-Reichsbahn hat den S-Bahn-Verkehr eingestellt.« – »Auf der Bundesstraße 5 bei Staaken rollen Sowjetpanzer nach Berlin.« – »Am Pariser Platz sind 23 Militärtransporter mit schwerbewaffneten Volkspolizisten gesehen worden.« Um 3.27 Uhr meldete Associated Press: »Das Brandenburger Tor ist zu.« Nach anfänglicher Panik war jedoch klar: Westberlin blieb unangetastet. Zentimeter vor der Sektorengrenze kamen die Honecker-Truppen zum Stehen.

Die Westberliner Polizei löste nur den internen Alarmplan aus. Moskau hatte genau kalkuliert: Für den großen Alarm, der im NATO-Hauptquartier den Bündnisfall hervorgerufen hätte, fehlte der Anlaß. Die Schwelle zum Krieg wurde nicht überschritten. Doch als die Berliner an diesem sonnigen Augustsonntag aufwachten, lebten sie in einer geteilten Stadt.

Bis die Menschen merkten, was geschah, war es fast schon Mittag. Entsetzt strömten die Bürger Ostberlins an die Sektorengrenze, protestierten gegen den Machtmißbrauch. Soldaten hielten mit Wasserwerfern die Menge in Schach und sicherten mit Maschinengewehren und aufgepflanzten Bajonetten die Absperrungsarbeiten. Sie waren mit scharfer Munition ausgerüstet. Ihr Auftrag lautete: die Grenze dichtmachen, bei Fluchtversuchen schießen! Erregt versuchten die Menschen, mit den Soldaten zu diskutieren – vergeblich. Hilflos mußten sie mit ansehen, wie NVA und Volkspolizei Betonpfeiler um Betonpfeiler in die Erde rammten, Meter für Meter dichten Stacheldraht entrollten. Verlogen kommentierte Karl-Eduard von Schnitzler, Propagandist im DDR-Fernsehen, die Aktion: »Wir haben heute von unserem Selbstbestimmungsrecht Gebrauch gemacht und eine solche Kontrolle an unseren Grenzen eingeführt, wie sie an den Grenzen eines jeden souveränen Staates üblich ist. Auf unserer Seite ist nicht nur das Recht, sondern auch die Macht, und die Macht ist bei uns in guten Händen.«

Meine Herren, Sie können ganz beruhigt sein. Was immer in absehbarer Zeit geschehen mag: Ihre Rechte bleiben unangetastet, und nichts wird sich gegen Westberlin richten.
Marschall Iwan S. Konjew am 10. August 1961 gegenüber den westlichen Stadtkommandanten

Auch im Westteil der Stadt regte sich ein Sturm der Entrüstung. Tausende strömten zum Brandenburger Tor und skandierten zornig: »Macht das Tor auf!« und: »Schämt euch, schämt euch!« Nur mit Mühe gelang es der Polizei, die aufgebrachte Menge zurückzuhalten. Weinend winkten sich Familien, die über Nacht auseinandergerissen worden waren, über die Grenze hinweg zu.

Niemand hat den Bau der Mauer in Berlin vorausgesehen, der Berliner Senat nicht, die Bundesregierung nicht, die Regierungen der drei Schutzmächte nicht. Ich habe auch keine Bestätigung dafür finden können, daß ein westlicher Nachrichtendienst Vorbereitungen für den Mauerbau erkannt und rechtzeitig gemeldet hätte.
Wilhelm Grewe, damals deutscher Botschafter in Washington

Seit zwei Tagen stand der neunzehnjährige NVA-Unteroffizier Conrad Schumann Wache am Grenzübergang Bernauer Straße in Berlin. Seit zwei Tagen wurde er von der aufgebrachten Menge wütend beschimpft. Er schämte sich. Bis zu diesem Zeitpunkt war er stolz auf seine DDR gewesen. Jetzt regten sich Zweifel. Ein kleines Mädchen stand weinend am Stacheldraht. Es hatte seine Großmutter in Ostberlin besucht. Im Westen standen, verzweifelt, die Eltern. Die Kleine versuchte die Grenze zu überqueren, wurde aber von einem Offizier zurückgehalten.

»Es war schlimm«, erinnerte sich Schumann in seinem letzten Gespräch mit uns vor seinem Selbstmord 1998: »Da habe ich den Entschluß gefaßt: Ich verlass' den Staat, ich mach' das nicht mehr mit. Man darf nicht auf Menschen schießen.« Unbemerkt von seinen Kameraden tauschte er seine scharfe Munition gegen ein

Sprung in die Freiheit: Der junge Volkspolizist Conrad Schumann nutzt am 15. August die letzte Möglichkeit zur Flucht.

leeres Magazin aus. Aufgeregt stand er nahe am Stacheldraht, die Nerven zum Zerreißen gespannt. Immer wieder drückte er im Vorbeigehen, ängstlich nach seinen Kameraden Ausschau haltend, den Draht ein Stück herunter. Auf der Westseite wurde er von einem jungen Mann beobachtet. »Mensch, der will rüber«, dachte sich dieser – und handelte blitzschnell. Er alarmierte die Polizei, die bald darauf mit einem VW-Bus vorfuhr und in Grenznähe parkte. Ein Beamter sagte sämtlichen Fotografen Bescheid: Wie auf ein Kommando hoben alle ihre Fotoapparate und knipsten. Für einen Moment abgelenkt, drehten die Volkspolizisten und Kampfgruppen sich um.

Für uns waren die Verhältnisse nicht angenehm. Die Westberliner haben uns beschimpft, und von der Ostberliner Seite passierte das gleiche. In dem Bild, das ich mir vorher von der DDR gemacht hatte, ist etwas kaputtgegangen. In diesem Moment faßte ich den Entschluß zu fliehen.
Conrad Schumann, NVA-Soldat

In diesem Moment wagte Conrad Schumann den Sprung in die Freiheit: In voller Uniform und mit umgehängter Maschinenpistole übersprang er mit einem Satz den Stacheldraht. Es blitzte noch einmal: Ein Fotograf hatte den flüchtigen Moment eingefangen. Das Bild wurde zur publizistischen Ikone. Conrad Schumann hatte Geschichte gemacht: Als Symbol gegen die Teilung und für die Freiheit ging sein Bild um die Welt.

Noch oft war die Sektorengrenze in den Tagen nach dem 13. August Schauplatz erschütternder Szenen. Einige Flüchtlinge retteten sich in letzter Minute schwimmend über den Landwehrkanal oder fanden noch Schlupflöcher im Zaun, der von Stunde zu Stunde dichter wurde. Doch die meisten hatten weniger Glück: Sie blieben an den scharfen Drahtfallen hängen, wurden von Volkspolizisten zurückgeholt und verprügelt.

In der Bernauer Straße spielten sich wahre Tragödien ab. Hier verlief die Grenze mitten durch die Straße. Der Gehsteig lag noch im Westen, die Häuserzeilen schon im Osten. Maurer hatten be-

Für die politische Strategie und moralisch bedeutete die Mauer den Offenbarungseid des Kommunismus.
Heinz Brandt, ehemals Leiter der SED-Propagandaabteilung

Nackte Verzweiflung: Bevor an der Bernauer Straße alle Fenster zugemauert sind, versuchen einige Ostberliner sich in den Westen abzuseilen.

Nachbarschaftshilfe: Im heißen Sommer des Mauerbaus wird eine Ostberlinerin aus dem Westteil der Stadt mit Stangeneis beliefert.

reits begonnen, die Fenster zum Westen zuzumauern und die Hausbewohner zu vertreiben. Verzweifelt versuchten einige von ihnen, durch die oberen Fenster zu entkommen – und sprangen in den Tod. Sie waren die ersten in einer langen Reihe von Todesopfern, die die Berliner Mauer forderte.

»Der Osten handelt – was tut der Westen? Der Westen tut nichts!« beschwerte sich am 16. August in einer Schlagzeile die *Bild*-Zeitung. Während sich in Berlin dramatische Szenen abspielten, weilte Frankreichs General de Gaulle auf seinem Landsitz in Colombey-les-deux-Eglises, Großbritanniens Premier Harold MacMillan jagte Moorhühner in Schottland, und Amerikas Präsident Kennedy kreuzte mit seiner Motoryacht vor der Küste von Massachusetts. Einen Anlaß, ihre Ferien abzubrechen, sahen sie nicht.

Volle 36 Stunden dauerte es, bis die westlichen Stadtkommandanten bei ihrem sowjetischen Kollegen mit einem Protestschreiben vorstellig wurden, in dem sie halbherzig die »Beschränkung der Freizügigkeit« in Berlin monierten. »Wir sollten jetzt nichts überstürzen«, war die Meinung des Chefs der »Berlin Task Force«, Foy Kohler, als er von der Krise erfuhr. Insgesamt 72 Stunden vergingen, ehe Washington, London und Paris dem Kreml eine eher lahme Protestnote zukommen ließen.

Nach dem Bau der Mauer wurde die Zementierung der Teilung auch von den Verbündeten akzeptiert... Die Beseitigung der Mauer ist nie Gegenstand eines westlichen Vorschlages oder von Verhandlungen geworden.
Egon Bahr, damals Pressesprecher des Berliner Senats

Die Berliner waren schockiert. Sie mußten nicht nur mit ansehen, wie das »gräßlichste Bauwerk seit der Auflösung der Konzentrationslager« immer mehr Gestalt annahm, sondern sie fühlten sich auch betrogen. Über ein Jahrzehnt hatte ihnen der Westen vollmundig versichert: »Wir sind die Garanten eurer Freiheit.« Doch trotz der Vier-Mächte-Verantwortung für Gesamtberlin geschah nun gar nichts. Der Grund für dieses langsame Vorgehen war einfach, wie Willy Brandt später erklärte: »Was für die Berliner ein Tag des Entsetzens war, sollte für die westlichen Regierungen objektiv zu einem Datum der Erleichterung werden: Ihre Rechte, auf Westberlin bezogen, blieben unangetastet, die befürchtete Kriegsgefahr war abgewendet.« Und die alliierten Rechte in Ostberlin? Den Stacheldraht wieder gewaltsam zu entfernen hätte nach Meinung der Amerikaner nur zu gefährlichen »Komplikationen« geführt.

Sie haben sich heute nacht von Ulbricht in den Hintern treten lassen.
Willy Brandt, am 13. August 1961 zu den Vertretern der alliierten Stadtkommandanten

Obwohl »keiner von uns bereit war, das Mauerprojekt für mehr als ein weiteres Gerücht anzusehen«, wie Ernest von Pawel, Chef der US-Militärmission beim sowjetischen Oberkommando in Potsdam, versicherte, hatten die Amerikaner nicht nur damit gerechnet. Sie hatten es fast schon empfohlen. Schon am 5. Au-

Das Versprechen, das feindliche Imperium »zurückzurollen«, war nichts als Worte. Da die Politik der Macht, der sich die Bundesrepublik anschloß, den verheißenden Erfolg nicht hatte, mußte sie genau den entgegengesetzten haben, nämlich den Vorhang an der Zonengrenze immer undurchdringlicher zu machen, denn freiwillig würde Rußland einem solchen Deutschland seinen Herrschaftsteil nimmermehr ausliefern.
Golo Mann, Historiker, 23. August 1961

gust hatte der US-Senator William Fulbright für Furore gesorgt, als er sagte: »Ich verstehe nicht, warum die Ostdeutschen nicht ihre Grenze schließen, denn ich glaube, daß sie das Recht haben, sie zu schließen!« Unter vier Augen hatte Kennedy seinem Sicherheitsberater bereits Wochen zuvor gestanden: »Chruschtschow wird etwas unternehmen müssen, um den Flüchtlingsstrom zu stoppen, vielleicht eine Mauer. Und wir werden nichts tun können, um es zu verhindern. Ich bin in der Lage, die NATO zur Verteidigung Westberlins zusammenzuhalten, aber ich kann nichts tun, um Ostberlin offenzuhalten.« Als die Mauer tatsächlich gebaut wurde, hielt Kennedy sie zwar nicht für eine »schöne Lösung«: »Aber verdammt viel besser als Krieg.«

Die Westmächte reagierten also, wie Chruschtschow es vorausgesagt hatte: Sie standen da wie Schafe. Ungehindert konnte Honecker zu Stufe zwei seines Planes schreiten: Der sozialistische Traum wurde eingemauert. Am 15. August hievten Baukräne die ersten Betonplatten auf die Grenzlinie.

Besonders wütend waren die Berliner auf ihren Kanzler. Konrad Adenauer war gerade erst aus seinem Urlaub am Comer See zurückgekehrt, als die Nachrichten aus Berlin ihn aus dem Bett holten. Wer geglaubt hatte, der Kanzler würde sofort nach Berlin fliegen, um den Menschen dort den Rücken zu stärken, sah sich enttäuscht. Am Mittag veröffentlichte Bonn eine besänftigende Erklärung: »Im Verein mit unseren Alliierten werden die erforderlichen Gegenmaßnahmen getroffen … Es ist das Gebot der Stunde, in Festigkeit, aber auch in Ruhe der Herausforderung des Ostens zu begegnen.«

Die »erforderlichen Gegenmaßnahmen« blieben aus – und der Kanzler setzte seine Wahlkampftour fort. Willy Brandt, der Regierende Bürgermeister Berlins, war noch in der Nacht zum 13. August von einer Reise in seine Stadt zurückgekehrt. Er war entsetzt, mußte jedoch dafür sorgen, daß die aufgebrachten Berliner nicht noch den Funken zündeten, der das offene Pulverfaß hätte explodieren lassen. In einer Rede vor dem Schöneberger Rathaus rief er zur Ruhe auf, versprach aber den Ostberlinern: »Noch niemals konnten Menschen auf die Dauer in Sklaverei gehalten werden. Wir werden Sie nicht abschreiben! Wir werden uns niemals mit der brutalen Teilung dieser Stadt, mit der widernatürlichen Spaltung unseres Landes abfinden, und wenn die Welt voller Teufel wär'.« Die Welt war voller Teufel. Die Ostberliner mußten 28 Jahre warten, bis die Mauer wieder fiel.

Die Antwort auf schreiendes Unrecht kann nicht papierener Protest sein! Wir haben die Pflicht, unseren Freunden in der westlichen Welt unsere Meinung zu sagen.
Willy Brandt bei seiner Rede vor dem Schöneberger Rathaus am 16. August 1961

Die Wut wächst: Zehntausende demonstrieren, weil der Westen zu schwache Worte findet. Auch Kanzler Adenauer verpaßt den richtigen Moment zum Beistand. Erst am 22. August besichtigt der Rheinländer die neue Grenze.

Räuberleiter: Für einen flüchtigen Blick in den Osten scheut ein Westberliner keine Mühen.

Hoffnungsträger: Eine knappe Woche nach dem Mauerbau landen der amerikanische Vizepräsident Lyndon B. Johnson (links) und der legendäre Luftbrückengeneral Lucius D. Clay in Berlin-Tempelhof.

Doch auch die Westberliner fühlten sich von aller Welt verlassen und verkauft. Eine große Vertrauenskrise bahnte sich an. Was konnte sie angesichts ihres künftigen Ghettodaseins bewegen, noch an eine Zukunft ihrer Stadt zu glauben und zu bleiben? Im Grunde nur die Hoffnung auf Freiheit. Endlich sah auch Amerikas Präsident das ein. Erst als die Mauer schon stand, beschloß Kennedy, die Westberliner moralisch aufzumuntern und den Sowjets Standfestigkeit zu demonstrieren.

Wir waren sauer, daß wir wirkliche Mühe brauchten, um die Alliierten auch nur dazu zu bewegen, ein paar Patrouillen, ein paar Jeeps an die Sektorengrenze zu schicken, damit die Bevölkerung sieht, sie steht nicht allein und die Westmächte sind auch noch da.
Egon Bahr

Am 19. August landeten Vizepräsident Lyndon B. Johnson und der Held der Luftbrücke, General Lucius D. Clay, in Berlin-Tempelhof. Der Jubel der Berliner umbrandete ihn, als Johnson versprach, »unser Leben, unser Gut und unsere heilige Ehre« für Berlin zu geben.

Am frühen Morgen des 20. August fuhr eine Kampfeinheit der US-Army beim Grenzübergang Helmstedt vor: Kennedy wollte die Versprechungen der Sowjets testen. Die Welt hielt den Atem an. Nach bangen Stunden erreichte der Konvoi schließlich

Dies ist eine Zeit für Vertrauen, für Haltung und für Glauben – Qualitäten, mit welchen der Name euerer Stadt verbunden ist, von einem Ende der Welt zu dem anderen.
Lyndon B. Johnson am 19. August 1961 vor dem Berliner Senat

Checkpoint B: Der Weg nach Westberlin war frei. Die Westberliner waren erleichtert.

Doch als Adenauer am 22. August endlich selbst in Berlin eintraf, um den Bürgern Mut zu machen, wurde er kühl empfangen. »Zu spät!« ließ man ihn auf Transparenten wissen, und der Berliner Volksmund prägte den Satz: »Johnson kommt schneller über den Atlantik als Adenauer über den Rhein.« Bei der Bundestagswahl am 17. September erhielt der Kanzler die Quittung: Die CDU fuhr herbe Verluste ein. Es war der Anfang vom Ende der Ära Adenauer.

Der Bau der Berliner Mauer war ein Meilenstein in der Geschichte des Kalten Krieges. Er zementierte für die nächsten 28 Jahre, zwei Monate und 26 Tage die Teilung Deutschlands. Gleichzeitig stabilisierte er die SED-Führung und brachte die faktische Anerkennung eines zweiten deutschen Staates mit sich. Nur wenige Tage nach dem »schwarzen Sonntag« verfügte die SED, daß vom 23. August an Ausländer und Angehörige der Westmächte den Grenzübergang »Checkpoint Charlie« zu benutzen hätten. »Hier ist etwas Groteskes eingetreten«, spottete

Zaungäste: Westberlin grüßt Ostberlin an der Bernauer Straße.

Maueropfer: Der 18jährige Ostberliner Peter Fechter will hinüber nach Kreuzberg, wird von der Kugel eines Grenzpostens getroffen und verblutet auf dem Todesstreifen.

noch Jahrzehnte später Egon Bahr, damals im Stab von Willy Brandt: »Die DDR gab es bekanntlich überhaupt nicht. Und jetzt erteilte ein Innenminister der sogenannten DDR den drei Westmächten mit ihren originären alliierten Rechten Befehle in Form einer Anordnung! Und siehe da, die drei Mächte parierten! Eine stärkere De-facto-Anerkennung der DDR hatte es nie zuvor und hat es auch später nicht mehr gegeben!«

»Jetzt werden sie nicht mehr ›sogenannte DDR‹ sagen«, hatte ein Volkspolizist gehöhnt, als er am 13. August den Stacheldraht entrollte. Er hat recht behalten. Von nun an mußten auch die Politiker in Bonn umdenken. »Wir haben festgestellt, die drei Westmächte sind nicht mehr in der Lage, die Mauer kaputt zu machen. Niemand hat uns geholfen, also mußten wir, wenn wir die Menschen zusammenbringen wollten, die Mauer durchlässig machen. Wir kamen zur Einsicht, daß – ob es mir gefiel oder nicht – Vereinbarungen im Interesse Deutschlands nur mit der Regierung der sogenannten DDR zustande kommen können. Das war der Kern dessen, was später Ostpolitik genannt wurde«, sagt Egon Bahr,

Die russische Regierung und das russische Volk sollten sich nicht dazu hergeben, daran mitzuwirken, daß ein Teil eines großen, ihnen benachbarten Landes gegen den Willen der Bewohner in ein Konzentrationslager umgewandelt wird.
Konrad Adenauer vor dem Bundestag am 18. August 1961

der Architekt der »Ostpolitik«. Im September 1987 gipfelte diese Entwicklung im Bonn-Besuch des Mauerbauers Honecker.

Auch auf internationalem Parkett brachte der Mauerbau Bewegung in die Ost-West-Politik. Washingtons Politik der Stärke hatte sich als unwirksam erwiesen. Zu nahe agierten die Supermächte am Rande des Atomkriegs, wie spätestens das Kräftemessen am 25. Oktober 1961 am »Checkpoint Charlie« zeigte. Zum ersten Mal standen sich hier frontal sowjetische und amerikanische Panzer gegenüber. Diesmal blieb es beim Säbelrasseln. Zur Entschärfung der Situation mußte Kennedy jedoch einräumen, daß eine Wiedervereinigung Deutschlands »ein mit der Realität nicht zu vereinbarendes Verhandlungsziel« war. Insgeheim gaben die Strategen zu, daß die Mauer die Berlin-Krise überwinden half und zur Entspannung beitrug.

Im Kreis um Kennedy gab es eine Einschätzung der Lage, bei der der Bau der Mauer sehr wohl auch eine »beruhigende Funktion« hatte.
Klaus Schütz, ehemaliger Regierender Bürgermeister von Berlin

»Die Teilung Deutschlands ist nicht erst durch den Bau der Mauer geschaffen worden, sie hat sich dadurch nur verschärft. Aber irgendwie hat der Mauerbau auch die ständigen Spannungen entschärft. Er hat den Bevölkerungsschwund der DDR aufgehalten und somit der selbst heraufbeschworenen Krise der DDR ein Ende gesetzt«, bilanzierte George McBundy, damals Sicherheitsberater Kennedys. Für Valentin Falin, seinerzeit im so-

Die Welt zittert: Nach einem diplomatischen Schlagabtausch stehen sich Ende Oktober 1961 am Checkpoint Charlie sowjetische und amerikanische Panzer gegenüber.

Kennedys Besuch 1963: Wenige Monate vor seiner Ermordung wird der amerikanische Präsident von den Berlinern begeistert gefeiert.

wjetischen Außenministerium, war der Mauerbau sogar zukunftsweisend: »Die Maßnahmen haben den Frieden in Europa und in der Welt sicherer gemacht und die Voraussetzungen für die weiteren Schritte geschaffen, die zwar sehr viel später gekommen sind, aber dennoch gekommen sind.«

Die Verlierer des Mauerbaus waren die Ostberliner. Strategische Planspiele hatten für diese Menschen keine Bedeutung. Sie sahen nur, daß sie eingemauert waren. Hilflos waren sie fortan dem SED-Terrorregime ausgeliefert: Der letzte Fluchtweg durch den Eisernen Vorhang war versperrt. Es folgte die Zeit der Mauertragödien. Auf »Republikflüchtige« wurde von nun an scharf geschossen. »Lieber zehn Tote vor der Mauer als einer hinter der

Wir müssen mit der Mauer leben…
Willy Brandt, Februar 1962

Mitten im Todesstreifen: Der Friedhof der Sophiengemeinde an der Bernauer Straße im Wedding.

Ein System, das die Auswanderung vom »kommunistischen Paradies« in die »kapitalistische Hölle« im »Interesse seiner Bürger« durch einen Mauerbau verhindern muß, sitzt dauernd auf der Anklagebank.
Franz Josef Strauß

Mauer«, lautete eine menschenverachtende Parole aus dem Politunterricht der DDR-Grenzschützer.

Trotz dieser ausweglosen Situation nahmen dennoch viele das Risiko eines »Ausbruchsversuchs« auf sich. Sie versuchten, auf alle nur erdenkliche Weise zu fliehen: übers Wasser, durch die Luft gar. Sie gruben Tunnel, schlugen Löcher in die Mauer oder durchbrachen in gepanzerten Fahrzeugen die Grenze. 60 000 Flüchtlinge wurden bei dem Versuch, die Mauer zu überwinden, verhaftet, mindestens 230 fanden dabei den Tod. Das letzte Opfer war der zwanzigjährige Kellner Chris Gueffroy: In der Nacht zum 6. Februar 1989 trafen ihn tödliche Schüsse, als er die Grenze zwischen Treptow und Neukölln in Berlin überklettern wollte.

Zehn Jahre später ist die Mauer in Berlin fast vollständig abgerissen. Doch die Mauer in den Köpfen hat das deutsche Volk auch zur Jahrtausendwende noch nicht völlig überwunden.

18. OKTOBER 1977

Die Bewährungsprobe

Die junge Frau mit den dunklen Augen und dem schwarzen Haar schmiegte sich an die Seite ihres gutaussehenden Begleiters, hinter sich die Kathedrale von Palma de Mallorca, über dem Meer die Sonne Spaniens. Als das junge Paar in die Kamera lächelte, sahen die beiden nicht anders aus als jene Tausende von Touristen, die in der Hauptstadt der Baleareninsel romantische Tage verbringen.

Es war von vorneherein klar, daß die Entführung zu tiefgreifenden Konsequenzen und Veränderungen in der seelischen Lage des Volkes insgesamt führen konnte.
Helmut Schmidt, früherer Bundeskanzler, 1997

Doch das Foto täuscht. Souheila Andrawes, die junge Frau, die sich mit einer Hand an einer Mauer abstützte und mit der anderen ihre Handtasche festhielt, und ihr Begleiter Nabil Harb waren Experten im Nahkampf. Trainiert in den Wüstencamps der palästinensischen Terrorgruppe Volksfront zur Befreiung Palästinas (PFLP), wußten sie, wie man mit Handgranaten und Pistolen, mit Sprengstoff und Zündern umgeht. Die Mission, die sie von Bagdad nach Mallorca gebracht hatte, entschied über das Leben und das Schicksal von annähernd 100 Deutschen. Und sie bestimmte das Geschick einer jungen Republik, die die schwerste Bewährungsprobe seit ihrer Gründung zu bestehen hatte – binnen weniger Wochen im September und Oktober 1977, die als »heißer Herbst« in die Geschichte Deutschlands eingehen sollten und im 18. Oktober gipfelten, dem letzten Tag des »Todesspiels« zwischen ein paar Terroristen und der bundesdeutschen Demokratie.

Der heiße Herbst begann schon im April. Die Epigonen von Andreas Baader und Ulrike Meinhof eröffneten in diesem Monat eine Terrorwelle, die sie euphemistisch »Offensive 77« nannten. In Wahrheit verbarg sich dahinter ein Inferno der Gewalt und des Terrors. Während die wichtigsten Mitglieder der linksterroristischen Baader-Meinhof-Gruppe – Andreas Baader, Gudrun Ensslin, Jan-Carl Raspe und Irmgard Möller – seit dem Sommer 1972 im neuerrichteten Gefängnis Stuttgart-Stammheim hinter Gittern saßen, hatte sich die zweite Generation der »Roten-Armee-Frak-

Dieser nächste Schritt wird sich nicht bei uns, sondern im Ausland ereignen... Eine Botschaft oder irgendeine andere deutsche Einrichtung im Ausland. Dabei darf man einkalkulieren, daß die RAF in dieser verzweifelten Situation auch völlig untypisch handelt und dabei unbeteiligte Dritte als Geiseln nimmt, also direkt »volksfeindlich« handelt. Vielleicht gilt das sogar einem deutschen Kindergarten in London.
Lageanalyse durch Horst Herold, Chef des BKA, im Gespräch mit Bundeskanzler Schmidt am Abend des 12. Oktober 1977

tion« (RAF) formiert. Ihr vorrangiges Ziel war es, die Gründungsmitglieder der RAF aus der Haft zu befreien – koste es, was es wolle. Der Führungsequipe zunächst beraubt, hofften die Nachfolger Baaders und Meinhofs, durch deren Befreiung den verlorengegangenen ideologischen und politischen Halt wiederzugewinnen. »Wir mußten die Gefangenen befreien, denn sie hatten die Politik der RAF theoretisch untermauert, sie waren am konsequentesten«, erklärte die ehemalige Terroristin Silke Maier-Witt noch in ihrem Prozeß 1991. Doch die geplante Befreiung der »Stammheimer« diente auch der Aufrechterhaltung der eigenen Aktionsfähigkeit. Die »Illegalen« sahen nicht zuletzt die Not-

Befehl zum Terror: Der 22jährige Terrorist Nabil Harb wenige Stunden vor der Flugzeugentführung.

wendigkeit, im Kampf gegen den Staat die größte denkbare Anzahl von »Stadtguerillas« zu erhalten. Eine wohldosierte Abfolge von Einzelaktionen sollte Staat und Gesellschaft in Schach halten und die Befreiung Baaders, Ensslins und Raspes erzwingen. Die zweite Generation der RAF setzte auf die Eskalation von Terror und Gewalt: Die Zeitabstände zwischen den Einzelaktionen wurden immer kürzer, die Überfälle nahmen an Brutalität zu. Die ständige Steigerung der Gewalt sollte den Staat erschüttern und das System in seinen Grundfesten angreifen. Die zweite Generation – zu der Adelheid Schulz, Christian Klar, Knut Detlef Fol-

»Sie war die Brutalste«: Souheila Andrawes trifft in Palma de Mallorca ihre Komplizen.

kerts, Waltraud und Peter-Jürgen Boock sowie Siegfried Haag gehörten – plante den »Angriff auf das Herz des Staates«.

Der erste Schritt auf diesem blutigen Weg war die Ermordung des amtierenden Generalbundesanwalts Siegfried Buback. Unter dem Decknamen »Margarine« wurde das »Kommandounternehmen« von langer Hand geplant. Als Siegfried Buback am 7. April 1977 in Karlsruhe mit seinem Auto an einer Ampel zum Stehen kam, näherten sich zwei Männer auf einem Motorrad. Aus nächster Nähe feuerten sie 15 Schüsse in das Innere des Wagens. Es war das RAF-Kommando »Ulrike Meinhof«, das sich wenige Stunden später zu dem kaltblütigen Mord bekannte.

Die hinterhältige Tat setzte neue Dimensionen. Mit diesem Anschlag, von vornherein als »Hinrichtung« geplant, demonstrierte die RAF, daß mit ihr noch zu rechnen war. Für den Staat zu arbeiten sei gefährlicher als gegen ihn, so die Warnung. Das eigentliche Ziel des Anschlags aber, auf den laufenden Prozeß gegen die Baader-Meinhof-Gruppe Einfluß zu nehmen, scheiterte. Drei Wochen nach der Ermordung Bubacks wurde das Urteil über Baader, Ensslin und Raspe verkündet: lebenslänglich wegen vier-

Eine Propagandalüge, darauf berechnet, die Linke der BRD moralisch zu erpressen und Faschismus vorzutäuschen, um die brutalisierten Kampagnen der RAF zu legitimieren.
RAF-Anwalt Horst Mahler zum Thema der angeblichen »Isolationsfolter«

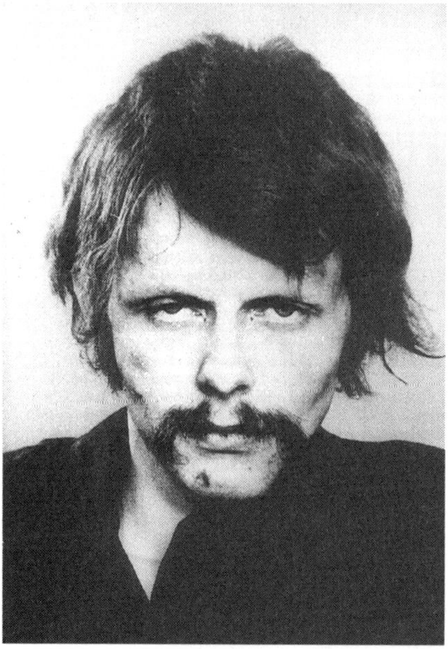

Oben links: Kopf und Anführer der »Roten-Armee-Fraktion«: Andreas Baader.
Oben rechts: Terroristin der ersten Stunde: Ulrike Meinhof.
Unten links: Er organisierte auch aus der Stammheimer Haft den Terror: Jan-Carl Raspe.
Unten rechts: Vorbild der zweiten Generation: Gudrun Ensslin.

fachen Mordes und 34fachen Mordversuchs. Für drei Gründungsmitglieder der RAF entfiel mit dem Ende der Gerichtsverhandlung eine wichtige Plattform für die Selbstdarstellung in der Öffentlichkeit. Nun drohte die Eingliederung in den normalen Strafvollzug.

Mord gleich Selbstmord gleich Mord.
Losung von RAF-Sympathisanten im Jahr 1976, nach dem Selbstmord von Ulrike Meinhof

Für die »Illegalen« war dies ein Grund mehr, die »Befreiung« ihrer Vorbilder mit aller Gewalt voranzutreiben. Die Mitglieder der zweiten Generation fühlten sich den »Ziehvätern und -müttern« in Stammheim auch persönlich verpflichtet. Für Peter-Jürgen Boock war Baader sein Befreier aus der bedrückenden Realität des Jugendheims gewesen; Brigitte Mohnhaupt hatte ihre terroristische Karriere noch unter Führung Baaders, Ensslins und Meinhofs begonnen, mit denen sie bis zum 8. Februar 1977 in Stammheim inhaftiert war.

Erster Schritt des Terrors: Generalbundesanwalt Siegfried Buback wird am 7. April 1977 ermordet.

Doch auch die »Stammheimer« selbst drängten auf ihre Befreiung. Die Durchführung der Aktionen der »Offensive 77« geschehe nicht mit dem nötigen Nachdruck, ließen sie den im Untergrund lebenden Gruppenangehörigen über Umwege aus der Haft mitteilen. Ihnen fehle es an der entschiedenen Härte, die Konfrontation mit dem Staat wirklich ernsthaft durchzusetzen. Und sie drohten, den »Illegalen«, die in ihren Augen versagt hatten, den »Ehrennamen RAF« abzuerkennen. Sie seien, so eine andere Einschüchterung seitens der »Stammheimer«, nicht weiter bereit, unter dem Gefangenenstatus zu leben, und kündigten an, ihr politisches Schicksal selbst in die Hand zu nehmen.

Der innere Zirkel der RAF wußte, was damit gemeint war: »Sie haben uns in Kassibern zu verstehen gegeben, daß sie ihre weitere Existenz unter den Haftbedingungen, unter denen sie zu existieren hatten, nicht länger aushalten wollten beziehungsweise in Kauf nehmen konnten. Das hieß für mich ganz klar, daß sie eine Selbstmordaktion planen für den Fall, daß wir es nicht schaffen, sie aus dem Gefängnis herauszuholen«, erinnert sich Ex-Terrorist

Die Erklärungen der Gefangenen können als Androhung von Hunger- und Durststreik, aber auch als Selbstmorddrohung ausgelegt werden.
Schreiben des Anstaltsleiters Nusser an das Justizministerium in Stuttgart vom 9. Oktober 1977

Peter-Jürgen Boock. Daß die Häftlinge dazu in der Lage waren, wußte der engere Kreis der RAF. Boock hatte mit Hilfe von RAF-Anwälten Handfeuerwaffen in die Zellen von Stammheim geschmuggelt: »Wir haben den Mittelteil einer Akte zu einem Block verklebt, von dem das äußere Drittel noch beweglich, aber das innere Drittel wie ein fester Block verklebt war. Aus diesem Block wurde ein Hohlraum ausgenommen und in diesen Hohlraum die Gegenstände verbracht. Dann wurde die ganze Akte wieder zusammengefügt und so übergeben.« Die Stammheimer Vollzugsbeamten, soviel wußte man, würden die Akten trotz strenger Kontrollvorschriften nicht öffnen. Das sicherste Gefängnis Deutschlands – es war nur eine Illusion.

Die Instruktionen der »Stammheimer« an ihre Epigonen zeigten Wirkung. Im Sommer 1977 eskalierte die Gewalt. Am 30. Juli erhielt der Chef der Dresdner Bank, Jürgen Ponto, in seinem Haus in Oberursel tödlichen Besuch von einem dreiköpfigen Mordkommando. Zu den Killern gehörte Susanne Albrecht, Patenkind Pontos. Mit ihrer Hilfe hatten sich Brigitte Mohnhaupt und Chri-

Staatsakt in Karlsruhe: Bundeskanzler Helmut Schmidt erinnert an den ermordeten Generalbundesanwalt Buback sowie dessen zwei Begleiter.

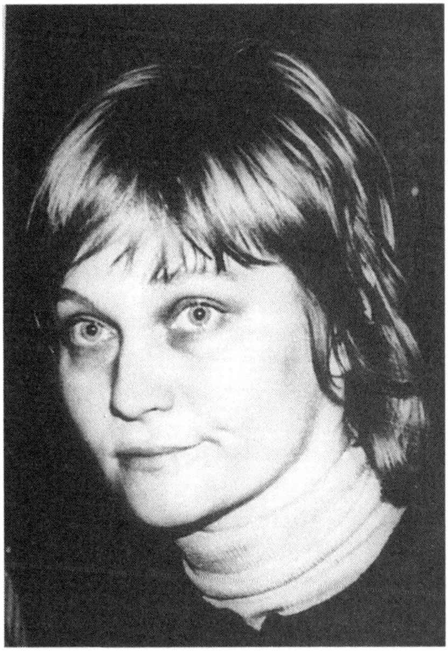 

Links: »Türöffner« des Killerkommandos: Susanne Albrecht, die Nichte Jürgen Pontos. – Rechts: Er sollte ein Entführungsopfer werden: Jürgen Ponto, Vorstandssprecher der Dresdner Bank.

stian Klar Zutritt zum Haus des Bankiers verschafft. Als dieser sich der geplanten Entführung widersetzte, fackelten die drei RAF-Terroristen nicht lange und erschossen den verhaßten »Kapitalisten«.

Der Mord war aus strategischer Sicht ein Rückschlag für die RAF, sollte doch die Geiselnahme der erste Schritt einer zweigleisigen Aktion sein, die die Freipressung der »Stammheimer« zum Ziel hatte. Neben Ponto war die Entführung eines weiteren Industriellen geplant. Mit zwei Geiseln – so das Kalkül der Terroristen – könne dann maximaler Druck auf die Bundesregierung ausgeübt werden. »Die Gruppe war der Auffassung, daß die Entführung einer einzelnen Person nicht ausreichen würde«, erklärte Peter-Jürgen Boock 1992 bei seiner Vernehmung. »Es sollte deshalb eine zweite Person in einem zeitlich kurzen Abstand entführt werden, insbesondere um auch Gegenmaßnahmen durch die Fahndung zu vermeiden. Die beiden Aktionen sollten Schlag auf Schlag erfolgen und sich gegenseitig ergänzen.« Zu den »Zielobjekten« der RAF gehörten Angehörige der damaligen Politprominenz: Bundeskanzler Helmut Schmidt, der Außenminister Hans-Dietrich Genscher, der SPD-Vorsitzende Willy Brandt so-

»Erheblich gefährdet; mit einem Anschlag ist zu rechnen«
Sicherheitsstufe 1 beim Bundeskriminalamt. Fünf Wochen (2. August 1977) vor dem Mord wird sie für Schleyer angeordnet

wie der Präsident des Bundesverbandes Deutscher Arbeitgeberverbände, Hanns-Martin Schleyer.

Im Bundeskriminalamt (BKA) in Wiesbaden ahnten die Fahnder, was die RAF im Schilde führte. Horst Herold, der Chef des BKA, kannte seine Gegner wie kaum ein anderer. Seit 1970 hatte er sich den neuen Herausforderungen durch die terroristische Linke gestellt und das Bundeskriminalamt konsequent umstrukturiert. Die bis dahin eher betuliche Behörde wurde in einen schlagkräftigen Apparat umgewandelt.

Wichtigstes Instrument im Kampf gegen die Rote-Armee-Fraktion war einer der ersten Großrechner, den man mit rund 600 000 Informationen gefüttert hatte. Verwaltet wurden die Daten durch ein eigens entwickeltes Computerprogramm, das nun auch eine beobachtende Fahndung ermöglichte. Infolge der Verhaftung eines Mitglieds des RAF-Führungskaders war Herold darüber hinaus an wichtige Informationen gelangt. Aus alledem zog er den Schluß: »Höchste Sicherheitsstufe: Mit einem Anschlag ist zu rechnen!« Diese Warnung ließ Herold im Spätsommer auch dem nächsten Opfer der RAF zukommen. Doch die Tat verhindern konnte er nicht.

am montag, dem 5. 9. 77, hat das kommando siegfried hausner den präsidenten des arbeitgeberverbandes und des bundesverbandes der deutschen industrie, hanns-martin schleyer, gefangengenommen.
Schreiben der RAF, das bei dem evangelischen Dekan Helmut Neuschäfer in Wiesbaden einging

Mit der Entführung des Arbeitgeberpräsidenten Hanns-Martin Schleyer am 5. September 1977 war der Höhepunkt der blutigen Auseinandersetzung zwischen RAF und Staat erreicht. Alles, was sich bis dahin an politisch motivierter Gewalt in der Bundesrepublik ereignet hatte, wurde durch die dramatischen Ereignisse im heißen Herbst des Jahres 1977 in den Schatten ge-

Unschuldige Opfer des Terrors: Die Polizisten Reinhold Brändle, Roland Pieler und Helmut Ulmer (v. l. n. r.).

Eskalation der Gewalt: Der Tatort Köln-Braunsfeld nach der Schleyer-Entführung.

stellt. Die zweite Generation der RAF – sie hatte dem Staat und seinen Repräsentanten den Krieg erklärt.

Bundeskanzler Helmut Schmidt saß gerade mit Justizminister Hans-Jochen Vogel und Staatsminister Hans-Jürgen Wischnewski in seinem Büro, als sie kurz nach 18 Uhr eine Nachricht erreichte: »Attentat auf Hanns-Martin Schleyer.« Fünf maskierte Mitglieder des RAF-Kommandos »Siegfried Hausner« hatten Schleyers Fahrer sowie drei Polizisten erschossen und den Arbeitgeberpräsidenten entführt. Helmut Schmidt handelte entschlossen. Das Kanzleramt sollte zum Entscheidungs- und Arbeitszentrum werden, zwei Krisenstäbe die notwendigen Entscheidungen treffen. Den kleinen Krisenstab, der täglich zusammentraf, bildeten außer dem Bundeskanzler unter anderen Außenminister Hans-Dietrich Genscher, Innenminister Werner Maihofer und Justizminister Hans-Jochen Vogel sowie der Präsident des BKA, Horst Herold. Zum großen Krisenstab gehörten die Vorsitzenden der Bundestagsparteien und die Ministerpräsidenten der betroffenen Länder. Mit dabei war auch Helmut Kohl, ein enger Freund Schleyers.

Die Terroristen übermittelten am Tag nach der Entführung in

Die Nachricht vom Mordanschlag auf Hanns-Martin Schleyer und die ihn begleitenden Beamten und Mitarbeiter hat mich tief betroffen... Uns alle erfüllt nicht bloß tiefe Betroffenheit angesichts der Toten, uns erfüllt auch tiefer Zorn über die Brutalität, mit der die Terroristen in ihrem verbrecherischen Wahn vorgehen.
Bundeskanzler Schmidt im ARD-Fernsehen am Tag der Entführung Schleyers

einem Bekennerbrief ihre Bedingungen: Sie forderten die Freilassung von elf inhaftierten RAF-Mitgliedern, darunter die Insassen von Stammheim. Die Republik versetzte sich in einen Ausnahmezustand. Bonn wurde zum Heerlager. Ein englischer Journalist beschrieb die Szenerie: »Panzerwagen ratterten durch die Straßen. Stacheldrahtzäune wurden rund um die Ministerien errichtet, in die man bisher praktisch unkontrolliert hatte hineingehen können. Vor vielen Gebäuden wurden Wachen mit Maschinen-

Zum Renngraben 8: Ein von den Terroristen gemietetes Appartement wird Schleyers erstes Versteck.

pistolen postiert, die Häuser von Politikern mit Scheinwerfern angestrahlt.«

Kein Ereignis der gesamten Nachkriegszeit hatte das Selbstwertgefühl und Selbstverständnis der Republik so sehr erschüttert wie die Eruption der Gewalt im Herbst 1977. Die Terroristen erzeugten ein Klima der Angst, in dem die Regierung unter starken Druck geriet. »Recht und Ordnung« mußten mit allen Mitteln verteidigt werden, und die Bundesregierung demonstrierte ihren Willen hierzu. Im Bonner Krisenstab sagte Bundeskanzler Helmut Schmidt: »Wir werden mit aller Härte und Entschlossenheit diese Mörder verfolgen. Mit allen Mitteln, auch wenn wir dabei bis hart an die Grenze des Rechtsstaates gehen.« Zwei Jahre zuvor war man bei der Entführung des CDU-Politikers Peter Lorenz noch auf die Forderungen der Terroristen eingegangen. »Es war der größte Fehler, den ich mir vorwerfe«, sagte Helmut Schmidt Jahre später in einem Interview. Doch diesmal war er nicht gewillt nachzugeben. Der damalige Pressesprecher Klaus Bölling erinnert sich an die schicksalhaften Gespräche im Krisenstab: »Man darf sich das zwanzig Jahre später nicht so vorstellen, daß da Vertreter des harten, gnadenlosen, erbarmungslosen Staates zusammengesessen haben, die gesagt haben: ›Sehr traurig, wenn das Leben von Hanns-Martin Schleyer durch die Terroristen ausgelöscht wird, aber wir bleiben hart.‹ Nein, es war – das kann ich heute mit gutem Gewissen sagen –, es war ein langes und auch qualvolles Ringen.«

Wir wären gewiß erpreßbar gewesen… für immer. Es hätte die moralischen Grundlagen des Staates verändert, und wenn ich das heute sage, nach 20 Jahren der Rückerinnerung, dann sage ich das nicht für mich, sondern das war ein unausgesprochener Konsens. Es brauchte nicht diskutiert werden. Jeder dachte so!
Friedrich Zimmermann, CSU, auf die Frage, ob ein Austausch Schleyers in Frage gekommen wäre

Im großen Krisenstab einigte man sich auf folgende Handlungsziele: die Geisel Hanns-Martin Schleyer lebend zu befreien, die Entführer vor Gericht zu stellen und die Handlungsfähigkeit des Staates im In- und Ausland nicht zu gefährden. Man versuchte zunächst, Zeit zu gewinnen, um die Terroristen aufzuspüren und Schleyers Leben zu retten.

Ein Wettlauf mit der Zeit begann. »Ich habe, wenn ich mir das wahrscheinlich auch nicht gleich eingestanden habe, doch aus den ersten Gesprächen, vor allem aus den ersten Gesprächen mit dem Bundeskanzler, den Eindruck mitgenommen, daß eine Entscheidung gefallen sei.« Der erste Eindruck des Sohnes Hanns Eberhardt Schleyer trog nicht. Von seiten der Regierung, der auch die christlich-demokratische Opposition ihre Unterstützung zugesagt hatte, war eine Freilassung der Inhaftierten zu keinem Zeitpunkt ernsthaft erwogen worden. Während die Familie Schleyer Neuigkeiten zunächst aus den Medien erfuhr, griff man in Bonn indes zu harten Bandagen: In- und ausländische Zeitungen, Rundfunk-

Es ist für mich keine Erleichterung…, aber ich will es immerhin notieren, daß wohl feststeht, daß Schleyer nicht als Reaktion auf unsere Entscheidung umgebracht wurde, sondern auf die Vorgänge dann in Stammheim.
Ernst Benda, ehemaliger Verfassungsgerichtspräsident

stationen und Presseagenturen wurden ersucht, weder über die Fahndungsmaßnahmen der Polizei noch über ihnen zugehende Botschaften der Entführer zu berichten. Es war ein bis dahin einmaliger Vorgang in der Geschichte der Bundesrepublik: Der große Krisenstab, de facto eine große Koalition auf Zeit, regierte ohne Kontrolle durch die Medien. Die RAF-Häftlinge in Stammheim wurden unter Berufung auf den »rechtfertigenden Notstand« von der Außenwelt – auch von ihren Anwälten – abgeschnitten. Zunächst geschah dies ohne legale Grundlage. Erst der Bundestag verabschiedete in aller Eile das »Kontaktsperregesetz«, das der Bundesgerichtshof schließlich im Oktober bestätigte.

Ich habe in der ersten Erklärung zum Ausdruck gebracht, daß die Entscheidung über mein Leben in der Hand der Bundesregierung liegt, und habe damit diese Entscheidung akzeptiert. Aber ich sprach von Entscheidung und dachte nicht an ein über einen Monat dauerndes Dahinvegetieren in ständiger Ungewißheit.
Hanns-Martin Schleyer in einem Video seiner RAF-Entführer

Die Lebensumstände Hanns-Martin Schleyers im sogenannten »Volksgefängnis« waren unterdessen mehr als bedrückend. Nachdem ihn die Terroristen in der Kölner Vincenz-Statz-Straße aus seinem Auto gezerrt hatten, mußte der Arbeitgeberpräsident mehrere Stunden im Kofferraum des Entführerwagens ausharren, ehe man ihn in eine eigens angemietete Wohnung in Erftstadt-Liblar brachte. Sie fungierte als erstes von insgesamt drei Verstecken. Ein Wandschrank diente als Gefängnis: 1,6 Meter breit, 2,5 Meter hoch, 70 Zentimeter tief, mit Handfesseln an den Wänden – eine Camera silens, ein Raum, in dem der Gefangene jede Orientierung und jedes Gefühl für Ort und Zeit verlieren würde. Die RAF verwirklichte jene »Isolationsfolter«, die sie dem vermeintlichen »Folterstaat« Bundesrepublik immer vorgeworfen hatte. Haare von Hanns-Martin Schleyer, die das BKA später im Wandschrank fand, lassen darauf schließen, daß dieses Gefängnis auch tatsächlich genutzt wurde.

Insgesamt blieb Schleyer sieben Wochen in den Händen seiner Entführer. Es waren zermürbende Tage des Wartens und Hoffens. Schleyers Sohn versuchte mit allen Mitteln, der Bonner Hinhaltetaktik ein Ende zu setzen: »Ich habe in all den Gesprächen, die ich in Bonn und anderswo geführt habe, eben versucht, so schwer mir das persönlich gefallen ist, deutlich zu machen, daß mein Vater unter der Voraussetzung, daß alles getan würde, um ihn zu befreien, unter der Voraussetzung, daß er nicht sinnlos lange physisch und psychisch leiden würde, auch Entscheidungen akzeptieren würde, die gegen ihn gerichtet waren. Das schloß den Tod mit ein.« Doch eine von der Familie Schleyer beantragte einstweilige Anordnung, mit der die Bundesregierung zur Annahme der Forderungen der Entführer gezwungen werden sollte, lehnte das Bundesverfassungsgericht in den frühen Morgenstunden des 16. Oktober ab. Die Fronten schienen verhärtet, die Lage festgefahren.

Das Ziel der Entführer wird sie bei Ablehnung der Forderungen und nach meiner Liquidierung nur veranlassen, das nächste Opfer zu holen.

Aus einem Brief Hanns-Martin Schleyers an seinen Sohn, Hanns-Eberhard Schleyer, vom 9. September 1977

Oben: Lebenszeichen aus dem »Volksgefängnis«: Die Entführer Schleyers schicken Fotos und Videoaufnahmen ihres Opfers.
Unten: Zeugnis des Mutes: Schleyers Brief an seine Familie.

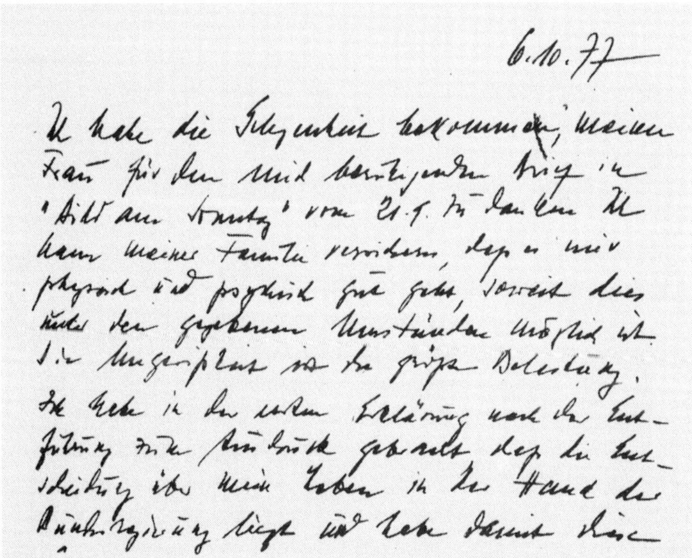

6.10.77

Ich habe die Gelegenheit bekommen, meiner Frau für den mich bewegenden Brief in 'Bild am Sonntag' vom 21.9. zu danken. Ich kann meiner Familie versichern, daß es mir physisch und psychisch gut geht, soweit dies unter den gegebenen Umständen möglich ist. Die Ungewißheit ist die größte Belastung. Ich habe in der ersten Erklärung nach der Entführung zum Ausdruck gebracht, daß die Entscheidung über mein Leben in der Hand der Bundesregierung liegt und habe damit diese

Doch die RAF hielt noch einen Trumpf im Ärmel, der die Situation nachhaltig verändern sollte. Parallel zur Schleyer-Entführung sollte eine weitere Geiselnahme den Durchbruch bringen. Schützenhilfe erhielt die RAF von der palästinensischen Terrororganisation PFLP. Deren Stützpunkte in Bagdad und im Jemen boten der Roten-Armee-Fraktion schon seit Anfang 1970 Unterschlupf- und »Trainingsmöglichkeiten« für den »bewaffneten Kampf«. Als Peter-Jürgen Boock und Brigitte Mohnhaupt, zwei an der Schleyer-Entführung maßgeblich Beteiligte, nach Bagdad reisten, trafen sie Wadi Haddad alias Abu Hani, den amtierenden Chef der PFLP. Er versprach Soforthilfe: »Wir sind gleich nach unserer Ankunft mit Abu Hani zusammengetroffen. Er hat uns einmal gesagt, es gebe die Möglichkeit, die deutsche Botschaft in Kuwait zu besetzen und entsprechend dann Forderungen zu stellen, und die zweite Möglichkeit war die Entführung einer Linienmaschine der Lufthansa.«

Wir haben alle gedacht, jetzt ist es gelaufen…, wir haben gemeint, jetzt kann Helmut Schmidt nicht mit irgendeiner polizeilichen oder militärischen Lösung kommen. Da ist erst mal Schleyer, jetzt die Urlauber. Jetzt läuft der Austausch.
RAF-Terrorist Peter-Jürgen Boock

»Ich fühlte mich geehrt«, sagte Souheila Andrawes Jahre später in einem Interview, »als ich für dieses Kommando ausgewählt wurde.« Die palästinensische Studentin gehörte zu der vierköpfigen Terroristengruppe, die am Morgen des 13. Oktober in Palma de Mallorca die Lufthansa-Maschine »Landshut« bestieg. Im Gepäck der Palästinenser: ein Kilo Sprengstoff, fünf Handgranaten und zwei Pistolen.

»Am Anfang habe ich das gar nicht richtig begriffen«, erinnert sich der damalige Passagier Rhett Waida zwei Jahrzehnte später. »Es ging alles viel zu schnell.« Die »Landshut« hatte erst seit einer Stunde den Flughafen verlassen, die Stewardeß gerade einen Imbiß serviert, da wurde es plötzlich laut in der Touristenklasse: Englische Stimmen mit arabischem Akzent brüllten Kommandos, ein Mann und eine Frau stürmten in die erste Klasse. Eine Stewardeß, die den Vorhang öffnete, erhielt einen Schlag, der sie zur Seite schleuderte. Die beiden rannten an ihr vorbei ins Cockpit, zogen den Kopiloten Jürgen Vietor von seinem Sitz und trieben ihn mit den wenigen Passagieren der ersten Klasse ins Heck. Dort wartete bereits das zweite Entführerpärchen auf sie.

Hier spricht Hauptmann Mohammed. Das Flugzeug der deutschen Gesellschaft ist unter Kontrolle. Die Gruppe, die ich vertrete, fordert die Freilassung unserer Genossen, die in den deutschen Gefängnissen in Haft sind. Wir kämpfen gegen die imperialistischen Organisationen der Welt.
Chef der Entführer am 13. Oktober 1977 an den Tower in Rom

Nun sollte eine 106stündige Odyssee beginnen – ein Drama, das die ganze Welt in Atem hielt –, ein Alptraum, den keiner der Passagiere je wieder vergessen würde. Um 14.38 Uhr, gut eine Stunde nach der Kaperung durch die vier arabischen Luftpiraten, meldete die Flugsicherung Aix-en-Provence eine Routenabweichung der Lufthansa-Maschine »Landshut«. Die Bundesregierung erhielt kurz darauf erste Informationen über den Vorfall.

Eine Stunde später landete die Boeing auf dem römischen Flughafen Fiumicino. Nun war auch den Krisenstäben in Bonn klar, daß es sich um eine Flugzeugentführung handelte. Der Chef der Entführer, der sich »Captain Mahmud« nannte und in Wahrheit Zohair Youssif Akache hieß, wurde bereits von Interpol gesucht. Er hatte in London Flugzeugtechnik studiert und 1975 sein Diplom erhalten. 1977 war er als Mitglied der PFLP unter falschem Namen wieder nach London eingereist mit dem Auftrag, den ehemaligen Ministerpräsidenten des Nordjemen zu ermorden.

Das letzte Foto: Flugkapitän Jürgen Schumann, aufgenommen von seinen Mördern.

Während auf dem römischen Flughafen gepanzerte Fahrzeuge die Maschine abriegelten, meldete sich Akache beim Tower: »Hier spricht Captain Mahmud. Das Flugzeug der deutschen Gesellschaft ist unter Kontrolle. Wir kämpfen gegen die imperialistischen Organisationen der Welt.« Die Palästinenser ließen keinen Zweifel daran, daß die Forderungen der Schleyer-Entführer und die des »Kommandos Martyr Halimeh« auf das gleiche hinausliefen: die Befreiung der elf RAF-Terroristen. Zusätzlich, so Captain Mahmud, verlange man die Freilassung zweier in der Türkei

…beschließt das Kabinett, daß alles mögliche unternommen werden soll, um – ohne eine Freilassung der Gefangenen – die Geiseln zu retten, einschließlich der Ausschöpfung aller Verhandlungsmöglichkeiten, sowie einer polizeilichen Befreiungsaktion.
Kabinettsbeschluß zur »Landshut«-Entführung

inhaftierter Kampfgenossen sowie ein Lösegeld von 15 Millionen Dollar.

Damit sahen sich die Bonner Krisenstäbe einer weiteren ungeheuren Belastungsprobe ausgesetzt, denn die Flugzeugentführung stellte die bis dato verfolgte Vorgehensweise der Bundesregierung in Frage. Es folgte die schwerste Entscheidung eines Bundeskanzlers: Nach zähen Verhandlungen einigte sich der kleine Krisenstab darauf, die harte Linie beizubehalten – obwohl man wußte, was dies für Schleyer bedeuten konnte: »In dieser unausweichlichen Gewißheit hatten wir unsere Entscheidungen

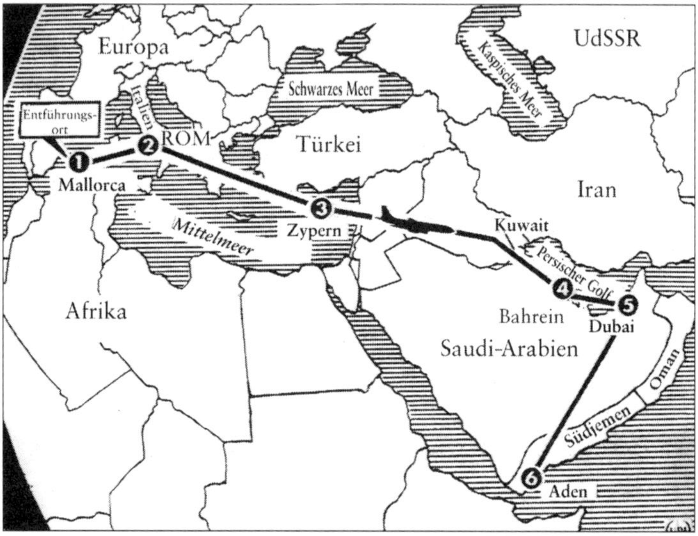

Irrflug nach Mogadischu: 106 Stunden Todesangst.

Die Leute machten auf mich den Eindruck, als wenn sie den Ernst der Lage im vollen Umfang erkannt haben, aber auch die notwendige innere Einstellung haben, denn sie haben ja auch ihr Leben eingesetzt in dieser Situation. Da war keine Angststimmung, sondern da war Zuversicht.
Hans-Jürgen Wischnewski über die GSG 9

zu treffen«, sagte Helmut Schmidt vor der Öffentlichkeit nach den schrecklichen Ereignissen dieses Oktobers. »Unausweichlich befanden wir uns damit im Bereich von Schuld und Versäumnis.«

Während der Krisenstab noch tagte, startete die entführte Boeing 737 in Richtung Larnaka auf Zypern. Doch auch auf dem Frankfurter Flughafen hob eine Lufthansa-Maschine ab, mit Beamten des Innenministeriums und des BKA an Bord. Bei einer Zwischenlandung in Köln-Bonn stiegen weitere Passagiere zu: 30 Männer, seit fünf Jahren trainiert und ausgerüstet für den Ernstfall – Angehörige der Grenzschutz-Spezialeinheit GSG 9. Sie würden in den nächsten Tagen der »Landshut« folgen, bis sich das Schicksal der Reisenden und das ihre schließlich auf dem Flug-

Bange Stunden des Wartens: Der Entführer Captain Mahmud signalisiert in Dubai Gesprächsbereitschaft.

hafen der somalischen Hauptstadt Mogadischu entscheiden sollte.

Wir haben schon die Sprengsätze überall im Flugzeug angebracht und alle Sitze und den Boden des Flugzeuges mit Alkohol getränkt… Wenn nur jemand in der Maschine eine Zigarette anzündet, wird alles vorbei sein; sie wird in tausend Stücke explodieren.
Mahmud an den Tower in Mogadischu

An Bord der »Landshut« spielten sich mittlerweile dramatische Szenen ab. Für die Geiseln wurde die Boeing 737 in jenen fünf Tagen die Hölle auf Erden. Beim Aufenthalt in Dubai, dem nächsten Stopp der »Landshut«, ging der Treibstoff zur Neige, somit fiel die Klimaanlage aus. Im Flugzeug herrschte bisweilen eine Temperatur von 50 Grad Celsius. Die Toiletten durften nicht benutzt werden, Frauen bekamen ihre Periode, in der Maschine herrschte ein bestialischer Gestank von Ammoniak, Fäkalien, Blut und Erbrochenem. »Verstopfte Toiletten, nichts zu essen, kaum was zu trinken, die Temperatur in der Maschine war entsetzlich, der Gestank grausam«, so die Erinnerung zahlreicher Geiseln.

Hinzu kam die ungeheure Brutalität der Entführer. Mit Schlägen und Tritten hielten die Terroristen ihre Opfer in Schach, Scheinexekutionen waren an der Tagesordnung: »Mahmud suchte drei Leute aus, zwei Passagiere – darunter war ich – und die Stewardeß Gabi Dillmann. Wir mußten nach vorne, mußten uns hintereinander vor dem Mahmud auf den Boden knien und bekamen Nummern. 01, das war ich, die Nummer 1 mein Nachbar, Nummer 2 war Gabi Dillmann« – so beschreibt die damalige Schülerin Diana Müll die schlimmsten Stunden ihres Lebens. Ein perfides Spiel begann, bei dem Mahmud vorgab, die Nummern 01 und 1 zu verwechseln. Mehrmals rief er die Unglücklichen in die erste Klasse zur Exekution. Diana Müll erinnert sich: »Ich habe alles in Trance erlebt und war einfach schon so fertig, daß ein Schuß in den Kopf für mich wahrscheinlich die einfachste Lösung war, hier rauszukommen. Ich hatte mit allem abgeschlossen.«

Ich habe ernsthaft daran gedacht, dem einen Terroristen ins Gesicht zu spucken, nur damit der mich erschießt.
Diana Müll

In Bonn fiel am 15. Oktober die Entscheidung, die Geiseln gewaltsam zu befreien. Die Entführer hatten zuvor ihr erstes Ultimatum gestellt. Bis Sonntag, neun Uhr, müßten die Forderungen erfüllt werden, sonst würden Schleyer und die Geiseln sterben. Hans-Jürgen Wischnewski, der als Unterhändler der Maschine nachgereist war, bot sich selbst als Austausch für die Geiseln an. Doch Mahmud ließ sich auf keinen Handel ein.

Nach 60 Stunden bangen Wartens verlangten die Terroristen plötzlich den sofortigen Abflug. Im Falle einer Weigerung drohte Mahmud, alle fünf Minuten einen Passagier zu erschießen. Vom Tower aus mußten Wischnewski und Ulrich Wegener, der Einsatzleiter und Gründer der GSG 9, tatenlos mit ansehen, wie die »Landshut« vom Flughafen Dubai abhob.

Doch kein Staat wollte die Unglücksmaschine aufnehmen. »Es hieß nach dem Start, wir landen jetzt in Beirut. Und dann sagte die Flugsicherung Beirut, Airport closed, not allowed to land. Dann befahl Mahmud, nach Damaskus zu fliegen. Airport closed! Dann flogen wir nach Bagdad und versuchten, mit dem Tower Kontakt aufzunehmen. Auch da hieß es, Airport closed, not allowed to land. Dann sind wir Richtung Kuweit geflogen, das gleiche. You are not allowed to land. Jetzt ging uns der Treibstoff langsam zur Neige. Es war Nacht, das heißt, wir hatten keine Chance zur Notlandung im Küstenbereich«, ruft sich der Kopilot der »Landshut« die Situation zwei Jahrzehnte später noch einmal ins Gedächtnis.

Dies ist ein Notfall. Wir haben keinen Sprit mehr. Wir müssen sofort runter, wenn wir den Flugplatz erreichen. Bitte holen Sie jemanden Offizielles. Wir haben 91 Menschen an Bord. Wir stürzen ab, wenn wir nicht sofort Landeerlaubnis erhalten.
Funkspruch des Kapitäns Schumann an den Tower in Aden

Nach vier Stunden Irrflug sahen sich die Piloten gezwungen, die Maschine in Aden auf einen Sandstreifen neben der Piste zu setzen, da die Landebahn mit Panzern und Lastwagen blockiert war. Dort verließ Kapitän Jürgen Schumann das Flugzeug, um eine Außeninspektion der »Landshut« vorzunehmen. Weil er hierfür länger brauchte als vorgesehen, war Mahmud außer sich. Er befahl Schumann, sich in den Gang zu knien, und erschoß ihn

Der erste Tote: Die Leiche des Flugkapitäns Schumann wird in Mogadischu aus der Maschine geworfen.

Ruhe! Wer jetzt weint, wird sofort erschossen!
Souheila Andrawes zu den Geiseln nach der Ermordung Schumanns

kaltblütig. »Es war eine totale Leere in einem. Von diesem Zeitpunkt an war der Tod mit uns an Bord«, erinnert sich Rhett Waida an diesen tragischen Wendepunkt. »Der nächste Flugabschnitt war natürlich einer, der mich noch heute sehr belastet«, sagt der damalige Kopilot Jürgen Vietor. »Das war der Flug von Aden mit dem toten Kapitän Schumann an Bord – durch die Nacht, über das Horn von Afrika nach Mogadischu. Immer in dem Bewußtsein, du bist jetzt ganz alleine auf dich gestellt, du bist mit einem Flugzeug unterwegs, das eine Notlandung gemacht hat, von dem man nicht weiß, ob es noch flugtauglich ist.«

Wir brauchen nichts mehr zu essen. In drei Stunden läuft unser Ultimatum ab. Dann sind alle in der Maschine entweder tot oder frei.
Mahmud auf das Angebot, Essen an Bord zu bringen

Am Morgen des 17. Oktober landete die Maschine in der somalischen Hauptstadt. Wenig später warfen die Geiselnehmer den ermordeten Flugkapitän auf die Piste. Und wieder setzten die Palästinenser die Regierung in Bonn mit einem Ultimatum unter Druck. Während die Terroristen die Passagiere bereits fesselten und mit Alkohol traktierten, verhandelte Wischnewski mit dem Staatspräsidenten Siad Barre, dessen Einwilligung die Deutschen für eine gewaltsame Aktion auf somalischem Boden benötigten: Hans-Jürgen Wischnewski, wegen seiner guten Kontakte zu arabischen Ländern auch spöttisch-respektvoll »Ali Ben Wisch« genannt, rang um das Leben der Geiseln: »Ich habe gesagt: Präsident, es geht um zwei Dinge. Erstens, wir müssen 90 Menschenleben retten. Und er fragte: Was ist das zweite? Ich sagte: Wir müssen das so machen, daß Ihre Souveränität gewahrt wird.« Siad Barre willigte ein.

Nun ging es um Zeitgewinn, mußte man doch unbemerkt an die Maschine gelangen. Doch das Ultimatum war fast abgelaufen, und die Geiseln in der Maschine rechneten mit ihrem Ende. »Die haben ja die Bombe zusammengebaut, das konnte ich ja sehen, das war genau zwei Reihen vor mir. Da dachte ich, wenn die jetzt explodiert, dann ist man wenigstens sofort tot« – so erlebte Rhett Waida die vermeintlich letzten Stunden vor der Sprengung der Maschine.

Wir haben gerade die Nachricht bekommen, daß die Häftlinge in den deutschen Gefängnissen, die Sie freigelassen haben möchten, hier nach Mogadischu geflogen werden sollen.
Michael Libal, Chargé d'Affaires der deutschen Botschaft, an die Entführer

Kurz bevor das Flugzeug explodieren sollte, griff »Ali Ben Wisch« zu einer Kriegslist: einer Lüge. Er ließ den Terroristen mitteilen, sie hätten es geschafft. Die elf RAF-Häftlinge seien frei und auf dem Weg nach Somalia – allerdings würden sie erst in der Nacht eintreffen. In der Maschine schöpften die Passagiere Hoffnung, aber auch die Terroristen. Die Geiselnehmer waren dem gewieften Unterhändler auf den Leim gegangen.

Die Aktion »Feuerzauber« konnte anlaufen. Doch im Verlauf

Oben: Eine Nation atmet auf: Ankunft der befreiten Geiseln auf dem Flughafen Frankfurt. – Unten: Geburt eines Mythos: Der Einsatzleiter und Gründer der GSG 9 Ulrich Wegener und Innenminister Werner Maihofer gehen die Reihen der Spezialeinheit ab.

Applaus für den Krisenmanager: Staatsminister Hans-Jürgen Wischnewski bei einer Fraktionssitzung unmittelbar nach seiner Ankunft.

Ich war mir natürlich nicht sicher, daß wir alle heil aus der Maschine wieder rauskommen. Aber ich war mir sicher, es klappt... Davon war ich eigentlich überzeugt.
Ulrich Wegener, Leiter der GSG 9

der Vorbereitungen mußte Ulrich Wegener nicht nur seine Männer rund um die Maschine unbemerkt in Stellung bringen, sondern sich auch den Rücken freihalten: In der Nähe des Flughafens befand sich ein Stützpunkt der PLO. Einem somalischen Bataillon wurde die Aufgabe zugeteilt, den Flughafen abzuschirmen. Zu Ablenkungszwecken bat Wegener die Somalis, Maschinen starten und landen zu lassen. Als Wegener seine GSG-9-Männer zum letzten Appell aufrief, brauchte er sich um deren Motivation keine Sorgen zu machen: »Die waren heiß. Sie wollten jetzt beweisen, daß das auch klappt, was wir geübt hatten. Wir hatten ja an x Maschinen die Aktion trainiert, und jeder kannte seine Rolle und seinen Auftrag.«

Um 23.50 Uhr entzündeten somalische Soldaten in der Nähe der »Landshut« ein Holzfeuer. Die Terroristen fielen auf den Trick herein. Sie gingen zum Cockpit – also genau dorthin, wo Wegener sie haben wollte. Die Elitetruppe – die Gesichter geschwärzt und in schußfester Nylonkluft – näherte sich im toten Winkel der Maschine.

Um 0.05 Uhr, als feststand, daß die Aktion unbemerkt geblieben war, stürmten auf das Kommando »Go!« je vier Männer über Leitern auf beide Tragflächen. Sekunden nachdem die Männer auf den Tragflächen angelangt waren, stießen sie die Notausstiege nach innen. Mit den Rufen »Köpfe runter!« und »Wo sind die Schweine?« stürmten sie das Flugzeug. Gleichzeitig warfen Spezialisten vom britischen SAS ihre Blendgranaten, die mit ihrem grellen Licht und Detonationen für Verwirrung im Cockpit sorgten.

Zwei Terroristen starben im Kugelhagel, ein dritter verblutete im Flughafengebäude. Nur Souheila Andrawes überlebte schwerverletzt und wurde von der somalischen Polizei verhaftet. Die Geiseln erlebten gleichsam ihre Wiedergeburt. Nach vier Tagen Todesangst konnten sie ihre Befreiung kaum begreifen, ihr Glück kaum glauben. Rhett Waida faßt die Emotionen des ersten Augenblicks in Freiheit zusammen: »Man kommt nach draußen, sitzt in einer kleinen Mulde, es geht ein lauwarmer Wind, Himmel und Sterne! Jeder umarmt sich, weint. Man ist wie in einer Traumwelt, kann gar nicht begreifen, was da passiert ist!«

Es war ihnen nicht anzusehen, daß sie das Leben zurückgewonnen hatten. Die Gesichter sahen eher noch so aus wie von Menschen, die mit dem Leben schon abgeschlossen hatten.
Hans-Jürgen Wischnewski

Am 18. Oktober, eine halbe Stunde nach Mitternacht, kam die erlösende Meldung: »0.38 Uhr. Hier ist der Deutschlandfunk mit

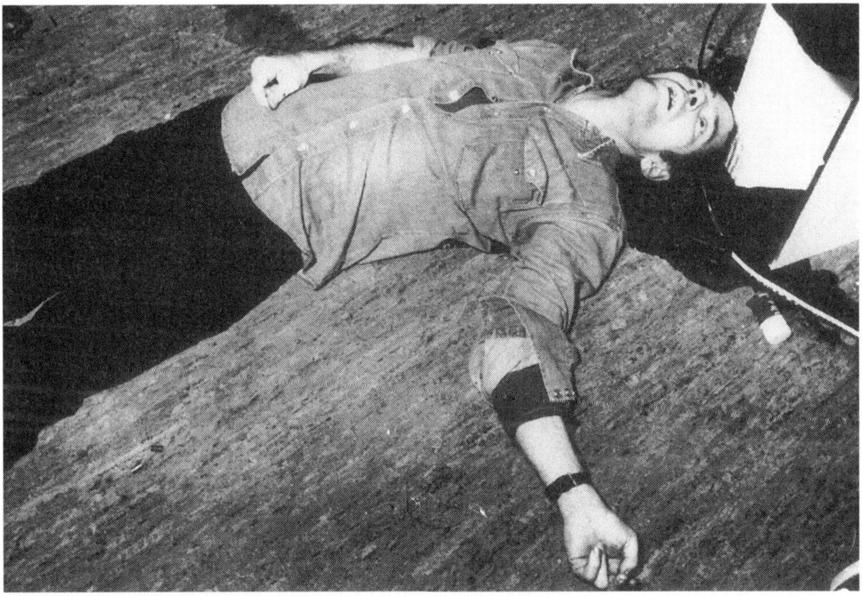

Selbstmord in der Gefängniszelle: Andreas Baader erschoß sich mit einer eingeschmuggelten Pistole.

»Im Namen der deutschen Bürger bitte ich Sie, die Angehörigen von Hanns-Martin Schleyer, um Vergebung«: Bundeskanzler Helmut Schmitt kondoliert der Witwe Schleyers.

einer wichtigen Nachricht. Die von Terroristen in einer Lufthansa-Boeing entführten 86 Geiseln sind alle glücklich befreit worden.« Die Meldung wird zum tödlichen Signal für die Häftlinge Baader, Ensslin und Raspe. Die Bundesregierung hatte es gewagt, das Leben der Passagiere und der Besatzung aufs Spiel zu setzen. Nun war absehbar, daß Bonn auch im Falle Schleyer unnachgiebig bleiben würde. Alle Illusionen über eine Freipressung zerplatzten wie Seifenblasen.

Ich bin aus dem Zimmer gegangen, damit die Leute nicht sehen sollten, daß mir die Tränen kamen.
Helmut Schmidt

In den frühen Morgenstunden des 18. Oktober wurden Baader, Ensslin und Raspe tot in ihren Zellen aufgefunden – Selbstmord! Nur Irmgard Möller überlebte schwerverletzt ihren Suizidversuch. Für die RAF gab es nun Gewißheit: Die Schleyer-Entführung hatte ihre Wirkung verfehlt. Im »Volksgefängnis« stimmten die tonangebenden Mitglieder der RAF über das Schicksal des Mannes ab, der seit sieben Wochen in ihren Händen war. »Den mußten wir erschießen, sonst wären wir unglaubwürdig geworden«, rechtfertigte sich Angelika Speitel noch zwei Jahrzehnte später in einem Interview. Das Leben der Geisel – es erschien den Terroristen nun belanglos. Das Schicksal Schleyers war besiegelt.

Man kann die Perfidie auch so weit treiben, daß man seine eigene Tötung zur Hinrichtung macht.
Bundesinnenminister Werner Maihofer

Am 19. Oktober wurde die Leiche des Arbeitgeberpräsidenten bei Mühlhausen im Kofferraum eines grünen Audi gefunden. Mitglieder der RAF hatten ihn tags zuvor mit drei Kopfschüssen getötet. Die Wochen von Schleyers Entführung bis zu seiner Ermordung waren die schwersten in der Geschichte der Bundesrepublik. Es galt, eine Bewährungsprobe zu bestehen. In den Stunden der Gefahr sah sich nicht nur der Staat einer enormen Belastung ausgesetzt, sondern auch die junge Demokratie. Beide haben die Prüfung bestanden – auf Kosten eines Menschenlebens.

Wir haben nach 43 Tagen Hanns-Martin Schleyers klägliche und korrupte Existenz beendet.
Telefonische Mitteilung der RAF an die dpa

9. OKTOBER 1989

Die Revolution

»Wir sind das Volk!« In der Leipziger Innenstadt demonstrieren Tausende von Bürgern für die Freiheit.

Es hätte auch der Auftakt zu einem Bürgerkrieg werden können. Ich glaube, daß in Leipzig kein Blut geflossen ist, das war nicht nur für die Leipziger gut, das war für unser ganzes Land, für Deutschland, Europa und die ganze Welt gut.
Egon Krenz, damaliges Politbüromitglied

Gegen 18 Uhr wurde die ängstliche Anspannung fast unerträglich. Drinnen in der Nikolaikirche saßen jene, die zum montäglichen Friedensgebet gekommen waren, seit einer Stunde nervös in ihren Bänken. Was würde geschehen, wenn sich die Kirchentüren öffneten? Würden die bewaffneten Sicherheitskräfte, die die Staatsmacht an diesem Tag in Leipzig zusammengezogen hatte, losschlagen? Auch draußen, vor der Kirche, wurde die Situation an diesem Montag, dem 9. Oktober 1989, von einer gereizten Stimmung beherrscht. Die Leipziger Innenstadt war zu einem Aufmarschgebiet geworden: auf der einen Seite 8000 Mann – Volkspolizei, Betriebskampfgruppen, Truppen des Innenministeriums und der Nationalen Volksarmee. Ihnen gegenüber standen mehrere zehntausend DDR-Bürger, die seit 17 Uhr auf dem Karl-Marx-Platz warteten. Sie wollten sich gemeinsam mit den 8000 Menschen, die noch in der Nikolaikirche und der Thomaskirche beteten, zu einem mächtigen Demonstrationszug formieren. Vor der Nikolaikirche hatte sich außerdem ein harter Kern von einigen tausend Demonstranten versammelt, die während des Gottesdienstes ihre Parolen skandierten: »Wir sind das Volk!« und »Gorbi, Gorbi hilf!« oder »Neues Forum zulassen!« erklang es immer wieder. Aber auch »Schämt euch, schämt euch!«, wenn die Polizisten sich jemanden aus der Menge herausgriffen.

Der Auftrag der Sicherheitskräfte ließ Schlimmes befürchten. Die Uniformierten waren angewiesen worden, »beabsichtigte Störungen mit Ausgangspunkt Nikolaikirche zu verhindern«. Das Ziel war die »Bekämpfung jeglicher feindlicher negativer Störungen, Handlungen und Provokationen in Form von Zusammenrottungen und Demonstrationen antisozialistischer Kräfte im Bereich der Innenstadt«. Einige Einheiten waren mit Schützenpanzerwagen in Leipzig eingerückt, andere mit Maschinenpistolen bewaffnet; die Magazine hatte man mit scharfer Munition gefüllt. Die Linie, die Generalsekretär Erich Honecker mehrfach vertreten hatte, war klar: Es galt jeglichen Widerstand zu brechen, alle Demonstrationen »konterrevolutionären Charakters« zu zerschlagen. Damit sahen sich die Uniformierten vor keine leichte Aufgabe gestellt: 70 000 unbewaffnete, aber unzufriedene DDR-Bürger sollte die Staatsmacht an diesem Abend im Zaum halten – 70 000 Menschen, die friedlich etwas verändern wollten.

Keiner von uns wollte das Wort Bürgerkrieg oder Blutvergießen aussprechen, aber allen schien es greifbar nah.
Susanne Rummel, Demonstrantin

In den Stunden zuvor hatten verschiedene Aktionsgruppen einen Appell an die Leipziger veröffentlicht. Darin hieß es: »Enthaltet Euch jeder Gewalt! Durchbrecht keine Polizeiketten! Greift keine Personen oder Fahrzeuge an! Werft keine Gegenstände und enthaltet Euch gewalttätiger Parolen! Seid solidarisch und unterbindet Provokationen!« Auch während des Montagsgebets in der Nikolaikirche wurde zur Vernunft aufgerufen: »Viele Menschen wollen mit Nachdruck hier und heute unsere Gesellschaft verändern, in der wir doch auch 40 Jahre gelebt und nicht nur gelitten haben. Es ist so, als ob wir uns unter den Erfolgsdruck stellen, jetzt Sieger werden zu müssen. Wollen wir das um jeden Preis mit Blut und Tränen erreichen? Gott will uns helfen! Die Reformen, die schon vor Jahren fällig waren, werden

In ängstlicher Anspannung: Menschen beim Friedensgebet in der völlig überfüllten Nikolaikirche.

kommen. Sie werden kommen, wenn wir den Geist der Friedfertigkeit, der Ruhe und der Toleranz in uns einkehren lassen«, predigte Pfarrer Gotthard Weidel an diesem Abend. Die Losungen für die Montagsdemonstration waren ausgegeben, nun mußte sich zeigen, was dieser Tag der Entscheidung bringen würde.

Die Alarmbereitschaft der Polizei hat mich dermaßen beeindruckt, daß ich Angst hatte, Angst um die Zukunft meines Kindes, Angst um meinen Mann. Bisher ging es ja 40 Jahre glatt, aber irgendwie muß man doch mal mitreden.
Gudrun Fischer, Demonstrantin

Die Angst hatte viele Leipziger schon seit den Morgenstunden begleitet. Man fühlte, daß die Staatsmacht massiv gegen die Friedensgebete in der Nikolaikirche, die seit Monaten einen stetig wachsenden Zulauf hatten, vorgehen wollte. Es sollte ein Exempel statuiert werden. Es ging um die Zukunft der DDR im 40. Jahr ihres Bestehens. Die Warnungen der Behörden klangen unmißverständlich, militant war das Vokabular. Eine Leipzigerin erinnert sich: »Am 6. Oktober erschien in der *Leipziger Volks-*

Es kann Situationen geben, in denen das Leben wertvoller ist als die Freiheit. Ich hoffe, ich bitte, ich flehe, daß diese Nacht in Leipzig vorübergeht ohne schlimme Dinge. *Landesbischof Hempel, Friedensgebet am 9. Oktober 1989*

zeitung wieder einer dieser Briefe, die da immer drin waren, wo sich angeblich das Volk artikulierte. Die Kampfgruppe Martin Geifert oder so ähnlich hatte also einen Brief in die Zeitung gesetzt: Wir lassen uns unser schönes Stadtzentrum nicht von diesen kriminellen Typen verderben, wir wollen uns da erholen, wir müssen denen Paroli bieten – und nun kommt's: ›Notfalls mit der Waffe in der Hand.‹ Und das, was in der Zeitung stand, war von der Partei abgesegnet. Es war ja für jeden gelernten DDR-Bürger immer absolut klar, daß das jetzt die offizielle Meinung ist.« In Leipzig fürchtete man eine »chinesische Lösung« – so wurde das

»Wir wollen raus!« Mehrere hundert Menschen demonstrieren am 4. September 1989 auf Leipzigs Straßen für die Reisefreiheit.

Massaker umschrieben, das die chinesische Volksbefreiungsarmee wenige Monate zuvor, im Juni 1989, auf dem Platz des Himmlischen Friedens in Peking an protestierenden Studenten verübt hatte. Die Anweisung der SED-Führung in Berlin an die Leipziger Bezirksleitung war erschreckend deutlich gewesen: »Feindliche Aktionen« sollten »im Keim erstickt werden«.

Fast 1500 linientreue Genossen hatte die Leipziger SED-Leitung um die Mittagszeit des 9. Oktober im Neuen Rathaus antreten lassen. Diese parteikonformen »gesellschaftlichen Elemente« sollten schon ab 14 Uhr demonstrativ die Bänke der Nikolaikirche besetzen, um den bekennenden Christen beim geplanten Friedensgebet ganz einfach den Platz wegzunehmen. Um 14.30 Uhr war das Kirchenschiff voller Menschen, die mit ausdruckslosen Gesichtern im *Neuen Deutschland* lasen. Pfarrer Christian Führer nahm es mit Humor und einem Friedensangebot: »Herzlich willkommen in unserer Kirche. Es ist nur das Besondere, daß Sie schon um halb drei hier sind; das arbeitende Proletariat kann ja erst nach 16 Uhr kommen. Deshalb halten wir erst um 17 Uhr unsere Friedensgebete.«

Achtet darauf, daß die uniformierten Männer nicht angepöbelt werden. Sorgt dafür, daß keiner Lieder oder Losungen anstimmt, die die Staatsmacht provozieren müssen, nehmt die Steine aus der Hand, die sich in der geballten Faust befinden!
Gotthard Weidel

Der Pfarrer erinnert sich außerdem an weitere bedrohliche Zeichen: »Wir haben Einzelinformationen von Ärzten gehabt, die sagten: Wir haben heute Bereitschaft, und wir sind Spezialisten für Schußverletzungen. Wir haben in Krankenhäusern Betten freihalten müssen; wir haben entsprechende Blutkonserven und so weiter zur Verfügung stellen müssen. Es wird damit gerechnet, daß geschossen wird.« Auch andere eindeutige Vorbereitungen wurden getroffen. Die Polizei hatte Pläne für die Unterbringung von Verhafteten ausgearbeitet. Im südlichen Vorort Mark-Kleeberg gab es auf dem sogenannten »Agra-Gelände« eine Landwirtschaftsausstellung – dort stand eine Halle mit 16 Pferdeboxen, von denen jede Box bei Bedarf zehn Gefangene aufnehmen sollte. Lastwagen mit Käfigen, die von Planen verdeckt wurden, waren ebenfalls bereitgestellt worden.

Aufgrund der zentralen Entscheidung erfolgten im Zusammenhang mit der Demonstration nur die unbedingt erforderlichen polizeilichen Maßnahmen (insbesondere Observation, Eigensicherung, Einzelzuführung, verkehrsorganisatorische Maßnahmen zur Freihaltung der Demonstrationsstrecke vom Straßenverkehr).
Bericht der Bezirksbehörde der Deutschen Volkspolizei Leipzig, 9. Oktober 1989

Die meisten Menschen kannten diese Details nicht, aber sie spürten, daß etwas Bedrohliches über der Stadt lag. Eine Demonstrantin schildert die beklemmende Atmosphäre jenes 9. Oktober: »Wir waren uns darüber im klaren: Heute ist der entscheidende Tag. Man wußte, wo man hinging. Wir haben zu Hause organisiert, was mit unseren Kindern passiert: zu Freunden, dann zur Oma aufs Dorf. Und wir hatten uns darauf eingerichtet, daß wir unsere Kinder nicht wiedersehen. Wir haben uns also für alle Zeiten von unseren Kindern verabschiedet, und mit diesem Gefühl sind alle 70 000 Menschen in die Stadt gegangen. Aus dieser Verzweiflung, aus dieser Angst, aus dieser Hoffnungslosigkeit heraus, das war die einzige Möglichkeit – jetzt. Entweder die oder wir.«

Im Herbst 1989 wurde deutlich: Das DDR-Regime hatte seinen Bürgern zuviel zugemutet. Seit dem 17. Juni 1953 waren die Menschen jahrzehntelang ruhig geblieben. Die meisten DDR-

Die Menschen waren in einer großen Angst, in panikartiger Angst geradezu, und von Tag zu Tag verstärkte sich das Gerücht und das, was man gehört hatte, und immer deutlicher wurde: An diesem Tag wird in Leipzig etwas passieren, und die bisherigen, relativ friedlichen Demonstrationen der vorhergegangenen Montage würden ein Ende finden.
Walter Friedrich, Meinungsforscher, Mitdemonstrant

Übergriffe: Zivile Einsatzkräfte der Stasi greifen speziell ausgesuchte Personen auf.

Bürger arrangierten sich gezwungenermaßen mit einem System, zu dem es seit dem Bau der Mauer keine reale Alternative mehr gab. Widerstand regte sich in den siebziger Jahren allenfalls in Bürgerrechtskreisen – und er war eng mit wenigen Intellektuellen verbunden. Die SED setzte alles daran, diese Kritiker mundtot zu machen. Robert Havemann erhielt Hausarrest, Wolf Biermann wurde ausgewiesen, Rudolf Bahro verhaftet und zu einer hohen Freiheitsstrafe verurteilt, dann ebenfalls abgeschoben.

Anfang der achtziger Jahre nahm der Protest im Zuge der weltweiten Friedensbewegung neue Dimensionen an. Ab 1982 versammelten sich politisch Gleichgesinnte regelmäßig in Leipzig. Treffpunkt war dort die Nikolaikirche, die zum Zentrum der revolutionären Ereignisse von 1989 werden sollte. Konkrete Anlässe waren die Stationierung von Kurzstreckenraketen des Warschauer Paktes auf dem Gebiet der Tschechoslowakei und der DDR sowie der NATO-Doppelbeschluß. Während im Westen Hunderttausende Friedensbewegte auf die Straßen gingen, beteten in Leipzig kleine Gruppen gemeinsam für den Frieden und eine andere Politik. Die Kirche hatte ihnen einen staatsfreien Raum eröffnet. Nirgends sonst konnte man in der DDR Honeckers über politische Probleme im Kreise Gleichgesinnter diskutieren. Kritik war im ersten deutschen »sozialistischen Arbeiter-und-Bauern-Staat« nicht vorgesehen. Wer sich dennoch hervorwagte, wurde diszipliniert.

Unsere Gesellschaft war krank, wir befanden uns in einer tiefen politischen Krise. Wenn überhaupt eine Neuerung in der DDR stattfinden konnte, dann nur ohne Erich Honecker. Mit ihm ging es nicht mehr.
Egon Krenz

Ende der achtziger Jahre stand die DDR wirtschaftlich vor dem Bankrott. Die Versorgungslage war prekär. Die DDR-Wirtschaft galt zwar als die stabilste Wirtschaftsmacht der sozialistischen Gemeinschaft, doch konnte die Planökonomie nicht einmal die Versorgung mit Dübeln, Klebefolien oder anderen Baumaterialien sicherstellen. Die Unzufriedenheit mit dem System nahm zu. Die Betonköpfe in Berlin jedoch waren taub gegenüber Stimmungen in der Bevölkerung. Seit Sommer 1987 wurden Mitglieder von Friedens- und Umweltgruppen stetig mehr drangsaliert. Nicht genehmigte Versammlungen, und sei es nur ein Musikfest wie im Juni 1989, wurden brutal aufgelöst. Es kam zu sogenannten »Zuführungen«, vorläufigen Festnahmen in der Sprache des DDR-Staatsapparats, und zu Ausbürgerungen.

In Leipzig erlebten jetzt die »Friedensgebete« in der Nikolaikir-

Symbolisch: Ungarische Grenzsoldaten durchtrennen am 2. Mai 1989 mit einer Drahtschere den Zaun zu Österreich.

Immer deutlicher zeichnet sich ab, daß das an die Nikolaikirche angrenzende Territorium zu einem Treff- und Sammelpunkt gegnerischer Kräfte wird.
Papier der Volkspolizei Leipzig, 25. September 1989

che einen unerwarteten Zustrom. Die evangelische Kirche fungierte damit – auch gegen den Widerstand in ihren eigenen Reihen – als Sammelbecken für »Klagende, Unzufriedene, Ausreisewillige, Empörte«. Nikolai war »offen für jedermann« und für jedes Thema, solange es nicht »dem Evangelium vom Kreuz Christi als Wort der Versöhnung« widersprach, erläutert rückblickend Pfarrer Christian Führer, der Initiator der Friedensgebete.

Es gab gute Gründe, warum gerade Leipzig zu einem Zentrum des Unmutes wurde. Die Messestadt litt unter der desolaten Wirtschaftslage ganz besonders. Braunkohleabbau und eine starke Chemieindustrie verursachten eine überdurchschnittliche Umweltverschmutzung. Die Bürger waren unmittelbar davon betroffen: Bronchitis, Ekzeme häuften sich. Das war die eine Seite. Dazu kam das alljährliche Spektakel der internationalen Handelsmesse, das den Unmut der Bevölkerung steigerte. Mehr und mehr zu einer propagandistischen DDR-Leistungsschau degradiert, präsentierte sich Leipzig an wenigen Tagen im Jahr den zahlreichen ausländischen Gästen mit herausgeputzten Schaufenstern. Doch es waren nur Potemkinsche Dörfer. Der Leipziger Alltag war grau, die Stadt zerfiel. »Das Sein bestimmt das Bewußtsein« – für viele Leipziger bedeutete dies, daß es so nicht mehr weitergehen konnte. Hier wie auch andernorts in der DDR wagten es immer mehr Menschen, einen Antrag auf »ständige Ausreise aus der DDR« zu stellen. Sie brachten damit eine Lawine ins Rollen, die niemand mehr aufhalten konnte. Ihre Teilnahme an den Friedensgebeten betonte deren politischen Charakter. Ihr stiller Protest mit Kerzen und Transparenten, ihre Solidaritätsbekundungen für Verhaftete waren der Staatsmacht ein Dorn im Auge. Der Dauerkonflikt eskalierte.

Am 8. Mai 1989 kam es zum ersten Mal zum Aufmarsch von Polizei- und Sicherheitskräften vor der Nikolaikirche. Staatliche Willkür brach sich Bahn. Teilnehmer der Gebete oder friedliche Ausreisewillige wurden auf LKWs gezerrt und verhaftet. »Wir wollen raus!« war noch das Motto einer Minderheit. Am 4. September 1989 demonstrierten bereits Hunderte für mehr Freizügigkeit. »Reisefreiheit statt Massenflucht« und »Für ein offenes Land mit freien Menschen« stand auf den Plakaten, die den Demonstranten von Angehörigen des Staatssicherheitsdienstes entrissen wurden. Am 11. September wurden 70 Kirchgänger festgenommen. Doch mit jedem Verhafteten solidarisierten sich Hunderte. In den evangelischen Gottesdiensten wurden die Namen der Verhafteten verlesen. Gemeinsam betete man für sie.

Ich kenne Leute, die haben eine Beruhigungspille genommen und sind dann zur Demo gegangen. Sie wußten, wir dürfen jetzt nicht nachlassen, sonst geht alles wieder seinen alten Trott weiter.
Bernd-Lutz Lange, Kabarettist

Aber der Eiserne Vorhang, der Ost- und Westeuropa trennte, wurde 1989 immer durchlässiger – neue Perspektiven für Ausreisewillige boten sich. Neben dem legalen Weg über einen offiziellen Ausreiseantrag, der meist behördliche Schikanen auslöste, riskierten seit den Sommermonaten 1989 Tausende über ver-

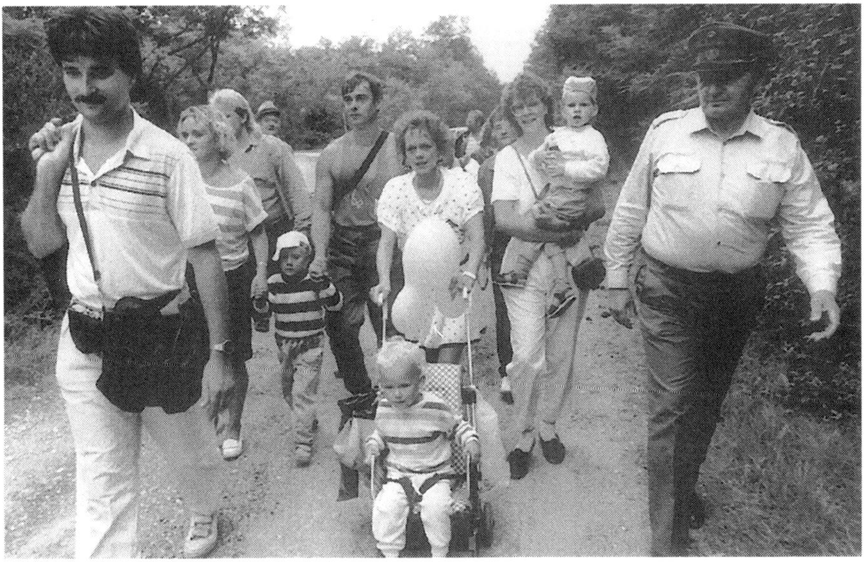

Chance genutzt: DDR-Bürger werden nach ihrer erfolgreichen Flucht aus Ungarn am 19. August 1989 von österreichischen Polizisten begrüßt.

bündete Ostblockstaaten die Flucht ins westliche Ausland. Im Gegensatz zur reformunwilligen DDR war Gorbatschows Perestroika in manchen anderen kommunistischen Ländern auf fruchtbaren Boden gefallen. Der Ost-West-Konflikt entschärfte sich. Ungarische Grenzsoldaten waren die ersten, die mit Drahtscheren Löcher in den Grenzzaun zu Österreich schnitten. Hunderte DDR-Bürger nutzten prompt das Schlupfloch. Am 19. August 1989 kam es bei einer Veranstaltung der »Paneuropa-Union« zu einer Massenflucht von 660 Menschen. Die Bilder der überglücklichen, in Freudentränen aufgelösten Menschen gingen um die Welt und gelangten über die Nachrichtensendungen des Westfernsehens auch in zahlreiche DDR-Wohnzimmer. Das Fernsehen machte Politik. Das Thema Ausreise war nun in aller Munde. »Das war eine Form der Massenpsychose. Es gab nur noch Gespräche über dieses Thema. Die Leute fanden nicht mehr zu anderen Themen des Alltags. Es gab Millionen von

Zusammen mit meinem Kollegen Mock brach ich zur ungarisch-österreichischen Grenze auf. Dort schnitten wir in Anwesenheit mehrerer hundert Medienvertreter aus Ost und West den Stacheldrahtzaun durch, der … gewissermaßen den Eisernen Vorhang symbolisierte. Es war der 27. Juni 1989.
Gyula Horn, ehemaliger ungarischer Außenminister

Oben: Mit Gewalt: Polizisten versuchen, einen DDR-Flüchtling am Übersteigen des Zauns zur Bonner Botschaft in Prag zu hindern.
Unten: Das Drama von Prag: DDR-Flüchtlinge stürmen die bundesdeutsche Botschaft, nachdem sie die Polizeisperre überwunden haben.

Kommunikationen, die sich nur damit beschäftigten. Die Leute wollten einen Ausweg finden«, kommentiert heute der Leipziger Kommunikationsforscher Professor Walter Friedrich die Stimmung.

Die offizielle DDR reagierte auf die Ausreisewelle, wie sie auf jede Kritik reagierte: Sie schob die Schuld daran dem kapitalistischen Klassenfeind zu, der durch seine massive Berichterstattung in den Medien die Menschen angeblich verführt habe. Der zweite Mann der DDR, Willi Stoph, sprach von »Hetz- und Verleumdungskampagnen von Politikern und Massenmedien der BRD gegen die DDR«.

Inzwischen waren auch mehrere hundert Ostdeutsche in die Räume der Budapester Botschaft der Bundesrepublik eingezogen. Wir beschlossen, mit der alten Tradition zu brechen und keinen einzigen DDR-Staatsbürger zur Heimkehr zu zwingen.
Gyula Horn

Doch der große Zug gen Westen ließ sich nicht mehr stoppen. Die Reformer in Budapest suchten das Gespräch mit Helmut Kohl und Hans-Dietrich Genscher, die Solidarität mit dem ostdeutschen »Bruder« galt nicht mehr viel. Am 11. September 1989 gingen die Schlagbäume an den ungarisch-österreichischen Grenzübergängen hoch. Mehr als 5000 DDR-Flüchtlinge verließen allein an diesem Tag Ungarn. In Prag – und in geringerer Zahl auch in Warschau – versuchten verzweifelte DDR-Bürger ihre Ausreise über die Botschaften der Bundesrepublik Deutschland zu erzwingen. Unter primitiven sanitären Verhältnissen kampierten sie mit Kind und Kegel auf dem Gelände der bundesdeutschen Residenzen. Die Nächte wurden kalt, die Verpflegung der Flüchtlinge drohte zusammenzubrechen. Nach zähen Verhandlungen mit den Verantwortlichen in der DDR flog der deutsche Außenminister nach Prag, um den Ausreisewilligen seine Botschaft zu verkünden: »Wir sind zu Ihnen gekommen, um Ihnen mitzuteilen, daß heute nacht Ihre Ausreise ...« Genschers weitere Worte gingen im Freudengeschrei von 10 000 Menschen unter.

Das Echo auf meine Worte war ein Schrei der Freude, der Erleichterung, aber vor allem ein Schrei nach Freiheit.
Hans-Dietrich Genscher, 30. September 1989

Honecker persönlich hatte der Aktion zugestimmt. Um sein Gesicht nicht ganz zu verlieren, hatte er verlangt, daß die Züge mit den »Ausreisern« und »Weggehern«, wie sie bald genannt wurden, über DDR-Hoheitsgebiet fahren mußten. Aus der Ausreise sollte so eine Ausweisung werden. Als in Dresden Menschen auf den fahrenden Zug aufsprangen, wurde die Order erteilt, weitere Züge verriegeln zu lassen. Zusätzlich schloß die DDR die Grenze zur Tschechoslowakei.

Anfang Oktober kam es zu einer zweiten Massenausreise von Botschaftsflüchtlingen über DDR-Gebiet. Am Dresdner Hauptbahnhof warteten Tausende Ausreisewillige und Demonstranten und lieferten sich blutige Kämpfe mit den Sicherheitskräften.

Chaotische Zustände: Mehr als 2000 DDR-Bürger kampieren auf dem Gelände der Prager Botschaft unter miserablen sanitären Bedingungen.

Pflastersteine wurden von beiden Seiten geworfen, Autos in Brand gesetzt. Die DDR glich einem brodelnden Vulkan, dessen Ausbruch kurz bevorstand.

Für die Bürger war die Situation pervers. Wer einen Ausreiseantrag stellte, dem drohten behördliche Willkür bis hin zur Gefängnishaft; wer in eine Botschaft flüchtete, durfte umgehend ausreisen. Bis Ende September 1989 verließen fast 40 000 Menschen ihre Heimat. Für die DDR bedeutete dieser menschliche Aderlaß eine politische Niederlage. Die DDR-Medien, seit jeher kritiklos-höriges Sprachrohr der SED-Führung, konterten mit Schilderungen von »kaltblütigen, berufsmäßigen Menschenhändlern« und »gewissenlosen Schleppern«, die angeblich unschuldige DDR-Bürger betäubten und dann entführten. An den Reaktionen auf das Pekinger Massaker auf dem Platz des Himmlischen Friedens hatte das DDR-Volk erkennen können, wie seine Führung mit oppositioneller Kritik umzugehen gedachte. Einzelne SED-Funktionäre wie der Geraer Stadtparteichef der SED, Wolfgang Heiland, fanden hierzu unmißverständliche Worte:

Sie haben durch ihr Verhalten die moralischen Werte mit Füßen getreten und sich selbst aus unserer Gesellschaft ausgegrenzt. Man sollte ihnen deshalb keine Träne nachweinen.
»Mitteldeutsche Neueste Nachrichten«, 3. Oktober 1989

»Mit den Provokateuren und Konterrevolutionären hier werden wir nach dem vierzigsten Jahrestag der DDR abrechnen, so wie das in China bereits geschehen ist.«

Der altersstarre SED-Staatsratsvorsitzende Erich Honecker kehrte nach längerer Krankheit Anfang Oktober in die Politik zurück. In seiner ersten öffentlichen Rede ging er mit keinem Wort auf die Flüchtlingswelle ein. Statt dessen pries er in Festschriften zum vierzigsten Jahrestag die DDR als einen Staat »mit einem funktionierenden, effektiven sozialistischen Gesellschaftssystem, das sich mit den von ihm verwirklichten Menschenrechten auch an den Herausforderungen der neunziger Jahre bewähren wird«. Noch konnte er sich die Arroganz der Macht leisten – aber nicht mehr lange.

Den Sozialismus in seinem Lauf hält weder Ochs noch Esel auf. Diese alte Erkenntnis der deutschen Arbeiterbewegung findet durch die große Initiative der Werktätigen der DDR ihre aktuelle Bestätigung.
Erich Honecker, »Neues Deutschland«, 15. August 1989

Am 7. Oktober 1989 beging die offizielle DDR feierlich das Staatsjubiläum. Es sollte eine große Selbstbeweihräucherung werden, mit Fackelzügen, Großem Zapfenstreich und martialischer Militärparade. Innenpolitische Schwierigkeiten gebe es nicht: »In Leipzig und Dresden ist alles normal, alle gehen ihrer Arbeit nach«, erklärte Honecker gelöst westlichen Journalisten.

»Visafrei bis Hawaii!« Stolz zeigen junge Flüchtlinge am Grenzübergang zu Passau ihren neuen Reisepaß.

»Gorbi, Gorbi!« Michail Gorbatschow wird anläßlich des 40. Jahrestags der DDR von Erich Honecker und der Bevölkerung in Ostberlin begrüßt.

Auch im fünften Jahrzehnt wird der sozialistische Staat der Arbeiter und Bauern auf deutschem Boden durch sein Handeln zum Wohle des Volkes, durch seinen Beitrag zu Frieden, Sicherheit und internationaler Zusammenarbeit ständig neu beweisen, daß seine Gründung im Oktober 1949 ein Wendepunkt war – in der Geschichte des deutschen Volkes und Europas.
Erich Honecker, Ansprache zum 40. Jahrestag der DDR, 7. Oktober 1989

Die DDR-Opposition erwartete sich Großes von Michail Gorbatschow, dem sowjetischen Hoffnungsträger, der anläßlich des DDR-Jubiläums nach Ostberlin kam. Enthusiastisch wurde er dort gefeiert, wo Bürger näher an ihn herankamen. »Gorbi, Gorbi«-Rufe erklangen, oder – als beanspruche man ihn als Schutzheiligen für demokratische Veränderungen in der DDR – »Gorbi, hilf«. Die Altherrenriege um Honecker hatte sich bis zu diesem Zeitpunkt standhaft gegen Veränderungen nach dem Vorbild des großen Bruders gewehrt. Symptomatisch war der alle Erwartungen dämpfende Ausspruch des SED-Ideologen Kurt Hager: »Würden Sie, wenn Ihr Nachbar seine Wohnung neu tapeziert, sich verpflichtet fühlen, Ihre Wohnung ebenfalls neu zu tapezieren?« Der Kremlchef spielte mit, verdarb den deutschen Genossen nicht das Jubelfest. Doch wer genauer hinhörte, vernahm die Signale: »Wir zweifeln nicht, daß die SED imstande ist, Antworten auf die Fragen zu finden, die ihre Bürger bewegen«, sagte Gorbatschow und fügte an, die Probleme der DDR würden »nicht in Moskau, sondern in Berlin« entschieden. Damit erteilte er einer russischen Einmischung in die inneren Angelegenheiten Ostberlins eine klare Absage – das war das Ende der Breschnew-Doktrin. Was Honecker zu diesem Zeitpunkt noch nicht wußte:

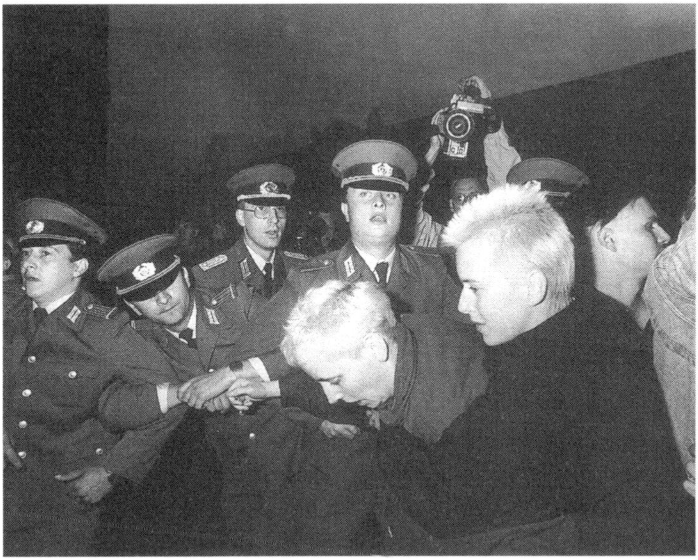

Oben: Feiern und Proteste: Während der 40-Jahr-Feiern der DDR werden junge Demonstranten von der Volkspolizei in Berlin aufgegriffen. Unten: »Wir sind keine Rowdys!« Ein Demonstrant wird am 7. Oktober 1989 in Leipzig auf offener Straße festgenommen und abgeführt.

Zwischen dem Besuch Gorbatschows in Berlin am 6. und 7. Oktober und den Ereignissen in Leipzig besteht ein direkter Zusammenhang, denn Gorbatschow ermunterte sozusagen die Massen zu diesen Demonstrationen.
Wjatscheslaw Daschitschew, ehemaliger Gorbatschow-Berater

Unsere Streitkräfte in der DDR hatten den Befehl erhalten, in den Kasernen zu bleiben und sich in keiner Weise und zu keiner Zeit in die Geschehnisse einzumischen.
Valentin Falin, ehemaliger Leiter der Internationalen Abteilung der KPdSU

Die sowjetischen Streitkräfte in der DDR hatten bereits Ende August 1989 den Befehl erhalten, in den Kasernen zu bleiben. Ein militärisches Engagement in der DDR hätte für die Reformer um Gorbatschow ein Scheitern ihrer eigenen Politik bedeutet.

Im vierzigsten Jahr ihres Bestehens war die DDR nun erstmals ganz auf sich gestellt. Im Gespräch mit Journalisten fiel dann der Satz, der zum Fanal für die friedliche Revolution in der DDR werden sollte: »Wer zu spät kommt, den bestraft das Leben.« Später empfahl Gorbatschow dem siebenundsiebzigjährigen Honecker im kleinen Kreis, die Initiative für Veränderungen zu übernehmen, doch der SED-Chef wollte von Belehrungen nichts hören. »Er beendete abrupt dieses Gespräch«, bezeugt Valentin Falin, einer der Mitreisenden Gorbatschows. Die alte Losung »Von der Sowjetunion lernen heißt siegen lernen« galt nicht mehr.

Den Gorbatschow-Besuch überschatteten die bis dahin größten Demonstrationen seit dem 17. Juni 1953, die von der Polizei mit äußerster Brutalität aufgelöst wurden. Zehntausende gingen in Ostberlin, Leipzig, Dresden, Potsdam und anderen Städten auf die Straßen, um friedlich ihren Forderungen nach Freiheit, Demokratie und Menschenrechten Ausdruck zu verleihen. Mehr als 1000 von ihnen wurden festgenommen, viele mißhandelt. Die Augenzeugenberichte der Betroffenen über die Ausschreitungen seitens der Sicherheitsleute wurden bei kirchlichen Veranstaltungen und sogar nach öffentlichen Theateraufführungen vorgelesen und lösten auch bei Nichtbeteiligten große Empörung aus.

Ich erinnere mich sehr gut an den Fackelzug der Jugend am Abend des 7. Oktober, als die Sprechchöre rufen sollten: »Honecker, Honecker« und »SED, FDJ« und ähnliches mehr; aber da kamen dann andere Stimmungen zum Ausdruck, und »Gorbi, Gorbi« war viel stärker, und die anderen Stimmen kamen nicht mehr durch.
Manfred Gerlach, ehemaliger Vorsitzender der LDPD

Der Realitätsverlust der DDR-Führung war offensichtlich. Honecker sah in den Demonstrationen vom Westen gesteuerte »Hetzkampagnen gegen die sozialistische Gesellschaftsordnung«: »Gerade jetzt« vor den Jubiläumsfeierlichkeiten, so Honecker, »glaubt man in der BRD, die DDR durch einen umfassenden Angriff aus den Angeln heben zu können.« Er und Erich Mielke, der Chef der Staatssicherheit, verständigten sich auf eine harte Linie gegen die Demonstranten. Vor den Leitern seines Amtes gab Mielke konkrete Weisungen, das Vorgehen gegen die »inneren Feinde« zu verschärfen: »Für was ihr sie einsperrt, ist mir völlig egal; das überlasse ich eurem juristischen Sachverstand. Aber eingesperrt werden sie.«

Doch die Angst vor den eigenen Sicherheitsorganen, vor 180 000 haupt- und nebenberuflichen Schnüfflern des allgegenwärtigen Staatssicherheitsdienstes, lähmte die DDR-Bürger auf einmal nicht mehr. »Unter den Schlägen der Staatssicherheit hat sich das Volk zum aufrechten Gang entschlossen«, formulierte der Schriftsteller Christoph Hein. Man wollte nicht mehr »der doofe Rest« sein, wie Ausreisewillige provokativ das Kürzel DDR buchstabiert hatten – für jene, die blieben. Die Auseinandersetzung mit Ausreiseproblematik und Flüchtlingswelle brachte nun auch Menschen auf die Straße, die vier Jahrzehnte lang geschwiegen hatten. Manche Ältere hatten gesehen, wie ihre Kinder über das Westfernsehen aus der Prager Botschaft winkten. Nun verstärkten sie die Fraktion derer, denen es um politische Reformen innerhalb der DDR ging. Jetzt hieß es nicht mehr nur »Wir

Tag der Entscheidung: Am 9. Oktober 1989 demonstrieren 70 000 Menschen friedlich in Leipzig – trotz eines großen Armeeaufgebots gibt es kein Blutvergießen.

wollen raus«. »Wir bleiben hier« und »Wir sind das Volk« waren ab sofort Losungen, mit denen man dem Alleinvertretungsanspruch der SED entschlossen entgegentrat.

Man suchte nach politischen Alternativen neben den Blockparteien. Die ersten Oppositionsgruppen formierten sich. Das »Neue Forum« beantragte seine offizielle Zulassung als Vereinigung, die das System von innen her verändern wollte. Der Antrag wurde abgelehnt. Die Behörden warfen der Gruppierung eine »staatsfeindliche« Gesinnung vor. Dessen ungeachtet strömten dem »Neuen Forum« Tausende neuer Mitglieder zu. Auch Gruppen wie »Demokratie Jetzt« und »Demokratischer Aufbruch«

Als klarwurde, daß die Liberalisierung durch Gorbatschow hier in diesem Land keine Früchte trug und keine Reaktion hervorrief, wuchsen der Widerstand und die inneren Kräfte der Menschen.
Kurt Masur, Dirigent

bildeten sich nun. Von Wiedererlangung der deutschen Einheit war noch keine Rede.

Kritik an Honeckers harter Linie wurde im Herbst 1989 zum ersten Mal auch aus der Führungsriege publik. Manfred Gerlach, Chef der DDR-Liberalen, verkündete Revolutionäres zum vierzigsten Jahrestag der DDR. »Die DDR braucht Fragende, Ungeduldige, Neugierige; sie braucht jeden, der sich an der ›Normalität‹ reibt und so hilft, Neues zu entdecken und durchzusetzen.«

»Erich, laß die Faxen sein – hol die Perestroika rein«: Die Demonstranten in Leipzig bauen auf die Unterstützung von Michail Gorbatschow.

Und er wagte sogar offene (Selbst-)Kritik: »Widerrede ist nicht Widerstand.«

Die Leute wollten einen Ausweg finden. Die Lage war aber so verbohrt und vermauert, daß man keine speziellen Auswege fand, sondern meinte, es bleibt nur der Weg einer totalen Lösung, einer Veränderung des Regimes.
Walter Friedrich, Meinungsforscher, Mitdemonstrant

Doch die Entfremdung zwischen den Machthabern und der Bevölkerung war bereits zu groß, als daß ein Dialog zustande gekommen wäre. Die Kirche aber war eine wichtige Kraft, die vermitteln wollte. Sie wagte den Spagat zwischen »Kirche im Sozialismus« und Unterstützung der Opposition – zum Beispiel in Leipzig. Die Friedensgebete in der Nikolaikirche und die anschließenden Montagsdemonstrationen gerieten zum Forum für die große Kraftprobe zwischen Regierung und Volk.

So auch am 9. Oktober dieses ereignisreichen Jahres 1989. Schon am Morgen dieses Tages lag über Leipzig eine unerträgliche Spannung. Die Stadt war für die große Konfrontation gerüstet. Jeder war sich der Gefahren bewußt. Und so wurde der 9. Oktober auch zu einem Großkampftag für jene, die das Schlimmste verhindern wollten. Der »Tag der Entscheidung» wurde zum Tag der Vermittler.

Zum Beispiel Kurt Masur: Im Leipziger Gewandhaus probte er mit dem Orchester »Till Eulenspiegels lustige Streiche« für die abendliche Aufführung. Doch die Musiker waren nicht ganz bei

Endlose Schlange: Mehr als vier Kilometer stauen sich die »Trabis« der ausreisewilligen Familien vor dem Grenzübergang bei Schirnding.

der Sache. Sie diskutierten über die Lage in der Stadt. Da ergriff Masur die Initiative und nahm Kontakt zu einem ihm bekannten Sekretär aus der SED-Bezirksleitung Leipzig auf. Zusammen mit zwei weiteren SED-Sekretären, einem Bürgerrechtler und einem Pfarrer einigte man sich auf den Aufruf der »Leipziger Sechs«, den man kurz vor dem Friedensgebet über Rundfunk verbreiten lassen wollte: »Unsere gemeinsame Sorge und Verantwortung haben uns heute zusammengeführt. Wir sind von der Entwicklung in unserer Stadt betroffen und suchen nach einer Lösung. Wir alle brauchen einen freien Meinungsaustausch über die Weiterführung des Sozialismus in unserem Land. Deshalb versprechen die Genannten heute allen Bürgern, ihre ganze Kraft und Autorität dafür einzusetzen, daß dieser Dialog nicht nur im

Ich glaube, daß an diesem Tag alle, die in Leipzig beteiligt waren – das betrifft sowohl die Demonstranten als auch die Sicherheitskräfte –, gespürt haben, daß das, was geplant war, nicht geschehen darf. Damit war es eigentlich eine erste Befehlsverweigerung gegenüber dem Staat…
Kurt Masur

Es war ein schrecklicher Tag. Die Stadt wurde in einen bürgerkriegsähnlichen Zustand versetzt, Armee war in Bereitschaft, Bereitschaftspolizei, gepanzerte Fahrzeuge, Warnungen in allen Ausbildungsstätten, Universitäten und überall, nur ja das Stadtzentrum zu meiden.
Christian Führer, Pfarrer der Nikolaikirche

Das ist ein Tag der Entscheidung gewesen. Hier ist die Entscheidung gefallen, die den Regierenden das Rückgrat gebrochen hat.
Walter Friedrich, Meinungsforscher, Mitdemonstrant

Bezirk Leipzig, sondern auch mit unserer Regierung geführt wird. Wir bitten Sie dringend um Besonnenheit, damit der friedliche Dialog möglich wird.«

Schon am Vormittag des 9. Oktober hatte es einen Vermittlungsversuch gegeben, der sich an Egon Krenz, Mitglied des SED-Politbüros und Sekretär für Sicherheit, Jugend und Sport, wandte. Professor Walter Friedrich, der Direktor des Zentralinstituts für Jugendforschung in Leipzig, war mit Krenz befreundet und fuhr an diesem Montag zu ihm nach Berlin. Bei sich trug er eine Analyse über die Stimmung in der DDR. Falls es nicht zu einem Treffen kommen würde, wollte er einen persönlichen Brief an Krenz überreichen, der mit den Worten begann: »Lieber Egon, es darf in Leipzig kein Blut fließen.«

Aber er wurde empfangen, Krenz redete offen mit ihm: Er teilte Friedrich mit, daß er mit anderen SED-Leuten plane, Honecker am nächsten Tag abzulösen. Der Gast gewann den Eindruck, daß Krenz sehr mit dem Putschplan beschäftigt war und die Brisanz in Leipzig nicht vollständig erkannte. Friedrich plädierte vehement für unbedingte Gewaltlosigkeit. Krenz erinnert sich so an dieses Gespräch: »Ich versuchte Professor Friedrich zu sagen, daß mir keinerlei Pläne bekannt sind, daß Gewalt in Leipzig angewendet werden soll, und das widersprach auch meiner inneren Einstellung. Wir waren dabei, eine Veränderung in der Führung der DDR herbeizuführen, und ein Sozialismus auf Bajonetten nach 40 Jahren Entwicklung, das wäre doch von vornherein der Tod der DDR gewesen.« Laut Krenz gab es keinen konkreten Schießbefehl für Leipzig, wohl aber ein Fernschreiben an alle ersten Sekretäre der SED-Bezirksleitungen vom 22. September. Darin hieß es, daß »konterrevolutionäre Aktionen im Keime zu ersticken« seien. Nach eigenen Angaben telefonierte Krenz wegen dieser brisanten Formulierung, die immer noch eine Gefahr für die Demonstranten bedeutete, mit einigen zuständigen Ministern. »Wir waren uns damals einig, es wird keine Gewalt in Leipzig eingesetzt. Ich hatte vorher versucht, mit Erich Honecker Kontakt zu kriegen. Das war nicht möglich, er hatte am laufenden Band Gespräche mit ausländischen Delegationen.« Somit war Honeckers dichtgedrängter Terminplan nach den gerade zurückliegenden Feiern zum vierzigsten Jahrestag der DDR möglicherweise mit ein Hinderungsgrund dafür, daß die harte Linie gegen »Konterrevolutionäre« von allerhöchster Stelle wieder ins Spiel gebracht wurde.

»Die Mauer muß weg!« Für ein wiedervereinigtes Deutschland demonstrieren rund 3000 Menschen am 9. Dezember 1989 in Ostberlin.

Am Nachmittag des 9. Oktober füllte sich die Leipziger Innenstadt zusehends. Eine damalige Demonstrantin schildert die Brisanz der Stunde: »Ich werde nie vergessen, wie wir uns zunächst mit Freunden am ›Hotel Deutschland‹ getroffen und uns Mut gemacht haben. Manche haben geweint, und manche wollten auch wieder gehen. Und wir haben gesagt, wir werden das gemeinsam durchstehen. Und wie wir uns dann in Richtung Kirche bewegt haben und es kaum fassen konnten, daß es immer mehr Menschen wurden. Es war ein unaufhörlicher Strom. Und plötzlich war ein unglaubliches Gefühl der Solidarität da, uns alle können sie nicht totschießen, und uns alle können sie auch nicht einsperren und auch nicht auf LKWs schleppen und mit Hunden hetzen.«

Daß keine Seite das Gesicht verloren hat, … das ist für mich ein ganz wunderbares Geschenk gewesen.
Pfarrer Christian Führer

Daß wir den Herbst 1989 gut durchstehen konnten, hängt doch damit zusammen, daß Vernunft unter den SED-Funktionären herrschte. Das wird heute zwar nicht gerne gehört, aber es ist die historische Wahrheit.
Egon Krenz

Über die Stadtfunkanlage, öffentliche Lautsprecher, die seit der sowjetischen Besatzungszeit auf einigen Straßen und Plätzen ein lokales Rundfunkprogramm verbreiteten, wurde der vermittelnde Aufruf der »Leipziger Sechs«, der Gruppe um Kurt Masur, verlesen. Wer die Botschaft hörte, begrüßte sie mit Applaus und faßte neuen Mut. Die Appelle zur Besonnenheit schienen auf allen Seiten zu wirken. Mäßigend wirkte überdies, daß jetzt auch ältere Menschen auf die Straße gingen, dazu gesellten sich sogar Frauen mit Kinderwagen. Sie alle einte ein Gefühl, erinnert sich ein Bürgerrechtler: »Es sind dort viele Leute mit großer Angst losgegangen, aber sie wußten genau, wenn ich heute nicht gehe, ändert sich nie wieder was in diesem Land.«

Um 18 Uhr endete das Friedensgebet in den Kirchen, die Teilnehmer drängten heraus auf die Straße. Nun sollte sich die Demonstration formieren. Ein junger Beteiligter beschrieb später den kritischen Augenblick: »Vor dieser Straßenabsperrung standen viele Leute und guckten in Richtung Nikolaikirche, man vermutete ja, daß Schüsse kommen oder ähnliches. Einzelne Leute, die dort standen, und ich mit meinem Kumpel, wir haben gebetet, und neben uns hat jemand gesungen. Es war Wahnsinn, unbegreiflich. Zwischendurch kam immer durch den Stadtfunk dieser Aufruf von Masur. Wir haben nichts verstanden, weil der Lautsprecher nicht in unserer Nähe stand, wir wußten nicht, ist das jetzt der Aufruf zum Schießen gewesen oder was?«

Aber es wurde nicht geschossen. In der Einsatzzentrale siegte die Vernunft. Der Hauptverantwortliche in Leipzig, der SED-Bezirksleiter Helmut Hackenberg, empfing in seinem Büro die »Leipziger Sechs« um Kurt Masur und telefonierte in der kritischen Phase mit Krenz in Berlin. Der vorsichtige Krenz wollte und konnte Hackenberg ohne Honeckers Einverständnis keinen eindeutigen Befehl zur Zurückhaltung geben, mahnte ihn jedoch zur Besonnenheit. Niemand wollte die Verantwortung für ein Losschlagen übernehmen, und jeder freute sich über das Befehlsvakuum, das zwischen Berlin und Leipzig herrschte.

Das war eine Probe der Kräfte. Der Umstand, daß es nicht zum Blutvergießen kam, nicht zum Einsatz der Sicherheitskräfte und der Polizei, hat die Leute ermuntert.
Wjatscheslaw Daschitschew, ehemaliger Gorbatschow-Berater

Auf den Straßen und Plätzen sahen auch die Polizisten, daß die Massen gewaltlos demonstrierten. »Redet mit uns!« und »Schließt euch an!« riefen sie den Sicherheitskräften zu. Und der Kommandeur der Polizeikräfte in Leipzig, General Gerhard Straßenburg, erkannte ebenfalls die Disziplin der Demonstranten. Um 18.15 Uhr telefonierte er mit seinem vorgesetzten Minister in Berlin und schilderte ihm gelassen die Lage. Und so konnte er mit Einwilligung aus Berlin seinen Männern um 18.25 Uhr

»Demokratie, jetzt oder nie!« Ein Meer von Plakaten begleitet die Demonstranten in Leipzig am 23. Oktober 1989.

schließlich den erlösenden Befehl geben: »Rückziehung der Kräfte! Nur noch zur Selbstverteidigung handeln!« Straßenburg urteilte rückblickend: »Mein persönlicher Wunsch war, nie Waffen anzuwenden gegen Menschen. Aus der heutigen Sicht muß ich sagen, ich hätte es mir hundertmal überlegt, ob ich überhaupt hätte schießen müssen.«

Das »Wunder von Leipzig« war geschehen. Es bestand darin, daß beide Seiten gefühlsmäßig Provokationen und überzogene Reaktionen erst gar nicht aufkommen ließen. Der Demonstrationszug wurde nicht, wie befohlen, verhindert. Das wäre angesichts der Menschenmassen nur mit Blutvergießen durchzusetzen gewesen. Anders als in Peking taten die deutschen Genossen diesen Schritt nicht. Sie hätten die Machtmittel gehabt, aber niemand wollte die Katastrophe verantworten.

Ohne diese Demonstrationen wäre die Regierung nicht verändert worden… Und da ist an erster Stelle Leipzig zu nennen… Wir haben uns an den langen Titel »Berlin – Hauptstadt der DDR« gewöhnt, ich denke, es wird uns leichter sein, uns an ein Straßenschild »Leipzig – Heldenstadt der DDR« zu gewöhnen.
Christoph Hein, Schriftsteller, 4. November 1989

Das »Wunder von Leipzig« hatte viele Väter. Einer saß in Moskau und hatte dafür gesorgt, daß diesmal keine russischen Panzer anrollten. Ausschlaggebend für den gewaltfreien Verlauf des Abends aber war neben dem gemeinsamen Appell von prominenten Bürgern und drei mutigen SED-Funktionären in letzter Konsequenz die elementare Kraft des Volkes, das sich außerordentlich diszipliniert und friedfertig verhielt. »Daß nicht ein Stein geworfen wurde, war ein Wunder. Der hätte alles auslösen können.« Kurt Masur konnte sein Konzert pünktlich andirigieren, und doch war es nicht wie sonst. Masur: »Da war nicht Jubel, da war nicht Freude, da war eine ganz ernste und aufrechte Haltung.«

Das Volk hatte auf der ganzen Linie gesiegt. Der Bürgerkrieg fand nicht statt. Das Panzerregiment, das Honecker für die folgende Montagsdemonstration nach Leipzig beordern wollte, blieb in den Kasernen. Honeckers Macht war gebrochen. Sein Sturz stand unmittelbar bevor.

Im Überschwang der Begeisterung erhielt Leipzig den Beinamen »Heldenstadt«. Jene 70 000 Menschen, die damals auf die Straße gingen, hatten den Mut, ihre Angst zu überwinden. Damit lösten sie die erste deutsche Revolution aus, die völlig unblutig verlief und in der deutschen Einheit endete. Daß dabei letztlich jene von der Entwicklung überrollt wurden, die im Herbst 1989 nur eine bessere DDR gewollt hatten, zählt zu den ironischen Facetten der deutschen Geschichte.

9. NOVEMBER 1989

Das Jahrhundertwunder

Es war die Nacht der Nächte von Berlin. Zehntausende aus Ost und West feierten ausgelassen die Öffnung der Mauer. Fremde Menschen lagen einander in den Armen, lachten und jubelten. Auf den Straßen knallten Sektkorken, am Nachthimmel explodierten Leuchtraketen und Böller. Auf der Mauer vor dem Brandenburger Tor, dem Symbol der deutschen Teilung und des Kalten Krieges, tanzten die Menschen und sangen: »So ein Tag, so wunderschön wie heute ...« Zum ersten Mal in der jüngeren deutschen Geschichte siegte das Volk über die Herrschenden, zwang ihnen seinen Willen auf – ohne Gewalt. 28 Jahre nachdem die

Alle Leute hielten die Ausweise hoch, um sie stempeln zu lassen, obwohl keiner mehr irgendetwas kontrollieren konnte. Auch Revolutionen gehen in Deutschland nicht ohne Stempel.
Peter Ensikat, Kabarettist

Die Nacht vom 9. auf den 10. November 1989: Am Brandenburger Tor feiern die Menschen aus Ost und West.

Diese Nacht war nicht zum Schlafen da.
Walter Momper, damals Regierender Bürgermeister von Berlin

Noch am späten Abend besuchte ich den Grenzübergang. Morgens früh war Ostberlin mein Ziel. Überall wurde ich Zeuge ausgelassener Freude. Wildfremde Menschen fielen mir um den Hals.
Dorothee Wilms, damals Ministerin für innerdeutsche Beziehungen

Mauer gebaut worden war, um ein Volk zu trennen, vereinigte sich dieses Volk auf ebendieser Mauer zu einer friedlichen Feier.

Als der Morgen anbrach, stellten sich die Menschen in Ost und West die bange Frage: Würde die Mauer offenbleiben? Sie blieb es. Der Lauf der Geschichte war nun nicht mehr aufzuhalten. Die Nacht von Berlin hatte Fakten geschaffen, die nicht mehr rückgängig gemacht werden konnten.

Begonnen hatte es in Ungarn: Im Februar 1989 beschloß die Sozialistische Arbeiterpartei der Ungarischen Volksrepublik, ihr Machtmonopol aufzugeben und zum Mehrparteiensystem überzugehen. Mit demokratischen Reformen und einer immer deutlicher proklamierten Annäherung an den Westen war de facto auch die Entscheidung gefallen, das System der Grenzsicherung zu Österreich zu verändern.

Der Staatsratsvorsitzende der DDR, Erich Honecker, teilte den Ersten Sekretären der SED-Bezirksleitungen Ende April 1989 mit: »Der Prozeß einer spürbaren Erosion sozialistischer Machtverhältnisse, Errungenschaften und Werte hat sich beschleunigt und alle gesellschaftlichen Gebiete ergriffen.« Schon im März dieses Jahres war der frisch bestellte ungarische Ministerpräsident Miklós Németh nach Moskau geflogen und hatte Michail Gor-

Sektorengrenze 1989: Ein Westberliner Polizeioffizier steckt seinem Kollegen aus der DDR eine Blume ins Knopfloch.

batschow die Beschlüsse seiner Partei erläutert. Was ihm der Generalsekretär der KPdSU antwortete, betraf nicht ausschließlich Ungarn, es war entscheidend für die weitere Entwicklung der Ereignisse im Herbst 1989.

Der Kremlchef befürwortete nicht nur die Einführung des Mehrparteiensystems, sondern er machte seinen Gast auch ausdrücklich auf das Ende der Breschnew-Doktrin aufmerksam. Die Breschnew-Doktrin, 1968 ins Leben gerufen, hatte ganz Osteuropa unter der Fuchtel der Sowjetarmee gehalten.

Kein Land, so die Leitlinie, durfte den sowjetischen Einflußbereich verlassen. Jetzt wurde diese Magna Charta des Kalten Krieges für tot erklärt und durch eine andere ersetzt – die Sinatra-Doktrin: »I did it my way.« Jedes Land, so lautete die Weisung Gorbatschows, sollte nun auf seine Weise glücklich werden. Was er 1987 in seinem Buch *»Perestroika«* als schieres Denkmodell vorstellte, das geriet nun Stück für Stück zur Wirklichkeit. Die Zeiten seien zu Ende, erklärte Gorbatschow gegenüber Németh, in denen die Sowjetunion andere Länder politisch oder militärisch angreife, um deren eigenen Weg zum Sozialismus zu verhindern.

Gorbatschow formulierte die Grundposition im Dezember 1988: Wir werden uns nicht einmischen, wenn das Volk entscheidet, in welcher Form, in welcher gesellschaftlichen Ordnung das Volk weiterleben will.
Valentin Falin, Leiter der Internationalen Abteilung beim ZK der KPdSU

Am 2. Mai 1989 – Fernsehstationen übertrugen das Ereignis weltweit – durchtrennten ungarische Grenzsoldaten den Eisernen Vorhang. Die Demontage des Stacheldrahtzauns zu Österreich war mehr als nur ein symbolischer Akt. Zunächst wurden jene DDR-Bürger, die über Ungarn in den Westen zu fliehen versuchten, dank eines Abkommens zwischen beiden Staaten noch daran gehindert. Doch dann spitzte sich die Lage im Sommer dramatisch zu: Immer mehr Menschen aus der DDR, deren Fluchtversuch an der Grenze gescheitert war, strömten in die Botschaft der Bundesrepublik, um ihre Ausreise zu erwirken. Am Abend des 10. September gab Ungarns Außenminister Gyula Horn die zeitweilige Außerkraftsetzung des Reiseabkommens mit der DDR bekannt und ließ noch in derselben Nacht die Grenze öffnen. Zehntausende euphorisierte Deutsche aus der DDR reisten in den folgenden Tagen und Wochen über Österreich in die Bundesrepublik aus. Moskau reagierte nicht.

Die innenpolitische Lage in der DDR spitzte sich immer mehr zu. Oppositionelle Gruppen, Künstler und Musiker meldeten sich zu Wort und verlangten demokratische Reformen: »Wir brauchen pluralistische Medienpolitik, demokratische Parteienvielfalt und Reisefreiheit für alle Bürger!« Als die Situation vor allem in der deutschen Botschaft in Prag dramatisch eskalierte, in der über

Deutsch-deutsches Wiedersehen: Feucht fröhlich wird auf die deutsche Einheit angestoßen.

10 000 DDR-Bürger kampierten, ließ die SED-Führung rund 14 000 »Republikflüchtige« aus den Botschaften in Prag und Warschau in verriegelten Zügen der Reichsbahn ausreisen und entzog ihnen nachträglich die Staatsbürgerschaft. Erich Honecker selbst schleuderte ihnen im *Neuen Deutschland* einen haßerfüllten Kommentar nach und ließ anschließend die Grenze zur ČSSR für einige Zeit schließen. Was der Generalsekretär der SED und die anderen Mitglieder der Führung aber noch nicht wahrhaben wollten, hatte unausweichlich seinen Anfang genommen: Die Fluchtwelle und die Massenausreise waren der Ausgangspunkt für den sich entfaltenden Protest, der bald das ganze Land erfassen und es aus seinen Angeln heben sollte.

Waren es am Anfang nur Hunderte, die im Anschluß an das Friedensgebet in der Leipziger Nikolaikirche auf die Straße gingen, so wuchs die Zahl der Montagsdemonstranten in den nächsten Wochen rapide an. Am 9. Oktober waren es bereits 70 000, eine Woche später versammelten sich 150 000 Menschen zur bisher größten Demonstration in der Geschichte der DDR. Sie riefen in Sprechchören: »Wir sind das Volk« – »Wir bleiben hier« – »Freie Wahlen« und »Pressefreiheit«. Doch trotz des Aufmarschs schwerbewaffneter Verbände von Polizei und Militär gingen die Abende ohne Blutvergießen zu Ende. Die Staatsmacht hatte angesichts der unerwartet großen friedlichen Masse kapituliert.

Nachdem sich der 17. Juni 1953 nicht wiederholt und der friedliche Protest auf den Straßen gesiegt hatte, erkannte auch die DDR-Führung, daß es so nicht mehr weitergehen konnte. Unter dem Eindruck der Ereignisse trat am Morgen des 17. Oktober das Politbüro zusammen. Was die Verschwörer um Egon Krenz, Günter Schabowski und Günter Lorenz, denen sich Willi Stoph und Erich Mielke angeschlossen hatten, schon Tage zuvor geplant hatten, setzten sie nun in die Tat um: Honecker wurde gestürzt, und Krenz konzentrierte jetzt die gesamte Macht in Partei und Staat auf seine Person. »Die DDR war in einer politischen Krise«, sagte Krenz Jahre später. »Honecker war der erste Mann und trug dadurch eine besondere Verantwortung. Unser Ziel war es, die DDR als souveränen Staat zu erhalten.« Krenz glaubte, dies schaffen zu können. Er versprach dem Volk Reformen, ein neues Reisegesetz, eine Wende nach sowjetischem Vorbild. Doch die Menschen glaubten ihm nicht, sie wollten neue Gesichter. Für sie war Krenz noch ein Kopf des alten Regimes. Der langjährige Kronprinz Honeckers galt als Angepaßter, als Mann ohne eigene Meinung. Sollte das die Wende sein?

Es gab damals nur zwei Möglichkeiten: entweder zu sagen, wir setzen Militär ein, um die Grenzen zu sichern, oder wir machen die Schlagbäume hoch. Für den Einsatz des Militärs hat niemand zur Verfügung gestanden, ich erst recht nicht.
Egon Krenz, damals Regierungschef der DDR

Das Volk wollte mehr: »Die Mauer muß weg«, verlangte es in Leipzig. Nun erfaßte die Protestbewegung das ganze Land und erreichte auch Klein- und Mittelstädte. Über eine halbe Million Menschen gingen in der letzten Oktoberwoche auf die Straßen. Der Druck von unten zwang die Verantwortlichen zum Handeln. Krenz und seine reformbereiten Mitstreiter wollten die Macht nicht verlieren und versuchten die Wende von oben.

Was den Volkszorn am meisten entfachte, war die Beschränkung der Reisefreiheit. Am 31. Oktober lag der erste Entwurf eines neuen Reisegesetzes auf dem Tisch – er war eine Enttäuschung. Willi Stoph hatte den Vorentwurf verändert und dabei auf Restriktionen nicht verzichten wollen: Der Gesamtreisezeitraum wurde auf 30 Tage festgelegt, um »volkswirtschaftlichen Notwendigkeiten (Planung der Arbeitskräfte usw.)« zu entsprechen. Daß manche Bürger sich auch mal einen Ausflug am Wochenende gönnen wollten – dieser Gedanke schien den DDR-Bürokraten vollkommen fremd. Zudem gab es eine Klausel, die es erlaubte, »bei Vorliegen außergewöhnlicher gesellschaftlicher Erfordernisse« die Genehmigungen einzufrieren. Aufgrund der katastrophalen Wirtschaftslage der DDR sollten die Bürger nur mit 15 DM ausgestattet werden. Die Reisenden würden somit als Bittsteller in den Westen fahren.

Es gab ein Telefonat zwischen Krenz und Gorbatschow. Michail Sergejewitsch hatte auch wirklich geraten, alle die Hindernisse für den freien Personenverkehr zwischen den beiden Staaten aus dem Wege zu räumen, und »bitte spätestens sofort«. Nur, es hieß wirklich nicht, daß man die Mauer fallen lassen muß… Gemeint war eher eine hundertprozentige Durchlässigkeit der Mauer.
Nikolai Portugalow, Deutschlandberater im ZK der KPdSU

Mit dieser Perspektive eines drohenden ökonomischen Bank-

Wir gingen davon aus: Wir müssen den Rahmen abstecken, dafür sorgen, daß der unvermeidliche Weg doch nicht so schnell gegangen wird und daß die Entwicklung... nicht außer jeder Kontrolle geraten wird.
Nikolai Portugalow

rotts im Gepäck flog Krenz am 1. November nach Moskau, um beim sowjetischen Bruder Rat und Hilfe einzuholen. Wirtschaftliche Unterstützung konnte Gorbatschow Krenz angesichts der eigenen Nöte nicht geben, um einen Rat allerdings war der Kremlchef nicht verlegen: »Wenn die DDR keine Formel dafür findet, die es ermöglicht, daß Menschen ihre Verwandten besuchen können, dann ist dies für die Gesellschaft der DDR ein sehr unbefriedigender Zustand.« Alles müsse neu durchdacht werden, die Zeit dafür sei reif. Und er erinnerte an seine Worte anläßlich des vierzigsten Jahrestags der DDR, als er warnte: »Wer zu spät kommt, den bestraft das Leben.« Während Krenz in Moskau die Existenz der Mauer verteidigte, forderte Gorbatschow eine neue Reiseregelung. Man sei zwar gern bereit, über Maßnahmen zu beraten, sagte der Kremlchef, doch »die DDR spüre besser, was zu tun ist«. Nach dem Moskauer Treffen stand fest, daß das Schicksal der DDR mehr denn je von ihr selbst abhing.

Doch die Lage zwischen Suhl und Rostock wurde immer dramatischer: Am 4. November entschloß sich die ČSSR, ihre Grenzen zu öffnen. DDR-Bürger durften die Tschechoslowakei in Richtung Bundesrepublik verlassen. 20 000 Flüchtlinge kamen nun täglich in die Bundesrepublik, zu Fuß und im Trabi. Der Eiserne Vorhang hatte nach Ungarn sein zweites großes Loch. Mit der Massendemonstration am 4. November in Berlin, bei der die Menschen vor allem Presse- und Reisefreiheit sowie freie Wahlen forderten, ging die Initiative des politischen Handelns immer mehr von der Straße aus. Nun warteten die Bürger der DDR gespannt auf die für den 6. November angekündigte Veröffentlichung des Reisegesetzentwurfs. Doch dieser war von einer echten Reform weit entfernt: Es wurde eine Maus geboren. Die Kritik an Stophs Ausarbeitung war vernichtend, bis hinein in die Reihen der SED. Die Bürger fühlten sich betrogen. In der DDR erhob sich ein Sturm des Protestes: Bei der Montagabenddemonstration dieses 6. November zogen allein in Leipzig 500 000 Menschen trotz Kälte und Dauerregen durch die Straßen. Ein Redner sagte: »Nun sollen dieselben, die uns immer gedemütigt haben, wieder über unser Schicksal entscheiden.« Einhellig wurde das »Ende des Führungsanspruchs der SED« gefordert, Sprechchöre riefen: »Wir brauchen keine Gesetze, die Mauer muß weg« – und gar: »Die SED muß weg!« Auch der Strom der Übersiedler riß nicht ab: Allein am Wochenende des 4. und 5. November reisten 23 000 Personen über die ČSSR in die Bundesrepublik, bis zu 300 Menschen stündlich überquerten die nun offene Grenze. Die SED

Die Ostdeutschen sind die einzigen Deutschen, die sich ihre Freiheit erkämpft haben.
Peter Ensikat, Kabarettist

hatte jede Glaubwürdigkeit verloren. Am 7. November waren die DDR-Bürger im Wechselbad der Gefühle: Als Reaktion auf die Ablehnung des Reisegesetzentwurfs trat die Regierung, so erfuhren die Menschen aus dem Fernsehen, zurück, blieb aber kommissarisch im Amt.

In Ostberlin präsentierte Egon Krenz einen Tag später auf der zehnten Tagung des Zentralkomitees seine neue Mannschaft, in der fast die gesamte alte Riege fehlte. Dafür nahmen nun der Dresdner SED-Bezirkssekretär Hans Modrow und sein Berliner Kollege Günter Schabowski die Schlüsselstellungen ein. Vor den Türen des Tagungsgebäudes versammelten sich rund 50 000 Parteimitglieder – die Basis meldete sich zu Wort. Sie hatte genug von den stümperhaften Versuchen der Führung, Reformen anzukündigen, ohne sie zu wagen. Gefordert wurden ein Parteitag, Demokratisierung innerhalb der Partei und personelle Erneuerung. Die Einheitspartei begann sich aufzulösen. Viele hatten endgültig den Glauben an den Sozialismus verloren: »Ich stehe vor dem Scherbenhaufen meiner politischen Arbeit, meines Lebens«, sagte ein Feuerwehrmann.

»Mauerspechte«: Ein Steinchen zur Erinnerung oder für ein kleines Geschäft.

Währenddessen nahm der Druck der ČSSR auf die DDR ultimative Formen an. Der tschechoslowakische Außenminister ersuchte die DDR-Führung mit Nachdruck, die Ausreise »direkt und nicht über das Territorium der ČSSR abzuwickeln«. Andernfalls müsse man die Grenzen zur DDR schließen. Das allerdings, so war sich die SED-Spitze bewußt, würde den Kessel DDR endgültig zum Platzen bringen. Egon Krenz und Wolfgang Herger, frisch ins Politbüro gewählt und als ZK-Sekretär für Sicherheit eingesetzt, entschlossen sich, die Regierung zu drängen, dem Zentralkomitee die Reiseregelung bis zum Mittag des 9. November vorzulegen. Eile war geboten.

Es gibt immer noch Leute, die uns für Idioten halten. Wir haben viele Fehler gemacht, aber diese Reiseverordnung haben wir im vollen Bewußtsein dessen beschlossen, daß sie freien Reiseverkehr gestattet. Wir haben sie nicht beschlossen in der Annahme, daß damit die Grenzen schon fallen.
Egon Krenz, damals Regierungschef der DDR

Der 9. November war ein kalter, aber trockener Tag. Die Sonne hatte die Nebelfeuchte der frühen Morgenstunden vertrieben. Vier Männer aus dem Ministerium des Innern (MdI) und dem der Staatssicherheit (MfS) trafen sich um neun Uhr morgens im Innenministerium mit dem Vorhaben, eine Ausreiseregelung als Beschlußentwurf für den Ministerrat zu verfassen. Den diesbezüglichen Auftrag hatten sie am Abend zuvor aus dem Politbüro erhalten. Mit dem Entwurf einer neuen Reiseverordnung begann eine Kette von Mißverständnissen und Fehlschlüssen, die an diesem Abend die Mauer völlig unbeabsichtigt überflüssig machen sollten.

Der Auftrag der Arbeitsgruppe sah vor, das »Problem ČSSR« mit einem Vorschlag zur Regelung der »ständigen Ausreise« aus der DDR zu lösen. Dieser sollte dem Ministerrat und dem Politbüro bis Mittag vorgelegt werden und am 10. November in Kraft treten. Doch der Arbeitsgruppe wurde im Gespräch schnell klar, daß diese Anweisung der Führung um Krenz und Innenminister Dickel unpraktikabel und gefährlich war. Denn es bedeutete, daß jeder, der das Land auf Dauer verlassen wollte, sofort fahren konnte! Reisefreiheit also für die Menschen, welche der DDR für immer den Rücken kehren wollten. Aber es verbot jenen Menschen die Ausreise, die nur zu einem kurzen Privatbesuch zu Verwandten in die Bundesrepublik reisen wollten.

Zu den vier Männern der Arbeitsgruppe gehörten Oberst Gerhard Lauter und Generalmajor Gotthard Hubrich, die beiden Leiter des Paß- und Meldewesens. Beiden war bewußt, daß eine wortwörtliche Erfüllung ihres Auftrages keine Lösung bringen konnte. »Das war politisch unverantwortlich. Die innenpolitische Lage hätte eskalieren können«, so Lauter. Statt dessen schrieben die Männer auf, wovon sie überzeugt waren.

Oben: Nach Öffnung des Grenzübergangs: Menschen aus dem Westen begrüßen Einreisende aus der DDR.
Unten: Ende der Schikanen: Trotzdem staut sich der Verkehr in Richtung Berlin.

In den Entwurf nahmen sie die Regelung von »Privatreisen« auf, die jederzeit beantragt werden könnten. Doch an eine uneingeschränkte Reisefreiheit dachten auch Lauter und Kollegen nicht. Ausschließlich DDR-Bürgern mit Reisepaß und einem Visum sollten Besuchsreisen gestattet werden. Einen Paß aber besaßen nur vier Millionen Bürger; alle anderen, so die Berechnung, hätten zunächst ein solches Dokument beantragen und die üblichen vier Wochen bis zur Ausstellung warten müssen. Dadurch wollte man einen sofortigen Aufbruch von Millionen Menschen verhindern. Damit sich die Dienststellen des Innenministeriums und der Staatssicherheit darauf einstellen könnten, sollte der Beschluß nicht vor dem 10. November um vier Uhr früh bekanntgegeben werden. Diesen Termin schriftlich im Text festzuhalten entsprach jedoch nicht den Gepflogenheiten – und so hielt man den Passus für überflüssig.

Privatreisen nach dem Ausland können ohne Vorliegen von Voraussetzungen (Reiseanlässe und Verwandtschaftsverhältnisse) beantragt werden. Die Genehmigungen werden kurzfristig erteilt. Versagungsgründe werden nur in besonderen Ausnahmefällen angewandt.
Die entscheidende Passage der Reiseverordnung

Den Beschlußvorschlag samt Pressemitteilung leiteten die vier dann um die Mittagszeit dem ZK-Gebäude zu, wo der zweite Tag der Konferenz lief. Es galt zunächst, die Zustimmung des Politbüros und des Ministerrats einzuholen. Während der Sitzung des Zentralkomitees gab Wolfgang Herger den Entwurf an Egon Krenz weiter. Außer Herger waren den neuen Mitgliedern des umgestalteten Politbüros die Details der Vorgeschichte der Reiseregelung nicht bekannt. In der Raucherpause um zwölf Uhr las Krenz den Mitgliedern, von denen nur rund die Hälfte anwesend war, den Inhalt des Papiers vor. Er wies darauf hin, daß es ein Vorgang sei, der noch der Zustimmung der amtierenden Regierung bedürfe und mit der sowjetischen Seite noch nicht abgestimmt war. Hans Modrow berichtete nachher, er habe schon verstanden, daß es um Reisen und Ausreisen ging, allerdings sei er davon ausgegangen, »daß es sich um einen Vorgang handelt, der einen geregelten Ablauf hat«. Die Anwesenden stimmten dem Text im Kern zu, ohne zu ahnen, welche Folgen dies haben würde.

Was noch fehlte, war das Einverständnis des Ministerrats. Dessen Mitglieder brauchten sich dazu nicht zu äußern, ihr Schweigen bedeutete Einverständnis. Sollte bis zum Ende der Einspruchsfrist, die auf 18 Uhr festgesetzt war, kein Widerspruch erfolgen, galt die Zustimmung als erteilt. An diesem Nachmittag waren 28 der 44 Minister nicht in ihren Ministerien, sondern bei der Tagung des Zentralkomitees. Folglich wußten sie also nicht, daß sie, während sie an der Sitzung teilnahmen, zeitgleich einen Ministerratsbeschluß faßten. Bis 15 Uhr dauerten im MfS und MdI die Feinarbeiten an dem Entwurf der neuen Reiseverordnung. Eine halbe Stunde später kam Innenminister Dickel zur ZK-Tagung und überreichte ihn Krenz zur Begutachtung. Doch Krenz glaubte irrtümlich, schon den Beschluß des Ministerrates in Händen zu halten, und stellte den Text samt der dazugehörigen Pressemitteilung dem Zentralkomitee vor. Um dem Willen des Volkes entgegenzukommen, war der Text – ein Schnellschuß – nur als Übergangsregelung gedacht, bis das eigentliche Reisegesetz in Kraft treten sollte.

In der SED-Führung herrschte in diesen Tagen angesichts der Zustände auf den Straßen ziemliche Konfusion. Das Papier, wiederum von Krenz nur verlesen, wurde von Politbüro und Zentralkomitee so behandelt, als sei es eine lästige Nebensache, und ohne große Debatte einstimmig akzeptiert. »Sie waren unsicher, so daß sie das ohne große Diskussion hinnahmen. Es passierten so furchtbare und phantastische Dinge zu dieser Zeit, daß sie das gar nicht richtig mitbekamen. Nur so kann man sich das erklären«, sagte später das damals neue Mitglied des Politbüros, Günter Schabowski.

Überdies tagte das ZK der SED im großen Sitzungssaal, wo es keine Telefone gab. Die ZK-Mitglieder waren abgeschottet wie beim päpstlichen Konzil. Kein Unbefugter konnte eindringen.

Krenz hat die Reiseverordnung in der ohnehin stattfindenden ZK-Tagung präsentiert. Es wurde dort angenommen, und ich bin davon überzeugt, ... die haben gar nicht gewußt, was sie da eigentlich bestätigt hatten.
Manfred Gerlach, damals stellvertretender Staatsratsvorsitzender der DDR

Die Mauer ist gefallen: Die Menschen stehen Schlange, um das Begrüßungsgeld in Empfang zu nehmen.

Niemand durfte oder konnte ihnen sagen, daß draußen ein paar Stunden später die DDR zusammenbrach. Erst auf der Heimfahrt bekamen die ZK-Mitglieder mit, was geschah. Sie waren ihrem eigenen Sicherheitswunsch zum Opfer gefallen.

Geplant war, ab 10. November, also einen Tag später, die Grenzen für den freien Reiseverkehr zu öffnen... Es hatten sich viele Menschen an der Mauer an der Grenze versammelt. Staatssicherheitsminister Erich Mielke... und ich sind dann übereingekommen, daß wir keinem die Möglichkeit geben zu provozieren, sondern die Schlagbäume öffnen...
Egon Krenz

Noch folgenreichere Fehler beging Egon Krenz: Zum einen wartete er nicht die vorgesehene Sperrfrist der Pressemitteilung – bis zum 10. November – ab, sondern schlug vor, die Regelung »gleich« zu veröffentlichen. Zum anderen ließ er sie nicht durch die Fixierung auf einen Zeitpunkt in Kraft treten, sondern allein schon durch ihre Bekanntgabe. Diese Präsentation sollte der selbstbewußte Schabowski übernehmen. Als Krenz den Entwurf des Textes dem Zentralkomitee vortrug, war Schabowski nicht im Tagungsraum, sondern im Gespräch mit Journalisten. Erst eine Stunde nach der Rede des Generalsekretärs kam er, um sich für die Pressekonferenz abzumelden, die für 18 Uhr angesetzt war. Der neue »Mediensekretär« erkundigte sich nach mitteilenswerten Neuigkeiten für seinen Pressetermin und erhielt von Krenz dessen Exemplar über die Reiseregelung. Was dieses Papier bedeuten sollte, war zu diesem Zeitpunkt weder Krenz – auch wenn er sich später anders äußern sollte – noch Schabowski so recht bewußt. Schabowski maß deshalb dem Papier keine besondere Bedeutung zu und steckte es zunächst unbesehen zwischen seine anderen Unterlagen. »Ich bin ins Pressezentrum gefahren und habe mir das Papier nicht mehr durchgelesen. Ich las denText erstmals, als die Fernsehkameras schon liefen«, gab Schabowski zu. Als ehemaliger Chefredakteur des *Neuen Deutschland* hätte er es sich sonst kaum nehmen lassen, diese Nachricht wesentlich wirkungsvoller zu präsentieren. Statt dessen war er nicht im Bilde über den genauen Inhalt der Zeitbombe, die da in seinen Unterlagen tickte.

Hätte Schabowski den ZK-Beschluß nicht im Fernsehen vorgelesen, wäre in der Nacht nichts passiert und möglicherweise auch am 9. November nicht das, was passiert ist.
Manfred Gerlach

Die Pressekonferenz im internationalen Pressezentrum, die Weltgeschichte machte, wurde vom DDR-Fernsehen live übertragen. Langatmig hatte der ZK-Pressesprecher bisher über die Tagung des ZK berichtet. Dann, es war 18.57 Uhr, gab ein italienischer Journalist das Stichwort: »Reisegesetzentwurf«. Schabowski referierte kurz über das Problem, als ihm einfiel: »Allerdings ist heute, soviel ich weiß [blickt fragend nach links und rechts], eine Entscheidung getroffen worden. Es ist eine Empfehlung des Politbüros aufgegriffen worden, daß man aus dem Entwurf des Reisegesetzes den Passus herausnimmt und in Kraft treten läßt, der ständ... – wie man so schön sagt oder unschön sagt – die ständige Ausreise regelt, also das Verlassen der Republik.«

Menschenketten mit brennenden Kerzen: Hunderttausende DDR-Bürger bekräftigen ihre Sorge um die Zukunft des Landes.

Und weiter: »Deshalb – äh – haben wir uns dazu entschlossen, heute – äh – eine Regelung zu treffen, die es jedem Bürger der DDR möglich macht, – äh – über Grenzübergangspunkte der DDR – äh – auszureisen.« Das Verlassen der DDR für immer, statt über Ungarn und die ČSSR nun direkt in die Bundesrepublik – das war neu. Doch die eigentliche Sensation wurde beiläufig bekanntgegeben: Privatreisen. Der etwas orientierungslose Schabowski auf die Frage eines Journalisten, ab wann die Regelung in Kraft trete: »Also, Genossen, mir ist das hier also mitgeteilt worden, daß eine solche Mitteilung heute schon – äh – verbreitet worden ist. Sie müßte eigentlich in Ihrem Besitz sein.« Schabowski blätterte unsicher in seinen Papieren und las hastig vor: »Also, Privatreisen nach dem Ausland können ohne Vorliegen von Voraussetzungen – Reiseanlässe und Verwandtschaftsverhältnisse – beantragt werden. Die Genehmigungen werden kurzfristig erteilt.« Und: »Ständige Ausreisen können über alle Grenzübergänge der DDR zur BRD erfolgen.« Darauf wieder die Frage: »Wann tritt das in Kraft?« Schabowski, in seinen Unterlagen blätternd: »Das tritt nach meiner Kenntnis ... ist das sofort, unverzüglich.« Das »sofort« war der historische Fehler Schabowskis, der dadurch seine Uninformiertheit kaschieren wollte. Denn eigentlich sollte die neue Verordnung erst am nächsten Tag in Kraft treten.

Daß mit der Maueröffnung das Ende der Republik seinen Anfang genommen hatte, ahnten wir nicht... Im Gegenteil, wir hatten einen Stabilisierungsprozeß erwartet, der sich zunächst auch einstellte.
Günter Schabowski, ehemaliges Mitglied des SED-Politbüros

Zwei Minuten später, um 19 Uhr, hatte er den Saal unter Stimmengewirr verlassen. Die Konfusion war groß, denn Schabowski hatte zwar einerseits bejaht, daß die neue Regelung Reisefreiheit bedeute, andererseits aber auch betont, es gehe nicht um Tourismus, sondern um die ständige Ausreise. Während sich ein großer Teil der Presseleute noch die Köpfe zerbrach, kamen wenige Minuten nach 19 Uhr die ersten Meldungen der Presseagenturen heraus. Am weitesten preschte die Presseagentur AP vor und interpretierte die Reiseregelung als Grenzöffnung: »Die DDR öffnet nach Angaben von SED-Politbüromitglied Günter Schabowski ihre Grenzen.« Die Mitteilung Schabowskis enthielt Spielraum für Interpretationen, den die Journalisten mangels präziser Information zu füllen begannen. Damit trieben sie die Geschehnisse voran.

Die Bürger der DDR erlebten an diesem feuchtkalten, diesigen Novemberabend ein ungewöhnliches Fernsehprogramm. Die »Heute«-Sendung des ZDF legte vor: Noch vorsichtig, beschränkte man sich darauf, allein die Möglichkeit der Ausreise

Die Teilung Berlins ist überwunden: Am 22. Dezember 1989 feiern Helmut Kohl, Walter Momper und Hans Modrow die feierliche Öffnung des Brandenburger Tors.

hervorzuheben. Um 19.30 Uhr verkündete die »Aktuelle Kamera«, daß »Privatreisen nach dem Ausland ab sofort ohne besondere Anlässe beantragt werden können«. Fünf Minuten später bezog der Regierende Bürgermeister von Berlin, Walter Momper, der sich gerade im Fernsehstudio der Berliner »Abendschau« befand, Stellung: »Das ist der Tag, auf den wir 28 Jahre lang gewartet haben. Die Grenze wird uns nicht mehr trennen.« Die Nachrichtenagentur dpa verbreitete um 19.41 Uhr: »Die sensationelle Mitteilung: Die DDR-Grenze zur Bundesrepublik und nach Westberlin ist offen!« Und die »Tagesschau« plazierte die Reiseregelung um 20 Uhr als Topmeldung an erster Stelle und blendete dazu als Schlagzeile ein: »DDR öffnet Grenze.«

Die Nachricht elektrisierte die DDR-Bürger. War die Mauer jetzt wirklich für alle offen? Die Ostberliner wollten sich von der unglaublichen Vorstellung selbst überzeugen. Der Text der Reiseregelung, den Schabowski vorgetragen hatte, war nicht der Beschluß, sondern nur der Entwurf. Wäre es der Beschluß gewesen,

Wir wollen bloß mal gucken, nur einmal rübergehen. Weiter nichts.
Älterer Mann am 9. November 1989

Wer jetzt schläft, ist tot. Ich wollte immer schon mal auf die andere Seite, auf der anderen Seite vom Brandenburger Tor stehen, und ich glaube, dieser Traum wird heute wahr.
Jüngerer Mann am 9. November 1989

so hätten die Grenzübergangsstellen bereits am Nachmittag davon Kenntnis erhalten. Doch so waren die Grenztruppen nicht besser informiert als die Zuschauer an den Bildschirmen.

Eine Stunde nach Ende der Pressekonferenz hatten sich noch keine 200 Menschen an den Ostberliner Grenzübergängen eingefunden. Doch nun verstärkte die »Tagesschau« die Neugier und den Zustrom enorm. Die Volkspolizisten vor der Grenze versuchten die Bürger zu überreden, wieder nach Hause zu gehen und auf den nächsten Tag zu warten. Aber die Menschen blieben, und es wurden immer mehr. Sie kamen von zu Hause oder aus der Kneipe, zu Fuß, per Straßenbahn oder mit dem Auto. Wo Nachrichten gesehen oder gehört wurden, da entvölkerten sich ganze Gaststätten: »Ich bin mit Arbeitskollegen in einem Tanzcafé gewesen«, berichtete ein junger Berliner Arbeiter. »Dann kam die Kellnerin an den Tisch und sagte: ›Mensch, die Grenze is uff, det hab' ick in den Nachrichten gehört.‹ Als Beweis holt sie ihr Tonband und spielt das ab. Und auf einmal, die ganze Kneipe, ruckizucki an den ganzen Tischen: Zahlen, zahlen, zahlen.«

Am 9. November und an den ein, zwei Tagen danach hätte es gefährlich werden können... Die Bürger hätten Rache üben können an den Soldaten, die sie jahrelang davon abgehalten haben, über die Grenze zu gehen.
Rainer Eppelmann, Gründungsmitglied des »Demokratischen Aufbruchs«

Noch war die Grenze zu. Doch gegen 21 Uhr waren es bereits Tausende, die sich am Schlagbaum des Grenzübergangs Bornholmer Straße eingefunden hatten. Westlich der Mauer warteten Journalisten auf die Stunde Null. Die DDR-Grenzer waren überrascht: »Wir konnten nicht mehr überblicken, wie weit die Massen zurückstanden«, sagte später der diensthabende Chef, Oberstleutnant Harald Jäger. Der Ansturm an der Bornholmer Straße war kein Zufall, denn im Gegensatz zu den anderen Übergängen in der Stadtmitte reichten hier die Mietwohnungen der Bevölkerung bis an die Grenze heran. Auch Jäger erfuhr von der Reiseregelung durch das Fernsehen. Seine erste Reaktion: »Ich dachte: Das ist doch Quatsch. Ab sofort? Das geht doch gar nicht.«

Aber nach 21 Uhr forderte dic Menge lautstark die Öffnung des Schlagbaums, der Rückstau der Autos reichte mehrere Kilometer. Die wenigen diensttuenden Grenzer waren überfordert. Zwar waren sie bewaffnet, aber der Einsatz von Schußwaffen stand schon aus Selbsterhaltungstrieb nicht zur Debatte: »Wenn die Masse ins Rennen kommt und wir schießen, dann hängen wir da vorne am Fahnenmast«, war dem Stellvertreter Jägers, Manfred Sens, an diesem Abend klar. Jäger nahm wenig später Kontakt zu seinem Vorgesetzten auf und bat ihn, angesichts des Drucks der Masse den Bürgern die »Ausreise« zu genehmigen. Generalleutnant Gerhard Neiber, der Stellvertreter Mielkes, ordnete an, nur die »Aufsässigsten« sowie »Provokateure« rauszulassen.

Oben: März 1990: Menschen demonstrieren gegen die schleppende Stasi-Aufklärung in Berlin.
Unten: Großes Ausmisten: In Bitterfeld werden alte SED-Symbole vernichtet.

Ich habe erlebt, wie die Mauer gebaut worden ist und jetzt will ich sehen, wie sie wieder wegkommt.
Jörg Kaufmann

Doch dieser Finesse war kein Erfolg beschieden. Die Menschenmenge an der Mauer wuchs beständig und forderte lautstark: »Tor auf! Tor auf!« Als schließlich gegen 22.30 Uhr der Drahtgitterzaun im Vorraum des Grenzüberganges beiseite gedrückt wurde, bangte Jäger um das Leben seiner Mitarbeiter. Telefonisch teilte er seinem Vorgesetzten mit: »Es ist nicht mehr zu halten, wir müssen aufmachen. Wir fluten jetzt!« Die Mitarbeiter der Paßkontrolle öffneten den Schlagbaum, und Tausende jubelnder Menschen strömten unkontrolliert auf die Westberliner Seite, wo sie begeistert begrüßt wurden. »Wir haben überlegt: Machen wir es richtig? Wir wurden dann von den Ereignissen gezwungen, die Tore aufzumachen und die Leute marschieren zu lassen«, erinnert sich Jäger.

Zwei plus vier: Im Auswärtigen Amt finden am 5. Mai 1990 die ersten Gespräche zwischen den deutschen Staaten und den Alliierten statt.

In den nächsten Stunden passierten mehr als 20 000 Menschen die Grenze allein an diesem Übergang. Kurz vor 22 Uhr unterbrach das DDR-Fernsehen erstmals einen Spielfilm, um den Beschluß des Ministerrats, der keiner war, mit erläuterndem Kommentar zu verlesen. In den »Tagesthemen« verkündete Hanns-Joachim Friedrichs die Nachricht, daß die Grenzen »ab sofort für jedermann geöffnet sind. Die Tore in der Mauer stehen weit offen.« Auch der Deutsche Bundestag war überrascht. Als ein Abgeordneter der CDU die Meldung verlas, daß DDR-Bürger direkt über alle Grenzstellen ausreisen dürften, klatschten die Parlamentarier minutenlang. Dann füllte sich der Saal, und nach wenigen kurzen Reden stimmten drei Abgeordnete der CDU das »Deutschlandlied« an. Bald erhoben sich die meisten von ihren Stühlen und sangen mit. Willy Brandt verließ anschließend, weinend und von Kollegen gestützt, den Bundestag. Helmut Kohl, der sich in Warschau aufhielt, erhielt die Botschaft von einem Vertrauten. »Sind Sie sicher?« fragte Kohl. »Das ist ja unglaublich.« Am nächsten Morgen flog er nach Berlin.

Jetzt muß zusammenwachsen, was zusammengehört.
Willi Brandt

Palais Schaumburg: Am 18. Mai 1990 wird der Staatsvertrag zwischen der Bundesrepublik Deutschland und der DDR unterzeichnet.

Auch an den anderen Grenzübergängen war die Lage angespannt. Die Menschen steckten ihre Personalausweise durch die Gitter und forderten die Wachposten auf, sie durchzulassen. Am Checkpoint Charlie drohten nicht nur die Ostberliner den Übergang zu stürmen, sondern auch die Westberliner wurden lauter und fordernder. Man wußte mittlerweile, daß die DDR-Grenzer an der Bornholmer Straße den Schlagbaum schon geöffnet hatten. Schließlich gab der Kommandant dem großen Druck nach und ließ alle Tore öffnen. Hilflos mußte er mit ansehen, wie die Menschenmassen in Richtung Westen strömten. Sein Zuruf war flehentlich: »Kommt aber alle wieder zurück!«

Kurz vor Mitternacht waren alle Grenzübergänge zwischen den beiden Stadthälften der alten deutschen Hauptstadt geöffnet. Die Kontrollstellen waren schwarz vor Menschen. Manche, die schon schliefen, riß es aus den Betten: »Ick war schon inne Heia«,

Diskussionen um den Beitritt: CDU-Wahlveranstaltung in Leipzig am 14. März 1990.

versicherte ein Mann einem Reporter glaubhaft, denn sein Pyjama lugte unter seinem Mantel hervor. »Die Alte jeht mit'm Hund runta, kommt ruff und sacht: ›Mensch, du, die jehn alle nach'm Westen!‹ Ick nischt wie anjezogen und rüber.« Trabi um Trabi reihte sich aneinander und durchquerte – zwischen Spalieren jubelnder Menschen – die Übergänge. Die Menschen klatschten auf die Autodächer, setzten sich auf die Motorhauben und waren glücklich.

Die Mauer am Brandenburger Tor, Symbol für die Teilung der Stadt, übte eine besondere Anziehungskraft aus. Menschen fluteten, mit Sektflaschen bewaffnet, von beiden Seiten auf die Grenze zu, und ihre Euphorie wuchs, je näher sie ans Brandenburger Tor kamen. Nachdem die Ostberliner das Tor passiert hatten, stürmten sie die Mauer, an der 28 Jahre und auch noch in dieser Nacht der Schießbefehl galt. Zusammen mit den Westberlinern feierten sie ausgelassen. Hunderte von Menschen standen und tanzten im Mondlicht auf der Mauer, ließen die Sektflaschen kreisen und sangen. Sie machten das gespenstische Symbol des Kalten Krieges lächerlich und überflüssig. Ein Journalist erinnert sich: »Dies war ein unvergeßlicher Moment. Wildfremde Menschen umarmen sich. Viele weinen. Wir spazieren durch die Durchgänge zwischen den Säulen, vor und zurück. Immer wieder. Es ist wie ein sinnliches Erlebnis, wie eine Erstbesteigung. Mancher streichelt den kalten Stein.«

Diese Nacht werde ich nicht vergessen, wie Menschen über die weiße Linie gingen und hemmungslos vor Freude weinten…
Walter Momper, damals Regierender Bürgermeister von Berlin

Der legendäre Kurfürstendamm war in dieser Nacht für Ost und West der Festplatz von Berlin: Zehntausende feierten dort bis in die frühen Morgenstunden ein deutsch-deutsches Wiedersehen. »Rotkäppchen«-Sekt und »Mumm«-Sekt vermischten sich zu einem gesamtdeutschen Pappbechercocktail. Ein US-Reporter diagnostizierte angesichts der unzähligen Trabants und Wartburgs einen »stench of freedom«, die Duftmarke der Freiheit. Dann brachen die Menschen auf – in der erklärten Absicht wiederzukommen. Doch ihre DDR war nicht mehr derselbe Staat, den sie wenige Stunden zuvor verlassen hatten. Die 28jährige Geiselnahme der DDR-Bevölkerung hatte ein unblutiges Ende genommen.

Daß alles friedlich verlief, war auch der Besonnenheit der Grenztruppen zu verdanken. Ihr Chef, Generalmajor Erich Wöllner, wurde von den Ereignissen völlig überrascht: »Wir wußten gar nichts.« Er fühlte sich von seinen Vorgesetzten im Stich gelassen. Sollte er der Bevölkerung mit seiner Division eine blutige Schlacht liefern – ohne Rückendeckung von oben? Also ent-

In der Nacht gab es nur friedliche, verständnisvolle Gespräche. Bürger, die dreißig Jahre raus wollten, redeten mit denen, die jahrelang mit dem Gewehr an der Grenze standen und das letztlich verhindert haben.
Rainer Eppelmann

Die DM ist Zugpferd: Protestdemonstration in Leipzig, Februar 1990.

schloß er sich: »Du machst jetzt gar nichts.« Die Offiziere wurden von ihm angewiesen, ohne Anwendung von Gewalt die Massen »in ruhige Bahnen zu lenken«. Doch das war gar nicht nötig. Die meisten Grenzer fühlten sich betrogen. Der Stabschef des Grenzkommandos Mitte berichtete: »Mit denen war nicht mehr zu reden. Für sie war der Sinn ihres Berufslebens, ihre Ehre, ihre Würde zerstört.«

Auch die Nationale Volksarmee griff in dieser Nacht nicht ein. Zum einen lag das daran, daß keiner der führenden Militärs die Pressekonferenz verfolgt hatte und man folglich auch geraume Zeit nicht wußte, was in der Stadt vor sich ging. An irgendwelche

Es gab ja offensichtlich Überlegungen, die geöffnete Grenze aus eigener Kraft wieder zu sichern, das heißt: sie wieder zuzumachen. Zum Glück ist der Befehl nie gegeben worden…
Rainer Eppelmann

Kein schlechtes Geschäft: DDR-Bürger ziehen ihren Profit aus dem für sie günstigen Wechselkurs der beiden deutschen Währungen.

»Gegenmaßnahmen« war überhaupt nicht zu denken. Zum anderen ergab sich für die Armee aus der Reiseverordnung so gut wie gar nichts, wie der NVA-Stabschef Fritz Streletz später bestätigte. Den eingeschliffenen Zuständigkeiten entsprechend betrachteten die Militärs die Umsetzung der Reiseverordnung als interne Angelegenheit der Staatssicherheit. »Ob der Schlagbaum

Eine DDR hatte nur eine Daseinsberechtigung, solange sie ein anderes gesellschaftspolitisches Konzept verfolgte. Warum es zwei marktwirtschaftlich geprägte Deutschland geben sollte, wäre den Deutschen wohl nicht mehr klarzumachen gewesen.
Lothar de Maizière, damals Parteivorsitzender der CDU der DDR

hochgeht und wer die Grenze passieren darf, oblag den Paßkontrolleinheiten, die dem MfS unterstanden«, so Streletz. Die Grenzöffnung hielt man auf seiten der Armee für eine strikt politische Entscheidung. Eigenmächtiges Eingreifen wäre einem Putsch gleichgekommen. Zudem war die Armee in keinem gefestigten Zustand. Verteidigungsminister Keßler hatte als Honecker-Intimus seine Autorität verloren; seit August mehrten sich die Desertierungen. Bei der Bildung von NVA-Hundertschaften gegen Demonstrationen war es zu einer Reihe von Befehlsverweigerungen gekommen.

In der DDR-Führung herrschte heillose Verwirrung. Bis sich die »Wandlitzer« einen Überblick verschafft hatten und handlungsfähig waren, war es zu spät. Am Abend des 9. November lag den Grenztruppen weder von der politischen noch von der militärischen Spitze ein Befehl zur Grenzöffnung vor. Es gibt keine Zeugen oder Unterlagen, die das Gegenteil beweisen können. Statt dessen schätzten Krenz und Mielke, wie Dokumente belegen, in dieser Nacht die Lage schlichtweg völlig falsch ein. Sie hielten die Menschen an den Übergängen für eine Massenansammlung von Ausreisewilligen, die nur ein Ziel hatten: die DDR für immer zu verlassen.

In den ersten Tagen nach dem Fall der Mauer besuchte über eine Million DDR-Bürger allein den Westteil Berlins, auf den Straßen der Bundesrepublik waren mehrere Millionen DDR-Bürger unterwegs. Im Politbüro herrschte Panik. Die Bewältigung der größten Existenzkrise der DDR seit dem 17. Juni 1953 und dem Bau der Mauer 1961 hing nun vom Generalsekretär und seinen Vertrauten ab. Doch Krenz und Genossen konnten die Ereignisse nicht mehr zurückdrehen. Die Geschichte hatte sie überholt. Ein Schließen der Grenzen war mit friedlichen Mitteln nicht mehr möglich. Zwar verständigten sich Krenz und Verteidigungsminister Keßler am Mittag des 10. November darauf, die Armee in »erhöhte Gefechtsbereitschaft« zu versetzen, doch wurde auch ihnen klar, daß Gewaltanwendung nicht in Frage kam. Man wußte, daß dies einen Bürgerkrieg auslösen könnte.

Schließlich hat man in der DDR, in der BRD und bei uns begriffen, daß die deutsche Einigung mit der europäischen zusammenhängen wird und daß die deutsche Frage den europäischen Prozeß nicht überholen darf, daß es eine Vertragsgemeinschaft, Konföderation oder ähnliches geben wird, damit explosive Situationen vermieden werden können.
Michail Gorbatschow

Doch was war mit der Sowjetunion? Die Umwälzungen in Ungarn und Polen hatte sie hingenommen. Würde sie auch den Fall der Mauer widerspruchslos und ohne militärische Einmischung akzeptieren? Gorbatschow erhielt in dieser Nacht alles andere als euphorische Berichte aus Berlin. Sein DDR-Botschafter berichtete fälschlich, Tausende von Ostberlinern hätten sich vor der

Welche Auswahl! Ein Junge vor Wahlplakaten der rund 20 politischen Gruppen, die zu den ersten freien Wahlen antreten.

Legerer und entscheidender Spaziergang: Michail Gorbatschow mit Helmut Kohl im Kaukasus, Juli 1990.

Botschaft Unter den Linden versammelt, um sie zu stürmen. Sowjetbürger seien bedroht. Obwohl beunruhigt, blieb Gorbatschow seiner Linie der Nichteinmischung trotz bestehenden Beistandspakts treu: »Ich kam zum Entschluß, die Stimmung des deutschen Volkes zu akzeptieren«, sagte Gorbatschow später. »Wir haben erkannt, daß es unzulässig gewesen wäre, den Willen des Volkes zu ignorieren.«

Generalsekretär Gorbatschow hat mir unmißverständlich zugesagt, daß die Sowjetunion die Entscheidung der Deutschen, in einem Staate zu leben, respektieren wird, und daß es Sache der Deutschen ist, den Zeitpunkt und den Weg der Einigung selbst zu bestimmen.
Helmut Kohl, 10. Februar 1990

Am Morgen des 10. November bekam der Oberbefehlshaber der sowjetischen Truppen in der DDR aus Moskau den Befehl, sich nicht zu rühren. Die Sowjetpanzer blieben in der Kaserne. »Es wäre Abenteurertum gewesen, wenn es jemandem in den Kopf gekommen wäre, den militärischen Mechanismus in Gang zu setzen. Das hätte unabsehbare Folgen gehabt«, sagte Gorbatschow. »Man mußte die Politik der Situation anpassen.« Anpassen – das hieß, der Geschichte ihren Lauf zu lassen.

Doch der Fall der Mauer und der Verzicht der Sowjetunion, sie mit militärischer Gewalt wieder zu errichten, entzogen der DDR die Grundvoraussetzungen ihrer Existenz. Der SED-Staat löste sich auf. Gorbatschow wurde zum Ziehvater der Veränderungen in der DDR. Er hat mit seiner Politik den Ost-West-Konflikt beseitigt und den Deutschen die Vereinigung ermöglicht.

Angesichts der möglichen Konflikte war der Mauerfall ein überraschend friedliches Fest der Freiheit und Freude. War er auch ein Wunder? Ein bißchen schon. So entschlossen die Berliner sich in dieser Nacht das Recht des Volkes nahmen, frei zu sein, so friedfertig taten sie es. Das war nicht unbedingt vorhersehbar. Zudem kam noch ein großes Glück hinzu, ein günstiges Zusammentreffen guter Umstände und irrwitziger Zufälle. Die Geschichte meinte es am Ende des Jahrhunderts gut mit dem geplagten deutschen Volk. Die Gunst der Stunde für die Deutschen aber beruhte darauf, daß in Moskau zur richtigen Zeit die richtigen Leute regierten. Deshalb konnte sich das Volk zum ersten Mal in seiner Geschichte durchsetzen. Es war die erste deutsche Revolution, die glücklich endete.

Literatur

DER SÜNDENFALL

Volker Berghahn: Sarajewo, 18. Juni 1914. Der Untergang des Alten Europa. München 1997.

Berliner Geschichtswerkstatt (Hrsg.): August 1914. Ein Volk zieht in den Krieg. Berlin 1989.

Gottfried Bermann Fischer: Bedroht – Bewahrt. Weg eines Verlegers. Frankfurt a. M. 1966.

Karl Dietrich Erdmann: Der Erste Weltkrieg. München 1997.

Fritz Fischer: Krieg der Illusionen. Düsseldorf 1969.

Klaus Hildebrand: Deutsche Außenpolitik 1871–1918. München 1989.

Gerhard Hirschfeld/Gerd Krumeich/Irina Renz (Hrsg.): »Keiner fühlt sich hier mehr als Mensch…«. Erlebnis und Wirkung des Ersten Weltkriegs. Essen 1993.

Ernst Jünger: Leben und Werk in Bildern und Texten, hrsg. von Heimo Schwilk. Stuttgart 1988.

Wolfgang Kruse (Hrsg.): Eine Welt von Feinden. Der große Krieg 1914–1918. Frankfurt a. M. 1997.

Lyn Macdonald: 1914. The Days of Hope. London 1987.

Wolfgang Michalka (Hrsg.): Der Erste Weltkrieg. Wirkung, Wahrnehmung, Analyse. München/Zürich 1994.

Rainer Rother (Hrsg.): Die letzten Tage der Menschheit. Bilder des Ersten Weltkrieges. Berlin 1994.

Bernd Ulrich/Benjamin Ziemann (Hrsg.): Frontalltag im Ersten Weltkrieg. Wahn und Wirklichkeit. Frankfurt a. M. 1994.

Philipp Witkop: Kriegsbriefe gefallener Studenten. München 1928.

Carl Zuckmayer: Als wär's ein Stück von mir. Frankfurt a. M. 1966.

DER ZUSAMMENBRUCH

Fritz Fischer: Griff nach der Weltmacht. Die Kriegszielpolitik des kaiserlichen Deutschland 1914–1918. Düsseldorf 1979.

Walter Görlitz: Kleine Geschichte des deutschen Generalstabes. Berlin 1967.

Ulrich Kluge: Die deutsche Revolution 1918/19. Staat, Politik und Gesellschaft zwischen Weltkrieg und Kapp-Putsch. Frankfurt a. M. 1985.

Ulrich Kluge: Soldatenräte und Revolution. Studien zur Militärpolitik in Deutschland 1918/19. Göttingen 1975.

Jürgen Kocka (Hrsg.): Klassengesellschaft im Krieg. Deutsche Sozialgeschichte 1914–1918. Göttingen 1973.
Eberhard Kolb: Die Weimarer Republik. Oldenbourg Grundriß der Geschichte, Bd. 16. München und Wien 1984.
Richard Lorenz/Manfred von Boetticher/Bianka Pietrow (Hrsg.): Die russische Revolution 1917. Der Aufstand der Arbeiter, Bauern und Soldaten. Eine Dokumentation. München 1981.
Golo Mann/Andreas Burckhardt (Hrsg.): Max Prinz von Baden, Erinnerungen und Dokumente. Stuttgart 1968.
Erich Matthias: Zwischen Räten und Geheimräten. Die deutsche Revolutionsregierung 1918/19. Düsseldorf 1970.
Wolfgang Michalka/Gottfried Niedhart (Hrsg.): Deutsche Geschichte 1918–1933. Dokumente zur Innen- und Außenpolitik. Frankfurt a. M. 1992.
Gerhard Schulz: Revolutionen und Friedensschlüsse 1917 bis 1920. 2 Bde. München 1980.
Wilhelm von Sternburg (Hrsg.): Die deutschen Kanzler. Von Bismarck bis Schmidt. Königstein/Ts. 1985.
Michael Stürmer: Das ruhelose Reich. Deutschland 1866 bis 1918. Berlin 1983.
Walter Tormin: Zwischen Rätediktatur und sozialer Demokratie. Die Geschichte der Rätebewegung in der deutschen Revolution 1918/19. Hrsg. von der Kommission für Geschichte des Parlamentarismus und der politischen Parteien in Bonn. Düsseldorf 1954.
Hans-Peter Ullmann: Das deutsche Kaiserreich 1871–1918. Frankfurt a. M. 1995.
Hans-Ulrich Wehler: Das deutsche Kaiserreich 1871–1918. Göttingen 1980.
Heinrich August Winkler: Arbeiter und Arbeiterbewegung in der Weimarer Republik. Berlin 1984 ff.
Heinrich August Winkler: Von der Revolution zur Stabilisierung. Bonn 1984.
Heinrich August Winkler: Weimar 1918–1933. Die Geschichte der ersten deutschen Demokratie. München 1998.
Peter Christian Witt: Friedrich Ebert. Parteiführer, Reichskanzler, Volksbeauftragter, Reichspräsident. Bonn 1987.
Egmont Zechlin: Krieg und Kriegsrisiko. Zur deutschen Politik im Ersten Weltkrieg. Düsseldorf 1979.

DIE MACHTERSCHLEICHUNG

Karl Dietrich Bracher/Manfred Funke/Hans-Adolf Jacobsen (Hrsg.): Deutschland 1933–1945. Neue Studien zur nationalsozialistischen Herrschaft. Düsseldorf 1992.
Martin Broszat/Horst Möller (Hrsg.): Das Dritte Reich. Herrschaftsstruktur und Geschichte. München 1983.
Martin Broszat: Die Machtergreifung. Der Aufstieg der NSDAP und die Zerstörung der Weimarer Republik. München 1984.
Wieland Eschenhagen: Die »Machtergreifung«. Tagebuch einer Wende

nach Presseberichten vom 1. Januar bis 6. März 1933. Darmstadt/Neuwied 1982.
Karl-Heinz Janßen: Der 30. Januar. Ein Report über den Tag, der die Welt veränderte. Frankfurt a. M. 1983.
Wolfgang Michalka (Hrsg.): Das Dritte Reich. Dokumente zur Innen- und Außenpolitik. Bd. 1: »Volksgemeinschaft« und Großmachtpolitik. O. O., o. J.
Henry A. Turner: Hitlers Weg zur Macht. Der Januar 1933. München 1996.

DER ÜBERFALL

Wolfgang Benz/Hermann Graml: Sommer 1939. Die Großmächte und der Europäische Krieg, Stuttgart 1979.
Karl Dietrich Bracher/Manfred Funke (Hrsg.): Deutschland 1933–1945. Neue Studien zur nationalsozialistischen Herrschaft. Düsseldorf 1992.
Alfred Cattani: Brennpunkte der Zeitgeschichte 1933–1945. Zürich 1995.
Hans-Jürgen Doescher: Das Auswärtige Amt im Dritten Reich. Diplomatie im Schatten der »Endlösung«. Stuttgart 1990.
Jost Duelffer: Deutsche Geschichte 1933–1945. Stuttgart 1992.
Martha Gellhorn: Das Gesicht des Krieges. Reportagen 1937–1987. München/Hamburg 1989.
Adolf Hitler: Mein Kampf. München 1940.
Ernst Klee/Willi Dreßen (Hrsg.): »Gott mit uns«. Der deutsche Vernichtungskrieg im Osten 1939–1945. Frankfurt a. M. 1989.
Roland Smelser/Rainer Zitelmann: Die braune Elite. Darmstadt 1974.
Janusz Piekalkiewicz: Polenfeldzug. Hitler und Stalin zerschlagen die Polnische Republik. Bergisch Gladbach 1982.

DER ANGRIFF

Gerhard Baumfalk: Überfall oder Präventivschlag? Der deutsche Angriff auf die Sowjetunion am 22. Juni 1941. Eine Untersuchung über Hintergründe und Ursachen. Frankfurt a. M. 1997.
Martin Egger: Die Festung Sewastopol. Eine Dokumentation ihrer Befestigungsanlagen und der Kämpfe von 1942. Köln 1995.
Karl H. Ertl: Das Unternehmen »Barbarossa« und seine Interpretationen. Rosenheim 1997.
Ingeborg Fleischhauer: Diplomatischer Widerstand gegen »Unternehmen Barbarossa«. Die Friedensbemühungen der deutschen Botschaft Moskau 1933–1941. Berlin 1991.
Roland G. Foerster (Hrsg.): Unternehmen Barbarossa. Zum historischen Ort der deutsch-sowjetischen Beziehungen von 1933 bis Herbst 1941. Hrsg. im Auftr. d. Militärgeschichtlichen Forschungsamtes. München 1993.
Jörg Friedrich: Das Gesetz des Krieges. Das deutsche Heer in Rußland 1941 bis 1945. Der Prozeß gegen das Oberkommando der Wehrmacht. München 1995.

David M. Glantz: Stumbling Colossus. The Red Army on the Eve of World War. Kansas 1998.
Hamburger Institut für Sozialforschung (Hrsg.): Vernichtungskrieg. Verbrechen der Wehrmacht 1941–1944. Hamburg 1996.
Hannes Heer (Hrsg.): »Stets zu erschießen sind Frauen, die in der Roten Armee dienen.« Geständnisse deutscher Kriegsgefangener über ihren Einsatz an der Ostfront. Hamburg 1995.
Guido Knopp: Der verdammte Krieg. Das »Unternehmen Barbarossa«. München [2]1991.
Paul Kohl: Der Krieg der deutschen Wehrmacht und der Polizei 1941–1944: Sowjetische Überlebende berichten. Frankfurt a. M. 1995.
Militärgeschichtliches Forschungsamt (Hrsg.): Das Deutsche Reich und der Zweite Weltkrieg. Bd. 4: Der Angriff auf die Sowjetunion. [2]Stuttgart 1987; Bd. 6: Der globale Krieg, die Ausweitung zum Weltkrieg und der Wechsel der Initiative 1941–1943. Stuttgart 1990.
Rolf-Dieter Müller: Hitlers Ostkrieg und die deutsche Siedlungspolitik. Die Zusammenarbeit von Wehrmacht, Wirtschaft und SS. Frankfurt a. M. 1991.
Ralf Ogorreck: Die Einsatzgruppen und die »Genesis der Endlösung«. Berlin 1996.
Walter Post: Unternehmen Barbarossa. Deutsche und sowjetische Angriffspläne 1940/41. Hamburg 1995.
Michael Schneider: Das »Unternehmen Barbarossa«. Die verdrängte Erblast von 1941 und die Folgen für das deutsch-sowjetische Verhältnis. Frankfurt a. M. 1989.
Wolfgang Strauss: Unternehmen Barbarossa und der russische Historikerstreit. München 1998.
Christian Streit: Keine Kameraden: Die Wehrmacht und die sowjetischen Kriegsgefangenen 1941–1945. Bonn 1997.
Viktor Suworow: Der Eisbrecher. Hitler in Stalins Kalkül. Stuttgart [9]1996.
Gerd R. Ueberschär/Lew A. Bezymenski (Hrsg.): Der deutsche Angriff auf die Sowjetunion 1941. Die Kontroverse um die Präventivkriegsthese. Darmstadt 1998.
Gerd R. Ueberschär/Wolfram Wette (Hrsg.): Der deutsche Überfall auf die Sowjetunion. Unternehmen Barbarossa 1941. Frankfurt a. M. 1991.
Bernd Wegner (Hrsg.): Zwei Wege nach Moskau. Vom Hitler-Stalin-Pakt zum »Unternehmen Barbarossa«. München 1991.
Hans-Heinrich Wilhelm: Rassenpolitik und Kriegführung. Sicherheitspolizei und Wehrmacht in Polen und in der Sowjetunion 1939–1942. Passau 1991.

DIE ENTSCHEIDUNG

Wilhelm Adam: Der schwere Entschluß. Berlin 1968.
J. Fischer: Über den Entschluß zur Luftversorgung Stalingrads. In: Militärgeschichtliche Mitteilungen, Bd. 6, 1969, S. 7–67.

Jürgen Förster: Stalingrad. Ereignis – Wirkung – Symbol. München 1992.
Walter Görlitz: Stalingrad. Frankfurt a. M. 1964.
Hans-Adolf Jacobsen: 1939–1945. Der Zweite Weltkrieg in Chronik und Dokumentation. Darmstadt 1961.
Manfred Kehrig: Stalingrad: Analyse und Dokumentation einer Schlacht. Stuttgart 1979.
Guido Knopp: Entscheidung Stalingrad. München 1992.
Kriegstagebuch des Oberkommandos der Wehrmacht. Bd. 2 u. 3. Frankfurt a. M. 1963.
Georgi K. Schukow: Erinnerungen und Gedanken. Stuttgart 1969.
Walter Warlimont: Im Hauptquartier der deutschen Wehrmacht 1939–1945. Frankfurt a. M. 1962.

DAS ATTENTAT

Hans Bentzien: Claus Schenk Graf von Stauffenberg. Der Täter und seine Zeit: Zwischen Soldateneid und Tyrannenmord. Hannover 1997.
Joachim Fest: Staatsstreich. Der lange Weg zum 20. Juli. Berlin 1994.
Peter Hoffmann: Widerstand, Staatsstreich, Attentat. Der Kampf der Opposition gegen Hitler. München 1969.
Rudolf Lill/Heinrich Oberreuter (Hrsg.): 20. Juli: Portraits des Widerstands. Düsseldorf/Wien 1984.
Christian Müller: Oberst i. G. Stauffenberg. Eine Biographie. Düsseldorf 1970.
Ger van Roon: Widerstand im Dritten Reich. Ein Überblick. München 1987.
Jürgen Schmädecke/Peter Steinbach (Hrsg.): Der Widerstand gegen den Nationalsozialismus: Die deutsche Gesellschaft und der Widerstand gegen Hitler. München/Zürich 1985.
Wolfgang Venohr: Stauffenberg. Symbol der deutschen Einheit. Eine politische Biographie. Frankfurt a. M./Berlin 1986.
Eberhard Zeller: Oberst Claus Graf Stauffenberg. Ein Lebensbild. Paderborn/München/Wien/Zürich 1994.
Erich Zimmermann/Hans-Adolf Jacobsen (Hrsg.): 20. Juli 1944. Bonn 1961.

DER TATORT

Hans G. Adler/Hermann Langbein/Ella Lingens-Reimer (Hrsg.): Auschwitz. Zeugnisse und Berichte. Frankfurt a. M. 1984.
Götz Aly: »Endlösung«. Völkerverschiebung und der Mord an den europäischen Juden. Frankfurt a. M. 1995.
Till Bastian: Auschwitz und die »Auschwitz-Lüge«. Massenmord und die Geschichtsfälschung. München 1994.
Martin Broszat/Hans-Adolf Jacobson/Helmut Krausnick: Konzentrationslager, Kommissarbefehl, Judenverfolgung. Olten/Freiburg 1965.

Danuta Czech: Kalendarium der Ereignisse im Konzentrationslager Auschwitz-Birkenau 1939–1945. Reinbek 1989.
Martin Gilbert: Auschwitz und die Alliierten. München 1982.
Israel Gutman (Hrsg.): Enzyklopädie des Holocaust. Die Verfolgung und Ermordung der europäischen Juden. Berlin 1990.
Hans-Jürgen Hahn: Geschichte der Juden in Auschwitz. Lili Meiers Album. Berlin 1995.
Rudolf Höß/Pery Broad/Johann Paul Kremer: Auschwitz in den Augen der SS. Warschau 1992.
Ernst Klee: Was sie taten – Was sie wurden. Ärzte, Juristen und andere Beteiligte am Kranken- und Judenmord. Frankfurt a. M. 1986.
Guido Knopp: Hitlers Helfer. Täter und Vollstrecker. München 1998.
Alwin Meyer: Die Kinder von Auschwitz. Göttingen 1992.
Wanda Michalak: Auschwitz. Faschistisches Vernichtungslager. Warschau 1980.
Filip Müller: Sonderbehandlung. Drei Jahre in den Krematorien und Gaskammern von Auschwitz. München 1979.
Gerald L. Posner/John Ware: Mengele. Die Jagd auf den Todesengel. Berlin/Weimar 1993.
Jean C. Pressac: Die Krematorien von Auschwitz. Die Technik des Massenmords. München 1994.
Herbert A. Strauss/Norbert Kampe (Hrsg.): Antisemitismus. Von der Judenfeindschaft zum Holocaust. Frankfurt a. M./New York 1985.
Shulamit Volkov: Jüdisches Leben und Antisemitismus im 19. und 20. Jahrhundert. München 1990.

DIE FLUCHT

Wolfgang Benz (Hrsg.): Die Vertreibung der Deutschen aus dem Osten. Ursachen, Ereignisse, Folgen. Frankfurt a. M. 1985.
Günter Böddeker: Die Flüchtlinge. Die Vertreibung der Deutschen im Osten. München/Berlin 1980.
Marion Gräfin Dönhoff: Namen, die keiner mehr kennt. Ostpreußen – Menschen und Geschichte. Düsseldorf/Köln 1962.
Christopher Duffy: Der Sturm auf das Reich. Der Vormarsch der Roten Armee 1945. München 1994.
Dokumentation der Vertreibung der Deutschen aus Ost-Mitteleuropa, bearbeitet von einer Kommission unter Leitung von Theodor Schieder. 5 Bde., 3 Beihefte. Bonn 1953–1963 (Neudruck München 1984).
Lew Kopelew: Aufbewahren für alle Zeit. Hamburg 1976.
Ekkehard Kuhn: Nicht Rache, nicht Vergeltung. Die deutschen Vertriebenen. München/Wien 1987.
Michael Schwartz: Vertreibung und Vergangenheitspolitik. Ein Versuch über geteilte deutsche Nachkriegsidentitäten. In: Deutsches Archiv 30 (1977). S. 177–198.
Alfred-Maurice de Zayas: Anmerkungen zur Vertreibung der Deutschen aus dem Osten. Stuttgart 1986.
Manfred Zeidler: Kriegsende im Osten. Die Rote Armee und die Besetzung Deutschlands östlich der Oder und Neiße… München 1996.

DER FEUERSTURM

Götz Bergander: Dresden im Luftkrieg. Vorgeschichte, Zerstörung, Folgen. Weimar/Köln/Wien 1994.
Hans Brunswig: Feuersturm über Hamburg. Die Luftangriffe auf Hamburg im 2. Weltkrieg und ihre Folgen. Stuttgart 1985 (1978).
Matthias Griebel (Hrsg.): Verbrannt bis zur Unkenntlichkeit: Die Zerstörung Dresdens. Dresden 1994.
Olaf Groehler: Bombenkrieg gegen Deutschland. Berlin 1990.
Jochen von Lang: Krieg der Bomber. Dokumentation einer deutschen Katastrophe. Frankfurt a. M. 1986.
Alexander McKee: Dresden 1945. Das deutsche Hiroshima. Wien/Hamburg 1983.
Carl-Ludwig Paeschke/Dieter Zimmer: Dresden. Geschichten einer Stadt. Berlin 1994.
Alfred Price: Luftschlacht über Deutschland: Angriff und Verteidigung 1939–1945. Stuttgart 1985 (1973).

DIE KAPITULATION

Hans-Norbert Burkert/Klaus Matußek/Doris Obschernitzki: Zerstört, besiegt, befreit. Der Kampf um Berlin bis zur Kapitulation 1945. Berlin 1985.
Werner Filmer/Heribert Schwan: »Mensch, der Krieg ist aus«. Zeitzeugen erinnern sich. Düsseldorf/Wien 1985.
Klaus-Dietmar Henke: Die amerikanische Besetzung Deutschlands. München 1995.
Guido Knopp: Der verdammte Krieg. Das Ende 1945. München 1995.
Guido Knopp: Damals: 1945. Das Jahr Null. Stuttgart 1994.
Marlies Steinert: Die 23 Tage der Regierung Dönitz. Düsseldorf/Wien 1967.
Michael Thomas: Deutschland, England über alles. Rückkehr als Besatzungsoffizier. Berlin 1984.
Bernard Law Viscount Montgomery of Alamein: The Memoirs of Field-Marshal the Viscount Montgomery of Alamein, K.G. Cleveland/New York 1958.

DAS D-MARK-WUNDER

Christa Bähr: Ansätze zu einer Theorie der Währungsreform – Währungsreform nach offenen und zurückgestauten Inflationen. Köln 1994.
Ernst Baltensperger: Fünfzig Jahre Deutsche Mark – Notenbank und Währung in Deutschland seit 1948. Hrsg. von der Deutschen Bundesbank. München 1998.
Wolfram Bickerich: Die D-Mark – Eine Biographie. Berlin 1998.
Michael Brackmann: Vom totalen Krieg zum Wirtschaftswunder. Die Vorgeschichte der westdeutschen Währungsreform 1948. Essen 1993.

Thomas Brochhagen: Die westdeutsche Währungsreform von 1948 und die Währungsreform 1990 in der DDR. Eine vergleichende Betrachtung. Hrsg. von Manfred Feldsieper. Tectum 1997.
Karsten Broosch: Die Währungsreform 1948 in der sowjetischen Besatzungszone Deutschlands. Eine Untersuchung zur Rolle des Geldes beim Übergang zur sozialistischen Planwirtschaft in der SBZ/DDR. Herdecke 1998.
Martin Broszat/Klaus D. Henke/Hans Woller (Hrsg.): Von Stalingrad zur Währungsreform. Zur Sozialgeschichte des Umbruchs in Deutschland. München [3]1990.
Peter Hampe: Währungsreform und soziale Marktwirtschaft. Rückblicke und Ausblicke. München 1989.
Helmut Kahnt/Michael H. Schöne/Karlheinz Walz: 50 Jahre Deutsche Mark, 1948–1998. Die Geschichte der deutschen Nachkriegswährungen in Ost und West. Regenstauf 1998.
Gerhard Keiderling: »Rosinenbomber« über Berlin – Währungsreform, Blockade, Luftbrücke, Teilung. Berlin 1998.
Rainer Klump (Hrsg.): 40 Jahre Deutsche Mark. Die politische und ökonomische Bedeutung der westdeutschen Währungsreform von 1948. Stuttgart/Wiesbaden 1989.
Wolf J. Pelikan: Berlin – Markenland wider Willen. Die Währungsreform 1948/49 in den Berliner Westsektoren und ihre Belege. Schwalmtal 1990.
Paul Pierotti: Die Wende – 20. Juni 1948. Nach der Währungsreform. Eupen/Aachen 1997.
Renate Seibold-Völker: »Wir brauchen jeden Apfelschnitz« – Alltag zwischen Kriegsende und Währungsreform. Schorndorf 1995.
Hanno Sowade: Wegbereiter des Wiederaufstiegs. Die Industrie- und Handelskammern und die Rekonstruktion der Außenbeziehungen der westdeutschen Wirtschaft 1945 bis 1949/50. München 1992.
Jürgen Weber (Hrsg.): Der Bauplan für die Republik. Das Jahr 1948 in der deutschen Nachkriegsgeschichte. München/Landsberg 1996.
Wolfram Weimer: Deutsche Wirtschaftsgeschichte. Von der Währungsreform bis zum Euro. Hamburg 1998.
Michael W. Wolff: Die Währungsreform in Berlin 1948/49. Berlin 1991.

DIE STAATSGEBURT

Wolfgang Benz: Potsdam 1945. Besatzungsherrschaft und Neuaufbau im Vier-Zonen-Deutschland. München 1986.
Wolfgang Benz: Von der Besatzungsherrschaft zur Bundesrepublik. Stationen einer Staatsgründung: 1946–1949. Frankfurt a. M. 1989.
Wolfgang Benz: Die Gründung der Bundesrepublik. Von der Bizone zum souveränen Staat. München [4]1994.
Adolf M. Birke: Nation ohne Haus. Deutschland 1945 bis 1961. Berlin 1994.
Theodor Eschenburg: Jahre der Besatzung: 1945–1949. Stuttgart 1983.
Michael F. Feldkamp: Der Parlamentarische Rat 1948–1949. Die Entstehung des Grundgesetzes. Göttingen 1998.

Frank Grube: Die Gründerjahre der Bundesrepublik. Deutschland zwischen 1945 und 1955. Hamburg 1981.
Christoph Kleßmann: Die doppelte Staatsgründung: Deutsche Geschichte 1945–1955. Göttingen [5]1991.
Wilfried Loth: Stalins ungeliebtes Kind. Warum Moskau die DDR nicht wollte. Berlin 1994.
Rudolf Morsey: Die Bundesrepublik Deutschland. Entstehung und Entwicklung bis 1969. München [3]1995.
Manfred Overesch: Die Gründung der Bundesrepublik Deutschland. Jahre der Entscheidung 1945–1949. Texte und Dokumente, hrsg. von der Niedersächsischen Landeszentrale für Politische Bildung. Hannover 1989.
Elke Scherstjanoi: »Provisorium für längstens ein Jahr«. Protokoll des Kolloquiums Die Gründung der DDR; Berlin 26./27. September 1991, veranstaltet vom Wissenschaftsbereich DDR-Geschichte im Institut für Deutsche Geschichte, Berlin, unter Mitwirkung des Arbeitsbereiches DDR-Geschichte im Mannheimer Zentrum für Europäische Sozialforschung und gefördert durch die Volkswagen-Stiftung. Berlin 1993.
Hans-Peter Schwarz: Die Ära Adenauer. Bd. 1: 1949–1957. Gründerjahre der Republik. Stuttgart/Wiesbaden 1981.
Kurt Sontheimer: Die Adenauer-Ära – Grundlegung der Bundesrepublik. München [2]1996.
Dietrich Staritz: Die Gründung der DDR. Von der sowjetischen Besatzungsherrschaft zum sozialistischen Staat. München [3]1995.
Rolf Steininger: Deutsche Geschichte 1945–1961. Darstellung und Dokumente in zwei Bänden (Bd. 1: 1945–1947; Bd. 2: 1948–1955). Frankfurt a. M. [2]1996.
Dietrich Thränhardt: Geschichte der Bundesrepublik Deutschland. Darmstadt 1997.
Jürgen Weber (Hrsg.): Das Jahr 1949 in der deutschen Geschichte. Die doppelte Staatsgründung. Landsberg 1997.
Jürgen Weber (Hrsg.): Geschichte der Bundesrepublik. 5 Bde. München: Landeszentrale für politische Bildung 1986 ff. bzw. München/Landsberg: Olzog 1996 (Bd. 1: Auf dem Weg zur Republik 1945–1947. München [4]1994; Bd. 2: Das Entscheidungsjahr 1948. [3]1991; Bd. 3: Die Gründung eines neuen Staates 1949. [3]1991; Bd. 4: Die Bundesrepublik wird souverän. 1950–1955 Ära Adenauer I. [2]1991; Bd. 5: Die Bundesrepublik zwischen Stabilität und Krise 1955–1963. Ära Adenauer II 1993).

DER AUFSTAND

Arnulf Baring: Der 17. Juni 1953. Stuttgart 1983.
George Bailey/Sergej Kondraschow/David Murphy (Hrsg.): Die unsichtbare Front. Der Krieg der Geheimdienste im geteilten Berlin. Berlin 1997.
Willy Brandt: Erinnerungen. Frankfurt a. M. 1989.
Thorsten Diedrich: Der 17. Juni 1953 in der DDR. Berlin 1991.

Manfred Hagen: DDR Juni '53. Die erste Volkserhebung im Stalinismus. Stuttgart 1992.
Rainer Hildebrandt: Der 17. Juni. Berlin 1983.
Dierk Hoffmann/Karl-Heinz Schmidt/Peter Skyba (Hrsg.): Die DDR vor dem Mauerbau. Dokumente zur Geschichte des anderen deutschen Staates 1949–1961. München 1993.
Gustav Just: Zeuge in eigener Sache. Frankfurt a. M. 1990.
Ilko-Sascha Kowalczuk/Armin Mitter/Stefan Wolle (Hrsg.): Der Tag X. 17. Juni 1953. Die »Innere Staatsgründung« der DDR als Ergebnis der Krise 1952/54.
Martin Krämer: Der Volksaufstand vom 17. Juni 1953 und sein politisches Echo in der Bundesrepublik Deutschland. Dortmunder Historische Studien, Bd. 17. Bochum 1996.
Leo Lania: Willy Brandt – Mein Weg nach Berlin. München 1961.
Wilfried Loth: Die Teilung der Welt 1941–1955. München 1985.
Armin Mitter/Stefan Wolle: Untergang auf Raten. Unbekannte Kapitel der DDR-Geschichte. München 1993.
Fritz Schenk: Im Vorzimmer der Diktatur. 12 Jahre Pankow. Köln/Berlin 1962.
Karl Schirdewan: Aufstand gegen Ulbricht. Berlin 1994.

DAS FUSSBALLWUNDER

Gerhard Bahr (Hrsg.): Fußball-Weltmeisterschaft 1954. Offenburg/Nürnberg 1954.
Jürgen Busche: Der Mythos von 1954. In: Aus Politik und Zeitgeschichte 44 (1994), H. 24, S. 13–15.
Friedrich Christian Delius: Der Sonntag, an dem ich Weltmeister wurde. Erzählung. Reinbek 1994.
Gerhard Fischer/Jürgen Roth: Leben voller Fallrückzieher. Fußballer erzählen – von Fritz Walter bis Lothar Matthäus. Leipzig 1998.
Alfred Georg Frei: Finale Grande. Die Rückkehr der Fußballweltmeister 1954. Mit Beitr. von Harald Dunajtschik. Berlin 1994.
Arthur Heinrich: »Tooor! Toor! Tor!« 40 Jahre 3:2. Berlin 1994.
Anton Kehl (Hrsg.): »Ich war ein Besessener...« Sepp Herberger in Bildern und Dokumenten. München/Leipzig 1997.
Guido Knopp: Der Geist von Spiez. Von Wundern, Helden und Jubelstürmen. 1954: Deutschland wird Fußballweltmeister. In: Damals 26 (1994), H. 6, S. 8–11.
Jürgen Leinemann: Sepp Herberger. Ein Leben, eine Legende. Berlin 1997.
Rudi Michel (Hrsg.): Fritz Walter. Die Legende des deutschen Fußballs. Stuttgart ^{3}1995.
Lothar Mikos/Harry Nutt: Als der Ball noch rund war. Sepp Herberger – Ein deutsches Fußballeben. Frankfurt a. M./New York 1997.
Karl H. Schwarz-Pich: Der Ball ist rund. Eine Seppl-Herberger-Biographie. Ubstadt-Weiher 1996.
Joachim Schweer: Der Sieg von Bern. Die V. Fußball-Weltmeisterschaft 1954. Vorw. v. Ludwig Maibohm. Kassel 1994.

Norbert Seitz: Von Bern bis Los Angeles. Die politische Geschichte der Fußballweltmeisterschaft. In: Aus Politik und Zeitgeschichte 44 (1994), H. 24, S. 3–12.

DAS WIRTSCHAFTSWUNDER

Werner Abelshauser: Die langen fünfziger Jahre. Wirtschaft und Gesellschaft der Bundesrepublik Deutschland 1949–1966. Düsseldorf 1987.

Arne Andersen: Der Traum vom guten Leben. Alltags- und Konsumgeschichte vom Wirtschaftswunder bis heute. Frankfurt a. M. 1997.

Helge Berger: Konjunkturpolitik im Wirtschaftswunder. Handlungsspielräume und Verhaltensmuster von Bundesbank und Regierung in den 1950er Jahren. Tübingen 1997.

Christoph Buchheim: Die Wiedereingliederung Westdeutschlands in die Weltwirtschaft 1945–1958. München 1990.

Michael Brackmann: Vom totalen Krieg zum Wirtschaftswunder. Die Vorgeschichte der westdeutschen Währungsreform 1948. Essen 1993.

Martin Broszat/Klaus D. Henke/Hans Woller (Hrsg.): Von Stalingrad zur Währungsreform. Zur Sozialgeschichte des Umbruchs in Deutschland. München [3]1990.

Frank Grube/Gerhard Richter. Das Wirtschaftswunder. Unser Weg in den Wohlstand. Hamburg 1983.

Helga Grebing/Peter Pozorski/Rainer Schulze: Die Nachkriegsentwicklung in Westdeutschland 1945–1949. Die wirtschaftlichen Grundlagen. Stuttgart 1980.

Haus der Geschichte der Bundesrepublik Deutschland (Hrsg.): Markt oder Plan. Wirtschaftsordnungen in Deutschland 1945–1961. Begleitbuch zur Ausstellung im Haus der Geschichte der Bundesrepublik Deutschland, Bonn, 14. März bis 8. Juni 1997. Frankfurt a. M. 1997.

Volker Hentschel: Ludwig Erhard, die »Soziale Marktwirtschaft und das Wirtschaftswunder«. Historisches Lehrstück oder Mythos? Bonn 1998.

Klaus Kordon: »Wir haben halt einfach zugepackt« – Mit Volldampf ins Wirtschaftswunder. Ravensburg 1983.

Ludger Lindlar: Das mißverstandene Wirtschaftswunder. Westdeutschland und die westeuropäische Nachkriegsprosperität. Tübingen 1997.

Harm Mögenburg: Kalter Krieg und Wirtschaftswunder. Die fünfziger Jahre im geteilten Deutschland (1949–1961). Frankfurt a. M. 1993.

Richard Reichel (Hrsg.): Wirtschaftsordnung und Wirtschaftswunder. Bern/Stuttgart/Wien 1998.

Axel Schildt/Arnold Sywottek (Hrsg.): Modernisierung und Wiederaufbau. Die westdeutsche Gesellschaft der 50er Jahre. Bonn 1983.

DIE MAUER

Kai-Axel Aanderud/Guido Knopp (Hrsg.): Die eingemauerte Stadt. Recklinghausen 1991.
Egon Bahr: Zu meiner Zeit. München 1996.
Gunter Holzweißig/Jürgen Rühle: 13. August 1961. Die Mauer von Berlin. Köln 1981.
Guido Knopp/Stefan Brauburger: Der Sprung in die Freiheit. In: Guido Knopp: Bilder, die Geschichte machten. München 1992.
Jürgen Petschull: Die Mauer. August 1961. Zwölf Tage zwischen Krieg und Frieden. Hamburg 1981.
Ralf Piechowiak: Der Traum von der Einheit. Von Potsdam bis zum Mauerbau. Recklinghausen 1990.
Peter Wyden: Die Mauer war unser Schicksal. Deutsch von Udo Rennert. Berlin 1995.

DIE BEWÄHRUNGSPROBE

Stefan Aust: Der Baader-Meinhof-Komplex. Hamburg 1986.
Friedrich Helmut Berckhauer: Lücke zwischen Theorie und Wirklichkeit. In: Extremismus, Terrorismus, Kriminalität (Schriftenreihe der Bundeszentrale für politische Bildung, Bd. 136). Bonn 1978.
Heinrich Breloer: Todesspiel. Von der Schleyer-Entführung bis Mogadischu. Eine dokumentarische Erzählung. Köln [2]1997.
Klaus Bölling: Bonn von außen betrachtet. Briefe an einen alten Freund. Stuttgart 1986.
Freimut Duve/Heinrich Böll/Klaus Staeck (Hrsg.): Briefe zur Verteidigung der Republik. Reinbek 1977.
Manfred Funke (Hrsg.): Extremismus im demokratischen Rechtsstaat. Ausgewählte Texte und Materialien (Schriftenreihe der Bundeszentrale für politische Bildung, Bd. 122). Düsseldorf 1978.
Manfred Funke (Hrsg.): Terrorismus. Untersuchungen zu Strategie und Struktur revolutionärer Gewaltpolitik (Schriftenreihe der Bundeszentrale für politische Bildung, Bd. 123). Bonn 1978.
Hermann Glaser: Die Kulturgeschichte der Bundesrepublik Deutschland. Bd. 3: Zwischen Protest und Anpassung 1968 bis 1989. Frankfurt a. M. 1990.
Kai Hermann/Peter Koch: Entscheidung in Mogadischu. Die 50 Tage nach Schleyers Entführung. Dokumente, Bilder, Zeugen. Hamburg 1977.
Heinar Kipphardt (Hrsg.): Vom deutschen Herbst zum bleichen deutschen Winter. Ein Lesebuch zum Modell Deutschland. München 1981.
Eugen Kogon (Hrsg.): Terror und Gewaltkriminalität. Herausforderung für den Rechtsstaat (Podiumsdiskussion). Frankfurt a. M. 1975.
Konrad Löw (Hrsg.): Terror und Extremismus in Deutschland. Ursachen, Erscheinungsformen, Wege zur Überwindung. Berlin 1994.
Ministerium des Inneren Rheinland-Pfalz (Hrsg.): Dokumentation »Baader-Meinhof-Bande« (hrsg. nach Unterlagen des Bundeskrimi-

nalamtes Wiesbaden und des Landeskriminalamtes Rheinland-Pfalz) vom 22. 11. 1974.
Presse- und Informationsamt der Bundesregierung: Dokumentation zu den Ereignissen und Entscheidungen im Zusammenhang mit der Entführung von Hanns Martin Schleyer und der Lufthansamaschine »Landshut«. Bonn 1977.
Wolfgang Salewski: Nicht Hitler's children, sondern unsere Kinder. In: Psychologie heute 1/1978.
Kurt Sontheimer: Deutschlands politische Kultur. München 1990.
Michael Sontheimer/Otto Kallscheuer (Hrsg.): Einschüsse. Besichtigung eines Frontverlaufs zehn Jahre nach dem deutschen Herbst. Berlin 1987.
Hans-Jürgen Wischnewski: Mit Leidenschaft und Augenmaß. In Mogadischu und anderswo. Gütersloh 1989.
Tobias Wunschik: Baader-Meinhofs Kinder. Die zweite Generation der RAF. Opladen 1997.

DIE REVOLUTION

Hannes Bahrmann/Christoph Links: Chronik der Wende. Die DDR zwischen 7. Oktober und 18. Dezember 1989. Berlin 1994.
Gerhard Besier/Stefan Wolf (Hrsg.): Pfarrer, Christen und Katholiken. Das Ministerium für Staatssicherheit der ehemaligen DDR und die Kirchen. Neukirchen-Vluyn 1991.
Christian Dietrich (Hrsg.): Freunde und Feinde. Friedensgebete in Leipzig zwischen 1981 und dem 9. Oktober 1989. Leipzig 1994.
Eckardt Fuhr: Geschichte der Deutschen 1949–1990. Eine Chronik zu Politik, Wirtschaft und Kultur. Frankfurt a. M. 1990.
Wolf Jürgen Grabner/Christian Heinze/Detlef Pollack (Hrsg.): Leipzig im Oktober. Kirchen und alternative Gruppen im Umbruch der DDR. Analysen zur Wende. Berlin 1990.
Hans-Hermann Hertle: Chronik des Mauerfalls. Die dramatischen Ereignisse um den 9. November 1989. Berlin 1997.
Stefan Heym/Werner Heiduczek (Hrsg.): Die sanfte Revolution. Leipzig/Weimar 1990.
Jürgen Israel (Hrsg.): Zur Freiheit berufen. Die Kirche in der DDR als Schutzraum der Opposition 1981–1989. Berlin 1991.
Ekkehard Kuhn: Der Tag der Entscheidung. Leipzig, 9. Oktober 1989. Berlin 1992.
Armin Mitter/Stefan Wolle (Hrsg.): »Ich liebe euch doch alle!« Befehle und Lageberichte des MfS, Januar–November 1989. Berlin 1990.
Ingo von Münch (Hrsg.): Dokumente zur Wiedervereinigung Deutschlands. Stuttgart 1991.
Neues Forum Leipzig (Hrsg.): »Jetzt oder nie – Demokratie!« Leipziger Herbst 1989. Leipzig 1989.
Gerhard Rein (Hrsg.): Die Opposition in der DDR. Entwürfe für einen anderen Sozialismus. Berlin 1989.
Wolfgang Schneider (Hrsg.): Leipziger Demontagebuch. Demo. Montag. Tagebuch. Leipzig/Weimar 1990.

Hermann Weber: Die DDR 1945–1990. München 1993.
Jürgen Weller (Hrsg.): Der SED-Staat. Neues über eine vergangene Diktatur. München 1994.
Gerhard Wettig: Das Ende der DDR 1989/90 – Ergebnisse geschichtlichen Zufalls. Köln 1994.
»Wir sind das Volk!« Die DDR im Aufbruch. Eine Chronik in Dokumenten und Bildern. München 1990.

DAS JAHRHUNDERTWUNDER

Hannes Bahrmann/Christoph Links: Chronik der Wende. Die DDR zwischen 7. Oktober und 18. Dezember 1989. Berlin 1994.
Hans-Hermann Hertle: Chronik des Mauerfalls. Berlin ^{3}1996.
Hans-Hermann Hertle: Der Fall der Mauer – Die unbeabsichtigte Selbstauflösung des SED-Staates. Opladen 1996.
Guido Knopp/Ekkehard Kuhn: Die große Freiheit. 3. Teil: Das Wunder von Berlin. 1994. (Film und Drehbuch.)
Guido Knopp/Ekkehard Kuhn: Die deutsche Einheit. Erlangen 1995.
Ekkehard Kuhn: Gorbatschow und die deutsche Einheit. 1993. (Film und Drehbuch.)
Walter Momper: Grenzfall. Berlin im Brennpunkt der Geschichte. München 1991.
Jürgen Petschull: Die Mauer. Vom Anfang und vom Ende eines deutschen Bauwerks. Hamburg 1989.
Der Spiegel: Nr. 43–46 (1989).
Peter Wyden: Die Mauer war unser Schicksal. Berlin 1995.

Personenregister

Kursiv gesetzte Ziffern verweisen auf die Abbildungen.

Bildnachweis

AKG Photo: 30r, 83o, 165, 208, 211, 217, 221, 233, 245u, 278u, 283, 317o, 331o, 341, 357, 489o
Archiv der sozialen Demokratie/FES: 345, 349u
Associated Press: 329, 355, 429, 463, 468, 479
Walter Ballhause: 80o/u
Bayerische Staatsbibliothek: 108u
Bildarchiv Preußischer Kulturbesitz: 47u, 48, 55, 60o/u, 61o, 73, 75o/u, 76, 88, 90, 91, 93u, 100u, 101, 102o, 142, 149, 150u, 154, 159u, 213o, 222, 247, 265, 267, 269o/u, 270, 271, 276, 287, 291, 305, 315, 353u, 393, 401, 403, 409u, 410, 413, 426, 427, 428, 430, 451o
Bundesarchiv Koblenz: 71r, 79, 81, 83u, 95, 99, 102u, 105, 106, 108o, 168, 180ol, 180u, 185o/u, 192, 194, 198, 210, 212, 213u, 214, 215, 219, 220, 278o, 286, 290, 292, 293, 299o, 391, 392, 470
Bundesbildstelle Bonn: 317u, 318, 340, 394
Chronik Verlag, München: 322, 323, 324, 325, 336
Deutsche Bundesbank: 303
Deutsche Presse-Agentur: 294u, 296, 307, 331u, 332, 370, 405, 409o, 438 (3), 443o, 449, 454, 460, 465, 474, 475, 489u, 495, 498, 503
Elefanten Press: 63
Fotoarchiv Christoph u. Mayer: 497u
Gerhard Gäbler: 459
Gamma, Paris: 484
Gesamtdeutsches Institut: 344, 353o, 360, 363
Paul Glaser: 481, 497o
Goldmann Verlag, München: 177
Ingeborg Grosholz: 236, 237
Fotoagentur Hartung: 383o
Gerd Heidemann: 432, 433, 445
Hulton Deutsch Collection: 23
Imperial War Museum: 36, 40o/u
Internationaal Instituut voor Sociale Geschiedenis: 59, 64
Martin Jehnichen/Transit: 471u
Jürgens Photo: 502
Keystone: 33o, 34u, 45, 69, 85, 92, 112, 144, 145, 159ol, 183, 191, 193, 195, 197, 200l, 229, 240, 250, 251, 266, 282, 297, 299u, 335, 342, 343, 376, 381, 395, 415, 418, 419, 420, 434ol/ul, 437r, 451u
Gustav Kiepenheuer Verlag: 457
Harald Kirschner: 477

Landesbildstelle Berlin: 339, 348o
»Liberation«, Paris: 443u
Panstwowe muzeum, Auschwitz: 189, 204, 205
Pfeil Photo: 365
Janusz Piekalkiewicz: 97, 98, 100o, 103, 104, 120u, 129o, 130, 133u, 153u
Rheinisches Bildarchiv: 253
Roger Viollet: 23, 33u, 34o, 40
Russisches Privatarchiv: 150o
Peter Santor: 196
Presse-Foto Schirner: 380l/r, 383u
Irmgard Senoner: 147, 225
Sven Simon: 382u, 435, 436, 439, 466o/u, 469, 471o, 482
Statni zidovske museum, Prag: 200r
Nina Gräfin von Stauffenberg: 169
»Stern«-Archiv: 453
Stiftung Bundeskanzler-Adenauer-Haus: 327
Süddeutscher Verlag (Bilderdienst): 25u, 30l, 37, 46, 51, 53, 61u, 63o, 137, 151, 161, 173ur, 226, 230, 231, 239, 242, 243, 285, 313, 320, 333, 337, 346, 378o/u, 385, 400, 407, 411l/r, 414, 423o/u, 424, 425l, 434or, 437l
Ullstein Bilderdienst: 22, 25o, 38, 43, 47o, 57, 67, 71l, 115, 117o/u, 118, 119, 120o, 121, 123, 125, 126, 129u, 133o, 139, 141o/u, 153o, 156, 159or, 163, 166, 171, 173ol/ur, 173ul, 178, 180or, 181, 186, 223, 232, 241, 254, 255, 294o, 295, 300, 348u, 349o, 367o/u, 369, 373, 375, 377, 382o, 397, 398, 399, 425r
Vario-Press: 487, 500
ZDF-Archiv: 72, 92o, 134, 182, 202, 245o, 246, 249, 257, 260, 273, 274, 277, 281, 302, 314, 388, 408, 434ur, 440, 446, 447, 452, 462, 473, 491, 493, 499, 505